MARCO POLO

CITYGUIDE

München

Münchner 2017

W0301285

**LIEBE LESERINNEN,
LIEBE LESER,**

Sie wissen natürlich, dass Sie in der schönsten Stadt der Welt wohnen, gell? Was nicht heißen soll, dass noch mehr gute Nachrichten nicht willkommen wären. Etwa, dass die Sendlinger Straße jetzt endlich komplett Fußgängerzone ist. Dass es bald noch mehr tolle Munich-Open-Airs geben wird (die Stadtverwaltung sucht schon nach Orten). Oder dass das neue NS-Dokumentationszentrum in Zeiten wie diesen nach einem Jahr schon 220 000 Besucher verzeichnen kann ...
München bleibt freundlich, offen, unhektisch. Auch wegen so schöner Nightlife-Lieblingsorte wie der Gspusi Bar und dem Home. Oder dem Import Export: In der »Kantine mit Kulturprogramm« wird an Flüchtlinge gespendet. Gut essen und Gutes tun – wie freundlich! Die Autoren des neuen »München für Münchner« haben noch mehr Glücks-Plätzchen entdeckt (das Hofspielhaus!) oder Lieblingsdinge wie das Craft-Bier Hopfmeister, das Männermodelabel Distorted People, die bajuwarischen Bienen von Nearbees, Local-Designer von Holy Ghost bis The Souve Store. Sogar mit Lieblingsstädten wie New York kann sich München messen: Ob Big Apple oder Big Weißwurst, essen gehen ist der Hit (aber: ohne Reservierung kein Schlemmen!) – ob Walnuss-Pizza, Schweinsbraten oder Currywurst. Der neue »München für Münchner«, er zeigt Kulturtigern und Naschkatzen, Sporthelden und Shopping-Spürnasen, Spielmäusen und ihren Mamas und Papas, was ihre Lieblingsstadt zu bieten hat!

MARION ZORN
Chefredakteurin
MARCO POLO

MICHAEL SCHILLING
Chefredakteur
Abendzeitung
Das Gesicht dieser Stadt

MÜNCHEN FÜR MÜNCHNER

SYMBOLE

INSIDER TIPP — **MARCO POLO INSIDER-TIPPS**
Von uns für Sie entdeckt

★ — **MARCO POLO HIGHLIGHTS**
Münchens wichtigste Adressen

NEU — **NEUERÖFFNUNG**
Das ist neu in München

ÖKO — **ÖKOLOGISCH, BIOLOGISCH**
Umweltbewusst genießen

LOW BUDGET
Viel erleben für wenig Geld

DRAUSSEN SITZEN
Frischluft-Empfehlung

STADTVIERTEL
Das ist in meiner Nähe

(*) — **KOSTENPFLICHTIGE TEL.-NR.**

ESSEN & TRINKEN
PREISKATEGORIEN*

€€€ = mehr als 20 Euro
€€ = 12 bis 20 Euro
€ = bis 12 Euro

*Hauptgericht ohne Getränke

RESTAURANT-BEWERTUNG

■□□ = bewährt ■■■ = sehr gut

KARTEN

(238 A1) SEITENZAHLEN UND KOORDINATEN im Cityatlas

U-/S-Bahn-Plan in der hinteren Umschlagklappe

DAS AUTORENTEAM

Das MARCO POLO München Autorenteam gehört tatsächlich zur Spezies der Münchner Kindl ohne »Zuagroasten«-Stempel.

AMADEUS DANESITZ

1961 in München-Solln geboren, ist er stets mit dem Radl auf Entdeckungstour und kennt sein Millionendorf aus dem Effeff. Seit mehr als 25 Jahren ist er als freier Journalist für Verlage wie MARCO POLO, Prinz München, Herbig Langen Müller, München Verlag oder Online-Medien tätig. Für ihn ist München nicht einfach nur eine Stadt, es ist ein Lebensgefühl (Bild links).

DR. ASTRID DOBMEIER

1974 in Harlaching geboren, zog es die Kommunikationswissenschaftlerin nach Stationen im In- und Ausland immer wieder nach München. 1997 blieb sie schließlich ganz. Besonders verbunden fühlt sie sich mit dem dörflich-bunten Stadtviertel Haidhausen. Heute lebt sie als Beraterin und Autorin im grünen S-Bahn-Speckgürtel, weil das Leben auch dort ganz schön münchnerisch ist (Bild Mitte).

ALEX WULKOW

Als Rainer Langhans und Uschi Obermaier 1968 in ihrer Schwabinger Kommune Sex, Drugs & Rock'n'Roll huldigten, heulte Alex Wulkow (Bild rechts) auf der Neugeborenen-Station im Schwabinger Krankenhaus. Dem Stadtteil ist er bis heute treu geblieben – so wie Rainer Langhans.

CATHRINA KELLER

Im Münchner Süden aufgewachsen, hält sie ihre Stadt nach gründlichem Vergleich für die beste der Welt. Als Journalistin liebt sie es, in München auf Entdeckungstour zu gehen und über ihre Funde zu schreiben (ohne Bild).

NICOLE WAGENSTETTER

Das Münchner Kindl lebt und arbeitet in ihrer Heimatstadt als Autorin und Yogalehrerin. »Es gibt für mich nur zwei Städte, in denen es sich zu leben lohnt: New York und München.« (ohne Bild)

Die Stadt-viertel auf einen Blick

Schnell finden, was in Ihrer Nähe ist. So geht's: Stadtbezirk in der Karte auf der nächsten Seite suchen, Farbe einprägen und anhand der bunten Pfeile im Band nah gelegene Adressen auswählen.

Altstadt-Lehel

Um das Altstadt-Zentrum kommt man auch als Münchner nicht herum. Und doch gibt es ein ungeschriebenes Gesetz, und das lautet: Meide den Rathausplatz um 11 und um 12 Uhr, denn dann ertönt das Glockenspiel am Rathaus, und Tausende Touristen verstopfen den Marienplatz. Der beste Grund, sich dennoch hin und wieder ins Touristenviertel zu stürzen, ist der Viktualienmarkt. An der Saftbar einen gesunden Drink nehmen, dann sündhaft teures Gemüse für zu Hause einkaufen, und schließlich eine Radlermaß im Biergarten zischen – das ist Münchner Dolce Vita pur. In das nahe gelegene Lehel verirren sich weitaus weniger Gäste, was an den eher versteckten Attraktionen in den Altbauperlen liegen mag. Ein wunderschönes, eher ruhiges Viertel, das vor allem rund um den zauberhaften St.-Anna-Platz ein echtes Juwel unter den Stadtoasen ist. Hier zeigt sich München am italienischsten.

Au-Haidhausen

Die Zeiten, in denen man wegen der vielen Lebenskünstler und der preiswerten Altbauten nach Haidhausen zog, sind längst vorbei. Anfang der 1990er war Haidhausen noch ein Viertel für Alternative. Heute zeigt es sich vor allem familienfreundlich: Zwischen Wiener Platz und Flurstraße gibt es schöne Grünflächen und Spielplätze, die Kulisse der Herbergshäuschen ist vor allem rund um den Kriechbaumhof romantisch-idyllisch wie sonst nirgendwo in München. Die vielen Kneipen und Res-

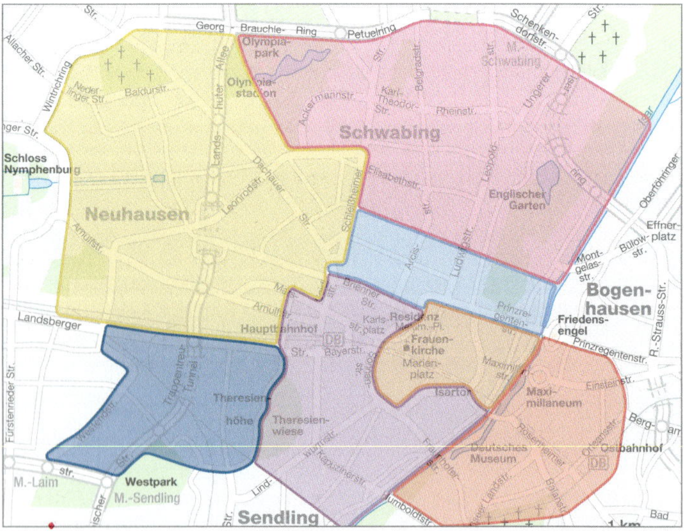

Altstadt-Lehel
Au-Haidhausen
Isar- & Ludwigsvorstadt
Maxvorstadt
Neuhausen
Schwabing
Westend
Andere Stadtviertel/ Nachbarstädte

Die Gegend rund um den Gärtnerplatz ist eines der beliebtesten Wohn- und Ausgehviertel

taurants locken auch Bewohner anderer Stadtteile zum Flanieren an. Das Gebiet um den Ostbahnhof dagegen zeigt sich grau und rau. In der Au geht es noch ein bisschen ruhiger zu, auch wenn sich hier die Wohnungssituation ähnlich wie in Haidhausen verschärft hat. Dreimaliges Highlight pro Jahr ist die traditionelle Auer Dult am Mariahilfplatz, die für all jene wie geschaffen ist, denen die Wiesn eine Nummer zu groß ist.

Isar- & Ludwigsvorstadt

Von der »Isar- und Ludwigsvorstadt« sprechen die Münchner eher selten, auch wenn die Stadtviertelbezeichnung so korrekt ist. Gängiger ist die Bezeichnung »Gärtnerplatzviertel« oder »Glockenbach«, welche zwar gerne verwechselt werden, aber komplett unterschiedliche Paar Stiefel sind: Während um den Glockenbach künstlerische Ateliers und schummrige Kneipen zu finden sind, glänzt das Gärtnerplatzviertel mit Schwulen-Bars, schicken Designerläden und einer hohen Restaurant- und Kneipendichte. Die Ludwigsvorstadt ist vor allem geprägt vom schönen »Dreimühlenviertel«, denn hier haben sich in den letzten Jahren viele Cafés, Kreativbüros und Kinderzonen angesiedelt. Die renaturierte Isar ist von hier aus überall nahe, deswegen tummeln sich die Glücklichen, die in der Nähe wohnen, auch gerne am hellen Isarkies.

Maxvorstadt

Die Maxvorstadt trägt zwei Seelen in ihrer Brust: die stattlichen Museen auf der einen Seite und die herrschaftlichen Universitätsgebäude auf der anderen. Hier im Viertel prägen daher sowohl die Studierenden als auch die Kunstinteressierten das Straßenbild. In den vielen Bars, Kneipen und Restaurants treffen beide Parteien friedlich aufeinander und genießen ihren Milchkaffee. In kaum einem Viertel ist die Fluktuation szeniger Läden größer als in der Maxvorstadt, vor allem in den vergangenen fünf bis sieben Jahren haben die Takeaway- und Boutiquen-Dichte und der Wechsel derer Besitzer noch einmal zugenommen. Prozentual gesehen wohnen hier die meisten Singles und die wenigsten Familien.

Neuhausen

Wenn es ein Dorf in der Stadt gibt, dann ist das Neuhausen. Die Neuhauser selbst behaupten, sie müssten ihr Viertel eigentlich nie verlassen – warum auch, es gibt hier alles – und schön ist es hier auch noch: Vor allem um den Rotkreuzplatz herum hat sich eine rege Gastronomieszene angesiedelt, viele Läden halten sich schon seit Jahrzehnten und sind immer gut besucht. Die Nähe zu Nymphenburg, zum Grün, zum Wasser und zur Haute Volée lässt das Viertel an manchen Ecken recht edel und gesättigt erscheinen. Die berühmte Eisdiele am Rotkreuzplatz, zu der auch die Menschen aus dem Zentrum pilgern, ist ebenso Wahrzeichen wie die architektonische Augenweide des Viertels: die Herz-Jesu-Kirche.

Schwabing

Natürlich ist die »Leo« schon lange nicht mehr das, was die Szeneblätter in den 1980er- und 1990er-Jahren einmal anpriesen. Und doch erlebt das Viertel gerade so etwas wie einen zweiten Frühling – vor allem auch in den vielen Nebenstraßen mit den herrschaftlichen Namen wie Herzogstraße, Hohenzollernstraße oder Königinstraße. Hier regiert Monaco Franzes Motto: »Ein bisserl was geht immer ...« – und wenn es nur ein Gläschen Hugo im Straßencafé ist. Neben den vielen kleinen Designerläden, Shops für Wohnaccessoires und Schuhgeschäften, gibt es hier auch eine recht hohe Restaurant- und Kneipendichte. Und: Die schöneren Ecken Schwabings sind beliebt bei Altbaufans mit dem nötigen Kleingeld.

Westend

Es hat sich wirklich viel getan im Westend – auch, wenn es nie »das neue Hip-Viertel« wurde, wie man lange Zeit glaubte. Wenn die Münchner ihre Großstadtidylle satt haben, dann fahren sie hierher, denn an den Ecken und in den Straßen weht ein wenig Berliner Luft: auf schäbig getrimmte Kneipen, der Dönerstand an der Ecke, das Kreativcafé und die Werkstätte zum Handarbeiten nebenan. Ein lebendiges Viertel mit ebenso lebendigen Bewohnern, die in trauter Eintracht mit den »Anzugträgern« leben, die tagtäglich in die hier ansässigen Unternehmensberatungen

pilgern oder in den Neubauten auf der Schwanthalerhöhe wohnen. Das Westend ist definitiv eines der spannendsten Münchner Viertel der 2010er-Jahre.

Giesing

Untergiesing oder Obergiesing? Für manche Münchner ein fast so wichtiges Glaubensbekenntnis wie die Zugehörigkeit zum »richtigen« Fußballverein. In Untergiesing blüht das Kneipen- und Restaurantleben, inspiriert von der anderen Seite der Isar und dem bunten Treiben rund um den Gärtnerplatz. Auch wenn es hier noch ein paar wenige Boazn und Tante-Emma-Läden gibt, ist der Charme des früheren Arbeiterviertels inzwischen gewichen. Nicht ganz so schön, dafür aber mehr »working class« zeigt sich Obergiesing: Es gibt noch halbwegs finanzierbare Wohnungen, die Tegernseer Landstraße mit ihren Trödelläden hat ihren speziellen Flair, und am Nockherberg schmeckt das Bier besonders gut.

Weitere Stadtviertel/ Nachbarstädte

Immer nur rund ums Zentrum unterwegs? Manchmal lohnt sich ein Abstecher in scheinbar unscheinbare Viertel: Lassen Sie sich von Sendling, Thalkirchen oder beispielsweise auch Ramersdorf überraschen.
Und auch vor den Toren der Stadt wartet manch lohnendes Ziel! Wen es weiter hinauszieht aus der Metropole, der kann mit der S-Bahn bis nach Freising im Norden, nach Wolfratshausen oder an den Ammer- und Starnberger See in den Süden oder bis nach Geltendorf im Westen und Ebersberg im Osten fahren. Und für alle, die noch ein Stückchen weiter hinaus wollen, denen sei die Bayerische Oberlandbahn, kurz BOB, empfohlen. Wie romantisch, mit der Bimmelbahn an den Tegernsee zu gondeln oder zum Skifahren nach Spitzing – sowas können eben nur die Münchner …

Schwabing – futuristisches Feeling am U-Bahnhof Münchner Freiheit

VON A NACH B

1200 Radweg-Kilometer, Modellregion für Elektromobilität und eine der bestsortierten Carsharing-Städte des Landes – umweltbewusste Münchner haben die Qual der Wahl

CARSHARING

CAR2GO

300 Smarts umfasst der Fuhrpark des Gemeinschaftsunternehmens von Daimler und Europcar. Gegen eine Gebühr von 19 Euro erhalten Nutzer an den Registrierungsstellen eine Mitgliedskarte und dazu 50 Freikilometer. Eine Smartphone-App hilft, bequem das nächste Auto zu finden, und nach der Fahrt stellt man es einfach innerhalb des Geschäftsgebiets ab. Jede Fahrtminute kostet 29 Cent, man kann das Auto aber auch pro Stunde (14,90 Euro) oder Tag (59 Euro) mieten. Parktickets sind bereits im Gesamtpreis inbegriffen, und auch das Tanken kann man bequem dem Serviceteam überlassen. Muss man doch einmal selbst zur Zapfsäule, erhält man fürs Volltanken 10 Freiminuten, gilt auch für Elektroautos.
www.car2go.com

STATTAUTO

Ein anderes Konzept verfolgt Stattauto: Kunden des ältesten Münchner Anbieters holen ihr Wunschfahrzeug an einem von gut 100 festen Standorten ab und bringen es auch dorthin wieder zurück. Neben einer Kaution von 500 Euro und 50 Euro Aufnahmegebühr (Beträge halbieren sich bei Vertrag mit MVV-Abo) fallen dafür monatlich sieben Euro sowie eine vom Modell abhängige Zeit- und Kilometerpauschale an. Ein Kleinwagen kostet beispielsweise 2,30 Euro pro Stunde sowie 23 Cent pro Kilometer, Benzinkosten sind auch hier bereits im Preis enthalten. Der Fuhrpark umfasst eine große Auswahl. Die Anmeldung erfolgt mittwochs (17 und 18.30 Uhr) bei den Infoveranstaltungen.
Obersendling
Mo–Fr 9–16.30 Uhr | Aidenbachstr. 36 Rgb. 2 | Tel. 089 202 05 70 | www.stattauto-muenchen.de | U 3 Aidenbachstraße (250 A3)

TAMYCA

Tamyca ist die erste und größte deutsche Plattform für privates Carsharing. Vermieter stellen darüber ihr Auto zur Verfügung, wenn sie es nicht benötigen, und legen den Preis selbst fest. Mieter müssen zwischen 23 und 69 Jahre alt sein, seit drei Jahren einen Führerschein besitzen und in Deutschland leben. Zur Auswahl stehen deutschlandweit rund 4500 Autos vom Transporter bis zum Sportwagen. Die Anmeldung über die Homepage oder App ist kostenlos, bezahlt wird mit Kreditkarte, Paypal oder Sofortüberweisung. Im Mietpreis ist eine Versicherung enthalten, nicht aber der Sprit – der Mieter muss den Tank so voll abgeben, wie er ihn übernommen hat.
www.tamyca.de

E-MOBILITÄT

ELEKTRORAD-ZENTRALE

Viele verwenden die Begriffe E-Bike und Pedelec synonym. Tatsächlich gelten für E-Bikes, die sich auch vollständig ohne Muskelschmalz fortbewegen, dieselben Bestimmungen wie für Mofas. Pedelecs dagegen gelten als Fahrräder, sind auf eine Geschwindigkeit von 25 km/h begrenzt und wollen getreten werden. Die Elektrorad-Zentrale bietet eine große Auswahl an beiden Varianten. Pedelecs kann man hier außerdem auch mieten. Ein Tag kostet beispielsweise 29 Euro, ein Wochenende 50 Euro.

Sendling
Mo–Fr 10–18.30, Sa 10–16 Uhr | Pfeuferstr. 33 | Tel. 089 72 60 94 45 | www.elektrorad-zentrale.de | Bus 53, 62, 131, 134 Herzog-Ernst-Platz (247 E4)

SWM LADESTATION

Die Stadtwerke München unterhalten 18 Tankstellen, die Elektroautos mit Ökostrom aufladen. Die zum Freischalten nötige Tankkarte kostet einmalig 49 Euro, über den Stadtwerke-Verbund »Ladenetz« können SWM-Kunden damit auch in anderen Städten tanken. Eine Übersicht der Münchner Ladestationen findet man auf der Homepage der Stadtwerke über den Reiter »M-Strom« unter dem Link »Autofahren mit Ökostrom«.
www.swm.de, www.ladenetz.de

LEIHRÄDER

CALL A BIKE

Nach der Registrierung im Internet oder über die App ist es ein Kinderspiel, sich an den Stationen der Deutsche-Bahn-Tochter ein Fahrrad zu leihen. Auf dem Fahrradschloss ist eine Telefonnummer angegeben, über die man einen Öffnungscode erhält. Nach der Fahrt muss man das Rad auch wieder absperren. 30 Minuten kosten einen Euro, Tagesgebühr max. 15 Euro. Studenten und Bahncard-Inhaber zahlen nur sieben Euro pro Tag, Vielfahrer werden gegen eine Jahres-pauschale von 39 Euro (Studenten) bis 49 Euro (ohne Bahncard) erst ab der 31. Minute zur Kasse gebeten.
www.callabike-interaktiv.de

MVG RAD

Das ist die perfekte Ergänzung zu den öffentlichen Verkehrsmitteln. Bis zu 120 Leihstation verteilen sich über München. Die Registrierung per App ist kinderleicht und ermöglicht eine reibungslose Ausleihe. Die über 1200 Fahrräder sind stabil, verfügen über eine Art Fahrradkorb und lassen sich auch jederzeit und überall parken. Pro Minute sind 8 Cent fällig. Wer ein entsprechendes Jahrespaket kauft (36–48 Euro), der fährt täglich die ersten 30 Minuten *for free.* Weitere zehn Bonusminuten gibt es für die Abgabe an einer MVG-Radstation.
www.mvg.de

Angesagt

München als Marke: Ob Craft Beer, Brillen oder Männermode – was von hier kommt, wird heiß geliebt. Ebenso wie die Klassiker, die keiner mehr missen möchte.

KUNST & KULTUR

KAMMERSPIELE
Mit dem neuen Intendant Matthias Lilienthal hat sich einiges geändert: »Ich möchte Johan Simons Internationalisierung der Münchner Kammerspiele weiter vorantreiben. Das heißt für mich auch eine künstlerische Brücke zwischen Paris, Tokio und Beirut zu schlagen.« Nach München folgten ihm u. a. die Regisseure Philippe Quesne, Toshiki Okada und Rabih Mroué. Das Haus bietet nun auch einen »Breakfast Club« (So), bei dem Schauspieler oder Regisseure das kommende Programm vorstellen. Bei der»Wuss-Partys« trifft man eine bunte Mischung aus Musikern, Künstlern, DJs.
Altstadt-Lehel
Maximilianstr. 28 | Karten 6–44 Euro | Tel. 089 23 39 66 00 | www.muenchner-kammerspiele.de | Tram 19 Kammerspiele (241 F4)

VEREINSHEIM
Hier isst man preisgünstig und gut – und noch dazu kann man sich prächtig amüsieren: wie etwa montags beim legendären Kleinkunstabend »Blickpunkt Spot«. Ein weiteres Highlight ist der Sonntag, an dem Moses Wolff, Christoph Theussl, Michael Sailer und Gäste mit der »Schwabinger Schaumschläger Show« auftreten. Ein Muss sind die Liveshows mit BR-Aufzeichnung. Beste Unterhaltung garantiert!
Schwabing
Tgl. ab 18 Uhr | Occamstr. 8 | Karten ab 7 Euro | Tel. 089 33 08 86 55 | www.vereinsheim.net | U 3, 6 Münchner Freiheit (245 D4)

VOLKSTHEATER
Der über München hinausgehende Erfolg dieser Bühne ist untrennbar mit ihrem Intendanten Christian Stückl verknüpft. Seine Mischung aus neuem bayerischen

Ein Hauch Asien in München: The Hutong Club

Volkstheater und frischen Adaptionen sowie Klassikern ist das Erfolgsrezept, mit dem es ihm gelungen ist, das Münchner Publikum in Scharen anzulocken. Ein Muss, falls Sie sich für die Leistungen aufstrebender junger Talente interessieren, ist das jährliche Festival »Radikal jung«. Denn unter Theater-Chefcoach Stückl haben es schon einige Newcomer wie Maximilian Brückner, ehemaliger »Tatort«-Kommissar des Saarländischen Rundfunks, Friedrich Mücke oder Kathrin von Steinburg von der Kreis- in die Bundesliga der Schauspielerei geschafft.

Maxvorstadt

Brienner Str. 50 | Karten 8,50–34 Euro | Tel. 089 5 23 46 55 | www.muenchner-volkstheater.de | U 1, 7, Tram 20, 21 Stiglmaierplatz (247 F1)

WERKSTATTKINO

Seit 1976 gibt es im Keller der Glockenbach-Wirtschaft Fraunhofer → S. 111

Filme der etwas anderen Art zu sehen: Filmhistorisches, Undergroundkino und Spielfilme aus fremden Ländern, oft in der Originalfassung. INSIDER TIPP Dieses Kleinod kann auch gemietet werden.

Isar- & Ludwigsvorstadt

Fraunhoferstr. 9 | Eintritt 4,50 Euro | Tel. 089 2 60 72 50 | www.werkstattkino.de | U 1, 2, 7 Fraunhoferstraße (241 D6)

ESSEN & TRINKEN

CRAFT BIER AUS MÜNCHEN

Wer Lust auf ausgefallenes Bier hat, muss dazu nicht mehr ins reinheitsgebotsfreie Ausland, er wird auch hier fündig. Die Jungs von Crew Republic mischen bereits seit 2011 den örtlichen Markt auf, sie haben inzwischen schon sechs ungewöhnliche und vollmundige Biersorten zur Wahl. 2014 schloss Marc Gallo seine Bier-Sommelier-Ausbildung ab, inzwischen versucht er sich mit seiner Marke Hopfmeister im Metier – mit großem Erfolg. Er hat auch schon vier Craft-Bier-Varianten im Sortiment. Bei drei Schöpfungen, die mit amerikanischen Hopfenaromen verfeinert werden, ist Tilman Ludwig mit Tilmans Biere angelangt. Der Münchner Braumeister produziert seinen ureigenen Gerstensaft mitten in Giesing.

www.crewrepublic.de
www.hopfmeister.com
www.tilmansbiere.de

THE HUTONG CLUB

Hutongs werden die Gassen rund um die Verbotene Stadt in Peking genannt. Das typische Chinatown-Flair von Garküchen holen die Hutong-Club-Macher einfach mit ihren köstlichen Asia-Häppchen in ihre schummrig-schönen Räumlichkeiten. Die saftigen Dumplings oder der Bang-Bang-Chicken-Salat sind absolut köstlich, aber auch die Barmänner

Trumpf oder Kritisch: Nicht nur Kartenspieler schätzen das moderne Wirtshausambiente

sind Profis. Der Cilantro Sprizz mit Koriander, Limette und Prosecco ist ungewöhnlich und unschlagbar gut.
Schwabing
€–€€€ Tgl. 18–1 Uhr | Franz-Joseph-Str. 28 | Tel. 089 38 38 03 43 | www.thehutongclub.de | U 3, 6 Giselastraße (244 C5)

MESCHUGGE

NEU So verrückt wie der Name es vermuten lässt, ist der Nachfolger der Volksküche im Volkstheater-Komplex eigentlich gar nicht. Warme Erdtöne, Bistrostühle und Küche zwischen Burger, Currywurst und Gnocchi wirken eher normal als meschugge. Nur die Plakate mit Grimassen schneidenden Schauspielern machen dem Namen alle Ehre. Schöne Idee: das dreigängige Theatermenü für 29 Euro vor Beginn der Aufführungen nebenan.
Maxvorstadt
€€–€€€ Mo–Fr 11.30–1, Sa/So 17.30–1 Uhr | Brienner Str. 50 | Tel. 089 57 87 78 59 | www.meschugge-muenchen.de | U 1 Stiglmaierplatz (244 A6)

TRUMPF ODER KRITISCH

NEU Modernes bayerisches Wirtshaus mit Augustiner-Bier aus dem Holzfass, geselligen Tischrunden und passionierten Kartenspielern, die ihren Gegnern den Namen des Lokals regelmäßig an den Kopf werfen. Guade bayerische Schmankerl wie Wurstsalat, Fleischpflanzerl oder Schweinsbraten gibt's natürlich auch.
Schwabing
€–€€ Tgl. 17–2 Uhr | Feilitzschstr. 14 | Tel. 089 38 08 82 40 | www.trumpf-oder-kritisch.de | U 3, 6 Münchner Freiheit (245 D4)

EINKAUFEN

Immer mehr Kleinunternehmer starten ihre eigenen Labels und Manufakturen – und werden damit über die Landesgrenzen bekannt. Vom Accessoire bis zum Bienenhonig, made in Munich ist in!

DISTORTED PEOPLE

Das Münchner Label versorgt Männer mit lässiger Streetwear im Vintagelook und ist auf dem besten Weg Kultstatus zu erlangen. Im vergrößerten Laden gibt es den »Barber & Butcher«-Style auch für Untenrum.

Isar- & Ludwigsvorstadt
Mo–Sa 12–19 Uhr | Hans-Sachs-Str. 5 | Tel. 089 379 672 60 | www.distorted people.com | U 1, 2 Fraunhoferstraße
(248 B3)

IOLANI EYEWEAR

Eine brillante Idee: Maria Ding und Stephanie Hannemann verkaufen Brillen mit Schmuckaccessoires. Wer hätte gedacht, dass die Brillenkette richtig trendy wird? Die Brillen aus Naturmaterialien werden in Handarbeit gefertigt und in Zusammenarbeit mit erfahrenen Manufakteuren, Goldschmieden und Schmuckdesignern veredelt. Wo Sie die Brillen bekommen, erfahren Sie auf: *www.iolani-eyewear.com*

LILLI & KARL

Der kleine Laden von Antje Lehner ähnelt eher einer Bastelwerkstatt als einem Geschäft. Neben hübschen Deko-Objekten, ausgefallenem Modeschmuck und anderen Schönheiten aus der eigenen Manufaktur sowie aus fremden Ateliers bietet die Inhaberin auch individuell gestaltete Einladungen oder Karten sowie personalisierte Mitbringsel.

Au-Haidhausen
Mi–Fr 11–19, Sa 11–16 Uhr | Pariser Str. 17 | Tel. 089 30 00 46 97 | www.lilliundkarl.de | S 1–4, 6–8 Rosenheimer Platz (249 D4)

MAHLEFITZ

ÖKO Mit dem Mahlefitz haben Kaffeeliebhaber eine attraktive Anlaufstelle. Während man im Café Cappuccino und Kuchen genießt, kann man den Bohnen beim Rösten zusehen – mit gutem Gewissen. Denn viele Sorten stammen aus biologischem Anbau, und die Produzenten erhalten sogar mehr als den Fair-Trade-Preis. INSIDER TIPP freitags, ab 18 Uhr, spezielle Kaffeeverkostungen.

Neuhausen
Mo–Fr 8–18, Sa 10–18, So 13–18 Uhr | Nymphenburger Str. 51 | Tel. 089 45 21 37 63 | www.mahlefitz.de | U 1 Maillingerstraße (243 E6)

NEARBEES

Wer träumt nicht davon einmal eigenen Bienenhonig zu produzieren? Münchner Hobbyimker haben sich auf einer Plattform zusammengetan und bieten dort selbst gemachten Honig feil. Einfach Honig aus einem Stadtviertel aussuchen (z. B. Haidhauser Sommerblütenhonig), bestellen – und die Lieferung kommt im Nachfüllpack mit der Post. Umgeben von Wohnhäusern profitieren die unterschiedlichen Völker von der Nähe zu den artenreichen Isarauen und städtischen Parkanlagen. Unter Umständen sammelten die fleißigen Erzeugerbienen sogar auf dem eigenen Balkon ... *nearbees.de*

SUPERDANKE!

ÖKO Gesünder geht's nimmer: Die Smoothie-Kreationen bestehen aus püriertem Bio-Obst und -Gemüse aus der Region. Weil sie richtig lecker sind, gibt es mittlerweile einen zweiten Laden im Glockenbachviertel (Fraunhoferstraße).

Maxvorstadt
Mo–Fr 8–19, Sa 10–19, So 11–17 Uhr | Türkenstr. 66 | Tel. 089 18 90 42 46 | www.superdanke.com | U 3, 6 Universität (244 C6)

Isar- & Ludwigsvorstadt
Mo–Fr 8–18, Sa 10–18, So 11–16 Uhr | Fraunhoferstr. 32 | Tel. 089 552 791 71 32 | U1, 2 Fraunhoferstraße (248 B3)

SPASS FÜR KINDER

KINDER- UND JUGENDFARM

Gärtnern und Selbermachen sind in – auch bei den Kids! Der Aufenthalt auf den Bauernhöfen in Ramersdorf und Neuaubing ist kostenlos, die Erlebnisse sind unbezahlbar: Gemüse und Blumen anbauen, Tiere versorgen, ein Handwerk erlernen. Auch Töpfer-, Schneider-, Schreiner- oder Computerkurse stehen auf dem Stundenplan. Ein Highlight: der samstägliche Kinderkochclub ab 11.30 Uhr mit gemeinsamem Mittagessen um 13 Uhr *(Kinder 2 Euro/Erw. 3,50 Euro)*.

Ramersdorf
Di–Sa 10–18 Uhr | Görzer Str. 95 | Tel. 089 60 06 28 15 | U 2, 7 Giesing, Bus 139 Görzer Schule (239 E5)

Neuaubing
Di–Sa 10–18 Uhr | Wiesentfelser Str. 59 | Tel. 089 8 71 12 87 | S 8 Freiham (252 B3)
www.jugendfarm-muenchen.de

WELLNESS & SPORT

LEO'S SPORTSCLUB

Das Leo's ist nicht nur ein Studio, es ist der bekannteste Sportsclub der Stadt. Hier treffen sich aber nicht nur Stars und Filmsternchen, sondern der Student genauso wie die Hausfrau. Im Angebot sind neben den aktuellsten

Kursen stets auch die modernsten Trainingsgeräte. Absolut top: der Yoga-Bereich und das Outdoor-Programm im Englischen Garten.

Schwabing

Mo–Fr 6.30–23 Uhr, Sa/So/Fei 8–22 Uhr | Leopoldstr. 11 | Tel. 089 3 83 89 90 | www.leos-sportsclub.de | U 3 Giselastraße (244 C5)

AUSGEHEN

DOWNTOWN FLASH

Der ehemalige Glam Club flasht inzwischen die jüngere Heteroszene mit intimer Atmosphäre, gut gemixten Longdrinks (z. B. der Downtown Paradise mit Gin, Apricot Brandy und Orangensaft) und Sound zwischen Hip-Hop, R'n'B und basslastigen elektronischen Beats.

Isar- & Ludwigsvorstadt

Do–Sa 21–5 Uhr | Theklastr. 1 | www.downtownflash.de | Tram 16–18 Müllerstraße (241 D6)

Köstliche Pizza-Kreationen der besonderen Art kommen im Italian Shot II auf den Teller

SCHYRENBAD

Münchens ältestes Freibad öffnete 1847 erstmals seine Pforten. Einst als reines Männerbad gedacht, erfreuen sich heute auch alle anderen am kühlen Nass. Dank der zentralen und idyllischen Lage, nahe den Isarauen, kann es schon mal vorkommen, dass sich hier bis zu 7500 Badegäste erholen.

Giesing

Mai–Sept. 9–18 (an heißen Sommertagen bis 20) Uhr | Claude-Lorrain-Str. 24 | Eintritt 4,10 Euro | www.swm.de | U 1, 2 Kolumbusplatz (248 B5)

ITALIAN SHOT II

NEU Die zweite Filiale der Pizzeria liegt in Uninähe und überzeugt Studenten und Hipster mit ihren ungewöhnlich belegten Teigfladen (z. B. mit gerösteter Walnuss oder mit Minz-Chili-Pistazien-Pesto) und interessanten Signature Drinks. Auch die lebhafte Atmosphäre und die über den Köpfen hängenden Blumenkästen verbreiten besonderes Flair – und das nicht nur zur monatlichen Italo-Disco-Party.

Maxvorstadt

Tgl. 11–1 Uhr | Theresienstr. 40 | Tel. 089 18 91 46 99 | www.italianshot.de | U 3, 6 Universität (244 B6)

PATOLLI

Tagsüber eine reinrassige Kaffeebar, verwandelt sich das Patolli mittwochs bis samstags ab 19 Uhr in eine beliebte Feierabendbar. Mixmaster Marco überzeugt mit hauseigenen Kreationen wie dem Pina Patolli oder angesagten Drinks wie dem Moscow Mule.

Altstadt-Lehel

Mo/Di 9–19, Mi–Sa 9–2 Uhr | Sendlinger Str. 62 | Tel. 089 89 05 83 12 | www.patollis.de | U 1–3, 6, 7 Sendlinger Tor (240 C5)

WASMEIER FREILICHTMUSEUM

Einst sammelte Ski-As Markus Wasmeier Olympiamedaillen. Heute sind es historische Bauernhöfe. Es ist eine Reise in vergangene Zeiten. Genauso wie die Braukunst, die dort zelebriert wird. Alles in purer Handarbeit wie vor 300 Jahren. Reichlich pilgern Städter zum Braumeister Olaf, der seinen Gehilfen einen unvergesslichen Tag bereitet. Weißwurstfrühstück, Mittagessen und reichlich Hopfensaft sind inklusive (85 Euro).

Schliersee/Neuhaus

Di–So/Fei 10–17 Uhr | Brunnbichl 5 | Tel. 080 26 92 92 20 | www.wasmeier.de | BOB Hauptbahnhof München Richtung Neuhaus (ca. 1 Std.) (253 D5)

Ist es ein Café oder eine Bar? Egal, im Patolli nimmt man sich gerne eine Auszeit

München erleben

Die Stadt und ihre magische Anziehungskraft, die spüren echte Münchner und Zug'roaste. Ausblick oder Abenteuer, Park oder Party – auf geht's!

Hier muss jetzt mal ein wenig Lokalpatriotismus erlaubt sein: München ist die beste Stadt der Welt – in Umfragen zur Lebensqualität klettert das Millionendorf regelmäßig auf die oberen Plätze. Das liegt auch daran, dass immer mehr ihre Stadt wieder entdecken wollen und sich auf die verschiedensten Touren begeben → **S. 29**. Romantiker dagegen wählen ein Picknick auf dem Olympiaberg → **S. 23** bei Sonnenuntergang. Oder einen anderen der folgenden Aussichtspunkte mit traumhaftem Panoramablick bis zu den Alpen.

AUSSICHTSPUNKTE

BAVARIA ★

New York hat die Freiheitsstatue, München seine Bavaria. Bayerns Schutzpatronin ist zwar mit 18,52 m um einiges kleiner, dafür aber um 36 Jahre älter als ihre 1886 aufgestellte größere Schwester. Und während man im Big Apple stundenlang für einen Sekunden-Rundum-Blick anstehen muss, kann man sich hier auf einer der zwei bronzenen Bankerln vom Aufstieg erholen. Einmal die Stadt mit den Augen der Bavaria sehen kostet nur 3,50 Euro. Am letzten Wiesnsonntag INSIDER TIPP spielen die Kapellen aller Zelte zu Füßen der Bavaria die bekanntesten Lieder des Oktoberfests.

Isar- & Ludwigsvorstadt

1. April–15. Okt. 9–18 (Oktoberfest 9–20) Uhr | Theresienhöhe 16 | U 4, 5 Theresienwiese (247 E3)

BLUE SPA BAR & LOUNGE

Die Aussicht von der Dachterrasse im Bayerischen Hof ist einmalig, der Sonnenuntergang der schönste der Stadt. Und: bitte keine Berührungsängste! Das

Fast wie in New York: Weit geht der Blick über München von der Bavaria

Hotel steht seit jeher auch den Münchnern offen. *Infos zum Blue Spa* → **S. 178.**

Altstadt-Lehel

Sommer tgl. 8–22.30 (Dachterrasse bei schönem Wetter bis 24), Winter Mo–Fr 16–22.30, Sa/So 12–22.30 Uhr | Promenadeplatz 2–6 | Tel. 089 2 12 08 75 | www.bayerischerhof.de | U 3, 6, S 1–4, 6–8 Marienplatz (241 D3)

FRÖTTMANINGER BERG

Früher eine Mülldeponie, ist der 75 m hohe Hügel heute ein Erholungsgebiet. Erklimmt man die Bergspitze über einen der Wanderwege, so beschleicht einen besonders bei Föhn das Gefühl, die Alpen lägen in U-Bahnreichweite. Nur 15 Radlminuten entfernt liegt der Aumeister-Biergarten *(Sondermeierstr. 1 | Tel. 089 18 93 14 20 | www.aumeister.de)*.

Fröttmaning

U 6 Fröttmaning (239 E1)

NEUES RATHAUS

Das 1908 fertiggestellte Gebäude beheimatet unterhalb des 85 m hohen Turms Europas viertgrößtes Glockenspiel. Scharen von Touristen versammeln sich täglich davor *(11 und 12 Uhr, März–Okt. auch 17 Uhr)* und blicken herauf, um dem Figurentanz zu folgen. Der Blick hinunter und über München hinweg ist aber ebenso spannend. Darum rein in den Lift und rauf zur Aussichtsplattform *(2,50 Euro)*.

Altstadt-Lehel

Okt.–April Mo–Fr 10–17, Mai–Sept. tgl. 10–19 Uhr | Marienplatz 8 | Tel. 089 2 33 00 | U 1–4, 6–8 Marienplatz (241 D4)

OLYMPIABERG

Mit einer relativen Höhe von etwa 60 m ist er eine der höchsten Erhebungen Münchens. Hier oben lauscht man ganz umsonst den Konzerten im Olympiastadion nebenan, dazu ein gut gefüllter Picknickkorb – und fertig ist das Sommerhappening. Immer noch ein Geheimtipp ist die INSIDER TIPP Olympia-Alm. Münchens höchstgelegener Biergarten residiert in luftigen 564 m über dem Meeresspiegel. Und an Silvester hat man einen einmaligen Blick auf den Münchner Feuerwerkszauber.

Schwabing

Olympiapark: Spiridon-Louis-Ring 21 | Tel. 089 3 06 70 | www.olympiapark.de | U 3, 8 Olympiazentrum (243 F3)*; Olympia-Alm: April–Sept. tgl. ab 9, Okt.–März tgl. ab 10 Uhr | Martin-Luther-King-Weg 8 | Tel. 089 3 00 99 24 | www.olympiaalm.de | U 2, 3 Scheidplatz* (243 F3)

OLYMPIATURM

Ob Münchner oder Tourist, den 291 m hohen Turm muss man unbedingt einmal erklommen haben. Dank modernster Technik bleiben einem die 1230 Stufen bis zum Drehrestaurant erspart: Nicht mal 30 Sekunden benötigt der Aufzug zur ersten Aussichtsplattform in 185 m Höhe. Für Geburtstagskinder ist der Eintritt frei. Neben der Sonderausstellung »50 Jahre Baubeginn Olympiaturm« beherbergt der Turm das Rockmuseum → S. 61.

Schwabing
Tgl. 9–24 Uhr | Spiridon-Louis-Ring 7 | Eintritt 5–7 Euro | Tel. 089 3 06 70 | www.olympiapark.de | U 3, 8 Olympiazentrum (243 F3)

ST. PETER

Wie die Stadt um ihn herum immer weiter wuchs, so veränderte sich auch der aus dem 11. Jh. stammende Alte Peter, wie die Münchner den Turm ihrer ältesten Pfarrkirche nennen. Nach etlichen Renovierungen erstrahlt das Gotteshaus inzwischen wieder in prächtigem Barock. Einmalig ist der Föhnblick auf die Alpen vom Kirchturm aus. Allerdings ist der Aufstieg nicht für jedermann geeignet: Das enge Treppenhaus mit rund 300 Stufen, die es zu erklimmen gilt, ist nichts für Menschen mit Klaustrophobie.

Altstadt-Lehel
Sommer Mo–Fr 9–18.30, Sa/So/Fei 10–18.30, Winter Mo–Fr 9–17.30, Sa/So/Fei 10–17.30 Uhr | Rindermarkt 1 | Eintritt 2 Euro | Tel. 089 2 10 23 77 60 | www.alterpeter.de | U 3, 6, S 1–4, 6–8 Marienplatz (241 D4)

BESONDERE ERLEBNISSE

CITYTHRILLER

Der Hausmeister des Bayerischen Nationalmuseums stirbt in der Nähe seines Arbeitsplatzes. Unfall oder Mord? Die Spur führt in den Münchner Untergrund, doch Zeugen wie Verdächtige weigern sich zu sprechen. Für gut drei Stunden schlüpfen Krimifans in die Rolle des Ermittlers und lernen die Stadt von einer neuen Seite kennen. Im Wettkampf gegen bis zu fünf andere Gruppen gilt es Spuren zu finden, Fakten zu kombinieren und Verdächtige zu verhören.
Sa/So, s. Homepage | ca. 59 Euro | Tel. 0221 7 00 65 31 | www.citythriller.de

FLUGSIMULATOR ★

Rein ins Jumbo A380-Cockpit und nach Hongkong gejettet. Nicht als Passagier,

MARCO POLO HIGHLIGHTS

★ Bavaria
New York hat seine Freiheitsstatue, München die Bavaria – blicken Sie mit den Augen der bayerischen Schutzpatronin über das Millionendorf → S. 22

★ Flugsimulator
Einmal abheben als Chefpilot am Steuer eines Passagierflugzeugs! Dieser Traum aus Kindertagen kann (zumindest gefühlt) in Erfüllung gehen ... → S. 24

★ Schaubrauen
Allein sieben Großbrauereien beherbergt die Landeshauptstadt. Wer sich selbst als Brauer ausprobieren möchte, schaut bei der Richelbräu vorbei → S. 27

★ Überflieger
München aus der Vogelperspektive entdecken und dabei majestätisch durch die Lüfte schweben, das geht nur mit einem Zeppelin → S. 28

OLYMPIAPARK MÜNCHEN
OLYMPIAPARK.
ERLEBEN.
OLYMPIAPARK.DE
360°
München
Olympiaturm
Stadion-Tour
Tour de Park
Zeltdach-Tour
Abseil-Tour
Audiowalk
Zeltdach-Tour
mit Flying Fox
Anmeldung und Info
Besucherservice
Tel. +49 (0)89 3067-2414/-2415
besucherservice@olympiapark.de
München Ticket
Tel. 089 54 81 81 81
www.muenchenticket.de

sondern als Pilot im Flugsimulator. Ein Fluglehrer hilft sowohl beim Schnupper- (60 Min./79 Euro) als auch beim Erlebnisflug (120 Min./158 Euro), damit Ihre virtuelle Tour ein Genuss über künstlichen Wolken und keine Bruchlandungsorgie wird.

Haidhausen

Mo und Mi–So 10–20 Uhr und nach Vereinbarung | Einsteinstr. 171 | Tel. 089 4 14 14 10 40 | www.flyipilot.de | S 1, 8 Flughafen München (253 D2)

HERRMANNSDORFER LANDWERKSTÄTTEN

ÖKO Dieser Name steht nicht nur für eine hohe ökologische Qualität, sondern auch für ein Naturerlebnis der besonderen Art. Umgeben von saftigen Weiden, großen Feldern und dem nahen Wald herrscht auf dem Gehöft der Landwerkstätten fast täglich ein reges Markttreiben in Sachen Brot, Käse, Wurst und Fleisch. Wer gerne einen Blick hinter die Stalltür werfen möchte, sollte sich den samstäglichen Führungen (10.30 Uhr, Nov.–März 14-tägig) anschließen. Darüber hinaus finden zahlreiche Veranstaltungen statt wie Back- & Brau-Seminare, Kunsthandwerkermärkte oder Kindererlebniswochen. Gleich vor Ort von der Qualität überzeugen kann sich jeder, der im Schweinsbräu samt Biergarten einkehrt.

Glonn

Termine s. Homepage | Hofmarkt: Mo–Fr 9–18, Sa 8.30–14 Uhr | Herrmannsdorf 7 | Tel. 08093 9 09 40 | www.herrmannsdorfer.de | S 6 Grafing, Bus 440 Westerndorf, zu Fuß 15 Min. (253 D4)

ISAR-FLOSSFAHRT

Eine Riesengaudi! Los geht's früh am Morgen in Wolfratshausen. Ist alles gut verstaut, die Musi an Bord und das erste Fass angezapft, legen die Flößer auch schon ab. Insgesamt gilt es 28 km und einige Floßrutschen zu bewältigen. Im Preis inbegriffen sind eine Weißwurst-Brotzeit, ein Mittagessen sowie Bier und antialkoholische Getränke. Nach 5–7 Stunden endet dieser feuchtfröhliche Spaß dann in München an der Thalkirchner Floßlände. Neben den üblichen Gruppenbuchungen können auch Einzeltickets (144 Euro) erworben werden.

Wolfratshausen

Termine s. Homepage | Schrall IT & event GmbH | Erlenweg 1a | Tel. 08171 48 31 90 | www.flossfun.de | S 7 Wolfratshausen (252 C4)

JAPANISCHE TEEZEREMONIE

Nur ein paar Schritte sind es von der bayerischen Großstadt ins Land der aufgehenden Sonne: Das Japanische Teehaus liegt auf einer kleinen Insel am südlichen Rand des Englischen Gartens. Von April bis Okt. findet hier an einem Wochenende (14, 15, 16, 17 Uhr) im Monat die traditionelle Teezeremonie statt. Gruppen ab 10 Personen sollten sich anmelden. Das INSIDER TIPP Japan-Fest im Juli gibt Einblicke in Sport, Kunst und Kultur des Landes.

Altstadt-Lehel

Termine s. Homepage | Japanisches Teehaus | Prinzregentenstr. 1 | 8 Euro | Tel. 089 22 43 19 | www.urasenke-muenchen.de | Bus 100 Königinstraße (241 F1)

OLYMPIAPARK ZELTDACHTOUR

Nur Schwindelfreie genießen den freien Blick auf die Alpen und die Türme der Frauenkirche bei der 120-Minuten-Tour übers Olympiadach (43 Euro). Romantikern sei die Sonnenuntergangspartie empfohlen. Die Abseiltour direkt vom Dach auf den Rasen des Stadions sorgt für einen weiteren Adrenalinkick. Wie Indiana Jones fühlt man sich beim Flying Fox. Vom Olympiadach aus gleitet man

200 m übers Olympiastadion hinweg, bevor man wieder festen Boden berührt.

Schwabing

Termine auf der Homepage | Spiridon-Louis-Ring 21 | 43 Euro | Anmeldung erforderlich | Tel. 089 30 67 24 14 | www.olympiapark-muenchen.de | U 3, 8 Olympiazentrum (243 E3)

SCHAUBRAUEN ★

Der Münchner liebt sein Bier und greift daher immer öfter selbst zu Hopfen, Malz und Wasser. Mikrobrauereien und

Schwindelfrei sollte man sein bei der Tour übers Zeltdach des Olympiastadions

Hobbybrauer sind voll im Trend, rund hundert von ihnen gibt es inzwischen in München. Die erste Hausbrauerei der Stadt, die Richelbräu, liegt etwas versteckt in einem Keller in Neuhausen. Zweimal im Monat führt hier ein internationales Team in die Geheimnisse des Bierbrauens ein. Das selbst gebraute »Casa Nova« kann man auch an allen anderen Wochenenden verkosten.

Die Teilnahme ist gratis, über eine kleine Bierkassenspende freuen sich die Macher. Vorher telefonisch anmelden!

Neuhausen

Fr–So 15–18 Uhr, Schaubrauen jeden 1. und 3. Sa/Monat | Richelbräu | Richelstr. 26 | Tel. 089 13 25 84 | www.richelbraeu.de | Tram 16/17 Burghausener Straße (247 D1)

TIERPARK HELLABRUNN

Auf Tuchfühlung: Die Lieblingstier-Rendezvous gehören zu den beliebtesten Angeboten des Tierparks. Das einstündige Erlebnis (max. 4 Pers./99 Euro) bietet einen Blick hinter die Kulissen, Fütterung, Informationen über die Marotten der Tiere sowie Streichelkontakt. Weitere Dates gibt es u. a. mit Giraffen, Riesenschildkröten, Lemuren oder Robben. Mit großzügigem Vorlauf anmelden! Wer nicht so lange warten will, nimmt an einer der 1,5-stündigen Führungen teil.

Thalkirchen

Termine s. Homepage | Tierparkstr. 30 | Tel. 089 6 25 08 34 | www.hellabrunn.de | U 3 Thalkirchen, Bus 52 Tierpark/Alemannenstraße (251 D3)

Betörende Geruchsexkursion in den Rosengarten

ÜBERFLIEGER ★

Einst waren sie die Herren des Himmels, flogen bis nach New York und schwebten durch die Lüfte über Städte und Länder hinweg. Heute sieht man Zeppeline eher selten. Umso faszinierender ist es, eins dieser Luftschiffe zu besteigen und mit ihnen München aus der Vogelperspektive zu entdecken. Gestartet wird in der Flugwerft Schleißheim → **S. 59**. Zugegeben, es ist kein günstiger Spaß bei 340 Euro fürs Ticket, aber es ist eben auch etwas Einmaliges. **INSIDER TIPP** Zu Zweit wird's etwas günstiger, da es aufs zweite Ticket 150 Euro Ermäßigung gibt. Die Flugzeit beträgt 40 Minuten.

Oberschleißheim

Effnerstr. 18 | Infos und Buchung: Tel. 07541 5 90 00 | www.zeppelinflug.de | S 1 Oberschleißheim (252 C2)

GRÜNE OASEN

ALTER SÜDFRIEDHOF

Der Südfriedhof ist mit gut 450 Jahren die älteste Grünfläche der Innenstadt. Da er lange der einzige Friedhof für das gesamte Stadtgebiet war, kann man die Grabmäler vieler berühmter Münchner entdecken. Schlendern Sie anschließend über den Westermühlbach zum Spielplatz am Glockenbach oder kehren Sie ein in der Aroma Kaffeebar → **S. 80**.

Isar & Ludwigvorstadt

Tgl. Okt.–Feb. 8–17, März, Sept. 8–18, April–Aug. 8–19 Uhr | Thalkirchner Str. 17 | Tel. 089 2 31 99 01 | U 1–3, 6, 7 Sendlinger Tor (248 A–B 3–4)

BAVARIAPARK

Der Mitte des 19. Jhs. angelegte Park befindet sich westlich der Theresienwiese, hinter der Bavaria. Auf der großen Wiese, von alten Eichen umgeben, spielen Kinder Fußball, und Paare schauen sich beim Picknick verliebt in die Augen. Auf den Wegen treffen sich Jogger, Hundebesitzer und Spaziergänger, Familien am Kinderspielplatz. Einkehrmöglichkeiten: auf ein kühles Augustiner im Biergarten des Wirtshauses am Bavariapark → **S. 80** oder zu einem Sundowner in die daneben liegende Kongressbar *(Di–Do 17–1, Fr/Sa 17–2 Uhr | www.kongressbar.de)*.

Westend

Immer frei zugänglich | Am Bavariapark 1 | U 4, 5 Schwanthalerhöhe (247 E3)

BLUTENBURG

Das Lust- und Jagdschloss aus dem 15. Jh. beherbergt heute die internationale Jugendbibliothek. Weitab von der Stadthektik stromern Spaziergänger entlang der Würm zum Schloss. Dort gilt es, einen der Strandkörbe im Garten der Schlossschänke *(tgl. 10–22 Uhr | www.schlossschaenke-blutenburg.de)* zu ergattern und die Schwäne auf dem Weiher zu beobachten. Auch im Winter ist die Blutenburg einen Besuch wert, dann findet im Schlosshof ein INSIDER TIPP idyllischer Weihnachtsmarkt statt.

Obermenzing

Immer frei zugänglich | Sedlweg 15 | Bus 143, 160 Blutenburg, S 3, 4, 6, 8, 20 Pasing (238 A2)

LUITPOLDPARK

Mittelpunkt des 1911 angelegten Parks ist ein 37 m hoher Hügel, der aus dem Schutt der im Zweiten Weltkrieg zerbombten Stadt besteht. Heute ist er eine grüne Oase, im Sommer genießt man dort den Ausblick über Schwabing oder vergnügt sich im Freibad Bad Georgenschwaige *(www.swm.de |* (244 B2)*)* im Norden des Parks, im Winter sausen Kinder mit Schlitten die Hänge hinab.

Schwabing

Frei zugänglich | Karl-Theodor-Straße | Tram 12, U 3 Scheidplatz (244 B3)

ROSENGARTEN

Wunderbar verträumt ist es im Rosengarten, wenn im Sommer Tausende Blüten für eine Farb- und Duftexplosion sorgen. Nicht nur interessierte Hobbygärtner (kostenlose Führungen) zieht es in den Garten. Auch die anderen Bereiche der 4500 m^2 großen Freifläche wie Tast-, Flieder- oder Giftpflanzengarten sind ein Erlebnis für alle Sinne. Zudem ist der Rosengarten eine tolle INSIDER TIPP Picknicklocation. Die entsprechenden Körbe kann man sich im Bavarese *(www.bavarese.net)* holen.

Giesing

April–Sept. Mo–Fr 7–21, Sa/So 9–21, Okt.–März Mo–Fr 7–18, Sa/So 9–18 Uhr | Städtische Baumschule Bischweiler | Sachsenstr. 2 | Tel. 089 62 17 14 42 | www.muenchen.de | U 1, 2, 7 Kolumbusplatz (248 B5)

UMWELTGARTEN NEUBIBERG

ÖKO Auf den 3,2 ha des Umweltgartens lässt sich in mehr als 20 naturnah gestalteten Lebensräumen viel über Hecken, Kräuter und Tiere wie Ponys oder Schafe lernen. Mittwochs ist Gartentag, sprich ab 17 Uhr trifft man sich im Biogarten (nur bei schönem Wetter), um gemeinsam zu garteln und zum Erfahrungsaustausch. Dazu kommen Veranstaltungen wie Brotbacken, Pflanzenflohmärkte oder Baumschnittkurse.

Neubiberg

Immer frei zugänglich | Äußere Hauptstr. 10 | Tel. 089 6 00 12 16 oder -17 | www.umweltgartenverein.de | S 7 Neubiberg (239 F6)

WEISSENSEEPARK

Kinder planschen am Spielplatz mit Wasserstelle, es wird Streethockey oder Basketball gespielt, Bodenschach oder auf der Sommerstockbahn. Wer es lieber ruhiger mag, zieht sich auf die Wege im Osten oder um das Biotop im Norden zurück. Von dort aus ist es nur ein kurzer Spaziergang zum Schinken-Peter *(tgl. 10–1 Uhr | www.schinkenpeter.de)* mit großem Biergarten.

Giesing

Immer frei zugänglich | Untersbergstraße | U 1 St.-Quirin-Platz, U 2 Untersbergstraße (248 C6)

STADTFÜHRUNGEN

DREHORTE MÜNCHEN

Wollten Sie schon immer mal wissen, wo der Pumuckl wohnte? Oder möchten Sie lieber an die Tatorte der ARD-Kommissare Leitmayr und Batic? Tour-Guide Sebastian Kuboth kennt nicht nur viele Anekdoten, sondern hat auch einiges an Insiderwissen, wenn es um Münchner Filmdrehorte geht. Die Führungen werden individuell abgestimmt

und kosten pro Person 10 Euro die Stunde (5–10 Personen pauschal 50 Euro/Stunde). Empfohlene Zeit: mindestens 2 Stunden.
Termine nach Vereinbarung | Tel. 089 33 03 53 48 | www.drehorte-muenchen.de

FASZINATION UNTERGRUND

Sie ist eine der Lebensadern der Stadt, transportiert täglich über eine Million Menschen und wächst stetig weiter: Die Münchner U-Bahn ist eine besondere Erfolgsgeschichte. Sie begann schon lange vor den Olympischen Spielen von 1972. Selbst ein Prinzregent träumte von ihr. Diese außergewöhnliche Führung im Münchner Untergrund gewährt tiefe Einblicke in den Alltag, die Architektur und die Historie der Untergrundbahn. Achtung! Für diese zweistündige Tour ist zusätzlich ein MVV-Ticket von Nöten.
Altstadt & Lehel
Termine s. Homepage, Treffpunkt: Spielzeugmuseum, Turm des Alten Rathauses | Kosten 11 Euro | Tel. 089 54 40 42 30 | www.stattreisen-muenchen.de | U 3, 6, S 1–4, 6–8 Marienplatz (241 D4)

MIKE'S BIKE TOURS

Welcome to Munich! Wie wäre es denn mit einer Auffrischung Ihrer Englisch-Sprachkenntnisse? Vergessen Sie die Sprachstudios, schnappen Sie sich lieber ein Radl von Mike, und ab geht's zum Sightseeing in Englisch. Die Touren (ab 31 Euro) sind nicht nur unterhaltsam, sondern dank der Touristen auch äußerst völkerverbindend. Und wer weiß, vielleicht ergibt sich aus diesen Kontakten auch Ihr nächstes Urlaubsziel?
Altstadt-Lehel
Tgl. 9–20 Uhr | Discover Bavaria Shop | Bräuhausstr. 10/Hochbrückenstraße | Tel. 089 25 54 39 87 | www.mikesbiketours.com | U 3, 6, S 1–4, 6–8 Marienplatz (241 E4)

MÜNCHEN HOCHPROZENTIG

NEU Anfang der 1970er-Jahre begann sich Münchens Barkultur zu entwickeln. Verantwortlich hierfür: Harry's New York Bar, das heutige Pusser's *(Falkenturmstr. 9 | Altstadt-Lehel | www.pussersbar.de | 241 E3–4)*. Über 40 Jahre später verfügt diese Stadt über eine unglaubliche Vielfalt an erstklassigen Mixologen und tollen Bars. Mitten im Geschehen: die Marco-Polo-Autoren Alexander Wulkow und Amadeus Danesitz. Auf vierstündigen Walking-Touren durch Münchens Barszene gibt es köstliche Cocktailkreationen und reichlich Insiderwissen.
Termine/Treffpunkt s. Homepage | Kosten 40–60 Euro | Anmeldungen nur online | www.barguide-muenchen.com

MÜNCHEN KULINARISCH

Stadtvierteltouren sind äußerst gefragt. So kann man ganz neue Einblicke ins Viertel gewinnen – auch kulinarisch. Darauf hat sich Eat The World spezialisiert. In den knapp dreistündigen Touren werden nicht nur wissenswerte Fakten geliefert, sondern auch sieben Kostproben verschiedener Lokalitäten: der perfekte Mix aus Kultur und Gaumengenuss. Treffpunkt wird erst bei der Buchung genannt.
Neuhausen: Fr 11, Sa 14 Uhr; Schwabing: So 13, Mi/Fr 14, Sa 11 Uhr; Haidhausen: Do/Fr 14 Uhr, Sa 11 Uhr | Kosten 33 Euro | Tel. 030 206 22 99 90 | www.eat-the-world.com

O'GSPRÜHT IS!

Hinter diesem Titel versteckt sich eine äußerst interessante Tour, deren Hauptdarsteller so klangvolle Namen tragen wie Loomit, Ray oder Mitch II. Sie zählen zu den Pionieren der Münchner Street-Art, von hier verbreitete sich vor 30 Jahren diese Kunstrichtung erst deutschlandweit. Heute schmücken ihre Werke Museen. Und ob nun illegal oder legal, Münchens Straßenkunst bietet nach wie vor einmalige Kunstwerke im öffentlichen Raum.

Isar- & Ludwigsvorstadt

Termine s. Homepage, Treffpunkt: Müller'sches Volksbad | Frauenlobstr. 24 Rgb. | Kosten 11 Euro | Tel. 089 54 40 42 30 | www.stattreisen-muenchen.de | U 3, 6 Goetheplatz (248 A3)

STADTFÜHRUNG AUF BAYERISCH

»Vom Marienblotz gemma z'erst ummi zum Oidn Bäda und nacha zum Viktualienmarkt ... Nach da G'schicht vom Skandal im Sperrbezirk gemma nüba in d'Maximilianstrass' und viri zur Oper.« Die Führer vom Weis(s)en Stadtvogel zeigen die Stadt in Tracht und auf krachertem Bayerisch *(16 Euro/90–120 Min.)*. Da lernt man die Landessprache ganz nebenbei. Die Viktualienmarkt-Probiertour *(Mo–Sa 11/13/15 Uhr | 29 Euro)* verwöhnt mit historischen und aktuellen Infos sowie mit Schmankerln aus aller Welt.

Altstadt-Lehel

Sa ab 14 Uhr | Unterer Anger 14 | Anmeldung erforderlich, Tel. 089 2 03 24 53 60 | www.stadtvogel.de | U 1–3, 6, 7 Sendlinger Tor (240 C5)

STADTVIERTEL-TOUREN

Wissen Sie, wo und wie der Jugendstil seinen Namen bekam? Oder wo anno 1914 Münchens erste Reihenhaussiedlung stand? Auf den Stattreisen-Entdeckungstouren erhalten Sie neue, interessante Einblicke in Ihr eigenes Viertel. Zum Programm des Vereins gehören auch die »LiteraTouren«. Bei diesen Rundgängen wandelt man u. a. auf den Spuren von Thomas Mann oder Erich Kästner. Und noch ein Tipp für Eltern: Tolle Touren und Schnitzeljagden für Kinder (5–12 Jahre) sind eine spannende Alternative zur normalen Geburtstagsfeier.

Isar- & Ludwigsvorstadt

Fr–So, s. Website | Stattreisen München e.V. | Frauenlobstr. 24, Rgb. | Kosten 11 Euro | Tel. 089 54 40 42 30 | www.stattreisen-muenchen.de | U 3, 6 Goetheplatz (248 A3)

Bei Stadtführungen auf Bayerisch ist der Sprachkurs inklusive

Muh|seum
Moos|eum
Mu|seel|um
Museen
des Bezirks Oberbayern
Freilichtmuseum Glentleiten
Bauernhausmuseum Amerang
Holztechnisches Museum Rosenheim
Deutsches Hopfenmuseum Wolnzach
Freilichtmuseum Donaumoos
kelten römer museum manching
Holzknechtmuseum Ruhpolding
Museum Inn-Salzach-Klinikum
Psychiatrie-Museum des Klinikums München-Ost
Soziales | Gesundheit | Bildung | Kultur | Umwelt | Heimatpflege
bezirk oberbayern

Kunst & Kultur

Keith Richards trifft Mariss Jansons, und Dürer auf Picasso – ob Oper, Livekonzert, Underground oder Kunst, wer sich in München langweilt, ist selber schuld.

Die Stadt boomt, und mit ihr die Kunst und Kultur. So erfreut sich das Deutsche Theater → **S. 44** neuer Beliebtheit, duellieren sich BMW Welt → **S. 34** und Allianz Arena → **S. 34** um den Titel des Publikumslieblings, und das NS-Dokumentationszentrum → **S. 61** sorgt für weltweites Interesse und präsentiert eine einzigartige Ausstellung zum dunkelsten Kapitel der Stadtgeschichte.

BESONDERE BAUWERKE

ALLIANZ ARENA ★

Das gigantische »Schlauchboot« an der Autobahn München–Nürnberg ist eines der größten und modernsten Fußballstadien Europas. Fußball- und Architekturfans besichtigen den 280-Mio.-Euro-Bau nach den Plänen des Architekturbüros Herzog & de Meuron bei einer der Arena-Touren, angeboten tgl. zwischen 11 und 16.30 Uhr, an Spieltagen bitte die Angaben auf der Homepage beachten. Spektakuläres Merkmal des Fußballrunds: Dank neuster LED-Technik erstrahlt die Arena nicht mehr nur in den Vereinsfarben der Clubs, sondern z. B. auch in »Irish Green« wie am St. Patrick's Day. Zudem beheimatet die Arena die multimediale FC Bayern Erlebniswelt *(10–18 Uhr, an Spieltagen gesonderte Öffnungszeiten | Eintritt 12 Euro)*, das modernste Fußballmuseum der Welt.

Fröttmaning

Werner-Heisenberg-Allee 25 | Tel. 089 3 50 94 83 50 | www.allianz-arena.de | U 6 Fröttmaning **(239 nördl. E1)**

BMW WELT ★

Der futuristische Bau am Olympiapark, in direkter Nachbarschaft des berühmten

Die Legenden eines Vereins: Trophäen, Bilder und Geschichten in der FC Bayern Erlebniswelt

»Vierzylinders« der Konzernzentrale, stürmte von Null auf Platz eins der meistbesuchten Sehenswürdigkeiten der Stadt. Neben der Fahrzeugauslieferung sind dort Autoausstellungen, Veranstaltungsräume und Shops untergebracht. Vor allem das INSIDER TIPP EssZimmer → **S. 93**, in dem Spitzenkoch Bobby Bräuer feinste französische Sterneküche auf den Tisch zaubert, bietet neben Einblicken in die Haute Cuisine himmlische Ausblicke ins bunte Treiben der BMW Welt. Sowohl für Nostalgie als auch für Futurismus steht das benachbarte BMW Museum. Praktischerweise gibt es für beide Locations eine kostenfreie App.

Schwabing

Tgl. Gebäude 7.30–24, Ausstellung 9–18 Uhr | Am Olympiapark 1 | Tel. 089 125 0160 01 | www.bmw-welt.com | U 3, 8 Olympiazentrum (244 A2)

OLYMPIAGELÄNDE

Einer der wenigen deutschen Beiträge zur Weltarchitektur nach 1945. Entworfen hat das Gelände das Büro Behnisch und Partner. Im Zentrum des über 50 Jahre alten Areals steht der gut 290 m hohe Olympiaturm → **S. 23**, drum herum liegt der Landschaftspark mit dem Olympiasee und den Spielstätten. 75 000 m^2 misst das charakteristische Zeltdach, das mit 1700 km Stahlseilen aufgehängt ist. Heute finden hier unterschiedliche Veranstaltungen statt, vom Volksfest über Sportwettbewerbe bis zum Rockkonzert. Die Olympiapark-Macher bieten verschiedene Rundgänge, u. a. eine Architek-Tour, für Besucher an – sogar Spaziergänge auf dem Zeltdach sind möglich → **S. 26**. Sehr hilfreich: die Olympiapark-App mit Ticketfunktion für Events.

Schwabing

Georg-Brauchle-Ring | Tel. 089 30 67 24 14 | Tel. 089 30 67 27 50 | www.olympiapark.de | U 3, 8 Olympiazentrum (243 E–F 2–3)

RESIDENZ

Über mehrere Jahrhunderte hinweg wurde das Münchner Stadtschloss der Wittelsbacher immer wieder ausgebaut und erweitert. Und so findet sich in der Schlossanlage inmitten der Stadt mit dem »Antiquarium« der größte profane Renaissancebau nördlich der Alpen und mit den »Reichen Zimmern« und der Ahnengalerie Höhepunkte der Raumgestaltung des Rokoko. Das trifft auch auf das prächtige Cuvilliéstheater zu. Nicht versäumen: die von Herzog Albrecht V. 1565 gegründete Schatzkammer der Wittelsbacher mit Meisterwerken und Kleinodien vom frühen Mittelalter bis zu Barock und Klassizismus.

Altstadt-Lehel

April–Okt. tgl. 9–18, Okt.–März 10–17 Uhr | Max-Joseph-Platz 3 | Eintritt 3,50–7 Euro (mit Schatzkammer, Cuvilliéstheater 13 Euro) | Tel. 089 29 06 71 | www.residenz-muenchen.de | U 3–6 Odeonsplatz, Tram 19 Nationaltheater (241 E3)

SCHLOSS NYMPHENBURG

So begeistert war Kurfürst Ferdinand Maria von der Geburt seines Thronfolgers, dass er seiner Gattin 1662 ein Lustschloss schenkte. Schloss Nymphenburg wurde 1675 vollendet, in den kommenden Jahrzehnten ausgebaut und gehört zu den prächtigsten Beispielen für weltlichen bayerischen Rokoko. Im Schloss selbst befindet sich auch die berühmte Schönheitengalerie, die Hofmaler Joseph Stieler im Auftrag von Ludwig I. malte, im Südflügel das Marstallmuseum. Sehenswert auch die Porzellansammlung und die Nymphenburger Porzellanmanufaktur. Im großen Landschaftspark befinden sich vier weitere Gebäude, die zu besichtigen sind: die kleinen Schlösschen Amalienburg, Badenburg und Pagodenburg sowie die Magdalenenklause, in die sich der Kurfürst zum Gebet zurückzog. Für Romantiker: INSIDER TIPP Gondelfahrten auf dem Mittelkanal *(Sommer tgl. ab 10 Uhr bei schönem Wetter | 15 Euro pro Pers./30 Min.)*. Wer den historischen Park etwas genauer entdecken möchte, dem ist die äußerst informative App Schloss Nymphenburg zu empfehlen.

Nymphenburg

April–15. Okt. tgl. 9–18, 16. Okt.–März tgl. 10–16 Uhr | Eintritt 5–6 Euro (Kombikarte 9–11,50 Euro) | Tel. 089 17 90 80 | www.schloss-nymphenburg.de | Bus 51,

MARCO POLO HIGHLIGHTS

★ **Allianz Arena**
Die Heimstätte des FC Bayern zählt architektonisch zu den Top-Highlights der Stadt → **S. 34**

★ **BMW Welt**
Kaum zu glauben, aber der futuristische Bau samt Innenleben ist Bayerns Sehenswürdigkeit Nummer 1 → **S. 34**

★ **Lenbachhaus**
Kandinsky, Klee, Marc, Macke – der »Blaue Reiter« ist der Publikumsmagnet in der italienisch anmutenden Prachtvilla des Malerfürsten → **S. 42**

★ **Poetry-Slams**
Im Substanz gibt München Europas größter monatlicher Dichterschlacht ein Zuhause → **S. 56**

★ **NS-Dokumentationszentrum**
Nirgends ist der Aufstieg und Fall des Nazi-Regimes besser dokumentiert als hier. Und die Gegenwart kommt auch nicht zu kurz → **S. 61**

★ **Staatliches Museum Ägyptischer Kunst**
Könnten sie ihn sehen, würden selbst die ägyptischen Pharaonen diesen prächtigen Neubau aus Glas und Beton ihrer würdig finden → **S. 61**

★ **Iberl Bühne**
Bayerisch ist schwer angesagt – und einer seiner Bewahrer, der Mair »Schorsch«, ein Münchner Unikum, sorgt mit seinen modernen und unterhaltsamen bajuwarischen Stücken dafür, dass dies auch so bleibt → **S. 63**

Tram 17 Schloss Nymphenburg (242 A–B 4–6)

SCHLOSS SCHLEISSHEIM

10 km vom Zentrum entfernt, am nördlichen Stadtrand, liegt das Neue Schloss Schleißheim. Kurfürst Max Emanuel ließ es 1701–1704 nach Entwürfen von Enrico Zuccalli errichten (vollendet wurde es aber erst ab 1719 von Joseph Effner). Es sollte Max Emanuels Königsschloss werden, doch der begabte Feldherr hatte sich verkalkuliert, die Königswürde blieb ihm versagt. Sehenswert sind vor allem die Gemäldegalerien mit Meisterwerken der europäischen Barockmalerei sowie das kleine Schlösschen Lustheim, in dem sich eine bedeutende Sammlung von kostbarem Meißner Porzellan befindet.

Oberschleißheim

April–Sept. Di–So 9–18, Okt.–März 10–16 Uhr | Eintritt 3 Euro (Kombikarte mit Altem Schloss und Schloss Lustheim 8 Euro) | Tel. 089 3 15 87 20 | www.schloesser-schleissheim.de | S 1 Oberschleißheim, Mo–Sa Bus 292 Mittenheimer Straße o. Schoss Lustheim (252 C2)

GALERIEN & KUNSTMUSEEN

ALTE PINAKOTHEK

Mehr als 700 Meisterwerke der europäischen Malerei vom 14. bis 18. Jh. sind ausgestellt – von Rembrandt über Rubens bis hin zu Albrecht Altdorfers »Alexanderschlacht«, dem Lieblingsbild der Münchner. Auch das Gebäude von 1836 ist sehenswert. Sonntags gibt's die große Kunst für einen Euro. Auf Grund einer energetischen Sanierung, die bis Ende 2018 dauert, kommt es zu temporären Schließungen von Teilbereichen sowie ermäßigten Preisen.

Maxvorstadt

Mi–So 10–18, Di 10–20 Uhr | Barer Str. 27 | Eintritt 2–4 Euro (So 1 Euro) | Tel. 089 23 80 52 16 | www.pinakothek.de/alte-pinakothek | U 2 Theresienstraße, Tram 27 Pinakotheken (244 B6)

INSIDER TIPP **ALTE WIEDEFABRIK**

Auf dem ehemaligen Fabrikgelände in Johanneskirchen haben Maler, Objekt- und Performancekünstler ihr kreatives Lager aufgeschlagen. Die zweimal im Jahr (Mitte Januar und Juli) stattfindende Gemeinschaftsausstellung zieht Hunderte von Besuchern an – Fabrikbesitzer Gottfried Wiede sei Dank.

Johanneskirchen

Besuch nur mit Anmeldung: info@wiedefabrik.de | Rambaldistr. 27 | www.wiedefabrik.de | S 8 Johanneskirchen (239 F2)

BUCHHEIM-MUSEUM

Das Museum, das der eigenwillige Schriftsteller, Künstler und Kunstsammler Lothar-Günter Buchheim initiiert hat, zeigt dessen einmalige Sammlung an Malerei des Expressionismus. Zu den Ausstellungsstücken im Gebäude am Starnberger See gehören Werke von berühmten Künstlern wie Ernst Ludwig Kirchner, Erich Heckel, Otto Mueller, Emil Nolde, Max Pechstein und Karl Schmidt-Rottluff. An den Wochenenden und an Feiertagen findet jeweils um 14.30 Uhr eine öffentliche Führung zum Preis von 2,50 Euro statt.

Bernried am Starnberger See

April–Okt. Di–So 10–18, Nov.–März Di–So 10–17 Uhr | Am Hirschgarten 1 | Eintritt 4–8,50 Euro | Tel. 081 58 99 70 20 | www.buchheimmuseum.de | Anfahrt mit dem Museumsschiff »Phantasie« möglich (22 Euro) (252 B4)

DOMAGKATELIERS

Das Haus 50 mit seinen 101 Ateliers und Studios bietet einen guten Querschnitt der Vielfalt der Münchner Kunstszene – Malerei, Bildhauerei, Fotografie, Mixed

infopoint
museen & schlösser
in bayern
Informationen
bayerische Museen & Schlösser
München im Alten Hof lebendige
Geschichte Kaiser Ludwig der Bayer
multimediale Dauerausstellung Münchner
Kaiserburg gotisches Gewölbe
Affenturm mittelalterliche Stadtmauer
Alter Hof 1 • 80331 München • Mo–Sa 10–18 Uhr
www.infopoint-museen-bayern.de

Media und Musik. Als zentraler Treffpunkt des Künstlerquartiers zählt die Halle 50, in der die internationalen Künstler ihre Werke auch einer breiten Öffentlichkeit zeigen. Darüber hinaus finden jeden dritten Sonntag (15–18 Uhr) die sogenannten »Künstler-Sonntage« mit geführten Atelierrundgängen und Künstlergesprächen statt.

Schwabing

Domagkstr. 33 | Städtisches Atelierhaus 50 | Tel. 089 32 18 68 14 | www.domagkateliers.de | U 6 Alte Heide, Bus 50 Alfred-Arndt-Straße (245 D1)

FILSER & GRÄF

Vor allem zeitgenössische Künstler aus den Bereichen Malerei, Skulptur und Plastik, Fotografie und neue Medien werden hier gezeigt. Ein weiterer Schwerpunkt der sechs bis sieben Ausstellungen jährlich liegt auf dem Thema Design. Zu sehen sind hier u. a. Werke von Milan Mihajlovic, Heiko Räpple oder Kati Elm.

Westend

Di–Fr 11–19, Sa 11–16 Uhr | Wilhelm-Riehl-Str. 13 | Eintritt frei | Tel. 089 25 54 44 77 | www.filserundgraef.de | U 4, 5 Westendstraße (246 C3)

HAUS DER KUNST

Adolf Hitlers 1937 fertiggestelltes »Haus der Deutschen Kunst« hat eine unselige Geschichte, aber eine glanzvolle Gegenwart. Mit seinen drei wechselnden Großausstellungen zieht es jährlich rund eine halbe Million Besucher an. Die Schwerpunkte liegen auf der Klassischen Moderne und auf zeitgenössischer Kunst. Doch auch große Überblicksschauen zu Themen der Kunstgeschichte oder zu außereuropäischen Kulturen sieht man hier. Wöchentlich finden öffentliche Führungen (2 Euro) zu den laufenden Ausstellungen statt. Top sind innovative Angebote wie »Kunst nach Feierabend« oder »Do you speak art?«. Dazu zählt auch der »Kunst-Cocktail«: Zum Start wird ein Cocktail in der Goldenen Bar gereicht, danach geht es durch eine der aktuellen Ausstellungen *(1,5 Std./15 Euro)*.

Altstadt-Lehel

Fr–Mi 10–20, Do 10–22 Uhr | Prinzregentenstr. 1 | Eintritt ab 8 Euro | Tel. 089 21 12 71 13 | www.hausderkunst.de | U 3–6 Odeonsplatz, Bus 100 Königinstraße (241 F1)

HYPO-KUNSTHALLE

Die Kulturstiftung der Hypovereinsbank präsentiert alle paar Wochen neue Schauen mit Werken aus verschiedenen Epochen, Retrospektiven von weltberühmten Künstlern, aber auch Fundstücke der Antike und gelegentlich Arbeiten der zeitgenössischen Avantgarde.

Für Sparfüchse interessant ist der »Blaue Montag«: Jeden Montag (außer an Feiertagen) können Sie die Ausstellung für den halben Eintrittspreis sehen.

Hereinspaziert! Die Kunsthalle der Hypo-Kulturstiftung erweitert den kulturellen Horizont

Tipp: die Familienkarte für 22 Euro, mit der sich ebenfalls prima sparen lässt.

Altstadt-Lehel

Tgl. 10–20 Uhr | Theatinerstr. 8 | Eintritt variiert je nach Ausstellung | Tel. 089 22 44 12 | www.hypo-kunsthalle.de | U 3–6 Odeonsplatz (241 D3)

INSIDER TIPP KULTURHAUS MILBERTSHOFEN

Viel zu selten findet man Münchner Künstler in den heimischen vier Wänden. Abhilfe schafft da ein innovatives Projekt des Kulturhaus Milbertshofen. Denn dort stellen nicht nur namhafte Künstler aus der Stadt und dem Umland aus, sondern jeder Ausstellungsbesucher kann sich sein Lieblingsbild sogar mit nach Hause nehmen. Gegen eine Leihgebühr *(ab 2,60 Euro pro Monat)* lässt sich so das Original für einen bis sechs Monate genießen. Wer nicht so viel Zeit mitbringt, kann jetzt auch zuerst auf *www.kunstverleih-milbertshofen.de* durch die Artothek stöbern und dann gleich sein Wunschbild abholen.

Milbertshofen

Do 16–19.30 Uhr | Curt-Mezger-Platz 1 | Tel. 089 35 06 36 39 | www.kulturhaus-milbertshofen.de | U 2 Milbertshofen (244 B1)

KUNSTBEHANDLUNG

1996 gegründet, als das Glockenbachviertel noch eine hohe Galeriendichte aufwies. Inzwischen sind viele Galerien ins »Kunstareal« abgewandert. Die Kunstbehandlung blieb dem Viertel treu, was auch mit dem Programmschwerpunkt zu tun hat, sprich den Männerbildern. An Künstlern zu sehen sind hier u. a. Robert C. Rore, Kurt Walters, Rinaldo Hopf, Daniela Kohl oder Sabine Klem. Auch wenn inzwischen die Gayszene im Glockenbachviertel nur noch ein schwacher Abglanz besserer Tage ist – die Kunstbehandlung hat schon sehr früh auf die Möglichkeiten des Internets gesetzt und internationa-

les Publikum gefunden. Getreu dem Motto: »Think global, act local«.
Isar- & Ludwigsvorstadt
Mo–Fr 12–19, Sa 11–18 Uhr | Müllerstr. 40 | Eintritt frei | Tel. 089 2605933 | www.kunstbehandlung.com | U 1–3, 6, 7 Sendlinger Tor (240 C6)

LENBACHHAUS ★

Nachdem München die Künstlerresidenz Franz von Lenbachs gekauft hatte, schenkte seine Witwe Lolo von Lenbach der Stadt auch zahlreiche seiner Werke sowie das gesamte Inventar. 1929 eröffnete die Städtische Galerie im Lenbachhaus erstmals ihre Pforten. 1957 folgte eine weitere Schenkung, die bis zum heutigen Tag für weltweite Aufmerksamkeit sorgt: Sie stammte von der Expressionistin Gabriele Münter, und dank ihr zog die Kunst des »Blauen Reiters« in die Maxvorstadt. Dazu gehörten nicht nur die Werke von Franz Marc und Münters Lebensgefährten Wassily Kandinsky, sondern auch Arbeiten von Künstlern aus deren Umfeld. Heute gelangen die Besucher über den Foyer-Neubau des Stararchitekten Norman Foster direkt in die Villa. Dort ist nun alles zeitgemäßer arrangiert, sodass man sich noch mehr an den Werken von Alexej Jawlensky, Marianne von Werefkin, Franz Marc, August Macke, Paul Klee und internationalen zeitgenössischen Künstlern wie Joseph Beuys erfreuen kann. Spartipp: die Jahreskarte für 20 Euro.
Maxvorstadt
Di 10–20, Mi–So 10–18 Uhr | Luisenstr. 33 | Eintritt 10 Euro inkl. Audioguide | Tel. 089 23332020 | www.lenbachhaus.de | U 2 Königsplatz (240 A–B1)

Villa mit Anbau: Über das Foyer des Architekten Norman Foster betritt man das Lenbachhaus

LOTHRINGER13

Die städtische Kunsthalle zeigt in der ehemaligen Fabrik internationale Gegenwartskunst junger Künstler. Der Ausstellungsraum Rroom im Vorderhaus lockt jeden 1. und 3. Montagabend im Monat mit Studioausstellungen, Musik, Performances, Literatur, Diskussionen.

Au-Haidhausen

Di–So 11–20 Uhr | Lothringer Str. 13 | Tel. 089 4 48 69 61 | www.lothringer13.de | S 1–4, 6–8 Rosenheimer Platz (249 D4)

MUSEUM BRANDHORST

Der Bau der Architekten Matthias Sauerbruch und Louisa Hutton bietet Raum für mehr als 700 Werke von Künstlern des 20. Jhs., etwa von Cy Twombly, Andy Warhol, Sigmar Polke und Bruce Nauman. Mit Armin Zweite konnte ein erfahrener Mann als Direktor gewonnen werden, der die Sammlung von Udo und Anette Brandhorst nach und nach ergänzen und ausbauen soll. Tipp: Dark Pop – Andy Warhol, Robert Gober, Mike Kelley u. a., eine Ausstellung mit dunklen Aspekten zur modernen Alltagskultur.

Maxvorstadt

Di/Mi, Fr–So 10–18, Do 10–20 Uhr | Theresienstr. 35 a | Eintritt 7–12 Euro | Tel. 089 2 38 05 22 86 | www.museum-brandhorst.de | U 2 Theresienstraße, Tram 27 Pinakotheken (244 B6)

NEUE PINAKOTHEK

Ein bisschen täuscht der Name: Die Neue Pinakothek zeigt in erster Linie Kunst des 19. Jhs., diese freilich von Zeit zu Zeit in apartem Kontrast zu modernen Werken. In spannender Ergänzung zu den beiden anderen Pinakotheken will man hier »das Neunzehnte neu entdecken«. Das fällt insofern nicht leicht, als die ausgestellten Schätze – von Gauguin, Goya, van Gogh, über die deutsche Romantik und die Deutschrömer bis hin zum Jugendstil – das Museum fast zu einem begehbaren Bildband der Kunstgeschichte machen. Die Aufbereitung ist vorzüglich, und auch unbekanntere Werke sind zu entdecken.

Maxvorstadt

Do–Mo 10–18, Mi 10–20 Uhr | Barer Str. 29 | Eintritt 5–7 Euro (So 1 Euro) | Tel. 089 23 80 51 95 | www.pinakothek.de/neue-pinakothek | U 2 Theresienstraße, Tram 27 Pinakotheken (244 B6)

PINAKOTHEK DER MODERNE

Der Rolls-Royce unter den Münchner Kunstmuseen und ein Publikumsmagnet. Beherbergt das Haus doch gleich vier bedeutende Einzelmuseen: die Sammlung Moderne Kunst mit zahlreichen Gemälden des 20. und 21. Jhs., die Neue Sammlung (Design), das Architekturmuseum und die Staatliche Graphische Sammlung. Meisterwerke von Picasso, Beckmann, Magritte, Klee und Kandinsky sind hier ebenso zu finden wie klassische Handzeichnungen und Druckgrafiken von Leonardo da Vinci bis Cézanne. Die Designabteilung mit mehr als 60 000 Objekten gehört zu den wichtigsten der Welt. Ein großes Begleitprogramm und häufige Wechselausstellungen von zeitgenössischen Künstlern ergänzen das Angebot ebenso wie Konzerte, Vorträge und andere Events.

Maxvorstadt

Do–Mo 10–18, Mi 10–20 Uhr | Barer Str. 40 | Eintritt 5–12 Euro (So 1 Euro) | Tel. 089 23 80 53 60 | www.pinakothek.de/pinakothek-der-moderne | U 2 Theresienstraße, Tram 27 Pinakotheken (240 C1)

PONYHOF ARTCLUB

Das Glockenbachviertel ist nach wie vor für Überraschungen gut. Wo einst im 18. Jh. eine Kutschendurchfahrt war, residiert heute ein angesagter Gastro-Kulturtreff. Neben den im achtwöchigen Rhythmus wechselnden Ausstellungen lässt es sich im Ponyclub untertags auch locker am Cappuccino schlürfen oder am Bar-Samstag lässig chillen.

Isar- & Ludwigsvorstadt
Mo–Do 17–19, Fr–Sa 11–19 Uhr | Pestalozzistr. 14 | Tel. 0152 33 52 49 57 | www.ponyhof-artclub.com | U 1–3, 6–7 Sendlinger Tor (240 B5–6)

STAATLICHE ANTIKENSAMMLUNGEN UND GLYPTOTHEK MÜNCHEN

Münchens ältestes Museum aus dem Jahr 1830: Griechische und römische Bildhauerkunst zwischen 560 v. Chr. und 400 n. Chr. ist hier in teils weltberühmten Originalen zu sehen. Besonders beliebt im Sommer: INSIDER TIPP das Café im Innenhof, in dem von Zeit zu Zeit auch Theateraufführungen stattfinden.

Maxvorstadt
Di/Mi, Fr–So 10–17, Do 10–20 Uhr | Königsplatz 3 | Eintritt 4–6 Euro (inkl. Antikensammlungen), So pro Haus 1 Euro | Tel. 089 28 61 00 | www.antike-am-koenigsplatz.mwn.de/glyptothek | U 2 Königsplatz (240 B1)

URBAN STREET ART GALLERY

Früher von der Polizei als »böser Sprayer« gejagt, heute heißbegehrt als Graffitikünstler. Künstler wie Loomit waren zugleich auch die Begründer der Street Art. Und da war München schon immer ein Vorreiter. Nicht New York, San Fransisco oder Berlin, nein, in München begann einst alles. Legendär: die erste vollflächig zum Kunstwerk mutierte S-Bahn anno 1985. Mittlerweile hat die Stadt einige Flächen geschaffen, auf denen sich die neue Generation von Street-Art-Künstlern präsentiert. So sind richtige Street Art Galleries entstanden. Eine davon, die Viehhof Street-Art-Gallery (247 F4), findet man an der Ecke Ruppert- und Tumblinger Straße. Der Bus 62 hält direkt davor. Ein Blick in den Viehhof lohnt auch, denn dort gibt es noch einiges mehr zu bestaunen. Weitere geniale Street-Art-Galleries befinden sich unter der Brudermühlbrücke (248 A6) sowie unterhalb des Friedensengels in der Unterführung Luitpoldbrücke (249 D2).

VILLA STUCK

Im ehemaligen Wohn- und Atelierhaus Franz von Stucks sehen Sie die reiche Innenausstattung der Jahre 1897/98 und Werke des Malerfürsten. Aber die Stuckvilla ist mehr als ein permanentes Jugendstilmuseum: Im Ateliertrakt, heute ein modernes Ausstellungsgebäude, laufen Wechselschauen mit zeitgenössischer Kunst und klassischer Moderne. Während des »Late Friday« *(18–22 Uhr)* ist der Eintritt in die historischen Räume sowie in die Wechselausstellungen frei.

Au-Haidhausen
Di–So 11–18, Late Friday: 1. Fr im Monat bis 22 Uhr | Prinzregentenstr. 60 | Eintritt 2–9 Euro | Tel. 089 45 55 51 25 | www.villastuck.de | Bus 100, Tram 16 Friedensengel/Villa Stuck (249 D2)

KABARETT, KLEINKUNST & MUSICAL

DEUTSCHES THEATER

Das nach der Oper größte Theater erfreut sich mit seinem Mix aus Musical, Kabarett, Tanzshows und Bällen großer Beliebtheit. Insgesamt 1600 Plätze stehen den Besuchern zur Verfügung. In der neuen Spielzeit kommt von Oktober bis Mitte Januar 2017 mit »Tanz der Vampire« ein Klassiker auf die Bühne zurück, vom 17. bis 22. Januar folgt dann »The Nutcracker Reloaded« von Fredrik Rydmans, der schwedischen Tanzsensation. Anfang März kommen die Swing-Freunde auf ihre Kosten, wenn Rea Garvey, Xavier Naidoo, Sasha und Michael Mittermeier mit »Alive and Swingin'« auftreten.

Isar- & Ludwigsvorstadt
Schwanthaler Str. 13 | Tel. 089 55234444 | www.deutsches-theater.de | U 4, 5, S 1–4, 6–8 Karlsplatz (240 A4)

DREHLEIER

Eine der ältesten Kleinkunstkneipen Münchens bietet ein Forum für Kabarettisten wie Monika Gruber oder Christian Überschall, aber auch für Meister der spontanen Einlage. Im angeschlossenen Lokal *Szenerie (18.30–1 Uhr)* gibt es nämlich nicht nur einfache Gerichte zu zivilen Preisen, sondern auch montags das Fastfood-Improvisationstheater. Wer's selbst einmal probieren möchte, sollte besser zunächst die Improschule besuchen!

Au-Haidhausen
Theater: Di–Sa 20.30, So/Mo 20 Uhr | Rosenheimer Str. 123 | Karten ab 12 Euro | Tel. 089 482742 | www.theater-drehleier.de | S 1–4, 6–8 Rosenheimer Platz (249 D4)

FREIHEIZHALLE

Die wunderschöne Backsteinhalle war mal ein Heizkraftwerk, nun ist das Industriebauwerk eine erstklassige Konzert- und Theaterhalle, in der dem Publikum kräftig eingeheizt wird: Neben Kabarett- und Comedygrößen wie Gerhard Polt oder Tom Gerhardt, gelegentlichen Partys, rocken auch Bands wie Pothead die Halle.

Neuhausen
Rainer-Werner-Fassbinder-Platz 1 | Tel. 089 51242949 | www.freiheiz.com | S 1–4, 6–8 Donnersbergerbrücke, Tram 16, 17 Donnersbergerstraße (247 D1)

GOP VARIETÉTHEATER

Alle zwei Monate gibt es ein neues Varieté-Programm mit Akrobaten, Jongleuren und Comedians, gestaltet von den deutschlandweit tätigen Varieté-Spezialisten von GOP. Die Gäste können wählen, ob sie nur die Show genießen oder den Abend mit einem begleitenden Menü zur Dinnershow ausbauen wollen.

Dinner oder kein Dinner? Das ist die Frage im GOP Varietétheater – tolle Shows gibt's nämlich immer

Spaßiges Nachtleben: Im Lustspielhaus geben sich Kabarettisten und Comedians die Klinke in die Hand

Altstadt-Lehel
Winter: Di–Do 20, Fr/Sa 18/21 Uhr, Sommer: abweichende Spielzeiten s. Homepage | Maximilianstr. 47 | Karten 39–44 Euro, mit mehrgängigem Menü ab 54 Euro | Tel. 089 210 28 84 44 | www.variete.de/muenchen | U 4, 5 Lehel, Tram 18, 19 Maxmonument (248 C2)

HEPPEL & ETTLICH

Die ehemalige multikulturelle 68er-Studentenkneipe residiert im ersten Stock des Drugstore. Das kulturelle Konzept steht auf vier Säulen: Theater, Musik, Kino und Kabarett. Dank der großen Leidenschaft der Betreiber zum Dokumentarfilm, gibt es hier sehr interessante Produktionen zu sehen. Familientipp: Kindertheater an den Wochenenden. Mit der Heppel-&-Ettlich-Streifenkarte gibt es acht Vorstellungen für 100 Euro. In die neue Saison startet die kleine Bühne jedenfalls rundum renoviert.

Schwabing
Feilitzschstr. 12 | Karten ab 12 Euro | Tel. 089 38 88 78 20 | www.heppel-ettlich.de | U 3, 6 Münchner Freiheit (245 D4)

HOFSPIELHAUS

NEU Nur ein paar Schritte von Münchens Nobelmeile, der Maximilianstraße, entfernt, um die Ecke vom Hofbräuhaus hat Schauspielerin Christiane Brammer ihren Musentempel eröffnet. Vor Jahren sammelte sie bereits mit Susanne Rohrer Erfahrung als Theaterchefin von Rohrer & Brammer. Nun lädt sie im eigenen Haus zu Kabarett, Konzerten, Salonabenden, künstlerischen Experimenten. Das Hofspielhaus soll ein Ort der Leidenschaft sein, an dem Kunst, Denken, Musik und Feiern zu einem Erlebnis verschmelzen.

Altstadt & Lehel
Falkenturmstr. 8 | Tickets 16–28 Euro | Tel. 089 24 20 93 33 | www.hofspielhaus.de | U 3, 6, S 1–4, 6–8 Marienplatz (241 E4)

IMPORT EXPORT

Ein weiterer Neuzugang des Kreativquartiers Schwabing. Das multikulturelle Programm (Do–Sa) bietet neben zahlreichen Konzerten – von Jazz bis World Music – ebenso Literatur, Theater und Party-Beats. INSIDER TIPP Köstliches aus aller Welt für kleines Geld zaubert die Volxküche München e.V. in Kooperation mit dem Import Export wochentags, Mi–Fr Mittag auf den Tisch. Ein Großteil der Einnahmen geht zu Gunsten von Flüchtlingen.

Schwabing

Dachauer Str. 114 | www.import-export.cc | Tram 12, 20, 21, Bus 53 Leonrodplatz (243 E–F5)

ISAR148 THEATER

»Alles im Fluss« ist das Motto des Isar 148 Theaters. Highlight ist der monatliche Impro Comedy Club, aber auch die anderen Shows auf unterschiedlichen Bühnen in München sind empfehlenswert. Das Theater bietet zudem Workshops an, in denen jeder lernen kann, so professionell zu improvisieren. Außerdem lässt sich die Crew auch für Events buchen.

Kontakt: Roland Trescher | Tel. 089 23 00 04 83 | www.isar148.de

KRIST & MÜNCH

Magie hautnah erleben, das bieten Alexander Krist und Christian Münch, ihres Zeichens Profizauberer. Ihre Bühne, im Stil eines Amphitheaters, ist das erste »Table Magic Theatre« der Welt und sorgt allabendlich für faszinierende Shows. Die Magie zum Greifen nah, und doch bleibt alles ein großes Geheimnis. Darüber hinaus bekommen sie Besuch von international bekannten Magiern, wie dem Vize-Weltmeister der Zauberkunst, Wolfgang Moser, oder dem »King of Cards« Denis Behr. Selbst an die Kleinsten wurde gedacht. So sind die einstündigen Kindershows im »Magischen Salon« (14 Euro) nicht nur an Geburtstagen ein Renner. Wer gerne ein bisschen Magie erlernen möchte, dem sind die Zauberkurse und Workshops (49–288 Euro) zu empfehlen.

Isar- & Ludwigsvorstadt

Unterer Anger 3 | Eintritt 39–89 Euro | Tel. 089 54 80 99 50 | www.magic-theater.de | U 1–3, 6–7 Sendlinger Tor (240 C5)

LACH- UND SCHIESSGESELLSCHAFT

Bestehend seit den 1950er-Jahren das traditionsreichste Kabarett der Stadt. Mittlerweile hat die Institution wieder ein eigenes Ensemble, das an die großen Zeiten von Dieter Hildebrandt und Sammy Drechsel anzuknüpfen versucht. Heute ist »der Laden«, wie die Bühne liebevoll genannt wird, aber auch Gastspieltheater für eine Vielfalt an Bühnenkünstlern wie Kabarettisten, Liedermacher und Chansonetten aus dem gesamten deutschsprachigen Raum.

Schwabing

Ursulastr. 9 (Eingang Haimhauserstr. | Karten ab 22 Euro | Tel. 089 39 19 97 | www.lachundschiess.de | U 3, 6 Münchner Freiheit (245 D4)

LUSTSPIELHAUS

Innen sieht es aus wie ein Varietétheater aus den 1920er-Jahren – ein bisschen plüschig, rot-orange die Wände, Tische mit Lämpchen drauf. Hier sind tatsächlich auch Musikvarietés und Musicals zu erleben, meist aber bietet das Lustspielhaus eine Bühne für bekannte Comedystars und Kabarettisten von Willy Astor bis Bruno Jonas. Auch die Sportfreunde Stiller sind hier schon musikalisch auffällig geworden. Buchen Sie eine Show mit 3-Gänge-Menü (ab 38 Euro).

Schwabing

Im Rationaltheater heißt's Bühne frei für Musik, Kabarett und Film

Occamstr. 8 | Karten ab 22 Euro | Tel. 089 34 49 74 | www.lustspielhaus.de | U 3, 6 Münchner Freiheit (245 D4)

MIXXIT THEATER

Die Vorgaben aus dem Publikum bestimmen, was geschieht. Mit den Spielern von Mixxit kann man ein aufregendes Abenteuer erleben – auf einer Reise durch spannende Geschichten, komische Situationen, Geheimnisse, Mordfälle und Liebesgeschichten mit Musik, Gesang und dem ein oder anderen Tänzchen. Das Team kommt auf Bestellung auch zu Veranstaltungen und spielt auf diversen Münchner Bühnen z. B. im Theater im Fraunhofer → **S. 49.**
Kontakt: Michael Dietrich | Tel. 089 57 00 45 36 | info@mixxit.de | www.mixxit.de

PEPPER THEATER

Zu finden ist diese kleine Bühne mit nur 90 Plätzen im Kulturhaus Neuperlach. Dort treten in erster Linie verschiedene Theatergruppen auf, deren Repertoire von Krimis bis hin zum Goethe-Klassiker »Faust« reicht. Auf dem Programm stehen aber auch Kabarett und Literatur. Ein Highlight: »Kinder machen Theater«. Dabei bauen Mädchen und Jungen nicht nur Marionetten selbst, sondern schreiben auch die passenden Stücke, die sie dann natürlich auch selbst aufführen.
Neuperlach
Thomas-Dehler-Str. 12 | Tel. 089 63 89 18 43 | www.kulturzentrum-neuperlach.de | U 5, 7 Neuperlach Zen-trum (239 F5)

RATIONALTHEATER

Nachdem vor einiger Zeit im Rationaltheater kurzzeitig die Lichter ausgingen, sorgte der Filmemacher und Produzent Dietmar Höss als Pächter dafür, dass es wieder »Spot an!« hieß. Die über 40-jährige Tradition wird fortgesetzt, wenn auch experimenteller und mit schrägeren Vögeln als zuletzt. Neben Kabarett und Filmkunst kommen auch Bands zum Zuge. Der RT-Club ist nach den Events bis 3 Uhr nachts geöffnet. Und wer seinen Geburtstag einmal in einem anderen Rahmen feiern möchte, mietet einfach das komplette Theater.
Schwabing
Hesseloherstr. 18 | Tel. 089 33 50 03 | www.rationaltheater.de | U 3, 6 Münchner Freiheit (245 D4)

SCHLACHTHOF

Das geschichtsträchtige Kulturhaus bietet Künstlern gleich drei Bühnen zum Austoben. Im großen Saal treten bekannte Namen wie Erwin Pelzig oder Christian Springer alias Fonsi auf. Zusammen mit Michael Altinger moderiert er auch die monatliche Show »Schlachthof«, den Nachfolger von »Ottis Schlachthof«. Auch diese ist regelmäßig ausverkauft und wird nach wie vor vom Bayerischen Rundfunk ausgestrahlt. Zum bunten Programm-Mix gehören ebenso: Ü33-Party (Mo) und die Tango-Argentino-Abende (So). Auf der kleinen Bühne OX laufen Wort- und Kabarett-Veranstaltungen sowie Comedy von Newcomern und bekannten Künstlern. Auch in der kleinen Ku(h)bar treten ab und zu Künstler auf die Bühne.

Isar- & Ludwigsvorstadt

Zenettistr. 9 | Karten ab 12 Euro | Tel. 089 72 01 82 64 | www.im-schlachthof.de | U 3, 6 Poccistraße, Bus 62 Zenettistraße (247 F4)

DAS SCHLOSS

Das strahlend weiße Schlosszelt samt Garten am Südrand des Olympiaparks bietet ein Programm zwischen Musik und Musical, Kabarett und Lesung. Während an einem Abend der »Caveman« aus der Höhle ins Rampenlicht kriecht, zelebriert am nächsten Abend Josef Hader sein neues Programm. Dazu gibt's Hausmannskost zum Selbstabholerpreis.

Schwabing

Schwere-Reiter-Str. 15 | Karten ab 12 Euro | Tel. 089 14 34 40 80 | www.dasschloss.info | Tram 12, 20, 21, Bus 53 Leonrodplatz (243 F4)

SCHWERE REITER

Die Ecke zwischen Dachauer und Schwere-Reiter-Straße wird in einigen Jahren das neue Kreativquartier Schwabing beheimaten. Die Kultur und Subkultur ist auf dem ehemaligen Kasernengelände schon etwas länger zuhause und kräftig aufgeblüht. Neben vielen kleineren Projekten findet man hier auch die Kooperation »Schwere Reiter«, die sich aus Tanztendenz München, Kunstbahnsteig und dem Pathos München zusammensetzt. Entsprechend spannend präsentiert sich das Programm aus Tanz, Musik und Theater.

Schwabing

Dachauer Str. 114 | www.schwerereiter.de, www.tanztendenz.de, www.pathosmuenchen.de | Tram 12, 20, 21, Bus 53, Leonrodplatz (243 E–F5)

TATWORT IMPROVISATIONSTHEATER

»Tatwort steht für Improvisationskunst auf höchstem Niveau«, verspricht die Homepage. Was bedeutet: Emotionen, Pointen, schräge Typen, rasanter Szenenwechsel, anrührende Momente und verblüffende Wendungen. Das Theater bietet auch Kurse, Firmentrainings und Eventbesuche an.

Kontakt: Mo–Fr 9–13 Uhr | Günter Berger | Tel. 089 32 48 97 51 | office@tatwort.de | www.tatwort.de

THEATER IM FRAUNHOFER

Originelles Kleinkunstensemble: Im Wirtshaus Fraunhofer → **S. 111** gibt es bayerische Küche und sonntags Frühschoppen mit Livemusik. Hinten im Theater treten Kabarettisten auf, spielen Musikanten, Liedermacher, auch Jazzer und Bluessänger. Jeden letzten Montag im Monat trifft sich um 20 Uhr der Poetenstammtisch bei freiem Eintritt, jeden ersten Sonntag im Monat um 11 Uhr der literarisch-satirisch-musikalische Frühschoppen des Mundartdichters Helmut Eckl. Toll: die INSIDER TIPP Volksmusiktage, bei denen junge, freche bayerische Musik zu Gehör gebracht wird, die z B. La Brass Banda in die Charts brachte.

Isar- & Ludwigsvorstadt

Fraunhoferstr. 9 | Karten ab 18 Euro | Tel. 089 26 78 50 | www.fraunhofertheater.de | U 1, 2 Fraunhoferstraße (240 C6)

THEATER WERK MÜNCHEN
Diese Theaterkooperative fühlt sich der zeitgenössischen Dramatik verpflichtet und widmet sich daher der Riege der Gegenwartsautoren. Dabei gibt es keinen kontinuierlichen Theaterbetrieb, sondern zwei Staffeln im Jahr mit jeweils drei oder vier Premieren. Außerdem findet mindestens einmal im Jahr das *Festival für neue Dramatik* statt. Das Modellprojekt ermöglicht beschäftigungslosen Schauspielern und Kulturschaffenden für vier Monate ein von der Arbeitsagentur bezahltes Engagement.

Schwabing

Dachauerstr. 114 | Tel. 01573 1 68 68 73 | www.theater-werkmuenchen.de | Tram 201/21 Leonrodplatz (243 E–F5)

KINOS

ASTOR CINEMA LOUNGE
Nicht nur die 38 äußerst bequemen Lounge-Sofaplätze sorgen für Top-Komfort, sondern auch die digitale Bild- und Tontechnik, 3D inklusive. Oscarprämierte Streifen flimmern hier genauso über die Leinwand wie Blockbuster. Und es versteht sich von selbst, dass hier der Service zum Platz kommt, um Getränkewünsche aufzunehmen. Wie wär's z. B. mit einem Mai Tai direkt von der falk's Bar? Für einen privaten Filmabend kann das Kino auch gemietet werden.

Altstadt-Lehel

Tgl. 22–3 Uhr | Promenadeplatz 2–6, im Hotel Bayerischer Hof | Eintritt 17 Euro (vor 17 Uhr), danach 20 Euro | Tel. 089 2 12 08 11 | www.astor-cinemalounge.de | U 3, 6, S 1–4, 6–8 Marienplatz, Tram 19 Theatinerstraße (241 D3)

CINEMA
Nicht nur wegen der vielen amerikanischen und englischen Filme in Originalfassung ist das Programmkino bei Cineasten beliebt. 3D gehört zum Standard. Es punktet auch durch günstigere Kartenpreise bei Nachmittags- und Kindervorstellungen. Besonders gefragt sind die »Double Features« mit zwei Spielfilmen am Stück und die regelmäßigen »Sneak Previews« am Freitag um 23.15 Uhr. Bei INSIDER TIPP **Live-Übertragungen aus den großen Opernhäusern** von Barcelona, London, New York & Co. ist die Nachfrage riesig, daher unbedingt reservieren (13–36 Euro).

Neuhausen

Nymphenburger Str. 31 | Eintritt ab 6,50 Euro | Tel. 089 55 52 55 | www.cinema-muenchen.com | U 1, 7 Stiglmaierplatz (243 F6)

FILMMUSEUM
Das städtische Filmmuseum zeigt Filme, die Sie sonst nirgends sehen: historische Raritäten, Fremdsprachlich-Exotisches, Retrospektiven von weltbekannten und eher unbekannten Regisseuren oder Schauspielern. Donnerstags gibt's bei »Open Scene« Sonderveranstaltungen und Premieren. Das Filmmuseum verfügt über ein großes Filmarchiv und ist bekannt für seine Rekonstruktionen wichtiger Werke der Kinogeschichte. Cineasten treffen sich vor oder nach der Aufführung im benachbarten Stadtcafé.

Altstadt-Lehel

Di/Mi u. Fr–So 18.30, 21, Do 19 Uhr | St.-Jakobs-Platz 1 | Eintritt 4 Euro | Tel. 089 23 32 41 50 | www.filmmuseum-muenchen.de | U 3, 6, S 1–4, 6–8 Marienplatz (241 D5)

GLORIA PALAST
Edel, edel – Münchens zweiter Luxusfilmtempel bietet tollen Komfort. Das reicht von eleganten Ledersesseln mit Fußhocker und verstellbarer Rückenlehne bis hin zur HFR-3D-Technik. Tipp

Kino de luxe im Gloria Palast, da wird der Film fast zur Nebensache

für Verliebte: die bequemen Zwei-Personen-Balkonlogen. Auch in Sachen Service bleiben keine Wünsche offen. Bis kurz vor dem Hauptfilm werden saftige Burger oder ein delikater orientalischer Couscoussalat am Platz serviert. Süße und salzige Knabbereien werden natürlich auch gereicht. Genauso wie die Live-Opern aus der New Yorker Met oder dem Royal Opera House London.

Altstadt-Lehel

Karlsplatz | ab 14,50 Euro | Tel. 089 1 20 22 01 20 | www.gloria-palast.de | U 4, 5, S 1–4, 6–8 Karlsplatz (240 B3)

MAXIM

Seit 1912 gibt es hier ein Kino – und heute ist das Ein-Mann-Unternehmen von Sigi Daiber eines der wenigen alternativen Programmkinos der Stadt. Die Filme werden durchweg ohne Werbung gezeigt, hauptsächlich sind Dokumentarfilme, politische Streifen, Originalfassungen und anspruchsvolle Filmkunst aus fernen Ländern zu sehen. Bei der Aktion Wunschfilm kann man das Kinoprogramm selbst mitgestalten.

Neuhausen

Landshuter Allee 33 | Eintritt 5,50–9 Euro | Tel. 089 16 87 21 | www.maxim-kino.de | Bus 53, 133 Schlörstraße (243 D6)

MONOPOL

Absolut Popcorn- und Nachos-freie Zone! Die Knabbereien passen auch nicht zum anspruchsvollen Programm: Arthaus-Produktionen stehen im Monopol an oberster Stelle. Leinwandwerbung sucht man hier ebenfalls vergeblich. Die drei Säle sind mit modernster Technik wie 3D bestückt.

Schwabing

Schleißheimer Str. 127 | Eintritt ab 6,50 Euro | Tel. 089 38 88 84 93 | www.monopol-kino.de | U 2 Hohenzollernplatz, Tram 12, 27 Nordbad (244 A4)

MUSEUM LICHTSPIELE

Die »Rocky Horror Picture Show« läuft hier seit 30 Jahren im Saal 2. Ein Dauerbrenner selbst ist der Mini-Filmpalast mit seinen vier Vorführräumen. Der größte Saal bietet 95 bequeme Kinosessel, der kleinste 54. In der Regel laufen hier nur die englischen Originalversionen, ab und zu mit Untertiteln. Top: das nachmittägliche Kinderprogramm auf Deutsch.

Au-Haidhausen

Lilienstr. 2 | Eintritt ab 6,50 Euro | Tel. 089 48 24 03 | www.muenchen.movietown.eu | S 1–4, 6–8 Isartor, Tram 16 Deutsches Museum (248 C3)

KLASSIK

BAYERISCHE PHILHARMONIE

1994 gründete der Dirigent Mark Mast den Verein »Junge Münchner Philharmonie e. V.«, der dann vor einigen Jahren in Bayerische Philharmonie e. V. umbenannt wurde. Masts wichtigstes Anliegen ist die Förderung von jungen Musikern, die das symphonische und professionelle Musizieren erlernen wollen. Wie gut dies gelingt, kann man bei Konzerten in unterschiedlichen Sälen der Stadt hören. Traumhafte Kulissen und höchsten Musikgenuss bietet das große Konzertsommerfestival im August auf Schloss Hohenkammer *(www.schlosshohenkammer.de)* → S. 228.

Pasing

Bäckerstr. 46 | Tel. 089 83 66 06 | www.bayerische-philharmonie.de | S 3, 4, 6, 8 Pasing, Tram 19 Pasinger Marienplatz (238 A3)

BAYERISCHES STAATSORCHESTER

Das Bayerische Staatsorchester trägt noch heute die Musik zu den Opernaufführungen im Nationaltheater bei. Aber gleichzeitig ist es ein Konzertorchester von Weltrang, das von Generalmusikdirektor Kirill Petrenko geführt wird. Unter seiner Leitung feiern 2017 »Semiramide« (Jan.), »Andrea Chénier« (März) und »Tannhäuser« (Mai) Premiere. Keine Zeit für Oper und Klassik? Über die hauseigene App bekommen Sie auch INSIDER TIPP **Staatsoper.TV** aufs Tablet oder Smartphone gestreamt. Zusätzlich enthält diese Input für Openfans.

Altstadt-Lehel

Max-Joseph-Platz 2 | Karten 7–264 Euro | Tel. 089 21 85 19 20 | www.staatsorchester.de | U 3–6 Odeonsplatz (241 E3)

MÜNCHNER PHILHARMONIKER

Bereits seit 1893 gibt es dieses bekannte Orchester. Den heutigen Namen erhielt man aber erst in der Schaffenszeit von Siegmund von Hausegger (1920–1938). Zuvor wurde das Ensemble nach seinem Gründer, dem Klavierfabrikanten Franz Kaim, einfach Kaim-Orchester genannt. Von Gustav Mahler über Sergiu Celibidache, von Zubin Metha (Ehrendirigent) bis zu Lorin Maazel, jeder Chefdirigent prägt das Orchester auf seine Weise. Seit Herbst 2015 bekleidet Valeri Gergijev den Posten. Weltweite Anerkennung verdienten sich die Philharmoniker auch durch ihre internationalen Auftritte.

Au-Haidhausen

Abonnementbüro: Kellerstr. 4 | Karten 12,70–85,90 Euro | Tel. 089 48 09 85 50 0 | www.mphil.de | S 1–4, 6–8 Rosenheimer Platz (249 D3)

MÜNCHNER SYMPHONIKER

Sie gehören zu den renommiertesten Klangkörpern der Stadt und spielen mit vier Abonnementreihen im Herkules-

saal, im Prinzregententheater und in der Philharmonie am Gasteig. Begabte junge Solisten und Dirigenten prägen, neben dem Chefdirigenten Kevin John Edusei, dem ersten Gastdirigenten Ken David Masur und Ehrendirigent Philippe Entremont, das Programm.

Au-Haidhausen

Geschäftsstelle: Drächslstr. 14 | Karten 38–365 Euro | Tel. 089 93 60 93 | www.muenchner-symphoniker.de | Tram 15, 25 Regerplatz (249 D4)

SYMPHONIEORCHESTER DES BAYERISCHEN RUNDFUNKS

Das Aushängeschild unter den Klangkörpern des Bayerischen Rundfunks steht unter der Leitung von Chefdirigent Mariss Jansons und kann stolz auf zahlreiche Gastkonzerte weltweit und auf diverse preisgekrönte Einspielungen sein. Die Palette der dargebotenen Werke reicht von Ludwig van Beethoven über Franz Schubert und Richard Strauss bis zu Joseph Haydn und Henry Purcell.

Maxvorstadt

Rundfunkplatz 1 | Karten 5–62 Euro | Tel. 089 59 00 45 45 | www.br-so.de | U 1, 2, 4, 5, S 1–4, 6–8 Hauptbahnhof (247 F1)

KULTURZENTREN

EINSTEIN KULTUR

Das Einstein ist, nun ja, unterirdisch gut. Dies liegt aber nicht nur an den weitläufigen toll hergerichteten Gewölbekellern, insgesamt sind es vier, sondern vor allem am interessanten Programm. Von Musik über Theater und interdisziplinärer Kunst reicht das Spektrum, mit dem hier allabendlich Kultur für jedermann gestaltet wird.

Au-Haidhausen

Einsteinstr. 42 | Tel. 089 4 16 17 37 95 | einstein-kultur.de | U 4, 5 Max-Weber-Platz (249 D3)

FEIERWERK

Seit über 30 Jahren bereichert das Feierwerk München mit seinem bunten Angebot an kulturellen Veranstaltungen. Ob Kunst, Musik, Kultur oder Spiel, die sechs Locations auf dem Feierwerkgelände – Hansa 39, Kranhalle, Orangehouse, Sunny Red, Dschungelpalast, Skate-Plaza – bieten für jedes Alter ein interessantes Angebot. Das reicht vom sonntäglichen Familienbrunch bis zum Metal-Konzert, vom Ferienprogramm für Kids bis zur Club Night. Zudem lassen sich die Räumlichkeiten auch für eigene Events mieten.

Sendling-Westpark

Hansastr. 39–41 | Tel. 089 72 48 80 | feierwerk.de | Bus 130, 132, 62 Hansapark (247 D4)

GASTEIG

Der Gasteig beherbergt nicht nur Münchens größten Konzertsaal, die Philharmonie, sondern auch Europas größte Stadtbibliothek mit mehr als 1 Mio. Büchern und anderen Medien, die Volkshochschule und die Münchner Philharmoniker. Täglich besuchen rund 6000 Menschen die Ausstellungen, Vorträge, Lesungen oder Konzerte. Im Juni befindet sich hier auch das Festivalzentrum des Filmfests, bei dem im Innenhof Gratis-Open-Air-Kino gezeigt wird.

Au-Haidhausen

Rosenheimer Str. 5 | Tel. 089 48 09 81 34 | www.gasteig.de | S 1–4, 6–8 Rosenheimer Platz (249 D3)

KÜNSTLERHAUS

»Das Haus soll allen Künstlern Münchens ein Sammelplatz sein, ein Mittelpunkt für Frohsinn, Rat und erste Tat«, so steht's in der Grundsteinlegungs-Urkunde von 1893 geschrieben. Eingeweiht wurde das Neorenaissancegebäude des

Architekten Gabriel von Seidl 1900 von Prinzregent Luitpold von Bayern. Und bis heute ist das Haus ein Ort der Begegnung zwischen Künstlern und Bürgern geblieben. Dafür stehen die zahlreichen Konzerte, Ausstellungen, Lesungen und Theateraufführungen. Legendär: Der Gauklerball, ein rauschendes Münchner Kostümfest, das einst von der Künstlergesellschaft Allotria ins Leben gerufen worden ist. Eben diese hatte auch die Idee zur Erbauung des Künstlerhauses.

Altstadt-Lehel

Lenbachplatz 8 | Tel. 089 5 99 18 40 | www.kuenstlerhaus-muc.de | U 4, 5, S 1–4, 6–8 Karlsplatz (240 B3)

MUFFATWERK

Im Kulturzentrum in der ehemaligen Kraftwerkshalle finden Konzerte statt, die thematisch zwischen Rock, Pop, Weltmusik und Klassik liegen, dazu kommen Theater- und Tanzaufführungen, Lesungen, Partys im Club Ampere → **S. 202** und Kino auf der Großleinwand. Weitere Pluspunkte: die wunderbare Lage am Isarufer, das schöne Café und der ÖKO Bio-Biergarten mit internationaler Küche.

Au-Haidhausen

Zellstr. 4 | Tel. 089 45 87 50 10 | www.muffatwerk.de | S 1–4, 6–8 Isartor oder Rosenheimer Platz (249 D3)

PASINGER FABRIK

Das Programm im Kultur- und Bürgerzentrum im Münchner Westen bleibt vielfältig: Lesungen, Theater, Konzerte und Ausstellungen. Die Fabrik ist auch Heimat des Theaters Viel Lärm um nichts. Darüber hinaus befindet sich hier Münchens kleinstes Opernhaus, in dem man selbst Klassiker wie Verdis »La Traviata« gemütlich an Tischen sitzend genießt.

Pasing

Abendkasse: Di–So 17.30–20 Uhr | Tel. 089 82 92 90 79 | August-Exeter-Str. 1 | www.pasinger-fabrik.com | S 3, 4, 6–8 Pasing (238 A3)

LITERATUR

GIESINGER BAHNHOF

Das Kulturzentrum im über 100 Jahre alten, aufwendig renovierten Gebäude hat sich auch im literarischen Bereich einen Namen gemacht. So nehmen die Schriftsteller des Werkkreises Literatur sowie des Deutschen Literaturinstituts Leipzig immer gerne Kurs auf den Kunstbahnsteig oder die frühere Gepäckhalle.

Giesing

Büro: Di–Fr 12–15 Uhr | Giesinger Bahnhofplatz 1 | Tel. 089 69 38 79 30 | www.

Größe überzeugt eben doch: Weltklassekonzerte in der Philharmonie im Gasteig

giesinger-bahnhof.de | U 2, S 3, 7 Giesing (249 D6)

KULTURLADEN WESTEND

Ein einzigartiges Projekt, das von der Stadt bezuschusst wird. Anwohner des Viertels können in dem 40-m^2-Raum ihr eigenes Kunst- und Kulturprogramm öffentlich veranstalten. Jeden ersten Mittwoch im Monat um 19 Uhr findet das offene Programmplanungstreffen statt, an dem Liebhaber von unmittelbarer und gelebter Kunst teilnehmen sollten. Das aktuelle Programm findet sich online, die Veranstaltungen sind meist kostenlos.

Westend

Mi 19–20 Uhr | Ligsalzstr. 44 | Tel. 089 50 11 73 | www.kulturladen-westend.de | U 4, 5 Schwanthalerhöhe (247 E3)

LITERATURHAUS

Die ehemalige Schule wurde zu einem Veranstaltungs-, Tagungs- und Ausstellungszentrum in Sachen Literatur umgebaut, mit Lesungen namhafter deutscher und internationaler Schriftsteller. Im Erdgeschoss lockt die Brasserie OskarMaria *(www.oskarmaria.com)* und im obersten Stock eines der schönsten Foyers Münchens mit einem herrlichen Blick über die Altstadt.

Altstadt-Lehel

Salvatorplatz 1 | Tel. 089 2 91 93 40 | www.literaturhaus-muenchen.de | U 3–6 Odeonsplatz (241 D2)

POETRY-SLAMS ★

Der erste Münchner Poetry-Slam fand schon 1995 im Substanz statt und läuft dort nach wie vor unter dem Titel »Munich Slam« jeden 2. So/Monat *(19 Uhr/Eintritt 7 Euro)*. Etwas weiter westlich, im *Stragula*, findet jeden 3. Sa/Monat die Kiezmeisterschaft *(20 Uhr/Eintritt 5 Euro)* statt. Die Schauburg bietet in etwas größeren Abständen neben Poetry-Slams sogar Performance-Poetry-Workshops an. Highlights: Einmal jährlich rollt der Poetry Slam Train durch Münchens Untergrund und in der Muffathalle → **S. 55** treffen sich die Poeten im

Gelungener Umbau: Im Literaturhaus vereinen sich Renaissance und Moderne

Januar stets zur Deutschen Box-Poetry-Slam-Meisterschaft. Ins Vereinsheim → S. 14 lädt einmal im Monat Bumillo zum Schwabinger Poetry Slam ein. Weitere Infos dazu unter *www.muenchen.de*.

Isar- & Ludwigsvorstadt
Substanz: Ruppertstr. 28 | Tel. 089 7212749 | www.planetslam.de | U 3, 6 Poccistraße (247 F4)

Westend
Stragula: Bergmannstr. 66 | Tel. 089 507743 | www.kiezmeisterschaft.de | U 4, 5, S 7, 20, 27 Heimeranplatz (247 D3)

Schwabing
Schauburg: Franz-Josef-Str. 47 | Tel. 089 23 33 71 55 | www.facebook.com/schauburg.poetryslam | Tram 27 Elisabethplatz (244 B5)

VOLKSHOCHSCHULE

Diverse Kurse zum Thema Literatur und eine Schreibwerkstatt bietet die Volkshochschule. An verschiedenen Plätzen kann man sich über das Neuste von der Leipziger Buchmesse, Literaturtheorie oder aber auch Literaturgeschichte informieren. Das aktuelle Programm mit Infos zu Ort, Zeit und Kosten steht online.

Au-Haidhausen
Büro: Mo–Do 9–16, Fr 9–13 Uhr | Metzstr. 12 | Tel. 089 44 47 80 40 | www.mvhs.de/literatur | S 1–4, 6–8 Rosenheimer Platz (249 D3)

MUSEEN

ALPINES MUSEUM

Praktisch: Alles über die Geschichte der Alpen und des Bergsports erfahren, ohne dafür mühsam auf Berge steigen zu müssen! Gemälde, Grafiken und Gebrauchsgegenstände lassen die jahrhundertelange Faszination für Mont Blanc & Co. lebendig werden. In den Sonderausstellungen werden verschiedene Aspekte des Alpinismus behandelt.

Altstadt-Lehel
Di–So 10–18 Uhr | Praterinsel 5 | Eintritt 3–4,50 Euro | Tel. 089 2112240 | www.alpenverein.de/Kultur/Museum | Tram 18 Mariannenplatz (249 D3)

BAYERISCHES NATIONALMUSEUM

Mit Tafelsilber, Gemälden, Skulpturen, alten Musikinstrumenten, gotischem Kirchenschmuck und wertvollen Porzellan-Unikaten aus sämtlichen Epochen öffnet sich hier eine Schatzkammer. Besonders sehenswert ist die volkskundliche Abteilung, ein Winter-Highlight bildet die Sammlung historischer Weihnachtskrippen.

Altstadt-Lehel
Di/Mi, Fr–So 10–17, Do 10–20 Uhr | Prinzregentenstr. 3 | Eintritt 6–9 Euro, So 1 Euro | Tel. 089 2112401 | www.bayerisches-nationalmuseum.de | U 4, 5 Lehel, Tram 18 Nationalmuseum (249 D1)

BIER- UND OKTOBERFESTMUSEUM

In einem der ältesten noch erhaltenen Münchner Bürgerhäuser (Teile stammen aus dem Jahr 1340) findet sich alles über die Geschichte des Bieres, der Münchner Brauereien und die Historie des bayerischen Nationalrausches, genannt Oktoberfest. Das Museumsstüberl *(auch außerhalb der Museumsöffnungszeiten geöffnet: Mo–Sa 18–24 Uhr)* lädt zu praktischen Übungen ein und verwöhnt mit leckeren Schmankerln. Führung einschließlich moderierter Bierprobe für 9,50 Euro, ohne das bayerische Manna nur 5 Euro.

Altstadt-Lehel
Di–Sa 13–18 Uhr | Sterneckerstr. 2 | Eintritt 2,50–4 Euro | Tel. 089 24231607 | www.bier-und-oktoberfestmuseum.de | S 1–4, 6–8 Isartor (241 E5)

INSIDER TIPP **BILL-HALEY-MUSEUM**
Kaum zu glauben, aber Milbertshofen beheimatet ein Kleinod der Rockgeschichte in seinen Viertelgrenzen: das Bill-Haley-Museum. Zu verdanken ist dies Hydra Records, die eine sehenswerte Dauerausstellung mit Original-Vinylscheiben, Zeitungsberichten, Instrumenten und vielem mehr präsentieren. Und wer gleich noch einen Ohrwurm vom Erfinder des »weißen« Rock 'n' Roll samt seiner Band The Comets mitnehmen möchte, wird im angeschlossenen Museumsshop fündig, in dem mehr als 10 000 Tonträger aus den 1950ern schlummern. Spezielle Führungen außerhalb der Öffnungszeiten sind ebenfalls möglich.
Milbertshofen
Di–Fr 12–18, Sa 10–15 Uhr | Schleißheimer Str. 321 | Eintritt frei | Tel. 089 3 11 39 18 | www.bill-haley-museum.com | U 2 Frankfurter Ring (244 A1)

BMW MUSEUM
Der Museumsbau selbst ist schon ein architektonisches Highlight. Doch was dem Besucher auf den mehr als 5000 m² Ausstellungsfläche geboten wird, lässt nicht nur Männerherzen höherschlagen. Multimedial kann man hier die Vergangenheit, Gegenwart und Zukunft des Automobils erleben. Ganz zu schweigen von den äußerst wertvollen BMW-Exponaten, die das Museum zusätzlich schmücken. Für 3 Euro Aufpreis können Sie sich einer anderthalbstündigen Führung durch die Sammlung bayerischer Edelkarossen anschließen. Zudem stehen mehrsprachige Audioguides (2 Euro) zu Verfügung. Mit der City Tour Card München, der WTC City Power Card, der S-Club-Karte oder mit Olympiaparktickets beträgt der Eintritt gerade mal 6 Euro.
Schwabing
Di–So 10–18 Uhr | Eintritt 7–10 Euro | Am Olympiapark 2 | Tel. 089 1 25 01 60 01 | www.bmw-museum.de | U 3, 8 Olympiazentrum (243 F2)

DEUTSCHES JAGD- UND FISCHEREIMUSEUM
An die 1000 Tierpräparate, meist in Leuchtdioramen, gibt es in der ehemaligen Augustinerkirche zu sehen, ebenso wie Jagdwaffen, Fischereiutensilien, Gemälde, Grafiken und zahlreiche interaktive Schaustücke.
Altstadt-Lehel
Fr–Mi 9.30–17, Do 9.30–21 Uhr | Neuhauser Str. 2 | Eintritt 5 Euro | Tel. 089 22 05 22 | www.jagd-fischerei-museum.de | U 3, 6, S 1–4, 6–8 Marienplatz (240 C4)

DEUTSCHES MUSEUM
Das größte Technikmuseum der Welt mit jährlich 1,4 Mio. Besuchern zeigt zurzeit noch auf 55 000 m² Stücke zu allen wichtigen Bereichen der Technik und Naturwissenschaften, vom Bergbau bis zur Astrophysik, von der Schifffahrt bis zur Elektrotechnik. Ansonsten gibt es viel zu drücken: Zahlreiche Knöpfe, die anschauliche Modelle in Gang setzen. Im riesigen Kinderreich (Untergeschoss) zum Entdecken, Ausprobieren und Hören wuselt's wie im Ameisenhaufen! Achtung: Innerhalb der nächsten 15 Jahre wird der gesamte Komplex saniert, und das ehemalige Forum der Technik wird zum neuen Eingangsbereich umgebaut. Daher werden verschiedene Ausstellungsbereiche immer mal wieder vorübergehend geschlossen sein.
Isar- & Ludwigsvorstadt
Tgl. 9–17 Uhr | Museumsinsel 1 | Eintritt 4–11 Euro | Tel. 089 2 17 91 | www.deutsches-museum.de | Tram 16 Deutsches Museum, S 1–4, 6–8 Isartor (241 F6)

FLUGWERFT SCHLEISSHEIM

Das Museum für Luft- und Raumfahrt ist eine Zweigstelle des Deutschen Museums. Auf dem ältesten erhaltenen Flugplatz Deutschlands gibt es über 60 Flugzeuge und Hubschrauber zu bestaunen. Achtung! Von der S-Bahn bis zum Museum etwa 15 Gehminuten einplanen.

Oberschleißheim

Tgl. 9–17 Uhr | Effnerstr. 18 | Eintritt 3–6 Euro, Familienkarte 12 Euro | Tel. 089 3 15 71 40 | www.deutsches-museum.de/flugwerft | S 1 Oberschleißheim (252 C2)

GEOLOGISCHES MUSEUM

Feuerspeiende Vulkane, sich stetig verändernde Gebirgsmassive und Bodenschätze ohne Ende, wer etwas über »Bayerns steinige Geschichte« erfahren möchte, sollte einen Abstecher in den Gebäudekomplex der Ludwig-Maximilians-Universität machen. Noch dazu, da der Eintritt für die Staatssammlung der Paläontologie und Geologie frei ist. Neben festen Ausstellungen lockt das Museum zudem mit Sonderreihen wie zum Beispiel »Islands geologische Vielfalt« oder »Fossiles Afrika – Aus der Vergangenheit eines alten Kontinents«. Wer selbst gerne auf der Jagd nach außergewöhnlichen Steinen oder Fossilien ist, sollte sich den Mittwoch vormerken. Denn dann helfen einem Experten, von 9 bis 11 Uhr, INSIDER TIPP die persönlichen Fossilien-Schätze zu bestimmen.

Maxvorstadt

Mo–Fr 8–18, jeden 1. So 10–16 Uhr | Richard-Wagner-Str. 10 | Eintritt frei | Tel. 089 2 18 06 56 6 | www.palmuc.de | U 2 Königsplatz (244 B6)

JÜDISCHES MUSEUM

Die Dauerausstellung in dem verglasten, freistehenden Kubus im Jüdischen Zentrum am St.-Jakobs-Platz informiert über die Geschichte des Judentums in München. Schwerpunkt des interessanten Hauses sind wechselnde Schauen, die von Direktor Bernhard Purin meist zurückhaltend, aber dennoch sehr eindringlich inszeniert werden. Ein nettes Café samt schöner Sonnenterrasse und Kinderspielplatz sowie eine Buchhandlung runden das Angebot ab.

Altstadt-Lehel

Di–So 10–18 Uhr | St.-Jakobs-Platz 16 | Eintritt 3–6 Euro | Tel. 089 23 39 60 96 | www.juedisches-museum-muenchen.de | S 1–4, 6–8, U 3, 6 Marienplatz (241 D5)

Musikschätze aus den 1950er-Jahren zeigt das Bill-Haley-Museum

KZ-GEDENKSTÄTTE DACHAU

In Dachau war das erste Konzentrationslager überhaupt, das die Nazis nach der sogenannten »Machtergreifung« einrichteten. Von der Anlage stehen heute nur noch wenige Bauten und zwei Baracken, dennoch ist sie beeindruckend und beklemmend zugleich. In dem ehemaligen Wirtschaftsgebäude sind Dokumente, Fotos und andere Gegenstände zu sehen, dazu der Film »Das Konzentrationslager Dachau« *(9.30, 11, 13.30, 14.30, 15.30 Uhr Deutsch; 11 u. 13 Uhr Englisch | 3 Euro)*. Außerdem informieren Führungen *(tgl. 12 Uhr Deutsch, 11 u. 13 Uhr Englisch | 3 Euro)* und Audioguides *(3,50 Euro)* die Besucher.

Dachau

Tgl. 9–17 Uhr | Pater-Roth-Str. 2a | Eintritt frei | Tel. 08131 66 99 70 | www.kz-gedenkstaette-dachau.de | S 2 Dachau, dann Bus 726 bis KZ-Gedenkstätte Haupteingang (252 C2)

MÜNCHNER STADTMUSEUM

»Typisch München!« heißt die Dauerausstellung des Stadtmuseums, die an herausragenden Exponaten zeigt, was über die Jahrhunderte hinweg typisch für die Stadt und ihre Bewohner war und ist. In einer »Loden-Lounge« können Sie sogar aktuelle Musik aus München hören. Daneben gibt es wechselnde Ausstellungen, die immer wieder aufs Neue abwechslungsreich aus den umfangreichen Einzelsammlungen für Mode, Fotos, Film, Puppentheater, Musikinstrumente und Grafik bestückt werden. Mit der Kombikarte Städtische Museen München sparen Sie schon mal die Hälfte des Eintritts. Und den Audioguide für »Typisch München!« gibt's in mehreren Sprachen gratis dazu. Unter 18 Jahren ist der Eintritt frei!

Altstadt-Lehel

Di–So 10–18 Uhr | St.-Jakobs-Platz 1 | Eintritt 4–7 Euro | Tel. 089 23 32 23 70 | www.muenchner-stadtmuseum.de | U 3, 6, S 1–4, 6–8 Marienplatz (241 D5)

MUSEUM DER FÜNF KONTINENTE

Es ist eines der ältesten und größten Völkerkundemuseen überhaupt – die Sammlung umfasst mehr als 150 000 Exponate. Leider kann nur ein Bruchteil gezeigt werden. In den Dauerausstellungen sind Objekte aus Ostasien, dem indianischen Südamerika, Nordamerika und Afrika zu sehen. Das Café Max2 *(www.cafe-max2.de)* und Sonderausstellungen, aber auch abwechslungsreiche Weltmusik- und Popkonzerte sprechen auch ein jüngeres Publikum an.

Altstadt-Lehel

Di–So 9.30–17.30 Uhr | Maximilianstr. 42 | Eintritt 5 Euro (So 1 Euro) | Tel.

089 2 10 13 61 00 | www.museum-fuenf-kontinente.de | U 4, 5 Lehel, Tram 18, 19 Maxmonument (241 F4)

NS-DOKUMENTATIONSZENTRUM MÜNCHEN ★

Wo einst das »Braune Haus«, die Parteizentrale der NSDAP, stand, eröffnete 2015 dieser Ort des »Nicht-Vergessens«. Über mehrere Stockwerke hinweg erstreckt sich eine einzigartige Dokumentation (Fotos, Schriftstücke, Texte, Filme, Audios), die einem die schreckliche Geschichte des Nationalsozialismus vor Augen führt und zugleich Ursache und Folgen für die Stadt und ihre Bewohner beleuchtet. Die Dauerausstellung bietet einen sehr guten Überblick vom Aufstieg bis zum Fall des NS-Regimes und vergisst dabei auch nicht die Gegenwart. Mit der NS-Dokuzentrums-App kann man zudem den Spuren des Nazi-Terrors folgen und wird zu 119 Orten in und um München geführt.

Maxvorstadt

Di–So 10–19 Uhr | Brienner Str. 34 | Eintritt 2,50–5 Euro, bis 18 J. frei | Tel. 089 23 36 70 14 | www.ns-dokumentationszentrum-muenchen.de | U 2 Königsplatz (240 B1)

ROCKMUSEUM

200 m über München präsentiert sich das höchstgelegene Rockmuseum der Welt. Der Olympiaturm → **S. 23** ist die optimale Heimstätte für die über 3000 Exponate, die die Superstars der Rockgeschichte den beiden Sammelwütigen Herbert Hauke und Frank Arno Eser überlassen haben. Ein besonderes Highlight sind die Führungen der beiden Museumsdirektoren, die nur per Anfrage möglich sind. Außer der Ausstellung rockt es hier zuweilen auch heftig bei verschiedenen INSIDER TIPP Partys und Livekonzerten.

Schwabing

Tgl. 9–24 Uhr | Spiridon-Louis-Ring 7, Olympiaturm | Eintritt frei (Turmauffahrt 5–7 Euro) | www.rockmuseum.de | U 3, 8 Olympiazentrum (243 F3)

STAATLICHE MÜNZSAMMLUNG

Mehr als 300 000 Münzen, Medaillen, Banknoten und Wertpapiere sind in der Staatlichen Münzsammlung in der Residenz zu besichtigen. Die Spannweite der ausgestellten Objekte reicht vom Altertum (Griechen, Römer, Kelten) bis in die Neuzeit. Sehenswert sind auch die japanischen Lackkabinette, in denen die Münzen früher aufbewahrt wurden: Eine bedeutendere Zusammenstellung dieser reich verzierten Möbel aus der Edo-Zeit findet sich nirgendwo sonst in ganz Europa.

Altstadt-Lehel

Di–So 10–17 Uhr | Residenzstr. 1 | Eintritt 2,50 Euro (So 1 Euro) | Tel. 089 22 72 21 | www.staatliche-muenzsammlung.de | U 3–6 Odeonsplatz (241 E3)

STAATLICHES MUSEUM ÄGYPTISCHER KUNST ★

Bereits Herzog Albrecht V. von Bayern (1550–1579) begann während seiner Regentschaft mit dem Erwerb ägyptischer Kunst. Über 460 Jahre später folgte der Auszug aus der Residenz ins eigene Museum im Kunstareal. Denn dort entstand unterirdisch ein Neubau aus Glas und Beton, der mit 2000 m² nicht nur dreimal größer ist, sondern ganz neue Möglichkeiten bietet, die Exponate (alle Epochen des alten Ägyptens bis zur koptischen Zeit) zu präsentieren. Nach Berlin steigt München damit unangefochten zur Nummer zwei in Sachen ägyptischer Kunst auf. Gut für junge Archäologen: Bis 18 Jahre ist der Eintritt frei.

Maxvorstadt

Mi–So 10–18, Di 10–20 Uhr | Gabelsbergerstr. 35 | Eintritt Mo–Sa 7 Euro (inkl. Mobile Guide), So 1 Euro | Tel. 089 28 92 76 30 | www.aegyptisches-museum-muenchen.de | U 2 Königsplatz (244 A6)

TRAMBAHNMUSEUM (MVG MUSEUM)

Alles über die im wahrsten Sinne des Wortes bewegte Geschichte der Münchner Straßenbahn erfahren Sie im MVG Museum. In einem ehemaligen Ausbesserungswerk aus dem Jahr 1918 können sich Besucher anhand von 25 historischen Trambahnwagen ein umfassendes Bild vom Stadtverkehr anno dazumal machen. Dank einer Besichtigungsgrube ist auch ein Blick unter Tram und Bus möglich. Ein Highlight ist der U-Bahn Fahrsimulator in einem Original-Fahrerstand.

Ramersdorf

2. und 4. So im Monat 11–17 Uhr, Aug. geschl. | Ständlerstr. 20 | Eintritt 3 Euro | www.mvg-mobil.de/museum | Tram 17 Schwanseestraße, Bus 139, 144, 145, Ständlerstraße (239 E4)

VALENTIN-KARLSTADT-MUSÄUM

Lang ist das Museum ein liebenswertes Kuriositätenkabinett gewesen, das an den großen Münchner Volkskomiker und Dadaisten erinnerte. Heute betont es die Bedeutung und die Stellung Karl Valentins in der Münchner Volkssängerszene. Auch seine kongeniale Partnerin Liesl Karlstadt rückte mehr ins Rampenlicht. Außerdem bietet das »Musäum« jeden ersten Freitag im Monat Livemusik, Lesungen oder Kabarett. Und jeden letzten Sonntag lockt INSIDER TIPP die »Neue deutsche Liedermacherei« (11.01 Uhr), zusammengestellt und moderiert von Stefan Noelle. Führungen gibt's jeden 2. geraden Samstag um 15.01 Uhr zum Preis von 5 Euro.

Altstadt-Lehel

Mo/Di, Do 11.01–17.29, Fr/Sa 11.01–17.59, So 10.01–17.59 Uhr | Isartorturm | Eintritt 2,99 Euro | Tel. 089 22 32 66 | www.valentin-musaeum.de | S 1–4, 6–8 Isartor (241 F5)

THEATER, OPER & BALLETT

BAYERISCHE STAATSOPER

Unter dem Dach des Nationaltheaters sind auch das Bayerische Staatsorchester und das Staatsballett zuhause. Erbauen ließ diese Kulturhochburg einst Max I. Joseph anno 1813. Da das prunkvolle Halbrund nur 2100 Besucher fasst und die Karten für jeden erschwinglich bleiben sollen, wird jeder Sitzplatz mit über 100 Euro pro Aufführung subventioniert. Aktueller Chefdirigent ist Kirill Petrenko, der als Generalmusikdirektor der Bayerischen Staatsoper fungiert. Ein Höhepunkt der Saison sind mit Sicherheit die Opern-Festspiele im Juli. → S. 232

Altstadt-Lehel

Max-Joseph-Platz 2 | Karten 4–264 Euro | Tel. 089 21 85 19 20 | www.bayerische.staatsoper.de | U 3–6 Odeonsplatz (241 E3)

BLUTENBURGTHEATER

Deutschlands erste Krimibühne wurde 1983 gegründet und hat ausschließlich Kriminalstücke und -komödien im Repertoire. Zu den beliebten Inszenierungen gehören Stücke von Meistern wie Agatha Christie, Edgar Wallace oder andere Klassiker des Genres wie »Arsen und Spitzenhäubchen« oder »Ladykillers«. In der Bar gibt es passende Cocktails mit so sprechenden Namen wie »Gänsehaut«.

Neuhausen

Di–So ab 20 Uhr | Blutenburgstr. 35 | Karten 19–31 Euro | Tel. 089 123 43 00 | www.blutenburg-theater.de | U 1, 7 Maillingerstraße (243 E6)

GÄRTNERPLATZTHEATER

Die »Volksoper« der Münchner am Gärtnerplatz ist auch ein Haus der leichten Muse, selbst wenn sie immer mal wieder Ausflüge ins ernste Fach unternimmt. Die Sanierung dauert doch länger als geplant, daher muss das Ensemble nach wie vor auf andere Spielorte wie das Prinzregententheater oder Deutsche Theater ausweichen.

Isar- & Ludwigsvorstadt

Gärtnerplatz 3 | Tel. 089 21851960 | www.staatstheater-am-gaertnerplatz.de | U 1, 2, 7 Fraunhoferstraße (241 D6)

IBERL BÜHNE ★

Georg Maier, Wirt und Theaterleiter, hat eine eigene Form des bayerischen Volkstheaters entwickelt. Auf seiner Iberl Bühne wird Mundart gesprochen. Doch die Stücke sind keine Jodlerdramen oder Wildererpossen, sondern intelligente Komödien und Beinahetragödien in modernem Gewand. Da wird auch mal Sozialkritisches angesprochen (»Jeder verrot jeden«) und die Musik dazu klingt oft nach Blues und Rock 'n' Roll. Auch kulinarisch hat man einen großen Schritt getan. Denn die bayerischen Schmankerl kommen jetzt aus der Küche des Augustiner-Stammhauses auf den Tisch.

Altstadt-Lehel

Mo–Sa 20, So Einlass Essen 18, Beginn 20 Uhr, Vorstellungstermine variieren je nach Jahreszeit | Herzogspitalstr. 6 | Karten 12–24 Euro | Tel. 089 794214 | www.iberlbuehne.de | S 1–4, 6–8, U 4, 5 Karlsplatz (240 C4)

I-CAMP

Das i-camp ist ein Ort der Avantgarde: Hier können Künstler nahezu aller Sparten aus der freien Szene Münchens öffentlich präsentieren, was sie erarbeitet haben. Von einem regelmäßigen Spielbetrieb kann man demzufolge nicht sprechen – aber wenn es Programm gibt, in der Regel drei bis vier Mal pro Woche, dann sind hier noch echte Entdeckungen zu machen: Von expressivem Tanztheater über Medienkunst bis hin zu skurrilen Partyevents ist in der Entenbachstraße alles zu Hause.

Au-Haidhausen

Entenbachstr. 37 | Karten ab 10 Euro | Tel. 089 650000 | www.i-camp.de | U 1, 2, 7 Kolumbusplatz (248 C4)

Im Karl-Valentin-Musäum wird die Vielseitigkeit des Künstlers hervorgehoben

METROPOLTHEATER

Das Metropoltheater gilt als eines der innovativsten Privattheater der Stadt, vor einigen Jahren wurde es sogar als bestes Off-Theater im deutschsprachigen Raum ausgezeichnet. Am renommierten Haus in Freimann verfolgt man gerne das Konzept, zugkräftige Titel in einer ganz eigenen Ästhetik zu präsentieren.

Freimann

Floriansmühlstr. 5 | Karten ab 19 Euro, Mo und Di alle Tickets 4 Euro günstiger | Tel. 089 32 19 55 33 | www.metropoltheater.com | U 6 Freimann (239 E1)

PRINZREGENTENTHEATER

Das Prinzregententheater ist die Heimat der »Bayerischen Theaterakademie August Everding«, die so heißt, weil der verstorbene Generalintendant Everding sie ins Leben gerufen und gleichzeitig das lange leerstehende Theater zu neuem Leben erweckt hatte. Mit den Produktionen der Studenten lässt sich das Haus bis heute nicht füllen. Deshalb finden auch Aufführungen der Bayerischen Staatsoper und des Staatstheaters am Gärtnerplatz statt. Ebenfalls mit im Programm: Konzerte zwischen Klassik und Pop sowie viele andere Events.

Bogenhausen

Prinzregentenplatz 12 | Eintritt je nach Veranstaltung | Tel. 089 21 85 28 99 | www.prinzregententheater.de | U 4 Prinzregentenplatz (249 E2)

RESIDENZTHEATER

Martin Kušej, der Herrscher über Residenz-, Marstall- und Cuvilliéstheater, möchte auch in der neuen Spielzeit wieder frische, kreative Impulse geben.

Altstadt-Lehel

Max-Joseph-Platz 1 | Eintritt je nach Veranstaltung | Tel. 089 21 85 19 40 | www.bayerischesstaatsschauspiel.de | U 3–6 Odeonsplatz (241 E3)

TAMS – THEATER AM SOZIALAMT

»Hier haben Eigensinnige, Hintersinnige und Eigenbrötler ihr Zuhause« – so lautet das Motto des TamS. Das Haus ist eines der ältesten Münchner Privattheater – und nach wie vor eines der besten in der Metropole. Leiterin Anette Spola hat ein Faible für skurrile Texte und liefert immer wieder spannende und sehenswerte Inszenierungen von Stücken voll schrägen Humors.

Schwabing

Haimhauserstr. 13a | Karten ab 20 Euro | Tel. 089 34 58 90 | www.tamstheater.de | U 3, 6 Münchner Freiheit (245 D4)

THEATER IN DER AU E.V.

Aus dem ehemaligen Volkstheater entstand 1999 die heutige Bühne. Das engagierte Ensemble bietet zum einen die klassische Schiene mit Mundartstücken, Lustspielen und Kriminalstücken. Auf der Studiobühne wird mehr experimentiert. Und die Bühnenflöhe präsentiert sich mit Kinderstücken wie »Jim Knopf«. Zu empfehlen ist auch die Lyrikwerkstatt, nicht nur wegen der Lesungen, sondern weil hier die Kunst der geschliffenen Sprache erlernt werden kann.

Au-Haidhausen

Am Herrgottseck 5 | Eintritt ab 12 Euro | Tel. 089 44 11 84 54 | www.theaterinderau.de | Bus 52, 62 Schweigerstraße (248 C4)

THEATER ... UND SO FORT

Betrieben wird dieses wunderbare Privattheater vom Verein Theta, der mit seinem Theaterraum die freie Szene Münchens stärken will. Zugleich soll die Bühne ein kreativer Treffpunkt sein.

Schwabing

Kurfürstenstr. 8 | Tel. 089 23 21 98 77 | Karten ab 13 Euro | www.undsofort.de | Tram 27 Nordendstraße (244 C5)

Essen & Trinken

Was darf's heute sein: ein Menü mit Weinbegleitung? Oder lieber Burger mit handgeschnitzten Fritten? Zwischen Weißwurst und Leberkas' passt eine ganze kulinarische Welt(reise).

ALPENLÄNDISCH

GÄRTNERPLATZ ALM

☀ Auf der Alm, da gibt's sprichwörtlich »koa Sünd'«, aber dafür die vergnüglich-gesellige Schweizer Spezialität Fondue, zumindest auf der Gärtnerplatz Alm. Das saftige Alm-Grün liegt zwar ein paar Meter entfernt auf der Platzmitte, aber dafür sorgt im Lokal rustikales, holzvertäfeltes Hüttenflair für den passenden Rahmen, um typisch alpenländisch zu speisen. Das Team kommt aus der Schweiz und aus Bayern und serviert im Winterhalbjahr Fondues in allen möglichen Variationen und im Sommer Brotzeitbrettl, Salate und selbst zubereitete Steaks vom Tischgrill. Bei den Fondues gibt es neun Varianten, die Auswahl reicht vom klassischen Käse- bis zum Trüffelfondue (16–23 Euro p.P.). Die dazugehörige Hüttengaudi ist das ganze Jahr über garantiert.

Isar- & Ludwigsvorstadt

€€ *Mo–Do 18–24, Fr/Sa 18–2 Uhr | Corneliusstr. 16 | Tel. 089 41220400 | www.gaertnerplatzalm.de | U 1, 2 Fraunhoferstraße* (241 D6)

Essen ■■■ **Ambiente** ■■■ **Service** ■■■

ÖSTERIA

Gutes Essen und spannende Weine aus Österreich – eine schöne Kombination, die es in München trotz der geografischen Nähe zur Alpenrepublik gar nicht so oft gibt. Zum täglich wechselnden Menü von Küchenchef Elias Halletz gibt es immer eine Auswahl offener Weine, die der kundige Service auch perfekt auf das Essen abstimmen kann. Die

Verjüngt: Mit neuem Konzept und frischer Einrichtung präsentiert sich das Speisecafé Steirer am Markt

Weinkarte umfasst mehr als 100 ausgesuchte österreichische Tropfen aus eigenem Import. Montags gibt's immer einen absoluten Klassiker, das köstliche INSIDER TIPP Backhendl vom Poltinger Maishendl mit lauwarmem Erdäpfel-Porree-Salat.

Giesing

€€ Mo–Sa 14–24 Uhr | Taubenstr. 2 | Tel. 089 62 48 99 24 | www.oesteria.de | U 1, 2 Kolumbusplatz (248 C4)

Essen ■■■ Ambiente ■■□ Service ■■■

SPEISECAFE STEIRER AM MARKT

Der Steirer ist geblieben, neu hingegen sind das Konzept und das Interieur. So lockt die schöne Sonnenterrasse rund ums Lokal jetzt zum ausgiebigen Frühstücken. Zwischen acht bis zehn Varianten stehen zur Wahl. Die Küche präsentiert sich moderner und jünger, bleibt aber ihrer steirisch-bayerischen Linie treu. Gutbürgerlich speisen zu attraktiven Preisen, heißt nun das Motto.

Altstadt-Lehel

€–€€ Mo–Sa 10–23 Uhr | Dreifaltigkeitsplatz 4 | Tel. 089 2 55 49 15 10 | www.steirer-am-markt.de | U 3, 6, S 1–4, 6–8 Marienplatz (241 D5)

Essen ■■■ Ambiente ■■■ Service ■■□

ZUM FERDINAND

NEU Das Bamberger Haus, traumhaft am Rande des Luitpoldparks gelegen, ist die neue Heimstätte des Ferdinands. Küchenchef Rafael Hofmann setzt dabei ganz klar auf die alpenländische Küche, mit starkem österreichischen Einfluss. Deshalb finden sich auf der Karte auch so Klassiker wieder wie Fiaker Rindergulasch, Backhendl oder Donauzander. Die barocken Räumlichkeiten sind die optimale Ergänzung zum kulinarischen Hochgenuss, der hier geboten wird. Ein Traum: der kleine Biergarten mit täglicher Augustiner-Holzfass-Zeremonie und die großzügige Sonnenterrasse mit Blick ins Grüne.

Schwabing

€€–€€€ Di–So 10.30–1, Küche 11.30–14.30/17.30–22 Uhr | Brunnerstr. 2 | Tel. 089 3 22 12 82 10 | www.zumferdinand.de | U 2, 3, 8 Scheidplatz, Tram 27 Gartenstraße (244 B3)

Essen ■■■ Ambiente ■■■ Service ■■■

ASIATISCH

AKUO ★

In dem kleinen, eher zweckmäßig eingerichteten Imbisslokal wird in der offenen Küche original taiwanesisches Essen frisch zubereitet – mit besten Zutaten und ohne jegliche Zusatzstoffe. Gekochte und gebratene Teigtaschen, gefüllt mit Schweinefleisch, Chinakohl und Zwiebeln, gehören zu den Spezialitäten des Hauses. Der Chef Chinkuo Wu verwendet seine eigentlich freien Samstage zur Herstellung der rund tausend Teigtaschen.

Maxvorstadt

€ Mo–Fr 11–21, So 12–21 Uhr | Adalbertstr. 32 | Tel. 089 39 29 90 06 | U 3, 6 Universität (244 C6)

Essen ■■■ Ambiente ■□□ Service ■■□

CHARLIE

Das schlicht gestaltete vietnamesische Restaurant bietet eine übersichtliche Auswahl an Speisen, gekocht nach Originalrezepten, und einen Imbiss mit warmen Gerichten, Kuchen und Sandwiches zum Mitnehmen. Alle Gerichte werden INSIDER TIPP auf Wunsch auch vegan zubereitet. Die Spezialität des Hauses, den Feuertopf, kann man bei gutem Wetter draußen genießen. Abends wandelt sich das Szenerestaurant in eine Bar.

Giesing

€ Di–Sa 18–1, So 17–23 Uhr | Schyrenstr. 8 | Tel. 089 48 05 82 44 | www.charl.ie | U 1, 2, 7 Kolumbusplatz (248 B5)

Essen ■■■ Ambiente ■■□ Service ■■□

COCHINCHINA ★

Diese Designperle der beiden Innenarchitektinnen Natalie Nguyen-Ton und Caro Schneider ist optisch wirklich extrem einladend. Der baumstammartige Empfangstisch, die luftigen, an Libellenflügel erinnernden Raumteiler, samtig schimmernde, bunte Sitzbezüge und längliche Lampions als Farbtupfer von oben bieten ein sehr stimmiges Gesamtbild. Das Cochinchina ist ein Able-

MARCO POLO HIGHLIGHTS

★ Akuo

Vorzügliches, original taiwanesisches Essen von Meister Chinkuo Wu in echter Handarbeit: Mehr als 1000 Teigtaschen fertigt er selbst jede Woche in seiner Küche → S. 67

★ Cochinchina

Ist Innenarchitektin Natalie Nguyen-Ton am Werk, überzeugt das Design stets, und glücklicherweise auch immer das gastronomische Konzept → S. 68

★ Chichi

Zu später Stunde *cuisine française* genießen – mit schöner Burlesque-Show und feiner DJ-Selektion → S. 74

★ Ringlers

Wenn Gäste zu Genussjüngern mutieren, dann muss es sich um etwas Besonderes handeln. Noch dazu, wenn es sich »nur« um einen Mittags-Hotspot handelt → S. 97

★ Emiko

Freier Blick auf den Alten Peter und exquisite japanische BBQ-Köstlichkeiten auf der Dachterrasse → S. 109

★ Little Wolf

Wenn es um Smoked Beef oder Ribs geht, dann ist der Soulfood-Diner von Wolfi und Corinna Götz der Hotspot schlechthin → S. 118

Ein geschmackvoller Abend für Genuss- & Weinfans!

Ein tolles Essen und ein gutes Glas Wein gehören für Dich zu einem schönen Abend? Gönne Dir ein hervorragendes 3-Gang-Menü mit den passenden begleitenden Weinen in der lockeren Atmosphäre unserer Weinwirtschaft.

39,00 € pro Person
Menü inklusive Wein und Tafelwasser

ganzjährig erhältlich

WEINWIRTSCHAFT
lounge · restaurant

Nymphenburger Str. 136 · 80636 München
Tel. +49 89 540227-136 · www.weinwirtschaft-muenchen.de
Öffnungszeiten: täglich von 7.00 bis 24.00 Uhr

Betreibergesellschaft: arcona LIVING GmbH · Steinstr. 9 · 18055 Rostock

Cochinchina: Genuss für Gaumen und Augen

ger des beliebten Vietnamrestaurants Anh Thu, wobei die Speisekarte auch Ausflüge in chinesische Gefilde unternimmt. Die gemischten Dumplings (Dim Sum) sind wunderbar variantenreich in Sachen Füllung. Hut ab ebenso vor der Weinkarte! Bereits die offenen Tropfen (0,2 Liter für 7,90 Euro) sind mit großem Sachverstand ausgesucht, der Sauvignon Blanc aus Neuseeland hat's uns besonders angetan. Die FC-Bayern-Spieler lieben die Location jedenfalls ...

Schwabing

€€€ *tgl. 11.30–14.30 und 18–24 Uhr | Kaiserstr. 28 | Tel. 089 38 98 95 77 | www.cochinchina.de | U 3, 6 Münchner Freiheit* (244 C4)

Essen ■■■ Ambiente ■■■ Service ■■□

FEI SCHO

In dem Miniraum des Fusionrestaurants serviert man Leckerbissen aus der bayerischen und asiatischen Küche. Dabei sitzen Sie an den fünf Secondhandtischen, über Ihnen ein rosa Meer aus Lampions, und genießen die Spezialität des Hauses, Dim Sum. Die gefüllten Teigtaschen gibt es in zahlreichen, durchaus exotischen Varianten, etwa mit Rindfleisch oder, sehr apart, Nürnberger Rostbratwürsteln.

Isar- & Ludwigsvorstadt

€ *Mo–Fr 11.30–22, Sa/Fei 13–22 Uhr | Kolosseumstr. 6 | Tel. 089 55 06 22 99 | www.feischo.com | U 1, 2, 7 Fraunhoferstraße* (248 B3)

Essen ■■■ Ambiente ■□□ Service ■■□

FIRE DRAGON LOUNGE

Es gibt ja nicht viele chinesische Lokale in München, bei denen man das Gefühl hat, dass sie das widerspiegeln, was »authentisch chinesisch« ist. In der Fire Dragon Lounge ist das anders. Im eher schmucklosen Lokal locken traditionelle Hot-Pot-Tische mit exotischen Fondue-Einlagen wie Schweineohren oder Entenzungen. Viele chinesische Gastronomen speisen hier übrigens noch nach getaner Arbeit. Freitags ist Asia-Party bis 5 Uhr früh. Außerdem: Fr–So warme Küche bis 2 Uhr.

Isar- & Ludwigsvorstadt

€€ tgl. 11.30–15, Mo 17.30–1, Di–Do 17.30–23.30, Fr–So 17.30–2 Uhr | Paul-Heyse-Str. 29 | Tel. 089 59 98 84 66 | www.firedragon-lounge.de | U 4, 5 Theresienwiese (247 F3)

Essen ■■■ Ambiente ■■□ Service ■■□

GYOZA BAR

Günstige Teigtäschchen für wenig Geld gesucht? Dann ist die Gyoza Bar genau das richtige. Im Imbiss-Stil werden hier Gyoza mit Rindfleischfüllung oder Wantan kredenzt. Sehr unspektakuläres Ambiente – dafür ist das Essen umso erstaunlicher!

Maxvorstadt

€ tgl. 11–22 Uhr | Augustenstr. 47 | Tel. 089 20 34 66 47 | Tram 20, 21 Sandstraße (240 A1)

Essen ■■■ Ambiente ■□□ Service ■■■

LEDU HAPPY DUMPLINGS

NEU Was gibt einem ein urbaneres Gefühl, als nach einem Pinakothekenbesuch noch schnell auf ein paar chinesische Teigtäschchen zu gehen? Gedämpft und gebraten gibt es die Dumpling-Kreationen für jeden Geschmack. Die gesunden Favoriten: »Pure Vegan« und »Double Green«.

Maxvorstadt

€ Mo–So 11–21.30 Uhr | Theresienstr. 18 | Tel. 089 95 89 84 60 | www.ledu-dumpling.de | U 6 Universität, T 27 Pinakotheken (244 A6)

Essen ■■■ Ambiente ■□□ Service ■■■

MADAME HU

Familie Hu setzt dieses Mal weniger auf Chichi und mehr auf Shabby Chic und frische, schnörkellose Gerichte. Wenn es nach dem Interieur ginge, könnte das Lokal gut und gerne auch im Berliner Neukölln zu finden sein. Fazit: Frau Hu ist sogar noch ein bisschen sympathischer und gemütlicher als Herr Hu. Sehr zu empfehlen ist das umwerfend einfach gewürzte vegetarische Gericht: Bun Tofu mit frischem Koriander für 9 Euro.

Westend

€€ Mo–Sa 11–15 und 17–22, So 17–22 Uhr | Gollierstr. 20 | Tel. 089 45 21 72 72 | U 4, 5 Schwanthalerhöhe (247 D3)

Essen ■■■ Ambiente ■■■ Service ■■■

TONKIN

Dieses liebliche Vietnam-Restaurant ist eine echte Aufwertung für die Lindwurmstraße. Wer den schweren Vorhang am Eingang beiseite geschoben hat, wird überrascht vom ausgeklügelten Design von Natalie Nguyen-Ton: edel, aber nicht überkandidelt, modern, aber nicht steril. Und auch kulinarisch ist das Tonkin ein echtes Highlight, die vielen kleinen Vietnam-Tapas sind im Preis-Leistungs-Verhältnis unschlagbar. Tipp: Garnelen mit Papaya.

Isar- & Ludwigsvorstadt

€€ Mo–Fr 11.30–15 und 17.30–23, Sa/So 17.30–23 Uhr | Lindwurmstr. 65 | Tel. 089 55 87 98 79 | U 3, 6 Goetheplatz (248 A3)

Essen ■■■ Ambiente ■■■ Service ■■■

YINSHI

Denkt man an chinesisches Essen, fallen einem meist nur die schnellen Fast-Food-Läden ein. Das Yinshi hingegen bietet nicht nur ein junges und modernes Ambiente im Stil Shanghais, sondern präsentiert eine Küche, die nichts mit dem sonst hier bekannten *chinese food* zu tun hat. Ob *yü tou* (chinesisches Wurzelgemüse gebraten mit gehacktem Schweinefleisch und Koriander), *nuo mi fang* (gebratener Klebreis mit

Dong-Gu-Pilzen, Karotten und gehacktem Hühnerfleisch) oder *e yü tang* (Krokodilstreifen in Kokosmilchsoße mit Zitronengras und rotem Curry) – alle Gerichte machen Lust auf noch mehr China. Der *Businesslunch (Di–Sa 11.30–15 Uhr)* bewegt sich zwischen 5,80 und 9,50 Euro.

Schwabing

€€ Mo 18–24, Di–So 11.30–15, 18–24 Uhr | Schleißheimer Str. 182 | Tel. 089 30 65 88 72 | www.yinshi.de | U 2 Hohenzollernplatz (244 A–B4)

Essen ■■□ Ambiente ■■■ Service ■■□

YUYUMI

NEU Nachdem The Cup sich nicht besonders lange halten konnte, ist mit diesem koreanischen Fast-Food-Konzept aus Frankfurt hier ein neuer Wurf gelungen. Besonders lecker: der koreanische Kimchi-Pfannkuchen mit Schnittlauch für unschlagbare 5,90 Euro. Für Feinschmecker: das direkt am Tisch gegrillte Rindfleisch (ab 2 Pers.).

Isar- & Ludwigsvorstadt

€€ tgl. 12–22 Uhr | Fraunhoferstr. 11 | Tel. 089 24 20 76 24 | www.yuyumi.de | U 1, 2 Fraunhoferstraße (240 C6)

Essen ■■■ Ambiente ■■□ Service ■■□

AUS ALLER WELT

THE CARIBBEAN EMBASSY

Karibische Urlaubsträume und eine 5 m hohe Palme mitten in München. In der Küche der Karibik sind die indianischen Wurzeln noch genauso erkennbar wie die Einflüsse der Europäer und der Einwanderer aus Afrika und Asien. Den Gast erwartet also echte Fusionsküche mit großer Geschmacksvielfalt, wie z. B. Marlin-Steak auf Erdnuss-Risotto mit Orangen-Ingwer-Sauce. Dazu gibt es passende Weine und Biere, eine Riesenauswahl von etwa 70 Rumsorten und hausgemachte Signature Drinks, die zusammen mit dem Speiseangebot und viel Wissenswertem auf iPads präsentiert werden. INSIDER TIPP Rum-Fans treffen sich zum umfangreichen Tasting mit kleinen Kostproben aus der Küche jeden 2. Mittwoch und Freitag im Monat.

Westend

€€ Di–Do 18–1, Fr/Sa 18–3 Uhr | Gangnhoferstr. 68 | Tel. 089 54 03 06 10 | www.carribean-embassy.de | U 4, 5 Schwanthalerhöhe (247 E3)

Essen ■■■ Ambiente ■■□ Service ■■■

OCCAM DELI

Delis haben ihre Wurzeln in New York, bieten eine Art kosmopolitische Küche mit amerikanischen, jüdischen, italienischen, französischen und orientalischen Einflüssen an und sind Anlaufstelle für Frühstück, kulinarische Businessmeetings und romantische Dinners zugleich. Auch die Schwabinger Variante Occam Deli ist ab morgens 8 Uhr für alle Lebenslagen gerüstet. Mit Rühreiern mit Speck, Baked Beans und Toast kann der Tag ruhig anfangen. Die zweigängigen Mittagsmenüs für 9,50 Euro sind ebenfalls empfehlenswert. Auf der Abendkarte finden sich als Starter kleine Delis, die wie Tapas in der Tischmitte serviert werden, und von denen sich dann jeder nehmen kann. Als Hauptgericht darf's dann gerne noch ein US-Klassiker sein, z. B. ein warmes Pastrami-Sandwich mit Gurke und Coleslaw oder Pulled Pork mit Country Potatoes, frischem Meerrettich und Barbecue-Sauce. Dann fühlen wir uns fast wie in New York ...

Schwabing

€€ Mo–Fr ab 8, Sa/So ab 9 Uhr | Feilitzschstr. 15 | Tel. 089 38 34 63 46 |

www.occamdeli.com | U 3, 6 Münchner Freiheit (245 D4)

Essen ■■■ Ambiente ■■■ Service ■■■

RED HOT

Ein Hotspot, wenn es um Bierkultur geht. Die Auswahl an Crafted Beer ist groß und bestens sortiert. Man findet auf der Karte ein Brooklyn Lager genauso wie ein Firestone Walker Pale 31. Und die bayerischen Biere sind natürlich auch vertreten. Doch so richtig hot sind die Ribs! Denn wie es sich für eine US-Bar & Chophouse gehört, sind diese nicht nur butterzart, das Fleisch fällt praktisch vom Knochen ab, sondern auch geschmacklich 1a. Ebenfalls empfehlenswert: Red Hot Pulled Pork Sandwich oder das Short Rib on Rye Sandwich. Beides passt bestens zu den süffigen Hopfenkaltschalen.

Maxvorstadt

€–€€ *Mo–Sa 17–1 Uhr | Amalienstr. 89 (in der Amalienpassage) | Tel. 089 20 06 17 18 | U 3, 6 Universität* (244 C6)

Essen ■■■ Ambiente ■■□ Service ■■■

SO.CAL

Kalifornien mitten in Altschwabing. Von der Speisenauswahl über die Drinks bis hin zu der Ausstattung mit handgefertigten Fliesen an der Bar und Palmentapeten fühlt man sich gleich an die Westküste der USA entführt, mitten hinein in den Sonnenstaat. Die typische kalifornische Küche hat asiatische, mexikanische und karibische Einflüsse. Kein Wunder also, dass im So. Cal neben dem klassischen Grilled Beef Steak auch eine Tom Yum Soup oder Quesadillas auf der Karte stehen. Wer authentisch im Westcoast-Style essen möchte, der sollte sich dazu auch einen der höchst professionell gemixten Cocktails gönnen. Sonntags wird typisch kalifornisch gebruncht für 19 Euro pro Person.

Schwabing

€€ *Mo–Do 17–24, Fr/Sa 17–1, So 10.30–15 Uhr | Occamstr. 7 | Tel. 089 38 88 96 50 | www.socal-restaurant.de | U 3, 6 Münchner Freiheit* (245 D4)

Essen ■■■ Ambiente ■■□ Service ■■■

Auf Kurzurlaub in der Caribbean Embassy

SPÄTER HUNGER

BAZI'S

Bayern und der Orient passen gut zusammen. In ihrem »Schlemmerkucherl« Bazi's bieten ein Perser und ein Türke in der Müllerstraße bayerisches Fast Food an – und das am Wochenende bis frühmorgens. Umgeben von holzverkleideten Wänden und weiß-blauen Devotionalien schmeckt die Bazi-Box aber auch besonders gut. Hinter dem Namen verbirgt sich ein gefalteter Pappkarton im Stil einer asiatischen Nudelbox, der Blaukraut, Miniaturkartoffelknödel und Schweinebraten enthält.

Isar- & Ludwigsvorstadt

€ Mo–Do 11.30–23.30, Fr 11.30–5, Sa 16–5 Uhr | Müllerstr. 43 | Tel. 0176 67002511 | www.bazibox.de | U 1–3, 6 Sendlinger Tor (240 C6)

Essen ■■■ Ambiente ■■□ Service ■■□

BURGER & LOBSTER BANK

Wer spätnachts noch Hunger bekommt, kann in der hippen Burger & Lobster Bank spontan auftauchen und beim Platztausch mit aufbrechenden Gästen abklatschen. Gegrillte Burger und Lobster gibt es bis etwa 4 Uhr, gerne auch in exakt dieser Kombination, die mit 39,50 Euro zu Buche schlägt. Der klassische Hamburger ist für 11,50 Euro zu haben.

Altstadt-Lehel

€€ Mo–Fr 12–14.30 u. 18–4, Sa 18 Uhr bis open end | Prannerstr. 11 | Tel. 0152 27272782 | www.blb-munich.com | S 1–4, 6–8, U 4, 5 Karlsplatz (240 C3)

Essen ■■■ Ambiente ■■■ Service ■■■

CHICHI ★

NEU Erst ins Chichi zum Essen, dann einfach rüberwechseln in die Paradiso Tanz-

bar. Neben dem kulinarischen Genuss wird den Gästen im Chichi auch einiges fürs Auge und die Ohren geboten. Die Einrichtung ist im Stil der 1920er-Jahre gehalten, und Burlesque-Tänzerinnen räkeln sich, während DJs für angenehmen Sound aus vergangenen Zeiten sorgen. Die Küche zaubert am Wochenende bis um 3 Uhr französische Klassiker wie Coq au Vin oder Moules et Frites.

Isar- & Ludwigsvorstadt

€€€ Do 17–1, Fr/Sa 18–3 Uhr | Rumfordstr. 2 | Tel. 089 26 01 95 95 | www.chichi.de | Tram 16, 18 Reichenbachplatz (241 D5)

Essen ■■■ Ambiente ■■■ Service ■■■

COSMOGRILL

ÖKO Fast Food in der schicken Version. Im Cosmogrill werden interessant kombinierte Burger und andere Grillspezialitäten in Bioqualität gebrutzelt. Last Order: 30 Minuten vor Schließung!

Altstadt-Lehel

€ Mo–Mi 12–24, Do 12–3, Fr/Sa 12–6, So 15–21 Uhr | Maximilianstr. 10 (Eingang Falkenturmstr.) | Tel. 089 89 05 96 96 | www.cosmogrill.de | U 3, 6, S 1–4, 6–8 Marienplatz (241 E3)

Essen ■■■ Ambiente ■■■ Service ■■□

DUBLINER IRISH PUB

Hier wird die irisch-bayerische Freundschaft täglich bis 5 Uhr wachgehalten – mit Guinness und typischer Küche von der grünen Insel und aus dem Freistaat.

Altstadt-Lehel

€€ tgl. 11–5 Uhr | Platzl 2 | Tel. 089 23 07 64 07 | www.dubliner-irishpub.de | S 1–4, 6–8, U 3, 6 Marienplatz (241 E4)

Essen ■■□ Ambiente ■■□ Service ■■□

WIRTSHAUS AM SENDLINGER TOR

☀ Der geschmackvollere und günstigere Ersatz am Platz für die legendäre nächtliche Futterkrippe Lamm's.

Altstadt-Lehel

€€ tgl. 0–24 Uhr | Sendlinger-Tor-Platz 10 | Tel. 089 59 94 69 08 | www.wirtshaus-am-sendlinger-tor.de | U 1–3, 6 Sendlinger Tor (240 B5)

Essen ■■□ Ambiente ■■□ Service ■■□

Da fühlt man sich doch gleich wie in der Südsee: polynesischer Zauber im Trader Vic's

TRADER VIC'S

Wie wär's zur Abwechslung mal mit ein wenig polynesischer Exotik? Südseecocktails und Gaumenkitzler aus dem Fernen Osten wecken im tropisch-gemütlichen Hotelkeller reichlich Urlaubsträume. Hochinteressant sind zum Beispiel die *mian-khan*-Pfefferblätter zum Selbstfüllen als Starter, gefolgt von Jakobsmuscheln vom Grill in einer köstlichen indonesischen Zitronengras-Ingwer-Sauce. Je nach Marktlage gibt's aber auch mal exotisches Fleisch wie Mufflon, das leicht geräuchert einfach nur köstlich mundet. Dazu genießen Sie einen *Menehune Juice*, versehen mit einem hawaiianischen Wichtelmann als Andenken für zu Hause. Wann geht er endlich, der Flieger ins Paradies?

Altstadt-Lehel

€€€ tgl. 18–24 Uhr | Promenadeplatz 2–6 | Tel. 089 2 12 09 95 | www.bayerischerhof.de | S 1–4, 6–8 Marienplatz, Tram 19 Theatinerstraße (241 D3)

Essen ■■■ **Ambiente** ■■■ **Service** ■■■

BAYERISCH

AUGUSTINER KLOSTERWIRT

»Fremder, hörst du die Glocke, es ist Zeit für ein frisches Augustiner vom Holzfass.« Und das kommt per Aufzug und perfekt gekühlt auf 2 Grad aus dem eigens angelegten Holzfasslager. In München einzigartig. Der Legende nach steht der Klosterwirt dort, wo vor 700 Jahren Augustinermönche das erste Bier brauten – im Schatten der Frauenkirche. Aber hier wird nicht nur nahrhafter Hopfensaft serviert, sondern auch eine traditionelle Wirtshausküche, wie Chef Gregor Lemke sagt. Den Jungschweinsbraten in Dunkelbiersauce gibt's für 11,90 Euro und das

saure Kalbsrahmlüngerl »Münchner Art« für 9,50 Euro.
Altstadt-Lehel
€–€€ tgl. 9.30–24 Uhr | Augustinerstr. 1 | Tel. 089 55 05 44 66 | www.augustiner-klosterwirt.de | U 3, 6, S 1–4, 6–8 Marienplatz (240 C4)

Essen ■■■ Ambiente ■■■ Service ■■□

FIEDLER & FUCHS

Frühere oder aktuelle Clubbetreiber, die sich im gastronomisch anspruchsvollen Restaurantfach versuchen, liegen in München scheinbar im Trend. Dafne van der Zee und Daniel Mraz folgen mit dem Fiedler & Fuchs in Untergiesing dem Vorbild von Flo Faltenbacher (Kalypso, Molos), Constantin Wahl (Tegernseer Tal), Tom Hilner (The Grill) und Konstantin Irnsperger (Salò, Hohenwart). Die beiden bieten eine moderne Interpretation einer bayerischen Stadtteilwirtschaft. Ins Auge fallen die offene, verglaste Küche, die Holztische, eine Art Wagenradkronleuchter und die Industrielampen über der Bar. Die Besonderheiten auf der Speisekarte sind die Flammkuchenvariationen (8,50–12,50 Euro) und die für bayerische Wirtshausverhältnisse erstaunlich zahlreichen vegetarischen Gerichte. Als Verdauungsschnaps unbedingt den INSIDER TIPP bayerischen Amaro »Mondino« pur auf Eis probieren. Echt fein!
Giesing
€€ Mo–Sa ab 11, So ab 10 Uhr | Voßstr. 15 | Tel. 089 45 22 37 84 | www.fiedlerundfuchs.de | U 1, 2 Kolumbusplatz (248 B5)

Essen ■■■ Ambiente ■■□ Service ■■■

GIESINGER BRÄUSTÜBERL

Dass die Stadt in der Martin-Luther-Straße einen weiteren Bräu hat, das ist bekannt, aber inzwischen besitzt dieser nun eine richtige Braustätte samt Stüberl. Von der Untergiesinger Erhellung bis zum Märzen, alles kommt frisch vom Fass. Der Weg hoch zum Giesinger Berg lohnt sich auch kulinarisch. Die Küche ist einfach, aber gut, dafür stehen auch Gerichte wie Pastinaken-Weißbier-Suppe oder das deftige Giesinger Gröstl mit Krautsalat. Und wer Giesinger auch zu Hause trinken will, für den stehen immer ein paar gut gekühlte Fässer (15–50 Liter) bereit.
Giesing
€ Mo–Sa 11–23, So 10–22 Uhr | Martin-Luther-Str. 2 | Tel. 089 55 06 21 64 | www.giesinger-braeu.de | U 2 Silberhornstraße (248 C5)

Essen ■■□ Ambiente ■■□ Service ■■□

ISARTHOR

Wie es sich für eine Augustiner-Wirtschaft gehört, kommt das Helle hier frisch vom Holzfass. Auch unabhängig vom urigen Ambiente strahlt das kleine Wirtshaus eine Gemütlichkeit aus, sodass man sich gleich wie bei Freunden fühlt. Und wer noch dazu schmackhafte Hausmannskost zu schätzen weiß, der versteht schnell, warum es hier nicht immer ganz einfach ist, einen Platz zu bekommen. Etwas Entlastung schafft die kleine Terrasse – allerdings nur bei Sonnenschein. Täglich wechselnder Mittagstisch ab 5,20 Euro.
Altstadt-Lehel
€–€€ tgl. 10–1 Uhr | Kanalstr. 2 | Tel. 089 22 77 53 | www.gasthaus-isarthor.de | S 1–4, 6–8 Isartor (241 F5)

Essen ■■■ Ambiente ■■■ Service ■■□

LÖWENBRÄUKELLER

Wiesnwirt Christian Schottenhamel hat das Löwenbräu-Stammhaus von anno 1883 wieder zu einem heißen Tipp aufgepäppelt. Wie in früheren Zeiten herrscht reger Betrieb auf den ☀ Sonnenterrassen oder im Biergarten, der mit 1000 Plätzen (Selbstbedienung) aufwartet. Ein Schmuckstück der Kastanienoase: die Smoker-Station, mit der der BBQ-Genuss nochmals steigt. Nicht minder beliebt ist das Bräustüberl mit hohem Gemütlichkeitsfaktor. Ob Starkbierfest, Nacht der Tracht, Fußball-WM oder Oktoberfest, wenn das Wiesn-zelt für eine zünftige Gaudi sorgt: Die großen Feste steigen alle im Festsaal.

Maxvorstadt

Auch wenn der Name anderes suggeriert: Der Löwenbräukeller lockt mit einem traumhaften Biergarten

€–€€ tgl. 10–24 Uhr (auch Biergarten) | Nymphenburger Str. 2 | Tel. 089 52 60 21 | www.loewenbraeukeller.com | U 1, 7, Tram 20, 21 Stiglmaierplatz (243 F6)

Essen ■■■ Ambiente ■■■ Service ■■□

SIR TOBI

ÖKO Tobias Gschwendtner und Claudia Zabel haben sich nicht nur der hohen Qualität verschrieben, sondern auch dem Slow-Food-Gedanken. Das heißt: Hier steht genussvolles, bewusstes und regionales Essen im Vordergrund. Wer einmal das Wiener Schnitzel vom Kalb samt hausgemachtem Kartoffel-Gurken-Salat probiert hat, versteht, warum dieses kleine bayerische Bistro seit dem ersten Tag so gefragt ist. Neben der kleinen Standardkarte bieten die beiden Genusszauberer zudem abwechslungsreiche Mittags- und Abendgerichte. Tipp: Ab sechs Personen kann auch außerhalb der Öffnungszeiten reserviert werden.

Altstadt-Lehel

€–€€ Mo–Fr 11.30–15 Do/Fr auch 17.30–24 Uhr | Sternstr. 16 | Tel. 089 32 49 48 25 | www.sirtobi-muenchen.de | U 4, 5 Lehel (249 D2)

Essen ■■■ Ambiente ■■■ Service ■■■

TEGERNSEER IM TAL

☀ Für das kulinarische Wohlgefühl sorgt hier Chefkoch Rainer Unglaub, der dabei hauptsächlich auf Produkte aus der Tegernseer Region zurückgreift. Neben Klassikern wie Schweinsbraten und Ente gibt es als Special eine Pflanzerlkarte mit Kreationen von Wild bis Gemüse. Und der große Bruder, der Burger, fehlt hier auch nicht. Zünftig: der Bayernburger – Freisinger Bison mit Endiviensalat, Radieserl, Tomaten, Barbecuesauce im Brezn-Burger. Als Durstlöscher wählt man zwischen Tegernseer Hell oder Hopf Weißbier.

Altstadt-Lehel

€–€€ *So–Mi 9.30–1, Do–Sa 9.30–3 Uhr | Tal 8 | Tel. 089 22 26 26 | www.tegernseer-tal8.com | U 3, 6, S 1–4, 6–8 Marienplatz* (241 E4)

Essen ■■■ Ambiente ■■□ Service ■■□

BIERGÄRTEN

MENTERSCHWAIGE

☀ Die am rechten Harlachinger Isarhochufer gelegene Kastanienoase zählt zu Münchens beliebtesten Biergartenzielen. Besonders Familien wissen das tolle Spielangebot zu schätzen. Dazu gehören u. a. ein Holzpiratenschiff, Kletterhäuser, Minikarussell sowie eine wunderschöne Bastelhütte *(So 13–15 Uhr)* mit Kinderbetreuung, die ebenso für Geburtstage gebucht werden kann. Die Biergarten-Highlights: Smoker-Station für BBQ-Köstlichkeiten und die leckeren Fischer-Vroni-Steckerlfische.

INSIDER TIPP Dank der neu erbauten Pizzastation samt Original-Holzofen darf sich die Menterschwaige nun auch damit rühmen, Münchens erster Pizza-Biergarten zu sein. Und das wird nicht nur die Kids freuen. Wer auf der Suche nach gehobener bayerischer Küche ist, sollte unbedingt einen Abstecher ins sehr schön eingerichtete Restaurant machen. Wintertipp: Zwei Eisstockbahnen warten nicht nur auf After-Work-Sportler.

Harlaching

€–€€ *tgl. 11–24 Uhr | Menterschwaigstr. 4 | Tel. 089 64 07 32 | www.menterschwaige.de | Tram 15, 25 Menterschwaige* (250 C5)

Essen ■■■ Ambiente ■■■ Service ■■□

INSIDER TIPP NATURFREUNDE E. V. BOOTSHAUS-BIERGARTEN

☀ Nur einen Steinwurf von der Isar und dem Bad Maria Einsiedel → S. 178 entfernt präsentiert sich dieses Schmuckstück der Biergartenkultur. Es ist ein Hort der Ruhe, der mit guter Hausmannskost in Form regionaler Küche ohne jegliche Geschmacksverstärker überzeugt. Dafür steht auch das Wirtspaar Ellen Heszheimer und Dirk Lay. Tipp: die große abgezäunte Spielwiese für Kids.

Thalkirchen

€ *tgl. ab 17 Uhr, an sonnigen Tagen auch früher, Sa/So ab 12 Uhr | Zentralländstr. 16 | Tel. 089 89 05 82 58 | U 3 Thalkirchen* (250 C3)

Essen ■■□ Ambiente ■■■ Service ■■□

VIKTUALIENMARKT

☀ Wohl kaum ein anderer Ort versprüht so viel Münchner Lebenskultur und -philosophie wie der Biergarten im Herzen des Viktualienmarkts. Genehmigt man sich hier eine Maß Münchner Bier (ungefähr alle sechs Wochen wechselt der Bräu) bekommt man ein einzigartiges Schauspiel geboten: Vom Rucksacktouristen bis zum Businessmann, vom gestylten Model bis zum bayerischen Grantler, vom Studenten bis zum Beamten – sie alle bewegen sich auf der Bühne zwischen den bunten Marktstandln.

Altstadt-Lehel

€ *tgl. 9–22 Uhr | Viktualienmarkt 16 | Tel. 089 29 16 59 93 | www.biergarten-viktualienmarkt.com | U 3, 6, S 1–4, 6–8 Marienplatz* (241 D4)

Essen ■■□ Ambiente ■■■ Service ■■□

WIRTSHAUS AM BAVARIAPARK

An schönen Tagen fließt hier das süffige Augustiner aus dem Holzfass in Strömen, die große Nachfrage liegt sicher auch an der tollen Lage inmitten des Bavariaparks. Aufgetischt wird gute bayerische Küche zu zivilen Preisen. Sehr gefragt im Biergarten sind Steckerlfisch und Knuspriges aus dem Flammkuchen-Ofen. Der Krusten-Schweinsbraten vom Metzgermeister Bauch, in Augustiner-Dunkelbiersoße gekocht und mit zwei kleinen Kartoffelknödeln und Speckkrautsalat, kostet im Wirtshaus 10,60 Euro. Sehr beliebt sind die speziellen Biergartenevents und die Grillabende.

Westend

€ *Biergarten tgl. 11–23 Uhr, Wirtshaus Mo–Fr 11–24, Sa/So 10–24 Uhr | Theresienhöhe 15 | Tel. 089 45 21 16 91 | www.wirtshaus-am-bavariapark.com | U 4, 5 Schwanthalerhöhe* (247 E3)

Essen ■■□ Ambiente ■■■ Service ■■□

BRUNCH & FRÜHSTÜCK

AROMA KAFFEEBAR

ÖKO Besitzer Jürgen Altmann versorgt nicht nur Gäste aus dem Glockenbachviertel mit duftendem Kaffee, toll belegtem Wiesentoast, Bio-Eiern und köstlichem, selbst gebackenem Kuchen. Inmitten der zusammengewürfelten Möbel ist's gemütlich, und die familiäre Atmosphäre tut ihr Übriges. Im kleinen Laden gibt's allerlei schon verpackte Leckereien zum Mitnehmen.

Isar- & Ludwigsvorstadt

€ *Mo–Fr 7–20, Sa 9–22, So/Fei 9–20 Uhr | Pestalozzistr. 24 | Tel. 089 26 94 92 49 | www.aromakaffeebar.com |*

Sommertage im Café Zimt: am Puls der Zeit und mit der Sonne im Gesicht

U 1–3, 6, Tram 17, 18, 19, 27 Sendlinger Tor (248 B3)

Essen ■■■ Ambiente ■■■ Service ■■□

BREAKFAST CLUB

NEU Im Derag Livinghotel am Viktualienmarkt lässt es sich nicht nur gut nächtigen, sondern auch vorzüglich frühstücken. Denn Hoteldirektor Wolfgang Skuballa eröffnete im März 2016 den neuen Breakfast Club am Viktualienmarkt. Der Raum wirkt wie eine große gemütliche Wohnküche. Verwendet wurden vor allem Naturmaterialien. Gespeist wird an langen Tafeln sowie kleinen Holztischen. Das Frühstücksbuffet lockt mit A wie Ananas-Apfel-Avocado-Vitaminkick-Salat im Frühling oder Z wie Zuckerschnecken oder Zimtjoghurt zur Winterzeit. Klassiker wie Münchner Weißwürste fehlen ebensowenig auf der Karte wie selbstgemachte Müslis oder Smoothies. Das Frühstücks-Schlaraffenland variiert je nach Saison und Temperatur und steht ausdrücklich auch Nicht-Hotelgästen offen.

Altstadt-Lehel

€€ *Derag Livinghotel | Mo–Fr 6.30–11, Sa/So 6.30–11.30 Uhr | Frauenstr. 4 | pro Person 19,50 Euro | www.deraghotels.de/hotel-am-viktualienmarkt-muenchen | U 3, 6, S 1–4, 6–8 Marienplatz* (241 D5)

Essen ■■■ Ambiente ■■■ Service ■■■

CAFÉ JASMIN

ÖKO ☀ Ein Oma-Café wie aus dem Bilderbuch. Gut, die Seniorinnen von einst verirren sich nicht mehr so oft hierher, aber Studenten und Maxvorstädter fühlen sich seit Jahren vor der Fototapete in den lindgrünen Polstersesseln wohl. Eine Reminiszenz an die gute alte Zeit: »Diplomat«, Kaffee verfeinert mit Eierlikör. Auch Veganer kommen auf ihre Kosten.

Maxvorstadt

€ *tgl. 10–1 Uhr | Steinheilstr. 20 | Tel. 089 45 22 74 06 | www.cafe-jasmin.com | U 2 Theresienstraße* (244 A6)

Essen ■□□ Ambiente ■■■ Service ■■□

CAFÉ ZIMT

Das Zimt steht Münchens hipster Straßenkreuzung an der Ecke Ehrengut- und Dreimühlenstraße bestens zu Gesicht. Früh am Morgen geht's los mit frischen Backwaren und einer kleinen Frühstücksauswahl. Mittags verwöhnen ausgezeichnete Pasta sowie Salatvariationen, und nachmittags locken köstliche Kuchen. ☀ Top: die ums Eck laufende Terrasse, die fast bis zum Geschäftsschluss im Zeichen der Sonne steht.

Isar- & Ludwigsvorstadt

€ *Mo–Fr 7–20 Uhr, im Sommer bei schönem Wetter auch länger | Ehrengutstr. 9 | Tel. 089 45 22 95 88 | www.cafezimt.*

de | Bus 152 Ehrengutstraße, Bus 137 Roecklplatz (247 F5)

Essen ■■□ Ambiente ■■■ Service ■■■

GARTENSALON

☀ Auf der Fototapete ein Amsterdamer Tulpenmeer, auf der Terrasse zahlreiche Topfpflanzen – hier geht es fröhlich-bunt zu. Hinter der niedrigen Blumenmauer werden in der offenen Küche Scones, Quiches und Marmeladen fürs Frühstück hausgemacht. Einen Kurzurlaub nicht nur für die Sinne, sondern auch für die Geschmacksnerven gibt es in Form eines köstlichen, selbst gemachten Mango-Smoothies mit Limetten und Kokos.

Maxvorstadt

€ Di–Sa 9–19, So 10–19 Uhr | Türkenstr. 90/Amalienpassage | Tel. 089 28 77 86 04 | www.gartensalon.net | U 3, 6 Universität (244 C6)

Essen ■■■ Ambiente ■■□ Service ■■□

WALDMEISTEREI

Hier haben sich die Pächter wirklich Mühe beim Herrichten gegeben: Wer in der Waldmeisterei Platz nimmt, der fühlt sich schnell so wohl, als würde er in den eigenen vier Altbauwänden Kaffee trinken. In der eher schmucklosen Barer Straße lockt das feudale kleine Café mit originell eingerichtetem Vorder- und Hinterzimmer, schlichter Kunst und werthaltiger Einrichtung aus Holz und Retrostücken. INSIDER TIPP Die vegane Bolognese und das Frühstück sind der Hit.

Maxvorstadt

€ Mo–Fr 8–18, Sa 9–14 Uhr | Barer Str. 74 | Tel. 089 1 89 46 95 | Tram 27, 28 Schellingstraße (240 B2)

Essen ■■■ Ambiente ■■■ Service ■□□

CAFÉS

BARER 61

Es ist einfach immer wieder ein Vergnügen, hier einen Cappuccino oder einen frisch gepressten Apfel-Ingwer-Orange-Karotten-Saft zu trinken. Top: Auch Frühaufsteher kommen zu ihrem morgendlichen Kaffee, denn geöffnet wird schon um 7 Uhr.

Maxvorstadt

Tgl. 7–22 Uhr | Barer Str. 61 | Tel. 089 326 024 96 | www.barer61.de | Tram 27, 28 Schellingstraße (240 B2)

Essen ■■□ Ambiente ■■■ Service ■■■

BAR-I-CENTRO

☀ Scheint die Sonne, herrscht reger Andrang auf der Freifläche. Und weht dann noch ein leichter Wind, fühlt man sich fast wie im Sommerurlaub. Vielleicht auch wegen der Italo-Klassiker wie beispielsweise Tramezzini, Toasts, Salaten und Pasta. Und trotz bester Innenstadtlage sind die Preise sehr zivil.

Altstadt-Lehel

€ Mo–Sa 9–22 Uhr | Sebastiansplatz 5 | Tel. 089 23 25 99 80 | www.baricentro.de | U 3, 6, S 1–4, 6–8 Marienplatz (241 D5)

Essen ■■□ Ambiente ■■■ Service ■■□

CAFÉ CORD

☀ Sonnenanbeter finden ihr Plätzchen auf der großen Terrasse, Nachteulen holen sich ihren Mitternachtssnack an der Bar, und der Rest genießt in stylischem Ambiente vorzügliche Gerichte wie Hähnchen »kreolischer Art« in Kokosmilch geschmort mit Zitronengras, Süßkartoffeln, Koriander und Kokos-Maniok an einem der Tische mit Blick ins Freie.

Im Bar-i-Centro wird ein Cafébesuch zum kleinen Italienurlaub

Altstadt-Lehel

€ Mo–Mi 11–1, Do 11–3, Fr/Sa 11–5 Uhr | Sonnenstr. 19 | Tel. 089 54 54 07 80 | www.cord.tv | U 4, 5, S 1–4, 6–8 Karlsplatz (240 B4)

Essen ■■■ Ambiente ■■■ Service ■■□

CAFÉ FRÄULEIN

An der Wand lächelt Heinz Rühmann verschmitzt vom Foto – willkommen im gemütlich-verschrobenen Omacafé Nähe Viktualienmarkt. Das originell zusammengestellte Flohmarktgeschirr, die liebevoll geklöppelten Tischdeckchen und die rührenden Schwarz-Weiß-Fotografien an der Wand vermitteln den Besuchern Nostalgie und Geborgenheit. Auch die Küche erinnert an frühe Zeiten: Neben den hausgemachten Zimtschnecken schwören die Stammgäste hier insbesondere auf Omas Apfelkuchen für 3,20 Euro – ein Traum. Das Frühstück »Peter, Paul & Mary« für zwei Personen kommt INSIDER TIPP romantisch mit dem Servierwagen zum Tisch.

Altstadt-Lehel

€ Mo–Sa 9–18, So/Fei 10–18 Uhr | Frauenstr. 11 | Tel. 0177 6 72 10 90 | www.cafe-fräulein.de | S 1–4, 6–8 Isartor (241 D5)

Essen ■■□ Ambiente ■■■ Service ■■■

CAFÉ VORHOELZER

Auf dem Dach der TU – mit einer wunderbaren Aussicht auf die Stadt. Das Bar-Café gehört zwar zur Architektur-Fakultät der TU, darf aber von jedem besucht werden. Und, passend zur Beherbergung, ist das Design schlicht und hell. Tipp: Vor Besuch auf die Homepage schauen, dort sind die Öffnungszeiten vermerkt, bei Veranstaltungen schließt das Café nämlich schon gegen 18 Uhr.

Maxvorstadt

Winter Mo–So 9–21, Sommer Mo–So 9–22.30 Uhr | Arcisstr 21, 5. Stock,

Haupteingang TUM | www.vf.ar.tum.de | U 2 Theresienstraße (240 B1)

Essen ■■□ Ambiente ■■■ Service ■■■

COFFEEMAMAS

NEU Ein echter Tipp für den günstig-schnellen Kaffee: Ladenlokal mit amerikanischem Flair. Neben dem Shop in der Lindwurmstraße hat jetzt auch eine kleine Filiale in der Müllerstraße eröffnet. Dort gibt es Kaffee aus eigener Röstung. Top: die kleinen Preise. Der Cappuccino kostet 2,50 Euro, der Karottenkuchen ebenso.

Isar- & Ludwigsvorstadt

Mo–Fr 7–19, Sa 9–18 Uhr | Tel. 089 95 47 59 69 | Müllerstr 33 | www.coffeemamas.de | Tram 16, 17, 18 Müllerstraße (240 B6)

Essen ■■□ Ambiente ■■■ Service ■■■

HOOVER & FLOYD

Am beliebtesten ist der kleine Nebenraum mit goldener Seidentapete – so richtig zum Wohlfühlen. Ein extrem sympathisches Bar-Café im 1920er- und 30er-Jahre-Style, das auf Freundlichkeit und Qualität setzt.

Isar- & Ludwigsvorstadt

Mo–Do 9–24, Fr 9–1, Sa 10–1, So 10–23 Uhr | Ickstattstr. 2 | Tel. 089 26 94 90 15 | www.hooverundfloyd.de | Tram 17, 18 Kolosseumstraße (248 B3)

Essen ■■■ Ambiente ■■■ Service ■■■

KLEINES KAMEEL

Geh, bitte – so ein leiwandes Kaffeehaus jetzt auch in München? Der große Bruder, das »Schwarze Kameel«, ist in Wien eine Institution. Doch Vorsicht, lediglich der Name diente als Inspiration, nicht die Idee dahinter. Die edel angehauchte Café-Bar im Palais an der Oper hinter der Alten Post ist eher eine italienische Bar als ein Kaffeehaus. Klassisch, stilvoll, edel. Im übersichtlichen Angebot: Tramezzini, Panini, Panna cotta und Spritz-Varianten. Kleines Detail am Rande: Die teuerste Flasche Champagner geht für stolze 210 Euro über den Tresen.

Altstadt-Lehel

€ Mo–Do 12–1, Fr/Sa 12–2 Uhr | Hofgraben 3 | Tel. 089 24 29 19 99 | www.kleines-kameel.de | Tram 19 Nationaltheater (241 E3)

Essen ■■□ Ambiente ■■■ Service ■■■

KRENN'S CAFÉ

In dem idyllischen Café kann man sogar das Interieur, das Besitzerin Petra Krenn restauriert, erwerben – wenn dieser genügend Zeit bleibt, um für Nachschub zu sorgen. Detailverliebte rosa Deko, Blumentapete und Speisekarten, die in Büchern versteckt sind – bei Krenn zählen die liebevollen Details, die das Café so besonders machen. Ein Ort zum Abschalten und Träumen, der vor allem von Stammgästen frequentiert wird. Und die sind sich alle einig, was das Beste an diesem Café ist: die unglaublich leckeren hausgemachten Kuchen.

Schwabing

€ Di–So 9–18 Uhr | Hiltenspergerstr. 24 | Tel. 0176 24 89 28 35 | Tram 12, 27 Hohenzollernplatz (244 B5)

Essen ■■■ Ambiente ■■■ Service ■■■

KUCHENWERKSTATT

Selbst gemachte Kuchen und Torten, aber auch köstliche Suppen als Mittagssnack sind die Spezialität in der überaus gemütlich eingerichteten Kuchenwerkstatt. Im Ladenlokal mit Glasvitrine und alter Waage, Schubladenschränken und vor lauter spannen-

Savoir-vivre à l'ancienne: Im pittoresken Marais fühlt man sich wie im alten Paris

den Produkten überbordenden Regalen gibt's nur ein paar Tischchen. Man muss also den richtigen Moment erwischen, um entspannt zurückgelehnt Erdnussbutter-Torte und Cappuccino genießen zu können.

Schwabing

Di–Sa 12–18 Uhr | Herzogstr. 84 | Tel. 089 52 03 17 24 | www.diekuchenwerkstatt.de | U 2 Hohenzollernplatz, Tram 12, 28 Clemensstraße (244 B4)

Essen ■■■ Ambiente ■■■ Service ■■□

LOST WEEKEND

Es war schon ein kleines Drama, als die Unibuchhandlung Rudloff dicht gemacht hat. Mittlerweile ist daraus aber ein attraktiver Uni-Spot geworden: ein hippes Reclam-Lesecafé in Beton-Optik. Die vielen Steckdosen laden zum Notebook-Arbeiten ein. Kosten-Orientierung: Die Café Latte kostet klein 3,40 Euro. Tipp: Es finden hin und wieder Live-Konzerte statt.

Maxvorstadt

Mo–Fr 8–20, Sa 10–20, So 12–18 Uhr | Schellingstr. 3 | Tel. 089 28 70 18 81 | www.lostweekend.de | U3, 6 Universität (243 F5)

Essen ■■■ Ambiente ■■■ Service ■■□

MARAIS

Im Marais fühlt man sich ein wenig wie im Kaufladen aus Kindertagen. Das alte Kurzwarengeschäft sieht praktisch unverändert aus – überall netter Krimskrams, wohin das Auge blickt. Aber eben auch Kaffeetrinker, Kuchenesser und Süppchenschlürfer. Am schönsten ist es am Bistrotisch im Schaufenster mit einer wunderbar leckeren *tarte tatin.* Wer gar nicht mehr aufstehen will, kann

Gelatobi sorgt in Thalkirchen für Erfrischung

die Caféstühle und -tische übrigens auch kaufen.

Westend

€ Di–Sa 8–20, So 10–18 Uhr | Parkstr. 2 | Tel. 089 50 09 45 52 | www.cafe-marais.de | U 4, 5 Schwanthalerhöhe, Tram 18, 19 Holzapfelstraße (247 E2)

Essen ■■□ Ambiente ■■■ Service ■■□

MILCHHÄUSL-KIOSK

ÖKO Schon mal Apfel-Mohn-Schorle getrunken? Im MilchHäusl im Englischen Garten gibt es sie, und dazu weitere Schmankerl aus der Bio-Kiste. Renner bei den Gästen sind die Öko-Leberkässemmel, die Würstl und das Eis in Bio-Qualität. Im Winter gibt es frische Bärlauchsuppe und den »Öko-Monaco-Franzi« (Tomaten-Basilikum-Krusterl mit Pesto) im besten Kiosk der Stadt. ☀ Der bietet auch lauschige Ruheplätze in gemütlichen Hängematten an, für die etwas längeren, noch entspannteren Pausen.

Schwabing

€ tgl. 10–20, im Sommer bis 22 Uhr | Königinstr. 8 | Tel. 089 51 72 97 180 | www.milchhaeusl.de | U 3, 6 Universität (244 C6)

Essen ■■□ Ambiente ■■□ Service ■■□

DAS NEUE KUBITSCHEK

ÖKO ☀ In der coolen Konditorei im New-York-Style frühstücken Sie mit einem Hauch Orient, nachmittags naschen Sie Kuchen und Torten gebacken mit Bio-Eiern, und nach der Arbeit läuten Sie den Abend mit Wein oder einem »Tannenzäpfle« ein. Der etwas andere Tortendienst »Bei Anruf Tort« liefert die verrücktesten Köstlichkeiten gleich mit Glücksboten.

Westend

€ Mo–Fr 9–19, Sa/So 10–20 Uhr | Gollierstr. 14 | Tel. 089 72 66 92 22 | www.das-neue-kubitscheck.de | U 4, 5 Schwanthalerhöhe (247 E3)

Essen ■■■ Ambiente ■■■ Service ■■□

TRIBECA CAFÉ

Das Ambiente des Cafés ist dem gleichnamigen New Yorker Stadtviertel entlehnt. Der Raum erinnert an ein New Yorker Loft mit großzügig verteilten Sitzecken zwischen Lounge-Design und Bistro-Chic. Der Mix schafft eine moderne, aber gemütliche Atmosphäre. Frische

Kuchen (beliefert von der Münchner Traditionsbäckerei Riedmaier), Sandwiches, Frühstück mit diversen Omeletts, Brioches, Griechischer Joghurt mit Früchten, sowie hausgemachte Antipasti stehen auf der kleinen Speisekarte. Im Mini-Shop am Eingang werden Olivenöl, Chutneys und schicke Küchenutensilien verkauft. Das Café bietet viel Platz für Kinderwagen und ☀ im Sommer eine entzückende Sonnenterrasse.

Gern

€ *tgl. 9–20 Uhr | Klugstr. 134 | Tel. 089 14 34 29 23 | www.tribecacafe.de | U 1, 7 Gern* (243 D4)

Essen ■■□ Ambiente ■■■ Service ■■■

EISDIELEN

BALLABENI

Wenn die Schlange vorm Ballabeni wieder länger ist als gegenüber am Museum Brandhorst, dann ist eindeutig Sommer. Die Sorten Schoko-Ingwer und Zitrone-Basilikum sind viel bestellte Dauerbrenner. Einen kleinen Nachschlag einer weiteren Sorte gibt's stets obendrauf. In der Filiale an der Karlstraße/Ecke Seidlstraße befindet sich neben dem regulären Eiscafé auch eine Werkstatt, in der man Eismacher-Kurse belegen kann.

Maxvorstadt

Tgl. ab 11.30 Uhr | Theresienstr. 46 | Tel. 089 18 91 29 43 | Bus 100, Tram 27, 28 Pinakotheken (244 B6)

Maxvorstadt

Mo–Fr ab 11.30 Uhr | Seidlstr. 28 | Tel. 089 90 54 41 86 | U 1 Stiglmaierplatz (247 F1)

€ *www.ballabeni.de*

BARTU

ÖKO Im Schwabinger Eissalon Bartu schreibt man sich »Bio« groß auf die Fahne. Die Basisprodukte haben keine allzu weite Anreise hinter sich und damit einen ökologisch korrekten Hintergrund. Täglich 24 frische Sorten, darunter auch laktosefreie Sorbets, warten in der Vitrine auf Schleckermäuler. Unser Favorit: Minze-Joghurt. Wer nichts Süßes mag, kann auch auf eine Bio-Pizza im Bartu einkehren.

Schwabing

€ *tgl. 11–21 Uhr | Wilhelmstr. 23 | Tel. 089 38 47 60 40 | www.bartu-bioeis manufaktur.de | U 3, 6 Münchner Freiheit* (244 C4)

EISMEER

Der Rettungsanker für Eis-Freunde im Glockenbachviertel ist zwar räumlich mini, dafür aber geschmacklich maxi. Das Eis wird täglich frisch produziert, es gibt sogar vegane Sorten (und vegane Eiswaffeln!). Toll schmeckt z. B. die steirische Vanille mit Kürbiskernen, aber auch Zitrone-Basilikum. Alternativ kann man auch auf hausgemachte Kuchen, Waffeln, Sandwiches und andere Snacks wie Suppen ausweichen.

Isar- & Ludwigsvorstadt

€ *So–Do 12–23, Fr/Sa 12–24 Uhr | Pestalozzistr. 21 | Tel. 089 37 96 07 97 | www.daseismeer.de | U 1–3, 6 Sendlinger Tor* (248 B3)

GELATOBI

☀ In Isar- und Tierparknähe gelegen, hat sich dieser Eispavillon sehr schnell vom Geheimtipp zum Publikumsmagneten entwickelt – auch dank der schönen Sitzgelegenheiten im Freien. Die Geschmacksrichtungen sind hier eher klassisch, aber es gibt auch ausgefallenere Ausreißer wie »Omas Apfelkuchen« oder salziges Butterkaramell.

Thalkirchen

€ *tgl. ab 12 Uhr | Schäftlarnstr. 179 | Tel. 0176 96 61 31 99 | www.gelatobi.de | U 3 Thalkirchen* (250 C2)

JESSAS

Göttlich gut schmeckt das Eis auch im Jessas neben dem Café Maria. Ein gutes Dutzend täglich wechselnder Sorten aus dem Hause Ballabeni stehen in der Vitrine vor der modernen Jesus-Wandzeichnung zur Auswahl. Zitrone-Basilikum, Schoko-Chili und Käsekuchen haben's uns als Wegzehrung beim Spaziergang durchs Glockenbachviertel besonders angetan.

Isar- & Ludwigsvorstadt

€ tgl. 11.30–22 Uhr | Klenzestr. 97 | Tel. 089 45 47 73 55 | U 1, 2 Fraunhoferstraße (248 B4)

DER VERRÜCKTE EISMACHER

Den lustigen Mann mit dem Zylinder kennen die meisten schon aus den Medien. Matthias Münz heißt er und ist dank seiner extremen Eis-Geschmacksrichtungen schon zu einer lokalen Berühmtheit geworden. Er hat aber auch echte Geschmacksknospenknaller im Sortiment, z. B. Apfelmus-Pfannkuchen, Walnuss-Rucola, Weißwurst oder Starkbier. Beim verrückten Eismacher ist eben kein Lebensmittel davor sicher, kaltgemacht zu werden.

Maxvorstadt

€ tgl. ab 12 Uhr | Amalienstr. 77 | www.dvem.de | U 3, 6 Universität (244 C6)

ERLEBNISGASTRONOMIE

COOKFORUS

NEU Schöne Plattform für Köche, die besondere Genießer-Events oder Kochkurse veranstalten, aber auch für Weinbars, die ihre besonderen Verköstigungen einem interessierten Kreis nahebringen wollen. Außerdem findet man hier Neues aus der Supperclub-Szene und andere spannende Infos und Eventtipps.

www.cookforus.de

TAMBOSI-OPER

☀ Im Sommer *(Mai–Sept.)* lockt das Event im Hofgarten. Vier Akte, frisch, jung und mit einem Augenzwinkern inszeniert, mit Klassikern der großen Oper und von jungen Künstlern gespielt. Der kulturelle Hochgenuss wird erfreulicherweise kulinarisch begleitet, von einem passenden Fünf-Gänge-Menü. Im Winter, vor allem zu Weihnachten, findet die Oper im 1. Stock des Café Tambosi statt.

Altstadt-Lehel

€€€ Do ab 19 Uhr | 58 Euro | Odeonsplatz 18 | Tel. 089 29 83 22 | www.tambosi.de | U 3–6 Odeonsplatz (241 E2)

Essen ■■■ Ambiente ■■■ Service ■■□

WELSER KUCHE

Wollen Sie mal tafeln wie vor 450 Jahren? Unter der Feldherrnhalle in der Welser Kuche geht's zu wie bei den alten Rittersleut'. Zur Begrüßung wird ein Horn voll Honig-Met kredenzt, dann wird Ihnen das Leinentuch um den Hals gebunden, und los geht's! Wo ist bloß die Gabel geblieben? Die gibt's nicht, nur ein scharfes Messer und die eigenen Hände. Aber auch mit diesem Werkzeug schmecken Wildschwein oder Kräutergans hervorragend. Aber Vorsicht! Verstöße gegen die Tischregeln werden mit der Schandgeige oder der Schnupftabak-Kanone geahndet!

Altstadt-Lehel

€€€ tgl. ab 19 Uhr | Residenzstr. 27 | Tel. 089 29 65 65 | www.welser-kuche.de | U 3–6 Odeonsplatz (241 E3)

Essen ■■■ Ambiente ■■■ Service ■■□

FISCH

ATLANTIK FISCH

☀ Gut, der Atlantik ist von München einige Kilometer entfernt, aber das Fischrestaurant Atlantik im Backsteinbau im Schlachthofviertel ist eine wunderbare lokale Alternative. Die Fische und Meeresfrüchte kommen fangfrisch vom Markt aus Paris und werden im Ganzen köstlich zubereitet. Dazu einen Wein aus dem Keller mit seinen über 200 Etiketten oder einen prickelnden Champagner, und die Urlaubsstimmung ist perfekt. Bier gibt's übrigens keines. An den Wochenenden und zu besonderen Events untermalt ein DJ im Bistrobereich die Szenerie.

Isar- & Ludwigsvorstadt

€€€ Di–Sa 12–15 und ab 19 Uhr | Zenettistr. 12 | Tel. 089 74 79 06 10 | www.atlantikfisch-muenchen.de | U 3, 6 Poccistraße (247 F4)

Essen ■■■ Ambiente ■■■ Service ■■■

AUENFISCHER

NEU Frischer Fisch fast an den Gestaden der Isar. Unweit vom Baldeplatz finden Fischfans einen neuen Anlegeplatz, um ihren lukullischen Vorlieben nachzugehen. Die »Speisekarte« liegt hier ausnahmsweise nicht in der Hand, sondern gut sichtbar in der Vitrine, die täglich mit wechselnden Fischen vom Bachsaibling bis zum Steinbutt bestückt ist. Aber auch Fleischfreunde müssen nicht darben. Auf sie warten Alternativen wie ein saftiges Rindersteak oder Lamm. INSIDER TIPP Der »Black-Tiger Monday« mit Garnelen und Scampi in acht verschiedenen Ausführungen zum Paketpreis von 26,90 Euro.

Isar- & Ludwigsvorstadt

€€€ Mo–Do 18–24, Fr/Sa 18–1 Uhr | Auenstr. 100 | Tel. 089 92 56 61 34 | www.auenfischer.de | U 3, 6 Goetheplatz (248 A4)

Essen ■■■ Ambiente ■■□ Service ■■■

HUNSINGER IN DER NEUEN PINAKOTHEK

Kabeljau zur Kunst? In Kombination mit einem Museumsbesuch entfaltet das Hunsinger seinen ganz besonderen Reiz. ☀ Im Sommer sitzt man sehr schön am Wasser und labt sich an Fisch und Meeresfrüchten. Aber auch Fleischfreunde werden mit Hauptgerichten zufriedengestellt. Abends bieten die Menüs (ab 54 Euro) ein besonders gutes Preis-Leistungs-Verhältnis.

Maxvorstadt

€€ Mo, Mi–Sa 11–24, So 11–17.30 Uhr | Barer Str. 29 | Tel. 089 24 29 02 04 | www.

Frisches aus dem Meer wird bei Atlantik Fisch zubereitet

restauranthunsinger.com | Tram 27, 28 Pinakotheken (244 B6)

Essen ■■■ Ambiente ■■■ Service ■■□

PESCHERIA

☀ Der Hamburger Fischmarkt ist weltberühmt, den Münchner Fischmarkt kennen nur wenige. Es gibt ihn eigentlich auch gar nicht, aber mit der atmosphärisch eingerichteten Pescheria (ital. = Fischmarkt) ist zumindest ein Anfang gemacht. Wie auf dem Markt liegt auch hier ein täglich wechselndes Angebot frischer Fische in einer großen Glasvitrine auf Eis. Vom Koch werden sie dann einfach auf einen Lavasteingrill gelegt und mit Kartoffeln und Gemüse angerichtet. Die Preise variieren je nach Art und Gewicht des Flossenträgers. Wer keine Lust auf Meeresbewohner hat, bekommt auch ein feines Stück vom Rind oder eine vegetarische Paella serviert.

Isar- & Ludwigsvorstadt

€€–€€€ *tgl. 11.30–15 und 18–1 Uhr | Fraunhoferstr. 13 | Tel. 089 24 21 40 27 | www.pescheria.de | U 1, 2 Fraunhoferstraße* (241 D6)

Essen ■■□ Ambiente ■■□ Service ■■□

FRANZÖSISCH

LE BERLU

NEU ☀ Der interessante Name dieses französischen Lokals setzt sich aus den Vornamen von Restaurantleiter Bernard Le Port und Küchenchef Luis Delgado zusammen. Letzteren kennen manche vielleicht noch aus dem Kleinschmidtz, er bringt auf jeden Fall gerne eine leichte spanische Note in die klassische *Haute Cuisine*. Da wird dann schon mal das Lammcarré in einen Kräuter-Chorizo-Mantel gesteckt oder es mogeln

sich *pinchos de albondiga* (Fleischbällchen-Spieße) auf die Vorspeisenkarte. Aber das macht überhaupt nichts, es schmeckt alles *formidable*.

Isar- & Ludwigsvorstadt

€€€ *Mo–Fr 11.30–14.30 und 18.30–24, Sa 18.30–24 Uhr | Wittelsbacherstr. 16 | Tel. 089 74 74 77 50 | www.leberlu.de | U 3, 6 Goetheplatz* (248 B4)

Essen ■■■ Ambiente ■■□ Service ■■■

LA BOUCHE

NEU ÖKO Altschwabing boomt weiter! Jetzt ist sogar der beliebte, bio-zertifizierte Franzose La Bouche vom Glockenbachviertel an die Münchner Freiheit umgezogen, ins ehemalige Café Ringelnatz. Das Konzept ist zum Glück gleich geblieben: authentische französische Landküche mit hochwertigen Lebensmitteln. In der Brasserie kann man

Französisches Restaurant mit lässigem Brasserie-Charme: Chez Fritz

romantisch zu zweit oder auch in großer Runde im Separée zu Abend essen, aber auch auf ein Glas Wein gemütlich an der Bar Platz nehmen. Auf jeden Fall fühlt man sich hier spätestens nach dem Genuss von Austern, Schnecken oder Coq au vin wie in Paris.

Schwabing

€€€ Mo–Sa ab 17 Uhr | Haimhauserstr. 8 | Tel. 089 26 56 26 | www.brasserie-labouche.de | U 3, 6 Münchner Freiheit (245 D4)

Essen ■■■ Ambiente ■■□ Service ■■■

CHEZ FRITZ

Französische Restaurants gibt's in Haidhausen eigentlich zur Genüge, aber die Brasserie Chez Fritz will man keinesfalls missen. Die Einrichtung mit der massiven holzvertäfelten Marmorsäulenbar, den rot-weiß-kariert eingedeckten Tischen, der gekachelten Rückwand und den Bildern im Vintage-Goldrahmen ist sehr ansprechend. Dazu die Kellner: weißes Hemd, schwarze Fliege, Hosenträger und Schürze. Absolut stilvoll. Zum Essen empfehlen wir auf jeden Fall die Bouillabaisse, die es im Klein- und im Großformat gibt. Wer die Fischsuppe als Vorspeise nimmt, lässt noch Platz für die köstliche Lammhaxe mit Bohnen, Kartoffeln und Paprikagemüse.

Au-Haidhausen

€€€ Di–So 17.30–1 Uhr | Preysingstr. 20 | Tel. 089 4 48 76 76 | www.chezfritz.de | S 1–4, 6–8 Rosenheimer Platz (249 D3)

Essen ■■■ Ambiente ■■■ Service ■■■

LE REFUGE

Auf in die Provence! In der früheren Bar Triana befindet sich das Refugium für

Mit Blick auf die BMW Welt: das EssZimmer

Südfrankreich-Fans. Guy Ody und sein Team servieren bei lichter Atmosphäre Klassiker der *cuisine française*. Wie wär's mit Weinbergschnecken, Foie gras oder Crème brûlée? Steht alles auf der Karte und flink auf dem Tisch. Und schmeckt auch noch *fantastique,* wie auch der begleitende Muscadet. Tipp: Die bekannte Spezialität aus Marseille, die Fischsuppe Bouillabaisse, gibt's natürlich auch. Sie wird jeden Freitag ganz frisch zubereitet.

Maxvorstadt

€€ Di–So 18–1 Uhr | Neureutherstr. 8 | Tel. 089 20 06 11 10 | www.le-refuge.de | Tram 27, 28 Nordendstraße (244 B5)

Essen ■■■ Ambiente ■■□ Service ■■■

GOURMET

ATELIER & GARDEN

Das kulinarische Aushängeschild des Hotels Bayerischer Hof ist in zwei Bereiche aufgeteilt: Der Wintergarten mit offenem Kamin gleicht einer Künstlerwerkstatt der Jahrhundertwende und ist luftig und lichtdurchflutet. Das eigentliche Atelier dagegen ist kleiner, intimer, luxuriöser – und die Küche ist mit zwei Michelin-Sternen ausgezeichnet. In beiden Räumen regiert Chef Jan Hartwig und bringt vom St. Petersfisch bis zur Taube alles perfekt auf den Teller.

Altstadt-Lehel

€€€ Garden: tgl. 12–15 und 18–24 Uhr | Tel. 089 2 12 09 93, Atelier: Di–Sa 19–24 Uhr | Tel. 089 2 12 07 43 | Promenadeplatz 2–6 | www.bayerischerhof.de | U 3, 6, S 1–4, 6–8 Marienplatz (240 C3)

Essen ■■■ Ambiente ■■■ Service ■■■

BRASSERIE COLETTE

NEU Sternekoch Tim Raue hat nach Berlin und Konstanz nun auch in München einen Standort für seine Brasserie Colette gefunden. Das Lokal liegt im Gebäudekomplex der exklusiven Seniorenresidenz Tertianum in der Klenzestraße und richtet sich gleichermaßen an die dortigen Bewohner wie an alle Münchner Feinschmecker. Die Gäste sitzen auf Lederbänken und Bistrostühlen oder auf Holzsitzen, die früher in französischen Zügen montiert waren. Dort genießen sie klassische französische Bistroküche zwischen Entenleberterrine und *Boeuf Bourgignon*, umgesetzt von Küchenchef Dominik Obermeier. Denn Tim Raue ist ehrlich gesagt nur der Namenspatron und konzeptionelle Ideengeber der Brasserie Colette, was aber der Qualität keinen Abbruch tut. Preislich bewegt sich das Essen in vernünftigem Rahmen.

Isar- & Ludwigsvorstadt

€€€ Mi–So 12–15 und 18–23 Uhr | Klenzestr. 72 | Tel. 089 23 00 25 55 | www.brasseriecolette.de | U 1, 2 Fraunhoferstraße (248 B4)

Essen ■■■ Ambiente ■■■ Service ■■■

DALLMAYR

Im weltberühmten Feinkosthaus kann man auch im Restaurant im 1. Stock ins Schwelgen geraten. Das Interieur mit den bequemen Ledersesseln ist zurückhaltend edel und lässt den höchstens 40 Gästen Spielraum für Tischgespräche ohne ungebetene Zuhörer. Zuhören sollten Sie aber unbedingt dem kenntnisreichen Sommelier, der gern zu jedem der fünf bis acht Gänge den passenden Tropfen empfiehlt. Küchenchef Diethard Urbansky, mit zwei Sternen ausgezeichnet, zaubert tolle Kompositionen vom Langostino bis zum Schwarzfederhuhn auf den Porzellanteller.

Altstadt-Lehel

€€€ Di–Sa ab 19, Sa auch 12–14 Uhr | Dienerstr. 14–15 | Tel. 089 2 13 51 00 | www.dallmayr.de | U 3, 6, S 1–4, 6–8 Marienplatz (241 D4)

Essen ■■■ Ambiente ■■■ Service ■■■

INSIDER TIPP ESSZIMMER

Hoch oben unterm Dach der BMW Welt lädt Sternekoch Bobby Bräuer zu kulinarischen Höhenflügen ein. Er orientiert sich an der klassisch-französischen Gourmetküche, setzt aber darüber hinaus mediterrane und regionale Akzente. Die Gäste speisen in einer angenehmen Wohnzimmeratmosphäre: Der offene Kamin, die Ledersessel, die dekorierten Regale und die Steh- und Pendellampen im Retrolook sowie der Teppich in warmen Brauntönen verbreiten heimeliges Ambiente. Kommen Sie am besten mit öffentlichen Verkehrsmitteln, dann können Sie für die Heimfahrt den kostenlosen Chauffeurservice in einer BMW-Limousine in Anspruch nehmen.

Schwabing

€€€ Di–Sa ab 19 Uhr | Am Olympiapark 1 | Tel. 089 3 58 99 18 14 | www.esszimmer-muenchen.de | U 3, 8 Olympiazentrum (243 F2)

Essen ■■■ Ambiente ■■■ Service ■■■

GEISELS WERNECKHOF

Der traditionsreiche Werneckhof gehört zum Imperium der Familie Geisel, die u. a. auch den Königshof am Stachus betreibt. Das gehoben gutbürgerliche Ambiente mit Butzenscheiben, altertümlichen Servierwagen und flackernden künstlichen Kerzen an den Wänden unterstreicht die Geschichtsträchtigkeit dieses Ortes. Mit Anfang 30 noch vergleichsweise jung ist der deutsch-japanische Küchenchef Tohru Nakamura. Er vermählt spielerisch das kulinarische Spektrum von Ost bis West und ist dafür auch mit einem Michelin-Stern belohnt worden. Passend zur Sterneküche stehen knapp 400 Weine zur Wahl.

Schwabing

€€€ Di–Fr 19–24, Sa 13–16.30 und 19–24 Uhr | Werneckstr. 11 | Tel. 089 38 87 95 68 | www.geisels-werneckhof.de | U 3, 6 Münchner Freiheit (245 D5)

Essen ■■■ Ambiente ■■■ Service ■■■

MATSUHISA

NEU Der japanische Starkoch Nobu Matsuhisa hat im Hotel Mandarin Oriental den insgesamt siebten weltweiten Ableger seines legendären Promi-Hotspots Matsuhisa Beverly Hills eröffnet. Das Restaurant ist in Braun- und Goldtönen gehalten. Der dunkle Holzboden und die edlen Möbel aus Palmenholz und Leder vermitteln ein warmes und zugleich luxuriöses Ambiente. Die Küche ist ein einziges Gedicht: Ob es nun der *black cod* (Kohlenfisch) ist, die mit Thunfisch, Lachs oder Hummer gefüllten Tacos oder das über Teeblättern gegrillte Lamm mit peruanischer Anticucho-Sauce, Sie werden nach dem Essen überwältigt in Ihren Stuhl zurücksinken.

Altstadt-Lehel

€€€ *tgl. 12–14.30 und 19–23 Uhr | Neuturmstr. 1 | Tel. 089 2 90 98 18 75 | www.mandarinoriental.de/munich | S 1–4, 6–8 Isartor* (241 E4)

Essen ■■■ Ambiente ■■■ Service ■■■

SCHWARZREITER

Der Schwarzreiter, ein Saibling aus dem Königssee, galt als Lieblingsgericht von König Ludwig II. Gleichzeitig ist der Süßwasserfisch auch Namensgeber für das Restaurant im Hotel Vier Jahreszeiten. Wie der Name schon andeutet, spielt die bayerische Küche sowohl im Restaurant als auch in der Tagesbar eine wichtige Rolle, wobei statt schweren Klassikern wie Schweinsbraten und Schnitzel eher moderne Glücksbringer für Fleischeslustige wie Rindertatar oder auch mal ein köstliches Maronen-Risotto auf den Tisch kommen. INSIDER TIPP Der täglich wechselnde »Daily Dish« mit begleitendem Salat zum Hauptgericht und einem Espresso danach für gerade mal 19 Euro ermöglicht einen kostengünstigen Einblick in die »Young Bavarian Cuisine« von Chefkoch Christian Michel.

Altstadt-Lehel

€€€ *Tagesbar: tgl. 12–24 Uhr, Restaurant: Di–Sa 18.30–23 Uhr | Maximilianstr. 17 | Tel. 089 21 25 21 25 | www.schwarzreiter-muenchen.de | Tram 19 Kammerspiele* (241 E3)

Essen ■■■ Ambiente ■■□ Service ■■■

TANTRIS

Retro-Manie ist derzeit Trend, doch das Tantris ist trotz seiner langen Karriere noch immer authentisch: Mehr als 45 Jahre gibt's das Gourmet-Restaurant von Weltruf nun schon, die fabelhafte Einrichtung setzt immer noch Maßstäbe und Chef de Cuisine Hans Haas selbstverständlich auch. Seine fünfgängigen Degustationsmenüs inklusive Weine schlagen zwar mit 270 Euro pro Person zu Buche, sind aber ein unvergessliches Erlebnis.

Schwabing

€€€ *Di–Sa 12–15 und 18.30–1 Uhr | Johann-Fichte-Str. 7 | Tel. 089 3 61 95 90 | www.tantris.de | U 6 Dietlindenstraße* (245 D3)

Essen ■■■ Ambiente ■■■ Service ■■■

GRIECHISCH

APOSTEL'S

Vielerorts erkennt man die hellenischen Küchenklassiker ja vor lauter Tzatziki und Öl kaum mehr, im Apostel's am Mariahilfplatz würzen sie ihre modernen Interpretationen zum Glück feinfühliger. Auch hier gibt's natürlich Gyros, Souvlaki, Baby-Calamares und andere übliche Verdächtige, besonders positiv sticht aber die Filet-Abteilung bei den Fleischgerichten und die Empfehlungskarte mit extravaganteren Speisen zwischen Lammhaxe und Zanderfilet-Risotto ins Auge. Auch die Einrichtung ist weit entfernt vom himmelblauen Einerlei manch anderer Griechen: Baumstämme als Raumtrenner und Garderobe, filigrane Kronleuchter, Olivenbäume auf den Fensterbänken und viele nette Einrichtungsideen mehr hat das Apostel's-Team umgesetzt.

Au-Haidhausen

€€ tgl. 11.20–15 und 17.30–24 Uhr | Schweigerstr. 10 | Tel. 089 67 97 27 40 | www.apostels-restaurant.de | Tram 17 Mariahilfplatz (248 C4)

Essen ■■■ Ambiente ■■■ Service ■■□

KALYPSO

☀ Die Faltenbacher-Brüder betreiben nicht nur die Milchbar, sie sind auch Griechenlandfans und fühlen sich in der Rolle als Betreiber von Tavernen sehr wohl. Im Falle des Kalypso ist auch das sonst so übliche Etikett »Party-Grieche« fehl am Platz. Hier kann man in freundlich-heller Atmosphäre eine wunderbare Vorspeisenvielfalt (21,90 Euro für zwei Personen) einmal rauf und runter genießen, ohne dass plötzlich Papierservietten durch die Luft segeln oder die Kellner ihre Arbeit einstellen, wie im zweiten Faltenbacher-Griechen Molos manchmal üblich. Als Hauptgericht empfehlen wir einen fangfrischen Fisch, den Sie im Eingangsbereich auswählen können. Aber auch die Kombination Gyros und Baby-Calamares vom Lavasteingrill mundet stets ausgezeichnet.

Schwabing

€€ tgl. ab 17 Uhr | Agnesstr. 8 | Tel. 089 20 03 86 86 | www.kalypso.de | U 2 Hohenzollernplatz (244 B5)

Essen ■■■ Ambiente ■■□ Service ■■■

LIMANI

Mitten im Wohngebiet zwischen Giesing und Harlaching versteckt sich ein sicherer Hafen (griech. *limani*) der griechischen Gastfreundschaft. »Essen und Meer« ist der Slogan des Hauses, daher stehen auch immer etwa sechs Gerichte mit Fisch oder Meeresfrüchten auf der Tageskarte. Als Aperitif können wir Med empfehlen, eine Art griechischer Hugo mit Mastixlikör. Ein sehr guter Einstieg ist auf jeden Fall der gemischte Vorspeisenteller mit Artischockenherzen vom Grill, zarten Baby-Calamares auf Basilikumpesto, Garnelen im Speckmantel oder Thunfischtatar mit Kapern. Auch das butterzarte, perfekt rosa servierte Lammfilet mit Austernpilzen, Kartoffeln und Rucolasalat gelingt dem Koch jedes Mal ausgesprochen gut.

Giesing

€€ Mo–Sa 17–1, So 11.30–14.30 u. 17–1 Uhr | Rotdornstr. 2 | Tel. 089 69 80 40 72 | www.taverna-limani.de | U 1 Mangfallplatz (251 F2)

Essen ■■■ Ambiente ■■□ Service ■■■

MEINE STADT

▶ München auf den Spuren New Yorks, zumindest was die gastronomische Seite angeht. Denn im Big Apple wie auch hier geht ohne Reservierung fast überhaupt nichts mehr. Fakt ist: donnerstags bis sonntags herrscht Hochkonjunktur bei Restaurants, aber auch in Cafés und Kneipen. Selbst die Münchner Journaille hat sich diesem Thema schon angenommen und versucht zu ermitteln, woran es wohl liegt. Die Gründe dafür sind sicherlich zum einen das rasante Wachstum der Metropole, die stetig steigenden Tourismuszahlen sowie das unglaubliche Angebot an kulinarischen Leckerbissen aus aller Welt. Und zum anderen scheint der Münchner immer weniger zu Hause kochen zu wollen.

Köstlichkeiten, hergestellt und serviert mit einem Lächeln: die Crew im Ringlers

GUT & SCHNELL

BLATTSALATE

ÖKO Sämtliches Grünzeug, das hier verarbeitet und serviert wird, kommt aus der Region. Und so geht's: Der Gast schnappt sich eine Schüssel mit dem Salat seiner Wahl, dann folgt der Gang an die Büfetttheke, wo der Service Lollo Rosso & Co. nach Wunsch mit zahlreichen Toppings verfeinert. Am Schluss wird dann noch ein kräftiger Schuss Dressing drübergegeben, und fertig ist der gesunde Vitaminschub. Natürlich auch zum Mitnehmen.

Altstadt-Lehel

€ Mo–Sa 11–19 Uhr | Schäfflerstr. 7 | Tel. 089 21 02 02 81 | www.salate-muenchen.de | U 3, 6, S 1–4, 6–8 Marienplatz (241 D3)

Essen ■■■ Ambiente ■□□ Service ■□□

DUE PASSI

Kleine, aber sehr lohnenswerte Pasta-Oase mit flinkem Service. Gespeist wird vor den verführerisch gefüllten Vitrinen an Stehtischen, allerdings nur bis spätnachmittags, dann schließt die Küche. Von raffiniert bis klassisch, von Spaghetti mit Salbeibutter und Parmesan bis zu opulenten Kreationen mit Wildschweinragout – die Pasta ist vorzüglich. Schmankerl aus Bella Italia gibt's zudem zu kaufen. Achtung! Die historischen Wandfliesen stehen unter Denkmalschutz, da sie noch von den einstigen Käsereiläden stammen, die hier früher beheimatet waren.

Altstadt-Lehel

€ Mo–Fr 10–17, Sa 12–17 Uhr | Ledererstr. 11 | Tel. 089 22 42 71 | www.duepassi.de | U 3, 6, S 1–4, 6–8 Marienplatz (241 E4)

Essen ■■■ Ambiente ■■■ Service ■■■

NIEMEYER

ÖKO ☀ Fünf Tische, ein Kühlschrank und eine Miniküche. Das muss doch fürs gesellige Beisammensein mit leckerer Verköstigung reichen, oder? Das dachten sich die Jungs und Mädels aus dem Umfeld des Hey Luigi – und eröffneten mit dem Niemeyer eine familiäre Tagesbar nahe dem Altstadtring. Weder Frau noch Herr Niemeyer, sondern der Produzent und DJ Martin Peter beweist hier tagtäglich, dass er nicht nur tolle Musik auftischen kann, sondern auch köstliche Gerichte. Unbedingt vormerken: Montags ist Pizza-Tag, und freitags ist Sushi angesagt, und zwar qualitativ 1. Klasse! Dafür stehen auch die Lieferanten wie die Herrmannsdorfer Landwerkstätten oder jene, die den frischen Fisch direkt aus dem Loisachtal oder vom Kochelsee bringen.

Altstadt-Lehel

€ *Mo–Fr 11–16 Uhr | Kanalstr. 15 | Tel. 089 85 67 65 86 | www.dailyniemeyer.de | S 1–4, 6–8 Isartor* (241 F5)

Essen ■■□ Ambiente ■■□ Service ■■□

RINGLERS ★

ÖKO Das kulinarische Highlight nahe dem Sendlinger Tor verzückt alltäglich die Genussjünger. Und in der Tat, wer nach dem Verzehr eines der köstlichen Grillsandwiches samt selbst kreierter Saucen den kleinen Laden verlässt, tut dies mit einem zufriedenen Lächeln. Gleiches gilt für die beiden täglich wechselnden Mittagsgerichte (6,40–6,90 Euro), wovon eins immer vegetarisch ist. Weitere Genusshighlights: selbst gemachte Kuchen, Desserts und Marmeladen zum Träumen und Pausenbrote, die sogar Frühstücksmuffel bekehren. Dank des eigenen Foodtrucks »Ox Grill« kommen nun auch andere Stadtviertel in den Genuss (Termine s. Homepage).

Altstadt-Lehel

€ *Mo–Sa 8–18 Uhr | Sendlinger Str. 45 | Tel. 089 26 55 49 | www.ringlers.net | U 1–3, 6, 7 Sendlinger Tor* (240 C5)

Essen ■■■ Ambiente ■■□ Service ■■■

SASOU

Die asiatische Garküche ist das Nonplusultra in Sachen »gut & schnell«. Die aromatischen Nudelsuppen wie Pho Bo (Reisnudeln mit Rindfleisch) oder Yasai Ramen (asiatische Eiernudeln mit asiatischem Gemüse), die exotischen Salate oder das Sushi, alles wird frisch vor den Augen der Kunden zubereitet. Hinzu kommen wechselnde Tagesgerichte, die in der Bentobox serviert werden. Besonders in der Rushhour sind die wenigen Terrassenplätze schnell belegt, daher auch mal auf der Rückseite nachschauen, da gibt es weitere, ruhigere Tische.

Altstadt-Lehel

€ *Mo–Sa 11–22 Uhr | Marienplatz 28 | Tel. 089 26 37 01 | www.sasou.de | U 3, 6, S 1–8 Marienplatz* (241 D4)

Essen ■■■ Ambiente ■■□ Service ■■□

LA TAQUERIA MILAGROS

Y viva México, y viva la comida rápida – für Fans der authentisch mexikanischen Küche ist La Taquería Milagros ein Muss. Nix mit Möchtegern-Tex-Mex! Hier gibt's ausschließlich Speisen, zubereitet nach Originalrezepten. Ob *to go* oder als Imbiss vor Ort, alle Produkte kommen, soweit möglich, frisch aus der Region. Ob Burritos, Quesadillas, Tacos, Nachos oder Salate, ein toller Genussfaktor für zwischendurch ist hier garantiert. *¡Buen provecho!*

Altstadt-Lehel

Tgl. 10–22 Uhr | Zweibrückenstr. 9 | Tel. 089 55 27 67 87 | S 1–4, 6–8 Isartor (241 F5)

Neuhausen

Mo–Sa 11–21 Uhr | Am Hirschgarten/ Birketweg 30 | Tel. 089 20 06 00 99 | S 1–4, 6–8 Hirschgarten (246 B–C1)

€ *www.taqueria.de*

Essen ■■■ Ambiente ■■□ Service ■■□

TELTSCHIK'S WURST-STANDL

Schweinswürstl, Bratwurst weiß und rot, Wiener, Pfälzer und natürlich Weißwürst – wer zu Elisabeth und Manuela Teltschik kommt, der muss ein wahrer Würstl-Liebhaber sein. Ob mit Senf oder ohne, mit rescher Brezn, Sauerkraut, selbst gemachtem Kartoffelsalat oder als Currywurst getarnt, der Stand hat mittlerweile Kultstatus. Selbst Kochbuchpapst Jamie Oliver hat sich von den beiden Münchner Unikaten schon in die hohe Münchner Würstlkultur einführen lassen. Besonders delikat, und nicht jedem bekannt: die Stockwurst, die feine große Schwester der Weißwurst.

Altstadt-Lehel

€ Di–Fr 9–18, Sa 8–15 Uhr | Viktualienmarkt 3/Stand 17 34, Abteilung III | Tel. 089 26 52 62 | www.pavesipicnic.de | U 3, 6, S 1–8 Marienplatz (241 D5)

Essen ■■■ Ambiente ■■□ Service ■■■

IBERISCH

LA BIZNAGA

Für Nicht-Spanier vorweg die Erklärung des Namens: *Biznaga* nennt man eine Art kugelförmige Sträußchen aus duftenden Jasminblüten, die in Málaga jeden Abend in den Straßen verkauft werden. Es gehört an der südspanischen Costa del Sol fast schon zum guten Ton, seiner Liebsten beim Dinner im Restaurant eine *biznaga* zu schenken. Im gleichnamigen Bar-Restaurant im Westend gibt es diese Sträußchen zwar auch, aber offiziell nur zur Deko, nicht zum Bezirzen der weiblichen Begleitung. Da müssen schon der eigene Charme, die durchweg guten spanischen Weine und externe Hilfe vom Koch in Form von schmackhaften Tapas oder einem Filet vom iberischen Schwein herhalten, um der Dame einen tollen Abend zu bieten.

Westend

Im Biznaga wird mit guter spanischer Küche und Weinen gepunktet

€€ Mo–Sa 17–1 Uhr | Gollierstr. 39 | Tel. 089 59 97 63 81 | www.labiznaga.de | U 4, 5 Schwanthalerhöhe (247 E3)

Essen ■■□ Ambiente ■■□ Service ■■■

CORDO BAR

Die zweistöckige Tapas-Taverne Cordo Bar verbreitet im Glockenbachviertel dank ihrer schönen Viva-España-Fotos und des bunten Fliesenbodens authentische Ferienstimmung. Aber auch der Rioja fließt geschmeidig die Kehle hinunter. Dazu ein paar *boquerones* (Sardellen), einige Scheiben vom beispielhaft von der Decke baumelnden Serrano-Schinken oder die klassischen Datteln im Speckmantel – und Sie buchen am Tag darauf den nächsten Spanien-Urlaub, versprochen! Eine kleine Warnung vorweg: Die Cordo Bar ist so beliebt, dass der Service manchmal etwas ins Schwimmen gerät.

Isar- & Ludwigsvorstadt

€ Mo–Do 16–1, Fr/Sa 16–2, So 16–24 Uhr | Ickstattstr. 1a | Tel. 089 60 32 02 | www.cordo-bar.de | U 1, 2 Fraunhoferstraße (248 B3)

Essen ■■□ Ambiente ■■■ Service ■□□

LA TASCA NUEVA

Die Tapasbar macht von innen einiges her mit der langen Bar, den Kachelakzenten an den Backsteinwänden und alten Steinöfen an den Tischen. Der Rest des dunklen Holzmobiliars fügt sich wunderbar in das bunte, durchgestylte Durcheinander ein. Die *tapas frias*, also die kalten Kleingerichte, sind in der klassischen Vitrine zu begutachten. Tapas wie *patatas fritas* oder Artischockensalat schmecken am besten mit einem Fischgericht von der wechselnden Tagestafel. INSIDER TIPP Der Sonntagsbrunch mit Büfett und »Flying Tapas« für 18,50 Euro ist was für Familien, denn Kinder unter sechs Jahren sind eingeladen, und zwischen sieben und zwölf Jahren zahlen sie nur die Hälfte.

Neuhausen

€ Mo–Sa ab 17.30–24, So 11–14.30 und 17.30–24 Uhr | Mettinghstr. 2 | Tel. 089 37 41 90 75 | www.latascanueva.de | S 1–4, 6–8 Donnersbergerbrücke (247 D1)

Essen ■■□ Ambiente ■■□ Service ■■□

INDISCH

DHABA

Fernab von überbordendem Asia-Kitsch präsentiert sich das Dhaba. Der schöne Parkettboden harmoniert dabei aufs Feinste mit dem angenehm schlicht in Rot und Weiß gehaltenen Gastraum. Die Gerichte sind nicht nur mengenmäßig ausufernd, sie lassen am teutonischen Gaumen ein ordentliches Gewürzfeuerwerk steigen. Zur Vorspeise sind die gefüllten *pakoras* zu empfehlen. Bei den Hauptgerichten warten jede Menge schmackhafte nordindische Spezialitäten von *biryanis* bis zum *chicken tikka masala* aus dem Lehmofen unter den Augen von Elefantengott Ganesha auf hungrige Esser. Das Dhaba hat jetzt auch einen ebenso empfehlenswerten Ableger an der Herzogstraße.

Schwabing

Mo–Fr 11.30–14.30 und 17.30–23.30, Sa 17.30–23.30, So 12–23 Uhr | Belgradstr. 16 | Tel. 089 38 36 77 71 | Tram 12, 28 Clemensstraße (244 B4)

Schwabing

Mo–Fr 11.30–14.30 und 17.30–23.30, Sa 17.30–23.30, So 12–23 Uhr | Herzogstr. 1b | Tel. 089 39 43 41 | U 3, 6 Münchner Freiheit (244 C4)

€€ www.dhaba.de

Essen ■■□ Ambiente ■■□ Service ■■□

PALAST DER WINDE

Der farbenfrohe, leicht kitschig anmutende Inder erwartet seine hungrigen Gäste im hippen Glockenbachviertel. Weit gereiste Kosmopoliten schwören hier auf das gegrillte *butter chicken,* das im Palast genauso schmeckt wie bei den Maharadschas höchstpersönlich. Aber auch das *jheenga tandoori,* Riesengarnelen in Knoblauch-Marinade im Ofen gegart, ist jedes Mal ein Gedicht.

Isar- & Ludwigsvorstadt

€€ So–Fr 11.30–14.30 und 17.30–23, Sa 17.30–23 Uhr | Hans-Sachs-Str. 8 | Tel. 089 26 32 78 | www.palastderwinde.de | U 1, 2 Fraunhoferstraße (248 B3)

Essen ■■□ Ambiente ■■□ Service ■■□

INTERNATIONAL

BRENNER

ÖKO ☀ Gleich drei Sonnenterrassen kann das Brenner sein eigen nennen. Damit liegt die Location an sonnigen Tagen ganz weit vorne in der Gunst der Gäste. Gleiches gilt für die Küche. Der sizilianische Chefkoch Sebastiano Sposito führt ein strenges Regiment, wenn es um den Hochgenuss geht. Ob aus der offenen Pastaküche mit hausgemachten Nudeln oder direkt vom Buchenholzgrill, das Angebot der Gerichte variiert je nach Saison. Absolut der Hit: der lauwarme Salat als Vorspeise oder Hauptgericht mit Fisch oder Fleisch. Und beim Nachtisch befindet man sich hier sowieso im Schlaraffenland. Bio ist auch beim sonntäglichen Brunch angesagt, den die Mamas und Papas dank der Kinderbetreuung entspannt genießen können.

Altstadt-Lehel

€–€€ Mo–Do 8.30–1, Fr/Sa 8.30–2, So 9.30–1 Uhr | Maximilianstr. 15 | Tel. 089 4 52 28 80 | www.brennergrill.de | Tram 19 Kammerspiele (241 E3)

Essen ■■■ Ambiente ■■■ Service ■■■

GLOCKENBACH

☀ Das Glockenbach versprüht die Aura eines großstädtischen Caférestaurants. Allein die geschwungene Fifties-Showtreppe hinauf in den 1. Stock ist prädestiniert für tolle Auftritte. Das Café ist ein Freund für alle Lebenslagen, mit Restaurantbereich oben für die besonderen Anlässe. Die Küche zeigt sich international und beglückt Schleckermäuler mit Leckereien zwischen

Caesar's Salad und Jakobsmuscheln – und das auch noch den ganzen Tag. Ob Toast mit geräucherter Putenbrust und Cheddar in der Eihülle gebacken zum Frühstück, Chickenwrap mit pikanter Reisfüllung fürs schnelle Mittagessen, gegrillte Perlhuhnbrust mit hausgemachten Salbei-Gnocchi und Paprika-Lauchgemüse am Abend oder ein hausgemachter Eistee mit Pfirsich, Minze oder Zitrone für heiße Sommertage – hier findet jeder sein kulinarisches Glück.

Isar- & Ludwigsvorstadt

€€ *So–Do 10–1, Fr/Sa 10–2 Uhr | Müllerstr. 49 | Tel. 089 45 24 06 22 | www.glockenbach.com | U 1–3, 6 Sendlinger Tor* (240 B6)

Essen ■■■ Ambiente ■■■ Service ■■■

HERZOG

NEU In unmittelbarer Stachus-Nähe befindet sich das neue, sehr ansprechend designte Bar-Restaurant Herzog. Der gut strukturierte Raum, der helle, handgegossene Terrazzoboden, die allgegenwärtigen Messingstangen und der aus schwarzem Beton gegossene Bartresen stechen als Erstes ins Auge. Die nächste Überraschung beim Blick in die 200 Positionen umfassende Wein-

Cooler Auftritt: über die Showtreppe in den 1. Stock des Glockenbach schweben

karte: die persönlichen Empfehlungen von Freunden des Hauses. Charmante Idee! Abends im Restaurant empfiehlt es sich, den Menüvorschlägen von Küchenchef Andreas Mollier (früher u. a. Last Supper und The Grill) zu folgen und 42 Euro für drei Gänge (wahlweise auch 48 Euro für vier Gänge oder 54 Euro für fünf Gänge) zu investieren. Wer nur kleinen Hunger mitbringt oder auf einen Drink vorbeischauen möchte, nimmt im Barbereich Platz, wo höchst kreative Mixturen und köstliche Kleinigkeiten aus der Küche gereicht werden. Im Herzog gibt's eine absolute Rarität für Spirituosen-Fans, einen Steinpilz-Geist!

Altstadt-Lehel

€€€ Mo–Mi 10–1, Do–Sa 10–3 Uhr | Maxburgstr. 4 | Tel. 089 29 16 10 29 | www.herzog.bar | U 4, 5 und S 1–4, 6–8 Karlsplatz (240 C3)

Essen ■■■ Ambiente ■■■ Service ■■■

KÄFER-SCHÄNKE

Die Käfer-Schänke in der ersten Etage des Feinkost-Stammhauses gefällt nach der Renovierung mit einem frischen Look in Rot, Grau und Grün. Weitere Blickfänge sind die Lampen im 1950er-Retro-Look und aus antikem Silber, Lounge-Kissen mit Lederstreifen, farbenfrohe Stühle, üppige Vorhänge. Zeitgenössische Kunst komplettiert die Einrichtung. Der offene Küchenbereich mit direktem Blick auf allerlei Auslagen animiert, nach Lust und Laune Beilagen und Saucen zur Leibspeise zu bestellen. Einen noch direkteren Zugang zur Küche bietet der INSIDER TIPP Chef's Table im hinteren Restaurantbereich. Hier können Sie sich persönlich mit den Köchen austauschen.

Au-Haidhausen

€€€ Mo–Sa 11.30–23 Uhr | Prinzregentenstr. 73 | Tel. 089 4 16 82 47 | www.feinkost-kaefer.de | U 4 Prinzregentenplatz (249 E2)

Essen ■■■ Ambiente ■■■ Service ■■■

KLEINSCHMECKER

Der kleine, feine Gastraum des Kleinschmecker, farblich angenehm gedeckt in Mauve und Taubenblau gehalten, ist ein schöner Schauplatz fürs romantische Dinner. Zu zweit ein Dutzend Austern schlürfen, dazu ein Gläschen Champagner. Das hört sich doch verlockend an und ist es an diesem Ort auch. Die Krönung: das rosa gebratene Lamm vom Gutshof Polting mit Morcheln und Rösti.

Altstadt-Lehel

€€€ Mo–Do 12–15 und 18–23, Fr 18–24, Sa 12–24 Uhr | Sebastiansplatz 3 | Tel. 089 26 94 91 20 | www.restaurant-kleinschmecker.de | U 3, 6, S 1–4, 6–8 Marienplatz (241 D5)

Essen ■■■ Ambiente ■■□ Service ■■□

KÖNIGSQUELLE

Eines vorweg: Dieses Lokal ist eine echte Münchner Institution! Ausgezeichnete, gediegene, gutbürgerliche Küche ist das Steckenpferd der Küchencrew. Zur Spitzenklasse zählt das wunderbare Schnitzel, das hier noch hauchdünn geklopft und in geklärter Butter angebraten wird. Münchner nennen das Lokal liebevoll »Holzkistel«, wegen der holzvertäfelten Wände. Ach ja, der Service ist stets zur Stelle, sehr charmant und hilft auch beim Entziffern der handgeschriebenen Karte. Darüber hinaus finden Whisky-Kenner hier nicht nur eine exquisite Auswahl, sondern auch das dazugehörige Fachwissen. Keine Frage: Hier kehrt man gerne ein!

Isar- & Ludwigsvorstadt

Gediegene Stunden bei Austern und Champagner im Kleinschmecker

€€ Mo–Fr, So 17–1, Sa 19–1 Uhr | Baaderplatz 2 | Tel. 089 22 00 71 | www.koenigsquelle.com | Tram 16, 18 Reichenbachplatz, S 1–4, 6–8 Isartor (241 E6)

Essen ■■■ Ambiente ■■□ Service ■■■

PLAZA MAYOR

NEU Die eigentliche Plaza Mayor liegt ja im Zentrum von Städten wie Madrid oder Salamanca, die Münchner Variante befindet sich in Altschwabing. Die mediterranen Farben, Muster und Stoffe sowie das dunkle Eichenholz verleihen dem Lokal auch ein gewisses spanisches Flair, sehr nett ist zudem die mitten im Lokal platzierte Lounge mit Sofas und Sesseln, die einen recht spannenden Kontrast zu den zwei langen Tafeln und den Bistrotischen bildet. Ideenreich gestaltet sich auch die Speisekarte, die in die Kategorien »kalt/lauwarm«, »warm«, »süß« und »gefroren« unterteilt ist. Die Bar ist ebenfalls bestens sortiert, bietet ein gutes Dutzend eigenständiger Signature Drinks und außerdem vier Punsche für zwei bis zwölf Personen zum gemeinsamen Genuss. Schöne Idee!

Schwabing

€€ Mo–Fr 17–2, Sa 10–15 und 17–2, So 10–15 Uhr | Ursulastr. 10 | Tel. 089 74 04 03 21 | www.plazamayor-muenchen.de | U 3, 6 Münchner Freiheit (245 D4)

Essen ■■■ Ambiente ■■■ Service ■■■

WOOD

NEU Die Occamstraße wird immer mehr zur Schlemmermeile. Auch mit dem neuen Restaurant Wood befinden sich Feinschmecker keineswegs auf dem Holzweg. »Clean Eating« lautet das Credo der Macher, was heißen soll, dass die verwendeten Lebensmittel naturbelassen sind, schonend zubereitet

Sommer-Hotspot: Terrasse der Bar Giornale

werden und auf raffinierten Zucker und Weißmehl gänzlich verzichtet wird. Weiß sind dafür die lackierten Holzstühle und -bänke, was im Zusammenspiel mit den ockergelben Wänden und dem Parkett elegant und einladend herüberkommt. Das Wood ist ein Anlaufpunkt für alle Tageszeiten und sämtliche Anlässe vom Frühstück übers Business Lunch bis hin zum Dinner for two. Unter der Woche gibt's Mottotage, an denen Garnelen, Burger, Pasta oder frischer Fisch im kulinarischen Mittelpunkt stehen.

Schwabing

€€ So–Mi 8–23, Do–Sa 8–1 Uhr | Occamstr. 6 | Tel. 089 33 73 15 | U 3, 6 Münchner Freiheit (245 D4)

Essen ■■■ Ambiente ■■□ Service ■■□

ITALIENISCH

ARTE IN TAVOLA

Nicht jeder hat diesen familiären Klassiker unter den italienischen Lokalen in der Maxvorstadt auf dem Schirm, dabei verdient das Arte in Tavola durchaus Aufmerksamkeit. Nettes Team und lebhafte Stimmung, gute Weine und unverkünstelte *cucina italiana,* wie sie die *mamma* seit jeher macht. Das Risotto in verschiedenen Variationen ist geschmacklich und von der Konsistenz her immer top, die Rinderlende wird jedes Mal auf den Punkt zubereitet und auch die knusprigen *pizze* sind üppig belegt. Keine Designer-Einrichtung oder überkandideltes Gehabe, einfach ein sympathischer, kleiner Familienbetrieb.

Maxvorstadt

€€ Mo–Fr 11.30–15 und 18–24, Sa 18–24 Uhr | Schellingstr. 51 | Tel. 089 28 51 36 | www.arteintavola.de | Tram 27, 28 Schellingstraße (244 B6)

Essen ■■□ Ambiente ■■□ Service ■■■

BAR GIORNALE

☀ Das frühere Café Extrablatt von Klatschkolumnist Michael Graeter ist unbedingt einen Besuch wert, auch wenn man sonst die Touristenmeile Leopoldstraße vielleicht eher meidet. Die räumliche Trennung zwischen dem lichtdurchfluteten Café und dem gediegeneren Restaurantbereich mit Kronleuchter und tiefen Sesseln ist eine gute Idee. Im Sommer sind aber sowieso die Plätze auf der großen Terrasse am gefragtesten. Die italienische Küche, egal ob Pfifferlings-Risotto oder Schwertfisch, schmeckt ausgesprochen gut, und die Bedienungen sind auffallend freundlich und hilfsbereit.

Schwabing

€€ *Mo–Do 8–1, Fr 8–2, Sa 9–2, So 9–24 Uhr | Leopoldstr. 7 | Tel. 089 33 20 00 | www.bar-giornale.com | U 3, 6 Giselastraße* (244 C5)

Essen ■■■ Ambiente ■■□ Service ■■■

CENONE

☀ Von Cannone zu Cenone. Salvatore Cannone ist in die Vereinigten Staaten ausgewandert, seine Cannone Bar hat seinerzeit Christian Rautenberg übernommen und in Cenone umgetauft, was übersetzt so viel heißt wie üppiges Abendessen. Der Name trifft vor allem an den regelmäßigen Menü-Abenden zu, die mit vier ideenreichen Gängen inkl. Weinbegleitung für unter 50 Euro glänzen. Aber auch wer nur eine Pizza (zwischen 6,80 und 11,50 Euro) und dazu ein Glas Wein möchte, wird in dem familiären Eckrestaurant herzlich empfangen. Bei den Weinen können Sie sich auf die Expertise von Antonio Larosa verlassen, er holt stets die passende Flasche aus dem großen Raumtrennerweinregal oder dem Kühlschrank.

Schwabing

€€ *Mo–Fr 12–14.30 u. 18–23, Sa 17.30–23 Uhr | Occamstr. 11 | Tel. 089 38 89 94 99 | www.cenone.de | U 3, 6 Münchner Freiheit* (245 D4)

Essen ■■□ Ambiente ■■□ Service ■■■

DA MELLI

NEU Das Italfisch im Schlachthofviertel ist abgetaucht und nennt sich nun Da Melli. Melanie Antichi, die Tochter des Hauses, hat das Fischrestaurant übernommen und daraus eine hell und freundlich eingerichtete Trattoria gemacht. Warmes Rot an den Wänden, blanke Holztische, beige Sitznischen und eine große Wandtafel mit den Tagesempfehlungen – der Hauptraum ist ansprechend. Nur wer hier Pizza erwartet, ist fehl am Platze. Dafür gibt's unterschiedlich belegte *piadine,* eine Fladenbrot-Spezialität aus der Region Emilia-Romagna. Auch die *arrosticini,* für die Abruzzen ganz typische Schaffleischspieße, sind uns in München bisher noch nicht untergekommen. Und die Weinauswahl ist umfangreich, die Flaschen gibt's übrigens auch zum Mitnehmen. Für Musikfreunde findet zweimal im Monat montags ein Live-Jazz-Abend statt.

Isar- & Ludwigsvorstadt

€€ *Mo–Fr 11.30–14.30 und 18–23, Sa 18–23 Uhr | Zenettistr. 25 | Tel. 089 77 68 49 | www.damelli.com | U 3, 6 Poccistraße* (247 F4)

Essen ■■□ Ambiente ■■□ Service ■■■

ENZO

Pizzafans, aufgemerkt! Obwohl die Geschmäcker durchaus unterschiedlich sind, zählen fast alle großzügig belegte, neapolitanische Teigfladen zu den besten der ganzen Stadt! Insbesondere die Variante mit scharfer Salami und Ricotta ist ein Fall für Wiederholungstäter. Neben der allgegenwärtigen Pizza gibt's lediglich noch ein paar Antipasti, kein Zweifel, hier konzentriert man sich auf das Wesentliche. Auch die Einrichtung lenkt nicht groß von den köstlichen Pizzen ab: dunkles

Mobiliar, grün schimmernde Seitenwände, eine große Pizzabackstation und eine Trennwand, die als handgeschriebene Speisekarte dient. Mehr braucht's nicht. Höchstens noch eine Pizza zum Mitnehmen.

Maxvorstadt

€ *tgl. 17.30–1 Uhr | Nordendstr. 24 | Tel. 089 27 37 15 94 | Tram 27, 28 Nordendstraße* (244 B5)

Essen ■■□ Ambiente ■■□ Service ■■■

FEDORA BAR

Schon mal zu viert im Anzug mit Hut und Aktentasche auf einer Vespa gefahren? Das amüsante Bild in der Fedora Bar ist neben der imposanten, gut 10 m langen Theke einer der Hingucker unterm Kreuzrippengewölbe im altehrwürdigen Zerwirk-Gebäude. Was aus der Küche kommt, weiß auch nach dem Betreiberwechsel noch zu gefallen, ob es nun ein Vitello tonnato ist, Ravioli in Salbeibutter oder ein gemischter Fischteller mit Gemüse vom Grill. Auch der Service umsorgt die Gäste bei aller südländischen Betriebsamkeit gut. Ein weiterer guter Grund, öfter ins Gewölbe hinabzusteigen, sind die Live-Jazzabende, mit denen man Sonntagabend das Wochenende ausklingen lassen kann.

Altstadt-Lehel

€€ *Mo–Do 10–1, Fr/Sa 10–2, So 16–24 Uhr | Ledererstr. 3 | Tel. 089 45 20 98 33 | www.fedorabar.de | U 3, 6, S 1–4, 6–8 Marienplatz* (241 E4)

Essen ■■□ Ambiente ■■■ Service ■■□

FUGAZI NO. 15

NEU ☀ Aus dem altbewährten Zoozie'z war nach Jahrzehnten die Luft etwas draußen, die Betreiber setzen nun in neuer Konstellation mit dem Fugazi No. 15 auf ein italienisches Konzept. Der Umbau ist gut gelungen, das Lokal wirkt luftiger, die Bar sticht mit edlem Holz im Streifenlook und Messing ins Auge, der Restaurantbereich erinnert an die 1950er-Jahre, und die großartige Terrasse ist natürlich erhalten geblieben. Die Speisekarte bietet authentisch italienische Landküche zwischen Brotsalat und Salsiccia-Pasta, mit dem Fugazi-Burger ist aber auch noch eine Reminiszenz an früher zu erkennen. Auch Frühstück und Brunch gibt's weiterhin. Das Fugazi hat das Zeug dazu, an gute alte Zeiten anzuknüpfen.

Isar- & Ludwigsvorstadt

€€ *Mo–Sa 10–1, So 9–24 Uhr | Wittelsbacherstr. 15 | Tel. 089 2 01 00 59 | www.fugazi-munich.de | Bus 58, 132 Baldeplatz* (248 B4)

Essen ■■■ Ambiente ■■■ Service ■■□

ISARDORO

Klassisches italienisches Ristorante, 500 m hinterm Friedensengel gelegen und stilvoll eingerichtet mit weißen Säulen und stilisierten Sonnenscheiben an der Wand. Die Küchenchefs Gerardo und Carmelo spielen die Küchenklaviatur ausgezeichnet rauf und runter, von Spaghetti Carbonara bis Saltimbocca alla romana, setzen aber auch gern saisonale Schwerpunkte, beispielsweise bei Pilzen und Trüffeln. Zugleich wissen sie aber auch um die grassierenden Lebensmittelunverträglichkeiten und bieten auf Wunsch INSIDER TIPP glutenfreie, laktosefreie, vegetarische oder vegane Gerichte. Diese Flexibilität ist heutzutage ein wichtiger Pluspunkt.

Bogenhausen

€€€ *Mo–Fr 11.30–14.30 und 18–23, Sa 18–23 Uhr | Ismaninger Str. 48 | Tel. 089*

41 07 31 53 | www.isardoro.de | U 4, 5 Max-Weber-Platz (249 E2)

Essen ■■■ Ambiente ■■■ Service ■■■

THE ITALIAN SHOT

Haben die einen Schuss? Pizza mit Walnuss, Pistazien-Pesto und Birnen-Carpaccio? Bitte keine vorschnellen Sch(l)üsse, erst mal probieren, diese Zutaten geben eine besondere Note. Zudem kommt der Name Italian Shot von den typischen Nahaufnahmen in den Italo-Western von Sergio Leone. Die genauso knusprigen wie riesigen Steinofenpizzen hätten sicher auch dem Regisseur geschmeckt. Insgesamt 13 unterschiedlich belegte Teigfladen listet die Speisekarte auf, zu Preisen zwischen 8 und 15 Euro. Und wer zuletzt noch einen richtigen Shot benötigt, ist mit dem italienischen Haselnusslikör bestens bedient. In Uni-Nähe gibt's seit Anfang 2016 eine nette Zweigstelle.

Isar- & Ludwigsvorstadt
tgl. 18–1 Uhr | Holzstr. 25 | Tel. 089 45 21 49 77 | U 1–3, 6 Sendlinger Tor (248 B3)

Maxvorstadt
Mo–Fr 11.30–14.30 und 18–1, Sa/So 18–1 Uhr | Theresienstr. 40 | Tel. 089 18 91 46 99 | U 3, 6 Universität (244 B6)
€€ *www.italianshot.de*

Essen ■■■ Ambiente ■■■ Service ■■■

PIZZAZZA

Was erwartet man von einem italienischen Lokal? Pizza, Pasta und mehr. Genau diesen Slogan führt das Pizzazza auf Italienisch im Untertitel. Im L-förmigen Restaurant mit den geselligen Holzbänken vorne und dem intimeren Bereich hinten konzentriert sich die Küche dementsprechend auch auf die ersten beiden Speisekategorien. Die

Fedora Bar: italienische Küche und Live-Jazz in lässiger Atmosphäre im Gewölbekeller

mehr als 20 unterschiedlichen Holzofenpizzen sind wagenradgroß, am Rand schön knusprig und keineswegs sparsam belegt. Bei der Pasta gelingt der Spagat zwischen Hausmannskost und Experiment auch gut, Fettuccine mit Jakobsmuscheln, Venusmuscheln und Erbsen z. B.findet man nicht allzu oft auf Speisekarten. Im Sommer sitzen Sie sehr schön unter Kastanien im Biergarten.

Kein Wunder, dass die Pizza im Riva perfekt ist – bei so viel Virtuosität

Neuhausen
€€ tgl. 10.30–24 Uhr | Nymphenburger Str. 180 | Tel. 089 44 38 77 44 | www.pizzazza.de | Tram 12 Volkartstraße (243 D5)

Essen ■■□ Ambiente ■■□ Service ■■■

RIVA BAR & PIZZERIA

Knusper, knusper, Knäuschen – Kenner behaupten, die Steinofenpizza im Riva sei besser als manche, die man in Italien bekommt. Das krosse Geheimnis steckt im Buchenholz, mit dem eingeheizt wird. Wie die Einrichtung sind auch einige Beläge unkonventionell: Schon mal Pizza mit Sushi oder Thai-Shrimps gekostet? Die zweite Riva-Dependance im Herzen Schwabings ist um einiges größer und hat zwei Sonnenterrassen.

Altstadt-Lehel
Mo–Sa 8–1, So 12–1 Uhr | Tal 44 | Tel. 089 22 02 40 | S 1–4, 6–8 Isartor (241 E5)

Schwabing
tgl. 11.30–1 Uhr | Feilitzschstr. 4 | Tel. 089 3 09 05 18 08 | U 3, 6 Münchner Freiheit (244 C4)
€ www.rivabar.com

Essen ■■■ Ambiente ■■■ Service ■■□

VIVA MARIA!

Gemütliche Trattoria mit zusammengewürfelten Holztischen, Korblampen, Kuchenglocken auf dem Tresen und schmachtendem Italo-Gesang aus den Boxen. Die Küche fährt gut auf der Klassiker-Schiene und bietet Vitello tonnato, Spaghetti aglio e olio, Risotto alla milanese oder Pizza in allen möglichen Varianten. Fast wie bei Mamma daheim.

Isar- & Ludwigsvorstadt
€€ tgl. 11.30–24 Uhr | Rothmundstr. 5 | Tel. 089 53 50 15 | www.viva-maria.de | U 1–3, 6 Sendlinger Tor (240 A6)

Essen ■■□ Ambiente ■■■ Service ■■■

JAPANISCH

EMIKO ★

☀ Zugegeben, in seiner Heimatstadt geht man eigentlich ungern in ein Hotelrestaurant. Im Falle des Emiko im Louis Hotel am Viktualienmarkt jedoch haben sich schon einige Münchner vom Gegenteil überzeugen lassen. Vor allem die künstlerisch angerichteten Menüs haben unter den Japan-Experten in der Stadt einen hohen Stellenwert. Hier gibt es INSIDER TIPP original Kobe-Fleisch (100 g 115 Euro). Im Sommer kann man oben auf der Dachterrasse den Abend würdig ausklingen lassen.

Altstadt-Lehel

€€€ *tgl. 18–1 Uhr | Viktualienmarkt 6 (im Louis Hotel) | Tel. 089 41119081 11 | www.louis-hotel.com | U 3, 6, S 1–4, 6–8 Marienplatz* (241 D4)

Essen ■■■ Ambiente ■■■ Service ■■■

JAPATAPA

☀ Leckere japanische Kleinigkeiten (Tapas) wie fritierter Oktopus oder kurz angegrilltes Lachsfilet bilden die optimale Basis für einen feucht-fröhlichen Reiswein-Abend auf Japanisch. INSIDER TIPP Am 29. jeden Monats ist All-you-can-eat-Grillfleisch-Tag – lecker!

Altstadt-Lehel

€ *Mo–Fr 12–14 und 18–23, Sa/Fei 18–23 Uhr | Maximilianstr. 35c | Tel. 0152 22 73 13 31 | www.japatapa.de | Tram 19 Kammerspiele* (241 E3)

Essen ■■■ Ambiente ■■■ Service ■■■

J-BAR

☀ Die J-Bar ist das japanischste Bar-Restaurant der Stadt: klein, eng, laut, bunt und – weil man hier die Karte ebenso wenig entziffern kann wie in Japan – befremdend. Im kleinen Lokal genießen Neugierige neben Japanern schnelle Snacks wie Salatteller nach Chirashi-Sushi-Art und träumen von Tokios belebtem Viertel Shibuya.

Isar- & Ludwigsvorstadt

€€ *Di–Fr 12–14, Mo–Sa 18.30–23 Uhr | Maistr. 28 | Tel. 089 51 46 99 83 | www.j-bar.jimdo.com | U 3, 6 Goetheplatz* (248 A4)

Essen ■■□ Ambiente ■■■ Service ■□□

KOKUMI

Selbst uns Münchnern ist die Christophstraße vom Namen her nicht besonders vertraut. Wenn man aber sagt: gleich hinterm Hofgarten, dann findet das innere Navigationssystem dieses Restaurant sofort. Bei dem jungen Japaner, in dem zwei U-30-Köche den Kochlöffel schwingen, gibt es souveräne Nigiri-Kunst mit Fusion-Anleihen. Ein Traum: die Ebi Tempura und Kokumi Truffle Roll – schön mit Blüten angerichtet. Wissen auch einige FC-Bayern-Spieler zu schätzen.

Altstadt-Lehel

€€€ *Di–Fr 12–15 u. 18–23, Sa/So 18–23 Uhr | Christophstr. 3c | Tel. 0176 84 82 57 51c | www.heykokumi.com | U 3–6 Odeonsplatz* (241 F3)

Essen ■■■ Ambiente ■■■ Service ■■■

TOSHI

☀ Dass das hochklassige japanische Restaurant nur einen Steinwurf von der Maximilianstraße entfernt liegt, schätzen vor allem gut betuchte Fashionistas. Doch auch ohne Einkaufsbummel ist das Toshi einen Besuch wert. Wer sich an Seeigel, gegorene Sojapaste oder exotischen Thunfisch wagen möchte, sollte das hier tun, denn Toshio Kobatakes Lokal hat in Sachen

Qualität auch nach vielen Besuchen nie enttäuscht. Gerne sitzen hier prominente Gäste aus dem Hotel Vier Jahreszeiten von nebenan.

Altstadt-Lehel

€€€ *Mo–Fr 12–14, Mo–Sa 18–22 Uhr | Wurzerstr. 18 | Tel. 089 25546942 | www.restaurant-toshi.de | Tram 19 Kammerspiele* (241 F3)

Essen ■■■ Ambiente ■■□ Service ■■■

KLASSIKER

AUSTERNKELLER

Wer sich in der Stollbergstraße die Stufen hinabbegibt, den erwartet eine Zeitreise in die glamourösen 1970er-Jahre. Überall funkeln Kerzen, und an den Wänden erzählen Fotos Geschichten aus jenen Zeiten, als sich hier Münchens High Society täglich ein Stelldichein gab, mit Entzücken Austern schlürfte und sich ausgiebig am Hummer »Thermidor« labte. Geändert hat sich seitdem nicht viel: Renate und Alexander Knobl verwöhnen ihre Gäste nach wie vor mit den erlesenen Köstlichkeiten, die aus den Tiefen der Ozeane und Meere stammen.

Altstadt-Lehel

€€€ *Mo/Di, Do–So 17–1, Nov.–März Mo/Di, Do/Fr schon ab 12 Uhr, Aug. geschl. | Stollbergstr. 11 | Tel. 089 298787 | www.austernkeller.de | S 1–4, 6–8 Isartor* (241 F4)

Essen ■■■ Ambiente ■■■ Service ■■■

BAR CENTRALE

Wahrscheinlich ist diese Adresse Münchens »Sprizz«-Trinker-Zentrale. Spätestens nach dem dritten Gläschen übertüncht die aufkommende Hochstimmung die drangvolle Enge im Inneren, und man kommt lebhaft ins Gespräch an einem der Tischchen oder im loungigen Hinterzimmer. So ist die Bar Centrale mit ihrem Aperitivo-Angebot eine gute Anlaufstelle, um ganz entspannt in den Feierabend zu rutschen. Wer über die angebotenen Antipasti-Knabbereien hinaus Hunger hat, kann sich auch noch einen dampfenden Teller Pasta bestellen.

Altstadt-Lehel

€ *Mo–Sa 7.30–1, So 9–24 Uhr | Ledererstr. 23 | Tel. 089 223762 | www.bar-centrale.com | U 3, 6, S 1–4, 6–8 Marienplatz* (241 E4)

Essen ■■■ Ambiente ■■□ Service ■■□

BLUE NILE

Die Tatsache, dass das Autorenteam schon vor 20 Jahren hier gespeist hat und die Besuche im Blue Nile immer noch so aufregend wie am ersten Tag findet, rechtfertigt die Nennung des Blue Nile in der Rubrik »Klassiker«. Was damals wie heute begeistert, ist die Selbstverständlichkeit, wie die Gäste hier in äthiopischer Manier essen. Immer wieder ein Erlebnis. Man reißt ein Stückchen von dem sauren Fladenbrot ab, das im Bastkorb serviert wird, dippt damit die Fleisch- oder Gemüsesauce und genießt das Essen mit den Händen. Dazu äthiopischen Honigwein trinken!

Schwabing

€–€€ *Mi–Mo 18–1 Uhr | Siegesstr. 22a | Tel. 089 342389 | U 3, 6 Münchner Freiheit* (245 D4)

Essen ■■■ Ambiente ■■■ Service ■■■

CENTRO ESPAÑOL

Bereits 1970 begann man in Sendling die spanisch-deutsche Freundschaft zu vertiefen, heute präsentiert sich das Centro Español im klassischen Bodega-Stil. Zu zweit schmeckt's zwar

Lässige italienische Atmosphäre herrscht in der Bar Centrale

besser, aber bei Speisen wie Schweinelendchen in Rioja-Rotweinsauce, *paella valenciana* oder den verführerischen Tapas kann man notfalls auch auf Unterhaltung verzichten. Immer wieder mitreißend: die spanische Livemusik!

Montags ist Paella-Tag: Jede Paella kostet pro Person nur 12,90 Euro.

Sendling

€ Mo–Sa 17–1 Uhr | Daiserstr. 20 | Tel. 089 76 36 53 | www.centroespanol.de | U 3, 6, Bus 152 Implerstraße (247 E5)

Essen ■□□ Ambiente ■■□ Service ■■□

FRAUNHOFER

Im schönen Interieur im Stil um 1900 schmeckt die Schweinshaxn mit hausgemachtem Kartoffelsalat gleich doppelt so gut! Das wissen auch die Gäste sehr zu schätzen, die sich hier besonders gern nach dem Besuch im (Hinterhof-)Theater oder im (Keller-)Kino niederlassen. Wer ein uriges Wirtshaus ganz ohne bajuwarische Biederkeit sucht, wird es hier finden. Besonders an Kirchweih, wenn die Musi aufspielt und die »reschen Ganserl« nur so dahergeflogen kommen, führt am Fraunhofer sowieso kein Weg vorbei. Authentisch: der musikalische Frühschoppen *(Sept.–März So ab 11 Uhr)*.

Isar- & Ludwigsvorstadt

€ Mo–Fr 16.30–1, Sa 11–1, So 10–1, im Sommer Sa/So 16.30–1 Uhr | Fraunhoferstr. 9 | Tel. 089 26 64 60 | www.fraunhoferwirtshaus.de | U 1, 2, 7 Fraunhoferstraße (241 D6)

Essen ■■□ Ambiente ■■■ Service ■■□

MAKASSAR

Das französisch-koloniale Schmuckstück von Sigrid Rüegg, Roger Baranda und Roland Dimpfl sucht seinesgleichen in der bayerischen Landeshauptstadt. Ob *tartare de boeuf*, Entenbrust *indochine* in Honig-Senfsauce oder Pangarfisch *creole* in scharfer Tomaten-Koriandersauce – die Verlockungen sind hier einfach zu groß. Und ist man erst einmal bei der unvergleichlichen *crème brulée au sucre roux* angekommen, dann ist der nächste Besuch schon gebucht – aber reservieren nicht vergessen. Vor allem, wenn man an lauschigen Sommerabenden einen der 25 Plätze auf der Gehwegterrasse erhaschen möchte, empfiehlt sich der Griff zum Telefon. Bei Geburtstagen vorher Bescheid sagen, dann überraschen lassen.

Isar- & Ludwigsvorstadt

€€ Mo–Sa 18.30–1 Uhr | Dreimühlenstr. 25 | Tel. 089 77 69 59 | www.makassar.de | Bus 152 Ehrengutstraße (247 F5)

Essen ■■■ **Ambiente** ■■■ **Service** ■■■

SCHELLINGSALON

Seit 1872 hält die schrullige Eckkneipe die Stellung in der Maxvorstadt. Hier tummeln sich bis heute Studenten, einsame Trinker und Lebenskünstler. Sie schätzen das nicht ganz taufrische, aber historische Ambiente, in dem schon Lenin, Franz Josef Strauß, Bertolt Brecht, Rainer Maria Rilke oder Wassily Kandinsky einkehrten. Legendär: die Tischtennisabende im Keller oder die Pooltische im Gastraum; und Schafkopfen oder Watten sind hier ausdrücklich erlaubt. Das Bier schmeckt, die gute und äußerst preiswerte Hausmannkost auch, und es gibt ein paar Tische auf dem Bürgersteig – was will man mehr?

Maxvorstadt

€ Do–Mo 10–1 Uhr | Schellingstr. 54 | Tel. 089 272 07 88 | www.schelling-salon.de | U 3, 6 Universität, Tram 27, 28 Schellingstraße (244 B6)

Essen ■■□ **Ambiente** ■■□ **Service** ■■□

Schmuckstück mit exotischer Speisekarte: Im Makassar wird kreolische Küche serviert

KOCHSCHULEN

KUSTERMANN KOCHSCHULE

In der Kochschule am Viktualienmarkt lernt man zu zaubern, was man sonst nur zu bestellen wagt. Kurse gibt es zu den unterschiedlichsten Themen wie Gourmet-Fisch, Afrikanische Küche, vitale Detox-Küche, Matcha-Tee-Seminar, aber auch für Kinder. Anmeldung über den Kustermann-Onlineshop unter *www.kustermannshop.de*.

Altstadt-Lehel

Viktualienmarkt 8 | Tel. 089 23 72 50 | www.kustermann.de | U 3, 6, S 1–4, 6–8 Marienplatz (241 D5)

STROMBERGS KOCHKURSE

Von wegen, Fußballfans essen die ganze Zeit nur Chips und trinken eimerweise Bier. Ganz im Gegenteil, sie besuchen einen der vielen Kochkurse von Holger Stromberg, dem Koch der deutschen Fußballnationalmannschaft, und zaubern den Liebsten eine ordentliche Mahlzeit. Ob Sie sich nun für einen der Abend- oder Mittagskochkurse entscheiden: Alle Veranstaltungen sind lange im Voraus ausgebucht, deswegen müssen Sie rechtzeitig Ihren Termin sichern.

Au-Haidhausen

Kirchenstr. 88 | Anmeldung Tel. 089 6 21 89 40 oder 089 18 91 03 10 | www.holgerstromberg.de | Tram 19, Bus 54 Haidenauplatz (249 E3)

WÖLLSTEINS DESSERTHAUS

Schon einmal zu Hause versucht, Pralinen oder französische Tartes zu kreieren? Hobbyköche wissen, wie schwer das ist. Gut, dass es jetzt eine exquisite Anlaufstelle in Sachen Dessertkochkurse gibt: Bei Beate Wöllstein, die bereits für Feinkost Käfer in der Patisserie gearbeitet hat, kann man die hohe Kunst der Confiserie und Patisserie erlernen. Die Kosten der Dessert- bzw. Tortenkurse beginnen bei 69 Euro pro Teilnehmer, ein Pralinenkurs liegt z. B. bei 89 Euro pro Person für drei Stunden Kurszeit bei maximal zehn Teilnehmern. Geeignet für Anfänger und Fortgeschrittene.

Schwabing

Adams-Lehmann-Str. 44 | Tel. 089 32 30 80 37 | www.woellsteins-desserthaus.de | U 2 Hohenzollernplatz (244 A4)

LATEINAMERIKANISCH

CONDESA

Laute Partystimmung, Cocktails im Halbliterhumpen und Nachos mit Dips? Wer solche Mexikaner bevorzugt, sollte nicht in den farbenfrohen Mexiko-Imbiss an der Münchner Freiheit gehen. Hier geht's zwar emsig, aber trotzdem relaxed zu. Tacos, Quesadillas und Burritos werden im Condesa nach Originalrezepten bestückt, um sie dann im nahen Englischen Garten oder vor der kitschigen, türkisen Bilderwand zu genießen.

Schwabing

€ *Mo–Fr 11–22, Sa 12–22, So 12–21 Uhr | Münchner Freiheit 6 | Tel. 0176 20 22 71 36 | www.condesa-gourmet-tacos.de | U 3, 6 Münchner Freiheit* (245 D4)

Essen ■■□ Ambiente ■■□ Service ■■□

ISSES

☀ Allein die Einrichtung im Isses ist schon überraschend zurückhaltend und reduziert. Auch die Karte bietet nicht zu viel Schnickschnack. Mit qualitativ hochwertigen Zutaten gefüllte Burritos und Quesadillas bilden den Kern, dazu kommen Salate, Chili con Carne und Chili Cheese Fries. Angenehm aus der Reihe fällt der Hirsch-Burrito, der mit einer Füllung aus Wildragout, Blaukraut und Maronen auch dem eingefleischtesten Mexikaner ein anerkennendes Lächeln entlocken dürfte. Hut ab auch vor den spannenden Cocktailkreationen, ein Negroni mit Mezcal ist uns sonst noch nicht untergekommen, und beim Genuss des Isses Cup mit Rum, Ginger Ale, Cointreau, Agavensirup und Kirsche fiel uns nur noch ein: »Der isses!«

Schwabing

€€ Di–Do 18–24, Fr/Sa 18–2 Uhr | Elisabethstr. 12 | Tel. 089 27 37 33 81 | www.isses.eu | Tram 27, 28 Elisabethmarkt (244 B5)

Essen ■■□ **Ambiente** ■■□ **Service** ■■■

MEINE STADT

▶ Food-Trends: Ob Pizza und Ćevapčići, Gyros und Tapas, Nouvelle Cuisine oder Asia-Küche, Sushi-Schwemme oder pure Fleischeslust in Form von Burger- und Steak-Läden – auch in Münchens Küchen weht der Zeitgeist. Und heute? Da erleben die Schnellimbissbuden dank Foodtrucks und dem Verlangen nach gesünderem Essen eine Renaissance. Vegetarische Köstlichkeiten gewinnen immer mehr an Boden, und ohne Bio geht natürlich fast gar nichts mehr.

▶ Zugegeben, schon bei den alten Ägyptern kannte man das Geheimnis des Bierbrauens, aber nirgendwo auf der Welt ist der Hopfensaft so eng verbunden mit einer Stadt wie in München. Dazu beigetragen haben nicht nur die weltweit bekannten Brauereien, die unzähligen Biergärten, die typischen Wirtshäuser und Mini-Brauereien, sondern vor allen Dingen das Reinheitsgebot von anno 1516. Es ist das älteste Lebensmittelgesetz der Welt und feierte 2016 seinen 500. Geburtstag.

MACHETE

NEU Der Name klingt erst mal respekteinflößend, aber der Empfang in der backsteinernen, gemütlichen Cantina ist herzlich. Im früheren Kaffee Giesing versuchen Küchenchef Ramon Mendoza und sein Team mit original mexikanischer Küche wie z. B. täglich frischem Kaktussalat oder Spezialitäten aus einzelnen Landesregionen zu punkten. Alles erfreulich weit weg vom häufigen Tex-Mex-Einerlei. Auch die Bar hängt sich voll rein und zaubert *smoked cocktails* oder auch gern spannende Drinks auf Basis von Tequila und Mezcal.

Giesing

€€ Di–Do 17–1, Fr/Sa 17–2, So 17–1 Uhr | Bergstr. 5 | Tel. 089 55 05 16 66 | www.machete-cantina.de | U 2 Silberhornstraße (248 C5)

Essen ■■■ **Ambiente** ■■□ **Service** ■■□

VIB GRILL & LOUNGE

☀ Saftige, knusprige und zarte Fleischspieße, allerlei typisch brasilianische Zutaten, interessante Weine und köstliche Caipirinhas – Münchens Copacabana liegt in Haidhausen. Das traditionsreiche Grillerlebnis Rodizio bekommt man für 38 Euro nirgends authentischer als im sehr freundlich und hell eingerichteten Lokal der gebürtigen Brasilianerin Simone Weissmann. Das Rodizio startet am reichhaltigen Büfett. Dann folgt ein umfangreiches Fleischangebot, das von Lammfleisch und Hühnerkeule bis hin zu den speziellen brasilianischen

Rindfleisch-Cuts reicht. Cortadores in der typischen Kleidung der Gauchos kommen an den Tisch und schneiden das zarte Fleisch in knusprig-saftige Scheiben direkt auf den Teller der Gäste. Mittels einer roten bzw. grünen Karte zeigt der Gast an, wie aufnahmefähig er im Augenblick noch ist. So lässt sich die Fleischeslust sehr gut steuern.

Au-Haidhausen

€€€ Mi–Sa ab 17.30, So ab 12 Uhr | Franziskanerstr. 16 | Tel. 089 89 86 68 01 | www.vib-muenchen.de | S 1–4, 6–8 Rosenheimer Platz (249 D4)

Essen ■■■ Ambiente ■■■ Service ■■■

ORIENTALISCH

BAMYAN NARGES

☀ Hier herrscht orientalisches Flair, es wird afghanisch gekocht. Die traditionelle Küche des bergigen Staats verlangt keinen besonderen Aufwand, lediglich etwas Geduld, weil die Zutaten so lange im Topf sanft vor sich hin köcheln, bis die Aromen perfekt miteinander harmonieren. Dabei dominieren fruchtig-süße, saure und salzige Geschmacksnoten. Der Name des Restaurants soll an die einst größten stehenden Buddhastatuen der Welt im Bamyan-Tal erinnern, die von den fanatischen Gotteskriegern der Taliban im März 2001 zerstört wurden.

Isar- & Ludwigsvorstadt
€€ *Mo–Sa 11.30–1, So 17–24 Uhr | Hans-Sachs-Str. 3 | Tel. 089 23 88 88 78 | www.bamyan.de | U 1–3, 6, 7 Sendlinger Tor* (240 C6)

Essen ■■□ Ambiente ■■□ Service ■■□

CHOPAN
Wenn Sie noch nie afghanisch gegessen haben, dann sollten Sie dieser Küche auf jeden Fall eine Chance geben. Perfekt dafür ist das Chopan, das es übrigens in Neuhausen, Haidhausen und Schwabing gibt. Im urgemütlichen Ethnolook des Neuhausener Stammlokals sollten Sie unbedingt einmal die Spezialität des Hauses, die Kürbisspeise *borani kadoo*, probieren. Und gönnen Sie sich zum Abschluss den Pistazienpudding *ferni!*

Neuhausen
€€ *tgl. 18–24 Uhr | Elvirastr. 18a | Tel. 089 18 95 64 59 | www.chopan.de | U 1, 7 Maillingerstraße* (247 E1)

Essen ■■□ Ambiente ■■□ Service ■■□

KSARA
Das namensgebende Örtchen Ksara im Libanon ist für seinen Weinbau weltberühmt, dementsprechend gibt's im gleichnamigen Schwabinger Lokal auch einige wohlschmeckende Tropfen aus der Bekaa-Ebene, vor allem rote mit Cabernet-Sauvignon-Anteil. Keinesfalls auslassen sollten Sie die libanesischen Vorspeisen, Sie verpassen sonst einen orientalischen Gaumenzauber. Zauberhaft zart ist auch jedes Mal das gegrillte marinierte Kalbsfilet vom Spieß.

Schwabing

Im Grill & Grace muss man selber ran: Unter den Augen des Grillmeisters gelingt das Steak perfekt

€€ tgl. 18–24 Uhr | Haimhauserstr. 7 | Tel. 089 33 08 82 97 | www.ksara.de | U 3, 6 Münchner Freiheit (245 D4)

Essen ■■■ Ambiente ■■□ Service ■■□

STEAK & BURGER

BURGER HOUSE

Alle Zutaten kommen aus der näheren Umgebung Münchens, d. h. es wird bayerisches Rindfleisch verwendet, und auch die Saucen und Brötchen werden selbst hergestellt. Die hohe heimische Qualität ist günstig zu haben: In den inzwischen schon sechs Burger-Häusern starten die Preise schon bei 4,49 Euro. Sechs Pflichtlokale also für jeden Freund des essbaren American Way of Life.

Au-Haidhausen

€ Mo–Fr 11.30–15.30 und 17–22.30, Sa 12–22.30, So 14–21 Uhr | Ismaninger Str. 5 | Tel. 089 92 58 65 52 | www.theburgerhouse.com | U 4, 5 Max-Weber-Platz (249 D2)

Essen ■■■ Ambiente ■■■ Service ■■□

GRILL & GRACE

Dass die Münchner nicht nur an der Isar gerne grillen, sondern auch mitten im Restaurant, beweist der Erfolg des Grill & Grace. Wer hier speisen möchte, muss sich selbst an den Grill stellen, bekommt aber jederzeit auch fachlichen Rat. Die Fleischqualität ist ausgesprochen gut, und das reale soziale Netzwerken beim Plausch am Lavastein kommt vor allem bei Singles gut an.

Westend

€€€ Mo–Fr 11.30–14.30 und 17.30–23, Sa/So 17.30–23 Uhr | Guldeinstr. 50 | Tel. 089 14 34 89 40 | www.grillandgrace.de | Tram 18, 19 Barthstraße (247 D2)

Essen ■■■ Ambiente ■■□ Service ■■□

HOLY BURGER

ÖKO Die heiligen Burgerbrater versprechen zu 100 % Bio-Fleisch in ihren Burgern – und man glaubt tatsächlich, das Qualitätssiegel »Hermannsdorfer« herauszuschmecken. Als Beilage können die Gäste zwischen Cole Slaw, Salat, normalen Pommes und Spezial-Fritten (z. B. Süßkartoffel-Pommes mit Mango-Chutney) wählen. Besonders heilig sind die Betreiber in Sachen Alkohol. Nachdem sie in ihrem Stammhaus keine Schanklizenz haben, gibt es Bier nur *to go.* Ganz anders in der Filiale in der Dachauer Str. 7a: Hier kann man die Burger sogar mit Longdrinks und Wein hinunterspülen.

Au-Haidhausen

€ Mo–Fr 11.30–14.30 und 17.30–22, Sa/So 12–22 Uhr | Wörthstr. 7 | Tel.

Feines türkisches Essen wird im Myra serviert

089 46 22 93 55 | www.holyburgergrill.de | Tram 15, 19, 25 Wörthstraße

Essen ■■□ Ambiente ■■□ Service ■■□

LITTLE WOLF ★

NEU Die Bar Zum Wolf hat Nachwuchs bekommen, den Ableger Little Wolf schräg gegenüber auf der anderen Straßenseite. Die Betreiber verwirklichen damit als erste ein authentisch amerikanisches Smokehouse-Konzept in München. Das Herzstück der offenen Restaurantküche ist der Smoker, der die Speisen schonend zubereitet und aromatisch mit einem rauchigen Barbecue-Geschmack prägt. Die Speisekarte im wortwörtlich kleinen Wolf bietet mit Pastrami, Pulled Pork, Ribs oder Brisket echte Soulfood-Klassiker. Auch Beilagen wie Kimchi Slaw, Beans & Bacon oder Biscuits & Gravy erinnern an die typische Südstaatenküche. Das Bier, mit dem man dem Indianer-Häuptling Little Wolf im Bilderrahmen an der Wand zuprosten kann, ist dagegen bayerisch oder belgisch.

Isar- & Ludwigsvorstadt

€€ Di–Sa 17–24 Uhr | Pestalozzistr. 9 | Tel. 089 85 63 61 52 | U 1–3, 6 Sendlinger Tor (240 B6)

Essen ■■■ Ambiente ■■■ Service ■■■

THERESA

Bei diesen deftigen Preisen muss man den Gästen auch etwas bieten. Was das Restaurant vor allem optisch und in Sachen Beliebtheit tut: Abends ist es immer proppenvoll, weil sich hier die Szene zum gewohnt guten Essen trifft. Ab 18 Uhr werden verschiedene Fleischstücke frisch vom Holzkohlegrill serviert, für Privatfeiern kann man die Kegelbahn im Untergeschoss mieten – ein großer Spaß!

Maxvorstadt

€€€ Mo–Fr 11–15 und 18–1, Sa 12–1, So 10–1 Uhr | Theresienstr. 29 | Tel. 089 28 80 33 01 | www.theresa-restaurant.com | U 3, 6 Universität (244 B6)

Essen ■■■ Ambiente ■■■ Service ■■□

VITELLO

In der Parkstadt Schwabing sprießen zwar die Häuser nur so aus dem Baugrund, aber die gastronomische Infrastruktur hinkt noch etwas hinterher. Das Grill- und Seafood-Restaurant Vitello im Rilano Hotel bildet da eine löbliche Ausnahme. Wer Gelüste hat auf australisches Rinderfilet, bayerisches

Milchlamm, schottisches Lamm oder Iberico-Schwein vom Grill, wird jetzt auch im Norden der Stadt bestens versorgt. Das im Namen schon angedeutete *vitello tonnato* gibt's hier natürlich auch, allerdings anders interpretiert, als Kalbstatar mit gebratenem Thunfisch, Sardellen und Erbsenkresse – eine köstliche Offenbarung.

Schwabing

€€€ *tgl. 6.30–22.30 Uhr | Ismaninger Str. 48 | Tel. 089 3 60 01 97 01 | www.rilano-hotel-muenchen.de | Tram 23 Domagkstraße* (245 D1)

Essen ■■■ Ambiente ■■□ Service ■■■

WEINBAUERS METZGEREI

Das Grill-Restaurant des traditionsreichen Gasthauses Weinbauer hat sich den heimischen Rindviechern aus artgerechter Tierhaltung verschrieben und verzichtet auf Fleischimporte aus Übersee, um schlachtfrische Qualität zu gewährleisten. Im Dry-Age-Verfahren wird das Fleisch perfekt gereift und erhält dadurch seine vollständigen Geschmacksaromen bzw. die unverkennbare, butterig-nussige Note. Der Gast kann beim Steak zwischen den üblichen Haus-Cuts wählen, aber auch direkt am Reifeschrank zusammen mit dem supernetten Service seinen Special Cut aussuchen.

Schwabing

€€€ *Mo–Sa 18–24 Uhr | Siegfriedstr. 14 | Tel. 089 89 08 29 80 | www.weinbauer-muenchen.de | U 3, 6 Münchner Freiheit* (244 C4)

Essen ■■■ Ambiente ■■■ Service ■■■

TÜRKISCH

MYRA

☀ Die Inneneinrichtung wirkt stylish und ist mit vielen orientalischen Elementen verziert. Die Speisekarte besticht mit einer großen Auswahl – hier kommen Liebhaber der türkischen Küche voll auf ihre Kosten. Dies gilt auch für die abgezäunte Terrasse sowie die Tische an der sonnigen Hausseite. Zwar stehen sie leider nur an der Straße, aber das vergisst man beim Essen schnell.

Thalkirchen

€–€€ *Mo–Fr 17–1, Sa 12–1, So 9–1 Uhr | Thalkirchner Str. 145 | Tel. 089 26 01 83 84 | www.restaurant-myra.de | U 3 Brudermühlstraße* (247 E6)

Essen ■■■ Ambiente ■■■ Service ■■□

ÖZDEVELI

Das Özdeveli spielt eine Liga höher als früher. Der alteingesessene türkische Imbiss hinterm Gasteig ist schon vor Längerem zu einem richtigen Lokal geworden, mit einer (zu vernachlässigenden) Einschränkung: Es wird kein Alkohol ausgeschenkt. Dafür ist allerdings der Tee umsonst. Auch die restlichen Getränke sind mit durchweg 1,50 Euro ein Schnäppchen. Und was darf's sonst sein? Gefüllte *pide*-Brote, üppig belegtes *lahmacun* (türkische Pizza), gemischte Vorspeisenteller oder Fleischspieße vom Grill – alles schmackhaft und günstig.

Au-Haidhausen

€ *tgl. 10–22 Uhr | Preysingstr. 2 | Tel. 089 48 95 17 98 | www.özdeveli.com | S 1–4, 6–8 Rosenheimer Platz* (249 D3)

Essen ■■□ Ambiente ■■□ Service ■□□

YOL

Seit der Wiederauferstehung – das Yol gab es unter gleicher Führung schon einmal von 1984 bis 2008 – erlebt es nun eine zweite Blüte: Die einfachen Gerichte (sehr beliebt: Lammspießchen auf Joghurt für 13,50 Euro) und das gemütlich-bayerische Ambiente locken

nicht nur die Dreimühlviertler scharenweise an. Echter Türkiye-Tipp.
Isar- & Ludwigsvorstadt
€ Mo–So 17–1 Uhr | Ehrengutstr . 21 | Tel. 089 74 11 82 85 | www.yol-taverne.de | Bus 132 Roecklplatz (247 F5)

Essen ■■■ Ambiente ■■□ Service ■■■

VEGAN & VEGETARISCH

BODHI

☀ Ein veganes Restaurant in der Stadt, mit bodenständigem aber jugendlichem Wirtshausflair. Auch die Gerichte kommen mit bayerischem Charme auf den Tisch. Besonders lecker sind Burger und Flammkuchen. INSIDER TIPP Bayerns erster rein veganer Sonntagsbrunch von 10 bis 14 Uhr lohnt sich!
Westend
€€ Mo–Do 17–24, Fr/Sa 17–1, So 10–24 Uhr | Ligsalzstr. 23 | Tel. 089 41 14 24 58 | www.facebook.com/bodhivegan | U 4, 5 Schwanthalerhöhe (247 D3)

Essen ■■■ Ambiente ■■■ Service ■■■

CAFÉ KATZENTEMPEL

☀ Achtung, Katzenhaarallergiker sollten einen großen Bogen um diesen Laden machen. Alle anderen dürfen sich über sechs verschmuste Vierbeiner freuen, die zum Café gehören und die Besucher umgarnen und beim Verzehr vegetarischer oder veganer Kleinigkeiten über die Schulter schauen. Probiertipp: das INSIDER TIPP Tempelsandwich mit Seitan, zum Schnurren lecker!
Maxvorstadt
€ Di–Fr 11–20, Sa 10–20, So 10–18 Uhr | Türkenstr. 29 | Tel. 089 20 06 12 49 | www.cafe-katzentempel.de | U 3, 6 Universität (240 C2)

Essen ■■□ Ambiente ■■■ Service ■■□

GRATITUDE

ÖKO Das Lokal in der Maxvorstadt besticht durch sein stylishes Interieur in Hellgrün und Weiß und lockt mit einer einfach gehaltenen Karte. Es gibt mittags Tagessuppen für günstige 5 Euro oder die »Gratitude Bowl« mit gegrillter Avocado, Tempeh Chili und Hummus für 10 Euro. Abends lockt eine anspruchsvolle Weinauswahl zum veganen oder vegetarischen Mahl.
Maxvorstadt
€ Mo–Sa 12–15 und 18–23, So 18–23 Uhr | Türkenstr. 55 | Tel. 089 88 98 21 74 | www.gratitude-restaurant.de | U 3, 6 Universität (244 C6)

Essen ■■■ Ambiente ■■□ Service ■□□

HIMMELHERRGOTT

NEU Dort, wo früher die Zentrale des Cafés Wirtschaftswunder war, residiert seit Anfang 2016 ein Restaurant mit vegetarischer bzw. veganer Küche. Abends werden nur Menüs serviert, die aber lohnen sich: Wer acht weitere Leute findet, kann sich anmelden und bekommt ein Drei-Gänge-Menü ab 24 Euro serviert. Ansonsten gibt's unter der Woche ab 11.45 Uhr Mittagstisch. INSIDER TIPP Tolle Mietlocation für kleine Feste!
Sendling-Westpark
€€ Mo 10–17, Mi–So 10–17 Uhr | Waldfriedhofstr. 105 | Tel. 0163 7 39 36 03 | www.himmelherrgott.de | Bus 51, 54 Waldfriedhof (246 B6)

Essen ■■■ Ambiente ■■■ Service ■■□

KISMET

NEU ☀ Was Sandra Forster auch immer anpackt, es wird zu Gold: Die Münchner Gastronomin hat wieder einmal einen ganz großen Wurf gelandet. Dort, wo früher eine unscheinbare Konditorei war, lockt nun das orientalisch-vegetarische Bar-Restaurant Nähe Frauenkirche scharenweise weltoffenes Klientel an: Das Interieur in kraftvollem Smaragdgrün, Blau und Violett verleiht dem Lokal einen Hauch Orient, das gedimmte Licht tut ein Übriges. Die Speisekarte ist stilvoll und überschaubar – marokkanische Tajin-Gerichte werden von türkischem Fladenbrot oder exotischen Wildkräutersalaten ergänzt. Wenn der Abend noch ein bisschen länger gehen soll: Eine Wendeltreppe führt in die stylishe Bar.

Altstadt-Lehel

€€ Restaurant Mo–Sa 18–24 Uhr; Bar Mi–Sa 20–2 Uhr | Löwengrube 10 | Tel. 089 22 03 52 | www.kismet.cc | Tram 19 Theatinerstraße (240 C3)

Essen ■■■ Ambiente ■■■ Service ■■■

KISS

NEU Neuerdings siedeln sich am Hauptbahnhof viele Kreative an. Kein Wunder, dass jetzt auch ein Lokal wie das Kiss hier eröffnet hat. Nach dem Erfolg des Kismet hat die Forster-Crew nun einen weiteren Ableger der ähnlichen Art eröffnet und lockt mit coolem Ambiente und orientalisch-veganen Snacks und Gerichten. Tipp: der Seitan-Döner für 8,50 Euro.

Isar- & Ludwigsvorstadt

€ Di–Sa 12–15, 18–2 Uhr | Landwehrstr. 44 | Tel. 089 59 98 97 95 | www.kismet.cc/kiss | S Hauptbahnhof (247 F2)

Essen ■■■ Ambiente ■■■ Service ■■□

MAX PETT

ÖKO Mit Anna Lena Hoening und dem erfahrenen Münchner Vegan-Urgestein Peter Ludik hat sich hier ein tolles Team gefunden. Die beiden schwören auf ihre Lebens- und Kochart, und so reicht die Speisekarte von A wie Ayurvedateller bis Z wie Zucchinipfanne. Sie trägt eindeutig Ludiks Handschrift, den man ja bereits als Küchenzauberer aus dem Zerwirk und aus dem Prinz Myshkin kennt.

Bayerisch, vegan, lecker: Bodhi

Altstadt-Lehel

€€ Mo–Fr 10–23, Sa 9–23, So 10–23 Uhr | Pettenkoferstr. 8 | Tel. 089 55 86 91 19 | www.max-pett.de | U 1–3, 6, 7 Sendlinger Tor (248 A3)

Essen ■■■ Ambiente ■■□ Service ■■□

Abwechslungsreiche vegetarische Küche im Prinz Myshkin

PRINZ MYSHKIN

ÖKO ☀ Ein Besuch im Restaurant mit mit dem fürstlichen Namen ist immer wieder ein kulinarisches Erlebnis: Das Prinz Myshkin gilt zu Recht seit Jahren als eine der besten Anlaufstellen in München für vegetarische Küche. Die großzügigen Gewölberäume laden zu Genussmomenten mit vollwertigem Essen ohne Rind, Schwein & Co. ein. Ein geschickter Zug war es, die Karte um zahlreiche asiatische Speisen (wie etwa würziges Wokgemüse mit geräuchertem Tofu) anzureichern.

Altstadt-Lehel

€€ *tgl. 11–0.30 Uhr | Hackenstr. 2 | Tel. 089 26 55 96 | www.prinzmyshkin.com | U 3, 6, S 1–4, 6–8 Marienplatz* (240 C4)

Essen ■■■ Ambiente ■■□ Service ■■□

PRINZ MYSHKIN GARDEN

☀ Das altehrwürdige Parkhotel Edelweiß in Obermenzing ist die grüne Dependance des namentlich adeligsten vegetarischen Restaurants der Stadt. Einen guten Kilometer vom Botanischen Garten entfernt, genießen die Gäste in einem runden, pavillonartigen Speisesaal (oder in den Sommermonaten im namensgebenden lauschigen Garten) vegetarische, vegane und auch glutenfreie Kreationen wie gebratene Polenta mit Schwarzwurzelpüree und Steckrüben oder ein Seitan-Steak mit Pilzrahmsauce, Tagliatelle und Gemüse. Wer Gäste von auswärts hat, kann sie im dazugehörigen INSIDER TIPP im Retro-Chic eingerichteten Parkhotel komfortabel unterbringen. So schön beschaulich im Grünen übernachtete hier vor vielen Jahren sogar schon Elvis Presley.

Obermenzing

€€ Mo–Sa 12–14.30 u. 18–22, So 12–22 Uhr | Menzinger Str. 103 | Tel. 089 8 11 10 01 | www.prinzmyshkin.com | Tram 17 Amalienburgstraße (238 B2)

Essen ■■■ Ambiente ■■■ Service ■■■

TIAN

Wem dieser Name irgendwie bekannt vorkommt, der ist vielleicht schon am gleichnamigen Restaurant in Wien vorbeigekommen. Dort hat der Vegetarier einen Michelinstern, und das Münchner Pendant dürfte auch ein heißer Anwärter dafür sein: Immerhin gab's schon die erste Haube. Das Restaurant, das im Derag-Living-Hotel residiert, besticht vor allem durch seine formidable Küche, die zwei Genussströme anbietet: Man wählt entweder eher regional angehauchte oder exotisch orientierte Speisen. Auf der Karte stehen nur die Zutaten, wie etwa »Polenta/Lauch/Romanesco/Kräutersaitlinge«. Wie das Gericht dann genau zubereitet wird, erklärt der Service. INSIDER TIPP Der frische Flammkuchen auf der Mittagskarte ist ein Gedicht.

Altstadt-Lehel

€€ Mo 18–24, Di–Sa 12–24 Uhr | Frauenstr. 4 | Tel. 089 8 85 65 67 12 | www.taste-tian.com | U3, 6, S 1–4, 6–8 Marienplatz (241 D5)

Essen ■■■ Ambiente ■■□ Service ■■□

VEGELANGELO

ÖKO Der gemütliche »Genussvegetarier« offeriert köstliche Zuckerschoten mit Datteltomaten und Ziegenkäse oder Hirse mit Spinat. Freitags und samstags gibt es ausschließlich ein Drei- bzw. Vier-Gängemenü zwischen 24 und 30 Euro zur Auswahl. Gaumenschmaus

MEINE STADT

▶ München gilt als die Bierstadt schlechthin, da ist der Bierpreis seit jeher ein Politikum. Deswegen gab es sogar schon Aufstände – so wie 1884 und 1888. Heute wird sich hauptsächlich über den Wiesn-Bierpreis (2016: 10,40–10,70 Euro/Maß) aufgeregt. Der Preis für eine Halbe nimmt von der Stadtmitte aus kontinuierlich ab. So gibt es im Westend für 5 Euro fast schon zwei Halbe Helles vom Fass.

Zum Franziskaner
Residenzstr. 9 (241 D3)
4,80 Euro Löwenbräu Hell
5,10 Euro Franziskaner Weißbier

Tegernseer im Tal, Tal 8 (241 E4)
4,30 Euro Tegernseer Hell
4,50 Euro Hopf Helle Weiße

Weißes Bräuhaus
Arnulfstr. 52 (241 E4)
4,12 Euro Tegernseer Hell
4,12 Euro Schneider Weisse

Hacker Pschorr
Theresienhöhe 7 (247 E4)
3,40 Euro Hell
3,70 Euro Weißbier

Augustiner Keller
Arnulfstr. 52 (247 F1)
3,90 Euro Augustiner Edelstoff
4,00 Euro Augustiner Weißbier

Augustiner Bräustuben
Landsberger Str. 19 (247 E2)
2,65 Euro Augustiner Helles
2,95 Euro Augustiner Weißbier

für alle, die gerne selbst am Herd stehen: Chefin Iris Stegmayr bietet Kochkurse in kleinen Gruppen im Restaurant an. Witzig sind die vegetarischen Kochpartys, die im eigenen Heim stattfinden und bei denen gemeinsam ein vegetarisches Sechs-Gänge-Menü gekocht wird.

Altstadt-Lehel

€€ Mo–Sa ab 18, Di–Do auch 12–14 Uhr | Thomas-Wimmer-Ring 16 | Tel. 089 28 80 68 36 | www.vegelangelo.de | S 1–4, 6–8 Isartor (241 F4)

Essen ■■■ Ambiente ■□□ Service ■■□

YAM VEGAN DELI

Ein winziger Deli mit Minikarte, aber großartiger Qualität. Täglich wechselnde vegane Kleinigkeiten. Eine Sünde wert: die Koriander-Reis-Linsen und als Nachschlag der Rote-Beete-Orangen-Kuchen. Hier kann man für zu Hause auch INSIDER TIPP tolle Kochzutaten erstehen.

Maxvorstadt

€ Mo–Sa 10–17 Uhr | Augustenstr. 5 | www.facebook.com/dasveganedeli | Tram 17, 20, 21 Hbf Nord (240 A1)

Essen ■■■ Ambiente ■■□ Service ■■■

WEIN & FOOD

DÉJÀ BU?

Schon probiert? Der Lokalname lockt ausschließlich mit französischem Weingenuss. Also, wie wäre es mit einem Sancerre-Georges Millerioux (2012), einem Corse-Clos Fornelli (2010) oder doch eher einem Bordeaux Castillon-La Font de Jeu (2008)? Am besten unternehmen Sie öfter einen Ausflug in diese Weinbar, denn die erstklassigen Rebensäfte sind es wert. Und im Sommer lassen sie sich sogar auf der Mini-Terrasse genießen. Dazu bietet das Déjà bu? Käse- und Wurstspezialitäten, hausgemachte Foie gras sowie kleinere Gerichte an.

Isar- & Ludwigsvorstadt

€–€€€ Mo 18–1, Di–Fr 12–14 und 18–1, Sa 12.30–14.30 und 18–1 Uhr | Buttermelcherstr. 2a | Tel. 0174 7 04 88 07 | www.deja-bu.de | Tram 16, 18 Reichenbachplatz (248 C3)

Essen ■■□ Ambiente ■■■ Service ■■□

KIM & CO.

Im freundlich hell gestalteten Kim & Co. steht der Wein im Vordergrund. Das Konzept ist genauso erfolgreich wie das legendäre Backhendl. Verantwortlich hierfür ist Manuel Hagel, der zuvor im Werneckhof kochte. Seine kleine, saisonale Karte weiß kulinarisch voll zu über-

zeugen. Gleiches gilt für den offenen Weinausschank, der täglich wechselt. »Ich versuche auch weiterhin die Weine direkt von den Winzern zu beziehen, um so die Qualität zu halten und zudem neue und spannende Talente präsentieren zu können«, so Weinbar-Chefin Kim. Einige ihrer edlen Tropfen und Raritäten schlummern im Klimaschrank.

Au-Haidhausen

€–€€ Di–So 17–1 Uhr | Johannisplatz 11 | Tel. 089 44 11 99 30 | www.kimundco.de | U 4, 5, Tram 15, 16, 25 Max-Weber-Platz **(249 D3)**

Essen ■■■ Ambiente ■■■ Service ■■■

VINTAGE SELECTION

Auch wenn es der Name dieser sehr stimmungsvoll eingerichteten Weinbar nicht erahnen lässt, Genießer der edlen Traubenerzeugnisse finden hier ausschließlich deutsche und österreichische Weine vor. Da moderne und junge Weinbars in München immer mehr an Bedeutung gewinnen, ist die Lage, mitten im Glockenbachviertel, natürlich ideal. Passend zu den vorzüglichen Tropfen werden kleine Snacks angeboten. Und wer sein Wissen zudem etwas vertiefen möchte, der sollte eines der Weinseminare (ab 42 Euro) besuchen.

Isar- & Ludwigsvorstadt

€ Mo–Fr 15–22, Sa 13–22 Uhr | Westermühlstr. 39 | Tel. 089 88 56 97 18 | www.vintage-selection.de | U 1, 2 Fraunhoferstraße **(248 B4)**

Essen ■■□ Ambiente ■■□ Service ■■□

Im Kim & Co. sind Wein und Backhendl top angesagt

Einkaufen

Rund um den Marienplatz gibt es alles.
Doch für das, was Münchner selbst entworfen haben, was den Glanz des Besonderen hat, lohnt der Weg in die verborgenen Ecken ...

Es tut sich was in der Stadt. Wer aufmerksam durch München schlendert, entdeckt immer wieder eine Reihe neuer Geschäfte – ob Naturkosmetik oder vegane Feinkost. Der Münchner mag es schick in seiner Wohnung. Ob skandinavischer Stil in Läden wie Bolia → S. 139 oder im rohen Industriedesign-Ambiente wie im Kare Kraftwerk → S. 140. Und wer auf faire Bio-Qualität seiner Kleidung achtet, der wird in Läden wie dem Phasenreich → S. 151 garantiert fündig.

ACCESSOIRES

CRAY HATS

Das erste Ladengeschäft des Münchner Onlinehändlers. Auf den nur 18 Quadratmetern bringt der Kappenspezialist in der Cap-Wand 500 verschiedene Modelle von Marken wie New Era oder dem Münchner Label Beastin unter. Auf Wunsch können Kunden hier auch Kappen individuell besticken oder mit verschiedenen Stoffen überziehen lassen.

Altstadt-Lehel

Mo–Sa 11–19 Uhr | Radlsteg 2 | Tel. 089 23 70 97 46 | www.crayhats.com | S 1–4, 6–8 Isartor (241 E5)

DE'QUA

Taschen, Geldbeutel, Gürtel und sogar Schlüsselanhänger lässt Jürgen Gebauer in Handarbeit aus leuchtend eingefärbtem Leder fertigen. Frauen können sich in dem Showroom des Münchner Designers mit einem kompletten Accessoires-Programm ausstatten, aber auch Männer werden hier fündig.

Isar- und Ludwigsvorstadt

Mo–Fr 9–17 Uhr | Holzstr. 5 (Innenhof) | Tel. 089 2 01 65 96 | www.dequa.de | U 1–3, 6 Sendlinger Tor (248 B3)

Im De'Qua findet man leuchtende Lederaccessoires aus Handarbeit

JEWELBERRY

Märchenhaft zart kommt der Schmuck dieses Münchner Labels daher. Mit den Armbändern der Linie »Jewelberry for Almaterra« unterstützt das Label den gleichnamigen wohltätigen Verein.

Isar- und Ludwigsvorstadt

Mo–Fr 11–19, Sa 12–18 Uhr | Utzschneiderstr. 10 | Tel. 089 13 93 71 92 | www.jewelberry.de | Tram 16, 18 Reichenbachplatz (248 B3)

LIEBESKIND BERLIN

Tolle Taschen aus Leder, Schuhe, Gürtel, Schals und schicke Handytaschen: Damen finden bei dem kultigen Label die ganze Accessoires-Palette. Nur Männer müssen weiterhin im Onlineshop bestellen. Achtung, Suchtgefahr!

Altstadt-Lehel

Mo–Fr 10–19, Sa 10–18 Uhr | Schäfflerstr. 4, Schäfflerhof | Tel. 089 41 41 04 71 | www.liebeskind-berlin.com | U 3, 6, S 1–4, 6–8 Marienplatz (241 D3)

5EVER

Der von Uta Alexander entworfene Schmuck aus Silber, Gold und Edelsteinen ist ebenso auffällig wie ihr knallpinkes Geschäft. Jedes Stück ist handgefertigt und ein Unikat. Wer es noch einzigartiger möchte, kann sich auch ein individuelles Teil entwerfen lassen. Denn wenn es nach der Designerin geht, muss Schmuck nicht nur gute Laune machen, sondern auch genau zu seiner Trägerin passen.

Isar- und Ludwigsvorstadt

Mo–Fr 12–18, Sa 11–15 Uhr | Buttermelcherstr. 5 | Tel. 089 78 79 52 13 | www.5ever.de | U 3, 6, S 1–4, 6–8 Marienplatz (241 E6)

AUS ALLER WELT

AMERICAN HERITAGE ★

Alles fing an mit Schaukelstühlen, die die Sabine Ryan für sich und Gleichgesinnte aus den USA importierten. Heute ist ihr Laden eine Schatzkiste für Expats und Münchner mit Fernweh. Ob es nun die Hamburger-Presse, Grillsaucen oder die beliebten Yankee Candles sein sollen – hier gibt es das Zubehör für das echte amerikanische Lebensgefühl. Samstags stehen außerdem frisch gebackene, amerikanische Kuchen im Laden.

Neuhausen

Mo–Fr 10.30–18.30, Sa 10–18 Uhr | Nymphenburger Str. 182 | Tel. 089 12 59 65 85 | www.american-heritage.de | U 1, 7 Rotkreuzplatz (243 D5)

BRITISH ALLSORTS

Verzicht auf Pies und Pasties, Fish'n'-Chips oder Bacon? Für Briten unvorstellbar. Nicht nur für sie füllen hier Spezialitäten und Marken wie Clotted

Cream und Cadbury-Schokolade die Regale. Ab 60 Euro liefern die Besitzer sogar nach Hause. Mitbringsel für treue Anhänger der Royals: Kate- und William-Puppen.

Ramersdorf

Mo/Di/Do 10–13 und 14–18, Mi 14–18, Fr 10–18, Sa 10–15 Uhr | Rosenheimer Str. 161 | Tel. 089 23 54 92 75 | www.british-allsorts.com | U 2, 7 Karl-Preis-Platz (249 E5)

INSIDER TIPP JAPANALIA

Von Geschirr über Besteck bis hin zu Möbeln und Textilien: Denise Pullirsch importiert alles aus Japan. Über Neues im Sortiment informiert sie auf ihrem Blog *(www.japanalia-muenchen.blogspot.de)*.

Schwabing

Mo–Fr 10–18.30, Sa 10–16 Uhr | Herzogstr. 7 | Tel. 089 34 94 54 | www.japanalia.de | U 3, 6 Münchner Freiheit (244 C4)

LA MAISON FRANCAIS

Für alle frankophilen Münchner ein Muss: Accessoires, Möbel und Textilien im provenzalischen Landhausstil. Toll für den Sommer: die bunten Schnörkel-Eisenmöbel von Fermob.

Altstadt-Lehel

Mo–Sa 10.30–18 Uhr | Sebastiansplatz 10 | Tel. 089 2 60 42 42 | www.la-maison-francaise.de | Bus 62 Viktualienmarkt (241 D5)

POMEROY & WINTERBOTTOM

Von der Themse an die Isar: Mit diesen fantasievollen Geschenkartikeln, landestypischen Lebensmitteln, Kosmetika und Porzellanwaren bringen Inselfans angelsächsisches Flair in Münchens Wohnungen. Zur Weihnachtszeit bekommt man hier die traditionellen *mince pies*.

Isar- & Ludwigsvorstadt

Mo–Mi 11–18.30, Do/Fr 11–19, Sa 10–16 Uhr | Reichenbachstr. 38 | Tel. 089

MARCO POLO HIGHLIGHTS

★ **American Heritage**
Stars & Stripes für Wohnung, Garten, Küche und dieses ganz amerikanische Lebensgefühl → **S. 129**

★ **Hammer und Nagel**
Die Harley unter den Beauty-Salons für Männer → **S. 134**

★ **La Boutique de Marie**
Ein Möbelladen, in den man glatt einziehen möchte → **S. 139**

★ **Kare Kraftwerk**
Ein attraktiver Laden im ehemaligen Heizkraftwerk – für München ein Möbelhaus der besonderen Art → **S. 140**

★ **Hinterhof-Flohmärkte**
Den Mini-Flohmärkten kann sich mittlerweile kein Stadtviertel mehr entziehen → **S. 143**

★ **Brandy Melville**
Ein Stück Venice Beach für deutsche Kleiderschränke → **S. 148**

★ **Ruby Store**
Edle und trendige Klamotten in einem coolen Store → **S. 151**

★ **Veganista**
Nicht nur für Tierschützer: Originelle Mode – ganz ohne tierischen Beitrag → **S. 152**

2 01 69 01 | www.pomeroy-winterbottom.de | U 1, 2, 7 Fraunhoferstraße **(248 B3)**

AUSGEFALLENES

APARTMENT

Andrea Kronawitter und ihr Mann sorgen seit mehr als 15 Jahren für immens große Kaufgefahr! Ethnokitsch aus Indien und Mexiko, witzige Logoshirts – ob für Babys oder Erwachsene – oder auch viele französische Produkte wie Geschirr von Comptoir de Famille oder Kleinmöbel von Hindigo füllen den bunten Laden.

Maxvorstadt

Mo–Fr 11–18.30, Sa 11–16 Uhr | Barer Str. 49 | Tel. 089 4 48 24 40 | www.apartment-shop.com | Tram 27 Schellingstraße **(244 B6)**

BLACK ELEPHANT MANUFAKTUR

NEU ÖKO Veganes Schokoparadies am Schwimmbad: Was früher Princess Chocolate war, heißt jetzt Black Elephant Manufaktur und hat sich auf Schokolade und Pralinen in Hinterhofproduktion spezialisiert. Auch wenn es keinen Laden mehr gibt, müssen Vernaschte nicht darben – jeden zweiten Freitag im Monat lockt ein Manufakturverkauf der veganen Produkte.

Au-Haidhausen

Jeden 2. Fr 18–19.30 Uhr | Freibadstr. 9 | www.blackelephant.de | Bus 52 Humboldtstraße **(248 B5)**

INSIDER TIPP MEDICAL ART & MORE

Ein Auge verschenken? Oder ein Gebiss? Vielleicht doch lieber ein Gummihirn? In diesem Laden gibt es wirklich erstaunliche Gimmicks rund um das Thema Medizin. Garantiert ein Party-Hingucker. Achtung, in den Ferien Öffnung nur nach Anruf – oder im Online-Shop bestellen!

Au-Haidhausen

Di–Fr 10–13 u 14–18, Sa 11–14 Uhr | Sedanstr. 29 | Tel. 089 26 01 05 25 | www.

Toller Kundenservice im Beauty & Nature: die kostenlose Schminkberatung

medicalartandmore.com | S Ostbahnhof (249 D3)

SERVUS HEIMAT

ÖKO Der schrille Souvenirladen für Heimatliebe und andere Herzlichkeiten ist das reinste Geschenkparadies: König-Ludwig-Flachmänner, trachtbekleidete Dackel als Christbaumkugeln, Schimpfwortmagnete und alles, was die Integration Zugereister erleichtern könnte. Sogar Münchner Spirituosen wie den Bio-Gin »The Duke« oder »Lion's Vodka« bekommt man hier. Heimatfreunde werden auch im Onlineshop fündig.

Altstadt-Lehel

Mo–Sa 10–19 Uhr | Brunnstr. 3 | Tel. 089 24 29 47 80 | U 1–3, 6 Sendlinger Tor (240 C4)

Altstadt-Lehel

Mo–Sa 10–19 Uhr | Tal 20 | Tel. 089 21 01 98 15 | S 1–4, 6–8 Isartor (241 E4) *www.servusheimat.de*

SYLVIA HELLING

Wie schön nostalgisch! Wer schon immer mal einen echten, alten Medizinball haben wollte, der ist hier richtig. Ansonsten gibt es antike Möbel mit Industrial-Charme bis in die 50er Jahre – original belassen.

Maxvorstadt

Di–Fr 11–18, Sa 11–16 Uhr | Zieblandstr. 2 | Tel. 089 12 19 30 69 | www.sylvia-helling.de | Tram 27, 28 Schellingstraße (244 A5)

BEAUTY

AROMARE

ÖKO Wer auf Naturkosmetik umsteigen möchte, ist bei Birgit Renner in den besten Händen. Sie führt nicht nur ein großes Sortiment, sondern hat auch mehr als 30 Jahre Erfahrung mit der Kraft der Pflanzen. Für den extravaganten Parfümliebhaber kreiert sie außerdem individuelle Düfte: Wie das genau funktioniert, kann man auch in ihren Duftseminaren lernen.

Schwabing

Mo–Fr 10–18, Sa 10–15 Uhr | Nordendstr. 16 | Tel. 089 27 37 30 60 | www.aromare.de | Tram 27, 28 Nordendstraße (244 B5)

BEAUTY & NATURE

ÖKO Neben Naturkosmetik, ökofairer Mode sowie Spielzeug bietet Beauty & Nature auch Kosmetikbehandlungen an. Dabei ist die ausführliche Beratung und das kostenlose Testen der Artikel an der Testbar inklusive. Außerdem: Gratis-Schminkberatung von ausgebildeten Visagistinnen nach Terminvereinbarung.

Altstadt-Lehel

Mo–Sa 8–20 Uhr | Westenriederstr. 35, 1. OG | Tel. 089 24 23 12 33 | www.beautyandnature.de | S 1–4, 6–8, Tram 16, 18 Isartor (241 E5)

BRENNESSEL

ÖKO Naturkosmetik von Dr. Hauschka oder die Sonnenschutzprodukte von Eco Cosmetics, Naturwaschmittel, Nahrungsergänzungsmittel und sogar Rohstoffe, um Kosmetik selbst herzustellen, bietet dieser kleine Shop im Univiertel. Kostenlose Rührkurse im Schwesterladen Duft und Schönheit *(Sendlinger Str. 28)* vermitteln Tipps, Tricks und Rezepte zur Herstellung eigener Kosmetik und Pflegeartikel.

Maxvorstadt

Mo–Fr 10–18.30, Sa 10–14 Uhr | Türkenstr. 60 | Tel. 089 28 03 03 | www.brennessel-muenchen.de | U 3, 6 Universität (244 B6)

CREMEBAR

Auf den ersten Blick könnte die Cremebar – die kleine Schwester des Creme-

Ganz in Weiß, wunderbar schlicht und konzentriert auf das Wesentliche: Just Pure

bar Studios in der Kaiserstraße – auch eine helle, gemütliche Café-Bar sein. Tatsächlich wird hier auch gemixt, jedoch besondere Körperöle oder Badesalze statt Cocktails ...

Schwabing

Mo–Fr 11–13.30 und 14.30–19, Sa 10–17 Uhr | Hohenzollernstr. 58 | Tel. 089 55 29 45 44 | www.cremebar-muenchen.de | Bus 53, 59 Friedrichstraße **(244 A4)**

HAMMER UND NAGEL ★

NEU Maniküre und Pediküre für Männer? Ja, und zwar für echte Kerle! Sieht von weitem aus wie ein Harley-Laden, ist aber ein Beauty-Shop für Ihn. Was sich im Angebot unterscheidet: Hier gibt's neben der Pflege für die Nägel zum Beispiel auch eine Unterschenkel-Massage und Totenkopf-Seifen.

Altstadt-Lehel

Mo–Fr 10–20, Sa 10–18 Uhr | Blumenstr. 3 | Tel. 089 24 20 62 00 | www.hammerundnagel.de | Bus 62 Viktualienmarkt **(240 B6)**

HORST KIRCHBERGER

ÖKO Das Make-up des Starvisagisten verzichtet auf Tierversuche, -fett und chemische Konservierungsmittel. Die angeschlossene Academy lehrt den richtigen Umgang damit. Kosmetik mit pflanzlichen Wirkstoffen, Schmuck sowie Behandlungen wie Eyelash Extensions gehören ebenfalls zum Angebot.

Maxvorstadt

Mo–Fr 10–19, Sa 10–16 Uhr | Brienner Str. 11 | Tel. 089 22 37 84 | U 3–6 Odeonsplatz **(241 D3)**

Bogenhausen

Mo–Fr 10–18, Sa 10–16 Uhr und nach Vereinb. | Schumannstr. 3 | Tel. 089 41 31 08 88 | Tram 16, Bus 100 Friedensengel **(249 E2)**

www.horst-kirchberger.de

JUST PURE

ÖKO Schlichtes Weiß gibt im Just Pure Day-Spa den Ton an. Ein leichter Blütenduft liegt in der Luft, das Kaminfeuer knistert – das perfekte Ambiente für eine Auszeit. Noch mehr Entspannung bietet die Spa Suite mit Edelsteinsauna, Sole- und Infrarotraum sowie Behandlungen für zwei. Die eigene Naturkosmetiklinie wird nach den Mondphasen mit rein pflanzlichen Rohstoffen und mit Bio-Zutaten hergestellt.

Schwabing
Di–Fr 10–19, Sa 10–18 Uhr | Siegesstr. 13 | Tel. 089 38 35 69 99 | U 3, 6 Münchner Freiheit (244 D4)

Altstadt-Lehel
Mo–Fr 10–19, Sa 10–18 Uhr | Maffeistr. 6, Fünf Höfe | Tel. 089 24 20 58 88 | U 3, 6, S 1–4, 6–8 Marienplatz (241 D3)
www.justpure.com

TOBS THE ORGANIC BEAUTY STORE

NEU ÖKO Am besten Augen zu – und durchgehen! Ein angenehmer Duft führt die Kunden direkt zu hochwertigen und internationalen, entdeckenswerten Bio-Beauty-Marken. In dem brandneuen Store gibt es ausschließlich zertifizierte, handverlesene Premium-Naturkosmetik – und viel Wissen um besondere Marken wie Gretel aus Berlin oder Voya.

Au-Haidhausen
Mo–Fr 10–19, Sa 10–18 Uhr | Innere Wiener Str 55 | Tel. 089 23 76 27 61 | www.tobs-beauty.com | Tram 18 Wiener Platz (249 D3)

BENEFIZ-SHOPPING

HALLE 2

NEU Das Gebrauchtwarenhaus ist im Herbst 2016 von Giesing nach Pasing umgezogen. Das Konzept bleibt aber das gleiche: Vom Wertstoffhof gerettet, werden hier Hausrat, Spielzeug oder Bücher besonders günstig verkauft. Sehr beliebt sind neben stilvollen Möbeln mit Patina vor allem sicherheitsgeprüfte IT- und Elektrogeräte.

Pasing
Di–Fr 10–18, Sa 9–14 Uhr | Peter-Anders-Str. 11–15 | Tel. bei Redaktionsschluss noch nicht bekannt | www.awm-muenchen.de/halle2 | Bus 162 Peter-Anders-Straße (238 B2)

OXFAM

ÖKO Überflüssiges flüssig machen ist das Motto von Oxfam. Alle Verkäufer arbeiten ehrenamtlich, und die Erträge gehen an Hilfsorganisationen überall auf der Welt. Im Fashion Shop warten Kleidung, Schuhe und Accessoires auf neue Besitzer. In den anderen Shops stehen außerdem fair gehandelte Schokolade, Tee und Kaffee in den Regalen.

Maxvorstadt
Mo–Fr 10–19, Sa 10–15 Uhr | Türkenstr. 81 | Tel. 089 27 27 32 23 | U 3, 6 Universität (244 C6)

Isar- und Ludwigsvorstadt
Mo–Fr 10–19, Sa 11–16 Uhr | Fraunhoferstr. 6 | Tel. 089 23 00 02 10 | U 1, 2, 7 Fraunhoferstraße (249 B3)

Au-Haidhausen
Fashion Shop: Mo–Fr 10–19, Sa 10–15 Uhr | Orleansplatz 4 | Tel. 089 61 46 61 20 | U 5, S 1–4, 6–8 Ostbahnhof (249 E3)
www.oxfam.de

STOFFWECHSEL

ÖKO Hinter diesem Secondhand-Laden steckt die Diakonia, die Menschen in schwierigen Situationen einen Job vermittelt. An den gut sortierten Kleiderstangen hängt viel Buntes. Die Retromode gibt es wie Schuhe und Accessoires zu sehr günstigen Preisen. Größere Spenden werden auf Wunsch abgeholt.

Westend
Di–Fr 10–19, Sa 10–16 Uhr | Donnersbergerstr. 32 (Eingang Hirschbergstr.) | Tel. 089 12 15 95 83 | www.diakonia-stoff

SONNTAGS EINKAUFEN

BÄCKER

Bäcker und Konditoren dürfen sonn- und feiertags drei Stunden lang öffnen. Gelten sie als Café – wie die hier aufgeführten – können sie sogar den ganzen Tag ihre Backwaren verkaufen.

Au-Haidhausen

Konditorei Café Wölfl | Di–Fr 8–18, Sa 8–17, So 10–17 Uhr | Kellerstr. 17 | Tel. 089 48 12 71 | S 1–4, 6–8 Rosenheimer Platz **(249 D3)**

Isar- und Ludwigsvorstadt

Café Högel | Mo–Fr 6.30–19, Sa/So 8–17 Uhr | Lindwurmstr. 8 | Tel. 089 53 45 56 | www.cafehoegl.de | U 3, 6 Goetheplatz **(247 F3)**

Schwabing

Café Butterbrot | Mo/Di, Do/Fr 8–18, Mi 8–13, Sa 8–13, So 10–17 Uhr | Feilitzschstr. 31 | Tel. 089 33 25 62 | U 3, 6 Münchner Freiheit **(245 D4)**

BAHNHÖFE

Eine Sonderregelung ermöglicht am Sonntag den Verkauf von Lebensmitteln, Drogerieartikeln und Schmuck am Hauptbahnhof. Sogar ein Handyladen hat geöffnet. Am Ostbahnhof ist die Auswahl kleiner; Lebensmittel, Haushalts- und Drogerieartikel bekommt man aber auch hier.

Isar- und Ludwigsvorstadt

Tgl. ca. 7–22 Uhr | Bayerstr. 10a | Tel. 089 13 08 35 91 | www.einkaufsbahnhof.de | U/S Hauptbahnhof **(247 F2)**

Au-Haidhausen

Tgl. 6–22 Uhr | Orleansplatz 10 | U 5, S 1–4, 6–8 Ostbahnhof **(249 E3–4)**

FLORISTEN

Geschäfte, die vorwiegend Blumen verkaufen, dürfen sonntags für einige Stunden öffnen.

Schwabing
Der Blumenladen Rauch | Mo–Fr 9–18, Sa 9–16, So 10–16 Uhr | Kölner Platz 1a | Tel. 089 30 24 32 | www.der-blumenladen-rauch.de | U 2, 3 Scheidplatz (244 B3)

Westend
Petra Müller Blumen | Mo–Fr 10–18.30, Sa 8.30–14, So 10–12 Uhr | Bergmannstr. 35a | Tel. 089 51 08 92 60 | www.petramuellerblumen.de | U 4, 5 Schwanthalerhöhe (247 D3)

FLUGHAFEN

Ob edlen Schmuck, Mode oder kleine Geschenke: Hier findet man auch sonntags alles. Der Supermarkt hat sogar bis Mitternacht geöffnet.

Flughafen München
Tgl. ca. 7.30–21 Uhr | Nordallee 25 | Tel. 089 9 75 00 | www.munich-airport.de | S 1, 8 Flughafen München

GAUMENSPIEL KIOSK

Der leuchtende Würfel versorgt Nachtschwärmer und Sonntagskäufer mit Getränken, Snacks sowie Toilettenpapier, Zahnpasta – und kostenlosem WLAN.

Schwabing
Tgl. 24 Std. | Münchner Freiheit | U 3, 6 Münchner Freiheit (244 C4)

REICHENBACHKIOSK

Der wohl bekannteste Kiosk der Stadt führt frisch Gebackenes, Snacks, ganze 117 Sorten Bier, Einweggrills und Fackeln, Hygieneartikel und Tierfutter.

Isar- und Ludwigsvorstadt
Tgl. 6–5 Uhr | Fraunhoferstr. 46 | Tel. 089 2 01 52 97 | www.kiosk-muenchen.de | U 1, 2 Fraunhoferstraße (248 B4)

TANKSTELLEN

Häufig ist der Aufpreis bei 24-Std.-Tankstellen deftig, an einigen Jet-Tankstellen findet man dank »Spar express« allerdings Supermarktpreise. Die Aral-Tankstelle hilft mit einem Lieferservice.

Berg am Laim
Aral | tgl. 24 Std. | Berg-am-Laim-Str. 60 | Tel. 089 45 40 96 28 | www.aral.de | S 2–4, 6, 8 Leuchtenbergring (249 F3)

Laim
Jet | tgl. 24 Std. | Landsberger Str. 184 | Tel. 089 5 47 02 10 | www.jet-tankstellen.de | Tram 18, 19 Am Lokschuppen (246 C2)

Im Mohrmann Basics findet frau auch besondere Dessous und Accessoires

wechsel.de | U 1, 7 Rotkreuzplatz, S 1–4, 6–8, 27 Donnersbergerbrücke (247 D1)

WEISSER RABE

Günstige Möbel, Haushaltsgeräte, Geschirr, Kleidung und jede Menge Kleinigkeiten stapeln sich in den beiden Gebrauchtwarenhäusern der Caritas-Tochter. Wer fündig wird, kann sich Möbel und große Geräte für wenig Geld liefern lassen. Die Weißer Rabe GmbH beschäftigt und integriert in verschiedenen Unternehmen Menschen mit Unterstützungsbedarf, darunter findet sich auch ein mobiler Hausmeister-Service für Reinigung, Renovierung und Entrümpelung.

Westend

Mo–Fr 10–18, Sa 10–16 Uhr | Landsberger Str. 146 | Tel. 089 8 89 49 30 | S 1–4, 6–8, 27 Donnersbergerbrücke (247 D2)

Sendling

Mo–Fr 10–18, Sa 10–16 Uhr | Bavariastr. 30–36 | Tel. 089 7 47 46 80 | U 3, 6 Poccistraße (247 F3)
www.weisser-rabe.de

DESSOUS

AGENT PROVOCATEUR

Neben exklusiver Unterwäsche bietet das provokante Luxuslabel von Vivienne Westwoods Sohn Joseph Corre auch Nachtwäsche, Bademoden, Schuhe, Accessoires und Beautyprodukte an. Ein absolutes Muss für Fans vom besonderen Etwas für untendrunter.

Altstadt-Lehel

Mo–Sa 9.30–20 Uhr | Burgstr. 3 | Tel. 089 54 57 26 72 | www.agentprovocateur.com | U 3, 6, S 1–4, 6–8 Marienplatz (241 D4)

CHOUCHOU VOYEUR

Rosa Wände, dunkelroter Teppich und Samtsofas: In Boudoir-Atmosphäre findet frau sündhafte Dessous von Labels wie Maison Close, Masken und Latex-Couture. Daneben wecken Schnürkorsetts und echte Nylons vergessene Verführungskünste. Ein weiteres Highlight ist der Vintage-Schmuck aus den 1950er-Jahren.

Maxvorstadt
Mo–Fr 12–19.30, Sa 12–18 Uhr | Türkenstr. 52 | Tel. 089 79 03 43 77 | www.chouchouvoyeur.com | U 3, 6 Universität (244 B6)

MOHRMANN BASICS
Nach den Fünf Höfen und Haidhausen auch in Schwabing: Nicole Mohrmann hat immer noch ein feines Gespür für neue Marken, die nicht jeder kennt. Neben Kleidern und Schuhen locken wunderbare Dessous. Toll: Während frau stöbert, trinkt mann einen Cappuccino an der Tagesbar.
Schwabing
Mo–Fr 10–19, Sa 10–18 Uhr, Coffeebar: Mo–Fr 8.30–16, Sa 10–16 Uhr | Hohenzollernstr. 50 | Tel. 089 33 03 81 85 | www.nicolemohrmann.com | Bus 53, 59 Hohenzollernstraße (244 A4)

EINRICHTEN

2DESIGNER1GEDANKE
Das Designduo Lisa Mellinghoff, Innenarchitektin, und Viktor Gilz, Schreinermeister und Objektdesigner, vereint in seinen Entwürfen Tradition und Zeitgeist. Die in Handarbeit gefertigten Produkte sind formschöne Unikate zwischen Kaffeetisch und Filzleuchte, die Entwürfe tragen Vornamen wie Susi, Sissi oder Xaver. Beliebt bei den Münchner Kunden ist der Barhocker »Leni«. Ursprünglich fest in der traditionell bayerischen Möbelkultur verankert, findet das ausgeschnittene Herzerl hier sein modernes Pendant in Pechschwarz und mit Stahlgestell.
Termine nach Vereinbarung | www.2designer1gedanke.de

BOLIA
Für Designfans, die Wert auf nordische Schlichtheit, Wertigkeit und Funktionalität legen: Beherbergt in den ehrwürdigen Räumen der Alten Börse, lockt auf zwei Stockwerken ein Bolia-Store. Der dänische Möbelhersteller lässt im eigenen Haus designen und fertigt alle Möbel erst nach der Bestellung an – per Hand. Die Lieferung kommt dann meist vollständig aufgebaut in zwei bis fünf Wochen. Besonders beliebt sind die Bolia-Sofas mit ihren formfesten Pantera-Schaumsitzen und der schnörkellosen Formgebung.
Maxvorstadt
Mo–Sa 10–20 Uhr | Lenbachplatz 2a | Tel. 0172 9 42 95 19 | www.bolia.com | U 4, 5, S 1–4, 6–8 Karlsplatz (240 B3)

LA BOUTIQUE DE MARIE ★
Französischer Charme trifft auf nordischen Purismus: Von Kerzen bis Kleiderschrank verkauft Inhaberin und Fotografin Marie Gryczka alles, was ein Heim gemütlich macht. Die Industriemöbel, der skandinavische *shabby chic* von Marken wie Madame Stoltz oder Broste Copenhagen und schöne Kleinigkeiten sind so liebevoll dekoriert, dass man sich schon ein bisschen wie zu Hause fühlt.
Schwabing
Mo–Fr 11–19, Sa 11–16 Uhr | Kurfürstenstr. 43 | Tel. 089 41 14 46 57 | www.boutique-marie.com | Tram 27, 28 Elisabethplatz (244 B5)

CASAVELA
Klein und exklusiv: Zu den Luxus-Marken wie Fendi Casa, Bentley Home oder Kenzo Maison gibt es professionelle Interior-Beratung.
Altstadt-Lehel
Mo–Sa 10–18.30 Uhr | Thierschstr. 38 | Tel. 089 23 88 75 70 | www.casavela.com | Tram 18 Mariannenplatz (241 F5)

DER LAMPENSCHIRM
Holz-, Glas-, Petroleum- oder venezianische Lampen und – Bourbon: Mike

Werner kennt sich nicht nur mit Leuchtmitteln aus, die er in seinem Geschäft verkauft, selbst fertigt und repariert. Sein Laden ist auch ein Geheimtipp für Liebhaber INSIDER TIPP amerikanischer Whiskymarken.
Altstadt-Lehel
Mo–Fr 10–19, Sa 10–18.30 Uhr | Westenriederstr. 49 | Tel. 089 29 69 58 | www.der-lampenschirm.de, www.mikes-whiskeyhandel.com | S 1–4, 6–8 Isartor (241 E5)

KARE KRAFTWERK ★
Nicht wenige Besucher, die zum ersten Mal hier sind, bleiben erst mal ein paar Minuten staunend im Eingangsbereich stehen: Kare hat seinen internationalen Flagship-Store in einem ehemaligen Gasheizkraftwerk untergebracht. Wo früher Turbinen und Kessel ihr Werk taten, gibt es heute auf fünf Etagen alles, was das Einrichtungsherz begehrt: Stühle, Tische, Schränke, Accessoires sowie ein Restaurant, eine Spielecke für Kinder – und INSIDER TIPP eine Dachterrasse. Wer sich nicht auf Anhieb zurechtfindet, kann eine App herunterladen, die ihn durch die Räume führt.
Forstenried-Fürstenried
Mo–Sa 10–20, So (kein Verkauf) 13–17 Uhr | Drygalski-Allee 25 | Tel. 089 8 90 54 00 | www.kare-kraftwerk.com | U 3 Fürstenried West (238 B5)

KLEWITZ DIE WOHNUNG
Schreiner Thomas Klewitz und Raumgestalterin Kerstin Empel bieten mehr als bloße Einrichtung. Bei all den liebevoll arrangierten Möbeln sowohl aus der eigenen Werkstatt als auch von jungen Designern sowie aufgehübschten Vintagestücken und ausgefallenen Wohnaccessoires fällt es schwer, den Laden ohne Kassenzettel zu verlassen.
Isar- & Ludwigsvorstadt
Di 14–19, Mi–Fr 11–19, Sa 11–17 Uhr | Dreimühlenstr. 40 | Tel. 089 85 66 30 97 | www.klewitz-diewohnung.de | Bus 62, 132 Lagerhausstraße, U 3, 6 Implerstraße (248 A5)

LILLI & KARL
Wer extravagante Wiesn-Deko sucht, der wird hier fündig. Lilli & Karl ist auch eine gute Adresse für alle, die ein individuelles Design für Einladungen oder Tischdeko und personalisierte Geschenke möchten. Tipp: originelle Geschirr-Handtücher.
Au-Haidhausen
Mi–Fr 11–19, Sa 11–16 Uhr | Pariser Str. 17 | Tel. 089 30 00 46 97 | www.lilliundkarl.de | S Ostbahnhof (249 D4)

METERMADE
Ein paar Klicks im Internet – und nach nur fünf Wochen wird der handgefertigte, maßgeschneiderte Tisch nach Hause geliefert. Der Münchner Architekt Lutz Ring hat ein Konzept entwickelt, das fünf zugeschnittene Holzplatten zu Tragkonstruktion, Tischplatte und Tischbeinen kombiniert. Der Kunde wählt dabei Größe und Design auf der Website nach Gefallen aus, die Abmessungen sind frei wählbar und es stehen vier Material- bzw. Oberflächenvarianten und 2000 Lackfarben zur Auswahl. Die individualisierten Tische schreinert schließlich ein bayerischer Fachbetrieb.
Termine nach Vereinbarung | www.metermade.de

INSIDER TIPP ROOM TO DREAM
Sabine Stadtherrs skandinavischer Wohndesign-Laden versprüht Wärme, Freundlichkeit und wohltuende Ruhe – und setzt dabei auf leichte, helle, nachhaltige Produkte. Auf 70 m^2 stellt sie

Bitte eintreten! Auf den Hofflohmärkten in Münchens Stadtvierteln verkaufen Bewohner ihre Schätze

Möbel und Accessoires von Norman Copenhagen vor, außerdem bedruckte Tiermotiv-Bettwäsche von By Nord oder Seifen und Düfte von L:A Bruket aus Schweden.

Maxvorstadt

Mo–Fr 11–19, Sa 11–16 Uhr | Lenbachplatz 7 (hinter BMW-Pavillon) | Tel. 089 25 54 73 01 | www.room-to-dream.de | U 4, 5, S 1–4, 6–8 Karlsplatz (240 B3)

WOHNPALETTE

Hier gibt's Wohnaccessoires zum Verlieben! Vor allem die vielen kleinen Krüge und Kännchen verlocken das Sammlerherz. Prima: immer saisonale Themen.

Isar- & Ludwigsvorstadt

Mo–Fr 11–14 und 15–20, Sa 11–16 Uhr | Fraunhoferstr. 13 | Tel. 089 2 60 49 26 | www.wohnpalette.com | U1/2 Fraunhoferstraße (240 C6)

XILOBIS

Eine der stilvollsten Modullösungen, die es derzeit auf dem Markt gibt – made in Switzerland. Red Dot Preisträger 2015!

Altstadt-Lehel

Do–Fr 14–18 Uhr | Hackenstr. 3 | Tel. 089 89 08 17 53 | www.xilobis.de | Bus 62 St. Jakobsplatz (240 C4)

ZUM SCHWARZEN FERKEL

NEU Wer skandinavische Wohnaccessoires liebt, findet hier Stücke entdeckenswerter nordischer Marken. Toll sind vor allem die Birkenkörbe und Keramikprodukte.

Neuhausen

Mo–Fr 11–19, Sa 10–14 Uhr | Elvirastr. 10 | Tel. 089 52 03 38 74 | www.zum-schwarzen-ferkel.com | U 1, 7 Maillingerstraße (243 E6)

ELEKTRONIK

APPLE STORE

Der Tempel der Apple-Jünger ist einfach anders. Denn wo sonst als hier gibt es kostenlose Workshops zu den unterschiedlichsten Themen?! Darüber hinaus können Schüler vor Ort kostenlose Programme nutzen, um eigene Projekte zu erarbeiten und vorzustellen. Service wird hier groß geschrieben, kein Wunder, dass es nur so von Mitarbeitern wimmelt. Das Gratis-WLAN reicht bis Marienplatz und ist 24 Stunden online.

Altstadt-Lehel

Mo–Sa 9–20 Uhr | Rosenstr. 1 | Tel. 089 2 42 14 50 00 | U 3, 6, S 1–4, 6–8 Marienplatz (241 D4)

Moosach

Mo–Sa 9.30–20 Uhr | Hanauer Str. 68 | Tel. 089 2 04 00 28 00 | U 1, 3 Olympia-Einkaufszentrum (243 D1)

www.apple.com |

HIFI CONCEPT LIVING

Die Beratung im Hifi Concept Living umfasst sowohl die Präsentation schöner Anlagen der Marken Bang & Olufsen, Bose oder Loewe als auch auf Wunsch eine sogenannte »Multiroom-Konzeption« zur optimalen Vernetzung der Heimelektronik. Für deren stilvolle Unterbringung sorgen die Möbel von Montana und Spectral, die gibt's auch speziell für Kinderzimmer.

Au-Haidhausen

Di–Fr 11–19, Sa 11–17 Uhr | Pariser Platz 4 | Tel. 089 44 11 81 11 | www.hificoncept-living.de | U 5, S 1–4, 6–8 Ostbahnhof (249 E3)

MACSHOP

Ein Sprung im iPhone-Display oder Kaffee im MacBook? Der MacShop bietet günstige und schnelle Hilfe – in Notfällen auch nach Ladenschluss und am Wochenende. Inhaber Klaus Kruse arbeitet seit Jahren mit Apple-Produkten und hilft bei Soft- und Hardwarefragen. Neben elektronischer Notfallmedizin bietet er in seinem Laden außerdem generalüberholte iPhones und Macs sowie Accessoires und Zubehör an.

Maxvorstadt

Mo/Di, Fr 10–18, Mi/Do 10–15 Uhr | Adalbertstr. 19 | Tel. 089 32 49 40 50 | www.macrepairshop.de | U 3, 6 Universität (244 C6)

FLOHMÄRKTE

HINTERHOF-FLOHMÄRKTE ★

Schwabing machte bereits im Jahr 2000 den Anfang, inzwischen sind fast alle Viertel vertreten: Von Mitte Mai bis September finden die beliebten Hof- und Garten-Flohmärkte statt. Dann verkauft Tisch an Tisch ausgedienten Krimskrams, wer sonst Tür an Tür wohnt, meist mit Bewirtung und manchmal sogar mit spontaner Livemusik. Die meisten Termine organisiert Stadtfavoriten. Auf der Internetseite findet man auch Lagepläne von allen teilnehmenden Höfen.

www.hofflohmaerkte.de

NACHTKONSUM

»Trödel dich glücklich« heißt es bei dem von Münchner Studenten erdachten Nachtflohmarkt. Statt früh aufzustehen, stöbert man ausgeschlafen und zu Livemusik auch bei Regenwetter ganz entspannt. Denn er findet in der überdachten Tonhalle statt. Im Sommer wandert er in die Alte Zündapphalle. Im Feierwerk findet zusätzlich ein reiner Mädelsflohmarkt statt.

Berg am Laim

Sa 17–23 Uhr | Grafinger Str. 6 | Tel. 089 16 52 44 | www.nachtkonsum.com | U 5, S 1–4, 6–8 Ostbahnhof (249 E4)

ZENITH FLOHMARKT FREIMANN

Drinnen wie draußen juchzt das Sammlerherz beim Anblick der Antiquitäten, Raritäten und Vintageschätze. Da der Flohmarkt jede Woche stattfindet, ist es erfreulicherweise nicht nötig, besonders früh anzurücken, um ein Schnäppchen zu machen. Lassen Sie sich auch den Antikpalast auf dem hin-

Individuelle Styles findet man im Styleloft

teren Teil des Geländes nicht entgehen *(Fr–Sa 10–17 Uhr)*.

Freimann

Do–Sa 6–18 Uhr | Lilienthalallee 29 | Tel. 0176 62 87 63 74 | www.zenith-muenchen.de/flohmarkt | U 6 Freimann **(252 C3)**

KOSTÜME & CO.

KOSTÜME BREUER

Seit Jahren kauft der Kostümverleih alte Bestände der Staatsoper und des Staatstheaters auf. Mit mehr als 20 000 Kostümen aus allen Epochen und für alle Anlässe geht das Angebot weit über den typischen Smoking- und Faschingsbedarf hinaus. Wer trotzdem nicht das richtige Outfit findet, kann sich sein Wunschkostüm auch anfertigen lassen. Selbst Brautkleider kann man hier leihen, kaufen oder maßschneidern lassen.

Schwabing

Mo–Fr 9.30–18, Sa 10–13 Uhr | Hohenzollernstr. 22a | Tel. 089 33 87 72 | www.kostuemverleih.com | U 3, 6 Giselastraße **(244 C5)**

INSIDER TIPP STYLELOFT

Ob verführerisch oder verrückt, im Showroom von Friseur Marc Hummer warten modische Raritäten und Einzelstücke aus den 1950er- bis 1980er-Jahren von Designgrößen wie Christian Dior oder Emilio Pucci auf neue Besitzer. Das passende Drumherum wie Strassschmuck, Schuhe und Make-up gibt's hier natürlich ebenfalls. Beim Hofflohmarkt des Glockenbachviertels verkauft Marc Hummer Kostüme aus seinem Berliner Filmfundus für wenig Geld.

Isar- & Ludwigsvorstadt

Mo–Fr 10.30–19, Sa 10.30–17 Uhr | Westermühlstr. 3 | Tel. 089 25 54 89 85 und 0172 8 61 30 63 | www.styleloft-muenchen.de | Tram 16, 17, 18 Müllerstraße **(248 B3)**

KULINARISCHES

DEL FIORE

ÖKO Was am Gärtnerplatz gut ankommt, ist ein zuverlässiges Trendbarometer. Während hier früher das legendäre Café Interview Promis anzog, hat sich der italienisch geprägte Feinkostladen mit integriertem Café etabliert, der auf Öko-Garantie und *high quality* setzt. Garantiert hochwertig: Die Panini vom Grill (Tipp: *Vitello tonnato*) werden stets frisch belegt. Das Knusperbrot backt ein paar Häuser weiter der Pizzamann im

Nero, das von den gleichen Besitzern betrieben wird.

Isar- & Ludwigsvorstadt

€ *Mo–Fr 7.30–20, Sa/So 9.30–20, bei schönem Wetter bis 24 Uhr | Gärtnerplatz 1 | Tel. 089 2 02 16 49 | www.delfiore.de | Tram 16, 18 Reichenbachplatz* (241 D6)

EATALY

Die erste deutsche Filiale der italienischen Feinkostkette Eataly bietet in der Schrannenhalle auf ganzen 4600 m² ein kulinarisches Schlaraffenland mit Markt, Restaurants, Manufakturen und Kochschulen rund um die italienische Küche.

Altstadt-Lehel

Markt: Mo–Sa 9.30–20, Cafés tgl. 7.30–23, Restaurants tgl. 11.30–16 u. 18–22.30 Uhr | Viktualienmarkt 15 | www.eataly.com | U 3, 6, S 1–4, 6–8 Marienplatz (241 D5)

FRISCHEPARADIES NIEDERREUTHER

Eine eigene Weinhandlung, Metzgerei, Fischabteilung und ein integriertes Bistro sind nur ein paar der Highlights im Frischeparadies. Zwischen rund 5000 Delikatessen fühlen sich selbst Gourmets mit hohen Ansprüchen wie im Schlaraffenland. Mit der Kundenkarte erhalten Sie Rabatte auf wechselnde Produkte, am ersten Montag des Monats gibt es außerdem 15 % Rabatt auf das gesamte Sortiment.

Isar- & Ludwigsvorstadt

Mo–Fr 6–19, Sa 8–16, Bistro bis 15.30 Uhr | Zenettistr. 10e | Tel. 089 7 67 10 | www.frischeparadies.de | U 3, 6 Poccistraße (248 A4)

DAS GAUMENSPIEL

ÖKO Wenn man in Schwabing Gaumenfreuden findet, dann hier. Dem originellen Feinkostladen ist eine kleine Bar angeschlossen, tagsüber gibt's Frühstück und herzhafte Leckereien, abends ein Gläschen Wein zu Galettes und Crêpes. Das Café in Schwabing bietet außerdem noch mehr Auswahl an unwiderstehlichen Kuchen. Hier bekommt man auch INSIDER TIPP niederländische Feinkost.

Schwabing

Mi–Fr 15–23, Sa 9.30–23, So 9.30–18 Uhr | Haimhauser Str. 11 | Tel. 089 33 03 86 33 | www.gaumenspiel.de | U 3, 6 Münchner Freiheit (245 D4)

HOLZINGER

NEU ÖKO Eine herrliche Obst- und Gemüseabteilung neben Kurkuma-Nudeln, Müsli, veganem Wein, veganen Antipasti, Pasteten und Kuchen – ein wahres Paradies für alle Feinschmecker, die auf Tierprodukte verzichten. In seiner Auswahl ist das vegane Feinkostgeschäft für München einzigartig. Dahinter steckt Anette Holzinger, die mit viel Liebe fürs Detail ihr Geschäft betreibt. INSIDER TIPP Fein: der handgemachte Cashew-Käse!

Schwanthalerhöhe

Mo–Fr 8.30–20, Sa 8.30–18 Uhr | Theresienhöhe 12, Eingang Franziska-Bilek-Weg | Tel. 089 74 34 11 10 | www.veganize-life.de | U 4, 5 Schwanthalerhöhe (247 E3)

KÄFER DELIKATESSEN MÄRKTE

Etwas günstiger als im Stammhaus bekommt man die Käfer-Leckereien in den Märkten. Im zweiten Stock des Kaufhauses Ludwig Beck gibt es außerdem einen *Genuss-Raum* von Feinkost Käfer. Für alle hungrigen und durstigen Shopper gibt es hier herzhaftes Frühstück, heiße Suppen sowie Feinkostsalate und frische Sandwiches. Für den Genuss zu Hause gibt es das frisch gebackene Käfer-Brot auch zum Mitnehmen.

Schwabing
Mo–Sa 9–20 Uhr | Leopoldstr. 57 | Tel. 089 38 47 65 012 | U 3, 6 Münchner Freiheit (244 C4)
Brunnthal
Mo–Sa 9–20 Uhr | Eugen-Sänger-Ring 21 | Tel. 089 6 60 77 90 | Bus 214, 216, 222 Brunnthal, Eugen-Sänger-Ring (252 C3)
Parsdorf
Mo–Sa 9–20 Uhr | Heimstettener Str. 1 | Tel. 089 416 84 20 | neben Möbelhaus Segmüller, Bus 452 Parsdorf (253 D3)
www.feinkost-kaefer.de

KAFFEERÖSTEREI VIKTUALIENMARKT

Der beste Cappuccino der Stadt? Vielleicht gibt es ihn hier, in der kleinen, aber feinen Rösterei gleich am Viktualienmarkt. Die Jungs hinter der Theke schaffen nicht nur die schönsten Barista-Herzchen auf dem Milchschaum, sondern haben auch immer einen lustigen Spruch auf den Lippen.
Altstadt-Lehel
Mo–Sa 8–18 Uhr | Viktualienmarkt | Tel. 089 2 60 90 86| www.facebook.com/roestereiviktualienmarkt | U 3, 6, S 1–4, 6–8 Marienplatz (241 D5)

MENSCH UND NATUR

Ein Münchner Lieferservice, der auf kleine, regionale Bio-Erzeuger und Produzenten spezialisiert ist. Er bietet ein großes Sortiment an haltbaren Bio-Produkten.
www.menschundnatur.de

MUTTER ERDE NATURKOST

ÖKO Mittags ist dieser Laden in der Amalienpassage immer brechend voll. Der Grund: Hier trifft gutes, vegetarisches Essen auf faire Preise. Zum daheim genießen gibt es biologische und fair gehandelte Leckereien sowie regionale Spezialitäten wie Nymphenburger Honig und Naturkosmetik. INSIDER TIPP Das Vegan-Frühstück am Samstag.
Maxvorstadt
Mo–Fr 9.30–19, Sa 9–14 Uhr | Amalienstr. 89 | Adalberthof | Tel. 089 28 31 27 | www.muttererde-bio.de | U 3, 6 Universität (244 C6)

MY MUESLI

ÖKO Von der Prinzessinnen- bis zur Gipfelstürmer-Mischung gibt es in Deutschlands größtem Mymuesli-Shop am Viktualienmarkt über 40 Bio-Müslisorten. Aber auch Tee, Kaffee, der Müslidrink und das Geschirr der Marke stehen in den Regalen. Wer lieber selbst mixt, kann sich seine Zutaten versandkostenfrei in den Laden liefern lassen. Hier gibt es auch die Teelinie Tree of Tea.
Altstadt-Lehel
Mo–Sa 8.30–19 Uhr | Viktualienmarkt 7 | Tel. 089 24 26 88 86 | www.mymuesli.com | U 3, 6, S 1–4, 6–8 Marienplatz (241 D5)

ÖKOKISTE

ÖKO Sechs Ökokisten liefern nach Bestellung per Telefon oder Internet erntefrische Bioprodukte direkt vom Bauernhof in Ihre Küche. Obst und Gemüse, Käse, Fleisch oder Eier, sogar Getränke oder Tiefkühlwaren und Naturkosmetik bieten manche Höfe in Bioqualität an. Informationen und alle Adressen finden Sie unter *www.oekokiste-muenchen.de.*
Norden: Die Ökokiste Kirchdorf | Römerstr. 14 | Tel. 08166 9 92 20 | www.oekokiste-kirchdorf.eu (252 C1)
Osten: Tagwerk Ökokiste | Isarlandstr. 1 | Tel. 089 94 52 87 44 | www.tagwerk-oekokiste.de (252 C3)
Süden: Hofgut Letten | Letten 1 | Tel. 08046 89 11 22 | www.hofgut-letten.de (252 C5)

Westen: Amperhof | Neuriesstr. 9 | Tel. 08142 4 08 79 | www.amperhof.de (252 B2)
Nordosten: Naturgarten Schönegge | Meilendorf 20 | Tel. 08168 9 60 80 | www.schoenegge.de (253 D1)
Nordosten: Höhenberger Bio-Kiste | Gewerbering 5 | Tel. 08742 96 54 10 | www.hoehenberger-biokiste.de (253 E2)

SCHMATZ NATURKOST

ÖKO Am Glockenbach strömen die Naturkostliebhaber in den preisgekrönten Bio-Supermarkt Schmatz. Das Sortiment umfasst, soweit möglich, Erzeugnisse aus dem Münchner Umland. Freitags und samstags gibt es Verkostungen der neuesten Bio-Lieblinge. In der großen Kosmetikabteilung berät eine Kosmetikerin kostenlos *(Mo 14–18 Uhr)*.

Isar- & Ludwigsvorstadt
Mo–Sa 9–20 Uhr | Holzstr. 49 | Tel. 089 5 32 80 63 | www.schmatz-naturkost.de | U 1, 2 Fraunhoferstraße (248 B4)

SCHUHBECKS GEWÜRZLADEN

Goldene Deckengewölbe und spiegelverzierte Wände: Eine ganze Etage im Gewürzladen von Starkoch und Würzguru Schuhbeck ist orientalischen Geschmäckern gewidmet. Dill oder Thymian – ÖKO auch in Bio-Qualität – bekommt man natürlich auch.

Altstadt-Lehel
Mo–Sa 10–19 Uhr | Platzl 4a | Tel. 089 2 16 69 04 10 | www.schuhbeck.de | U 3, 6, S 1–4, 6–8 Marienplatz (241 E4)

STEMMERHOF

ÖKO Im letzten Bauernhof in der Stadt kann man heute gemütlich shoppen, essen und Kultur genießen. Der Bio-Markt hat eine riesige Auswahl an ökologischen Lebensmitteln, Fleisch, Getränken und Kosmetik. Der Hofladen führt in erster Linie regionale Produkte.

MEINE STADT

▶ Auch im reichen München wurde der Lebensmittelverschwendung der Kampf angesagt: Jeden Tag treffen sich Foodsharing-Aktivisten am Viktualienmarkt und retten nicht verkaufte Lebensmittel vor dem Container. Nach der Sammelaktion werden diese verteilt – an jeden, der möchte. Foodsharing lebt vom gemeinsamen Engagement, die Lebensmittel sind nicht für Bedürftige gedacht, sondern sollen vor dem Wegwerfen bewahrt werden. *www.facebook.com/foodsharing.muenchen*

▶ So ein Hundeleben: Über 33 000 Hunde sind in München gemeldet – 2008 waren es erst 27 000. Kein Wunder, denn hier leben die Zamperln äußerst komfortabel: Sie zahlen keine MVV-Gebühren (Kinder ab sechs Jahren dagegen schon), es wird eine vergleichsweise geringe Hundesteuer fällig, und die Auslegung der Leinenpflicht ist im Vergleich mit 40 anderen deutschen Städten ziemlich locker.

Sendling
Mo–Fr 9–20, Sa 9–16 Uhr | Plinganserstr. 6 | Tel. 089 76 75 55 40 | www.stemmerhof.de | Bus 53 Sendlinger Kirche (247 E5)

VINS DE VIE

ÖKO Weinkultur statt Modesorten: Inhaberin Annick Denny bietet handverlesene europäische Weine überwiegend aus kontrolliert-biologischem Anbau an. Mittags werden feine französische Ge-

Der Name ist Programm: Kauf Dich glücklich

richte gekocht – die Wochenkarte finden Sie auf der Internetseite.

Neuhausen

Mo–Fr 10–19, Sa 10–18 Uhr | Donnersbergerstr. 22 | Tel. 089 16 20 57 | www.vinsetco.de | U 1, 7 Rotkreuzplatz (243 D6)

WALDGÄRTNER

ÖKO Waldgärtner Siggi Fuchs baut in Höhenkirchen etwa 45 chemiefreie Sorten Gemüse, Kräuter und Obst an. Mitglieder seiner solidarischen Landwirtschaft können für einen Monatsbeitrag ab 65 Euro mitentscheiden, welche Sorten im nächsten Jahr zur Abholung für sie bereit stehen.

www.waldgaertner.de

ZERO WASTE

ÖKO Der erste verpackungsfreie Supermarkt in München – unterstützt durch Crowdfunding. Hannah und Carlo bieten mit ihrer Idee eine Einkaufsalternative. Wer ganz »ohne« kommt, der kann sich im ersten Schritt dem reichhaltigen Schraubverschluss-Glas-Sortiment, Einmachgläsern und Spendern oder Tassen widmen. Highlights sind die praktischen Getreide-Spender. Neben frischem Brot gibt es Obst, Gemüse, Hülsenfrüchte und Nudeln. Tipp: Der *coffee-to-go* kommt hier aus dem Pfandbecher!

Maxvorstadt

Mo–Fr 9–19, Sa 9–17 Uhr | Schellingstr. 42 | kein Tel. | www.ohne-laden.de | U 3, 6 Universität (243 F5)

MODE

BRANDY MELVILLE ★

Die Stücke des italienischen Labels für Frauenmode sind ausgefallen, aber dennoch bequem und vor allem bezahlbar. Das Besondere: Die meisten Stücke sind One-Size. Mit dieser Kombination erreichte das Label selbst bei Promis wie Miley Cyrus und den Kardashians Kultstatus.

Altstadt-Lehel

Mo–Sa 10–20 Uhr | Hackenstr. 4 | www.brandymelville.de | U 3, 6, S 1–4, 6–8 Marienplatz (240 C4)

DEAR GOODS

ÖKO Mittlerweile drei Mal in München – und eine feste Größe in Sachen Fairtrade. Neben dem Concept Store in der Baaderstraße jetzt auch am Glockenbach und in Schwabing. INSIDER TIPP Noch unbekannte Labels, die es in München sonst kaum zu kaufen gibt.

Isar- & Ludwigsvorstadt
NEU *Mo–Fr 11–19, Sa 10.30–18 Uhr | Am Glockenbach 12 | Tel. 089 46 22 89 51 | U 1, 2, 7 Fraunhoferstraße* (248 B4)

Schwabing
Mo–Fr 10.30–19.30, Sa 10–18.30 Uhr | Friedrichstr. 28 | Tel. 089 45 24 53 94 | Bus 53, 59 Hohenzollernstraße (244 A4)

Isar- & Ludwigsvorstadt
Di–Fr 11–19, Sa 10.30–18 Uhr | Baaderstr. 65 | Tel. 089 18 93 28 63 | U 1, 2, 7 Fraunhoferstraße (248 B4)
www.deargoods.com

DRESSINGROOM & HOME

Lässige Teile aus Skandinavien kombiniert mit französischem Chic von Labels, die es sonst nirgends in München gibt. Im Gegensatz zum Dressingroom am Wiener Platz gibt es hier auch etwas jüngere und günstigere Stücke.

Maxvorstadt
Mo–Fr 10.30–19, Sa 10.30–18 Uhr | Türkenstr. 54 | Tel. 089 24 24 18 16 | www.dressingroom-online.de | U 3, 6 Universität (244 B6)

FRÄULEIN HELENE

Wie bringe ich Glamour und Vintageflair in meinen Kleiderschrank? Indem ich ihn mit Fashion im Stil der 1930er- bis 1950er-Jahre fülle. Stücke von Lena Hoschek und Mädchentraum, Schuhe von Nine to Five oder Strumpfwaren von Sneaky Fox bringen Fans der Mode früherer Zeiten zum Schwärmen.

Isar- & Ludwigsvorstadt
Di–Fr 12–18.30, Sa 12–16 Uhr und nach Vereinbarung | Rumfordstr. 45 | Tel. 0170 2 98 52 55 | www.fraeulein-helene.de | S 1–4, 6–8, Tram 16, 18 Isartor (248 C3)

GLORE

ÖKO Brigitte von Puttkamer führt fair gehandelte Bio-Kleidung für Frauen, Kinder und Männer. Zu den ebenso hochwertigen wie schicken Labels ge-hören unter anderem die Münchner Minga Berlin, Langer Chen oder Thokk Thokk. Ebenfalls im Sortiment: umweltverträgliche Wohnaccessoires und Kosmetik.

Isar- & Ludwigsvorstadt
Mo–Fr 11–19.30, Sa 11–19 Uhr | Baaderstr. 55 | Tel. 089 18 91 28 25 | www.glore.de | U 1, 2, 7 Fraunhoferstraße (248 C3)

IKI M

ÖKO Green Appeal ist der Trend, der auf umweltfreundlich und fair produzierte Produkte mit tollem Design setzt. Labels wie People Tree oder die Eigenmarke Stylisha schaffen beides ganz wunderbar. Außerdem: Vintage- und Secondhand-Designerware von Boss, Escada oder Dolce & Gabbana.

Maxvorstadt
Mo–Fr 11–19, Sa 11–18 Uhr | Adalbertstr. 45 | Tel. 089 95 49 38 25 | www.iki-m.de | Tram 27, 28 Schellingstraße (244 B5)

KARINFRAIDNRAIJ

Modern interpretiertes Strickdesign aus Kamelidenwolle – einige Stücke sind sogar von Hand produziert. Das ehemalige Model Karin Fraidnraij holt sich immer wieder Inpiration aus Südamerika und lässt nachhaltig und fair produzieren.

Schwabing
Do/Fr 14–18 Uhr | Wagnerstr. 1a | Tel. 089 38 89 81 36 | www.karinfraidenraij.com | U3, 6 Münchner Freiheit (244 C5)

KAUF DICH GLÜCKLICH

Mode skandinavischer, französischer und Berliner Designer, außerdem Kochbücher und ausgesuchte Musik sollen

Mother Earth führt auch schöne Accessoires

die Kunden glücklicher und das Portemonnaie nicht allzu viel leichter machen. In der Schellingstraße und im Onlineshop gibt es zudem Wohnaccessoires und noch mehr Schönes für Männer.

Isar- & Ludwigsvorstadt

Mo–Sa 10.30–20 Uhr | Reichenbachstr. 14 | Tel. 089 25 54 92 69 | Tram 16, 18 Reichenbachplatz (248 B3)

Maxvorstadt

Mo–Sa 10.30–20 Uhr | Schellingstr. 23 | Tel. 089 24 29 03 17 | U 3, 6 Universität (244 C6)

www.kaufdichgluecklich-shop.de

MALOJA

Sportlich, funktional und bunt mit einem Schuss Retro ist die Outdoormode von Maloja. Aber auch Streetwear und Accessoires sind im Sortiment. INSIDER TIPP Aus bayerischen Manufakturen stammt ein Teil davon, wie z. B. Janker und Mützen.

Maxvorstadt

Mo–Fr 10.45–19, Sa 10.45–18 Uhr | Amalienstr. 67 | Tel. 089 28 75 59 55 | www.maloja.de | U 3, 6 Universität (244 C6)

MOOD STYLE COUNCIL

Im stylishen Laden kaufen Sie tolle Klamotten von exklusiven Marken wie Roberto Cavalli, Duvetica und Mauro Grifoni, dazu ausgefallene Accessoires und Wohndeko. Infos zu den wöchentlich wechselnden Rabattaktionen finden Sie auf Facebook.

Isar- & Ludwigsvorstadt

Mo–Sa 10.30–19 Uhr | Reichenbachstr. 34 | Tel. 089 23 07 72 10 | U 1, 2 Fraunhoferstraße (241 D6)

MOTHER EARTH

ÖKO Das Münchner Label führt von der Hose bis zum Schal alles, was anzieht – aus Netzstrick. Die filigranen, leuchtend bunten Stücke aus Bio-Baumwolle lassen die Inhaber fair in kleinen Betrieben produzieren. Lässige Haremshosen, Jumpsuits und Kleider ohne Strick ergänzen die Kollektion.

Isar- & Ludwigsvorstadt

Mo–Sa 12–19 Uhr | Reichenbachstr. 33 | Tel. 089 13 03 95 81 | www.motherearth-store.de | U 1, 2, 7 Fraunhoferstraße (248 B3)

NIA PRÊT-À-PORTER

Junge Designerlabels wie Sessún, ba&sh, Cimarron und andere machen das Sortiment aus. Die femininen Stücke mit französischem Flair sucht Besitzerin

Nina Jäger zusammen – für einen Kleiderschrank, wie ihn sich jedes Mädchen wünscht. Die passenden Schuhe findet man im *Nia Chaussures (Barer Str. 55)*.
Maxvorstadt
Mo–Fr 10–19, Sa 10–18 Uhr | Türkenstr. 35 | Tel. 089 28 67 39 50 | www.nia-pretaporter.de | U 3, 6 Universität (244 B6)

PHASENREICH

ÖKO In der ehemaligen Bar Overath hat ein schicker Bio-Modeladen eröffnet. Shino Plum und Bianca Mirkovic sind auf Hersteller spezialisiert, die vor allem die Nachhaltigkeit im Blick haben und die Umweltbelastung so gering wie möglich halten. Hier gibt es die originellen INSIDER TIPP T-Shirts von Reet Aus (Estland), die aus recycelten Stoffen genäht werden. Und auch verlockend: Im Mini-Café warten ökologisch wertvolle, kleine Fairtrade-Gerichte.
Isar- & Ludwigsvorstadt
Di–Fr 10–20, Sa 11–20 Uhr | Baaderstr. 31 | Tel. 089 55 26 71 38 | www.phasenreich.net | U 2 Fraunhoferstraße (241 E6)

RALF'S FINE GARMENTS

Mode und Accessoires für Männer aus feinsten Manufakturen. Mit Marken wie Askania, Claudio Cutuli oder Endrime schafft Ralf Fischer Entdeckungsräume für charakterstarke Mode-Männer.
Isar- & Ludwigsvorstadt
Di–Fr 12–19, Sa 11–16 Uhr | Fraunhoferstr. 29 | Tel. 089 18 95 27 95 | www.ralfsfinegarments.com | Tram 17 Fraunhoferstraße (240 C6)

ROOM TO ROAM

ÖKO Für ihre Kollektionen lässt sich die Münchner Designerin Akela Stoklas von Landschaften inspirieren, die in ihrer Existenz bedroht sind. Die Jeans, Oberteile und inzwischen auch Trachten sind vor allem bequem und schlicht im Design. Und dazu noch fair und nachhaltig: Room to Roam näht in Deutschland und verwendet ausschließlich Bio-Stoffe oder Recyclingmaterialien.
Au-Haidhausen
Di/Mi 9–16, Do/Fr 12–19, Sa 11–15 Uhr | Johannisplatz 21 | Tel. 089 45 86 74 46 | www.room-to-roam.com | U 4, 5 Max-Weber-Platz (249 D3)

RUBY STORE ★

Individuelle Mode für Sie und Ihn von bevorzugt skandinavischen Labels wie Acne, Wood Wood oder Won Hundred.
Isar- & Ludwigsvorstadt
Mo–Fr 11–19, Sa 10.30–19 Uhr | Reichenbachstr. 37 | Tel. 089 18 95 06 74 | www.facebook.com/ruby.store | U 1, 2, 7 Fraunhoferstraße (248 B3)

STEREO/MUC

Die Männerboutique mit Terrassencafé bietet hochwertige Marken an, im Sortiment: Barbour, Filson, Makr, Vans und WLG. Vom italienischen Zwirn bis hin zur amerikanischen Jeans kann man(n) sich hier komplett einkleiden. Die Beratung hat immer das ganze Outfit im Blick.
Altstadt-Lehel
Mo–Sa 10–20 Uhr | Residenzstr. 25 | Tel. 089 24 20 39 54 | www.stereo-muc.de | U 3–6 Odeonsplatz (241 E3)

U.G.L.Y

Der Name steht für »u gotta love yourself«. Aber nicht nur sich selbst, auch die Klamotten im Laden von Nadine Gross muss man einfach lieben. Ihr eigenes Label Gross-Artic ebenso wie die Mode von Mink Pink, Evil Twin oder Dr. Denim sowie die kultige Naturkosmetik von Cowshed. Und die Kaffeebar lässt einen sowieso länger bleiben, als geplant ...
Maxvorstadt

Mo–Sa 11–19 Uhr | Türkenstr. 80 | Tel. 089 27 27 26 06 | www.u-g-l-y.de | U 3, 6 Universität (244 C6)

UMWERK

ÖKO Fantasievolle Mode, Geburtstagskerzenhalter als Ohrstecker oder Wachsmalkreide in Alienform – dieser Designladen mit umfangreichem Onlineshop ist ein Paradies für alle Individualisten. Vieles wird außerdem aus Bio-Materialien produziert oder ist recycelt.

Isar- & Ludwigsvorstadt

Di–Fr 12.30–18 Uhr | Dreimühlenstr. 26 | Tel. 089 17 92 65 65 | www.umwerk.de | Bus 62, 132 Ehrengutstraße (248 A5)

VEGANISTA ★

ÖKO Gut für dich und die Tiere – unter diesem Slogan verkauft Rahel Goldner fair produzierte Mode, die komplett ohne tierischen Beitrag auskommt. Neben Bio-Baumwolle oder Kork werden stattdessen auch Recycling-Materialien eingesetzt: Schuhe aus Plastikflaschen oder Gürtel aus Feuerwehrschläuchen sind nicht nur gut fürs Gewissen, sondern echt originell.

Maxvorstadt

Mo–Fr 11–19, Sa 11–16 Uhr | Barer Str. 36 | Tel. 089 95 44 48 95 | www.veganista-muc.de | Tram 27, 28 Karolinenplatz, Bus 100 Pinakotheken (248 B1)

MÜNCHNER DESIGNER

HOLY GHOST

Hinter dem spirituellen Namen versteckt sich elegant-sinnliche Mode für selbstbewusste Frauen. Oder wie Ivana Bogicevic, Sedina Halilovic und Jelena Radovanovic es nennen: Mode für Stadtheldinnen. Ihr Markenzeichen sind schlichte Schnitte aus fließenden Materialien in Pastellfarben. Zu kaufen

Von der Mode bis zu Krimskrams, das Angebot bei Umwerk ist immer originell

sind die schönen Stücke im Onlineshop und in ausgewählten Münchner Läden.
www.holyghost-fashion.com

IOSOY

Barbara Weigand kombiniert zeitlose Eleganz und moderne Sinnlichkeit zu Kleidung, die keine Accessoires benötigt, um aufzufallen. Die Couture-Linie Iosoy ist vor allem auf Abend- und Brautmode spezialisiert. Unter den Namen Beyond und Business bringt die Designerin zudem jedes Jahr Konfektionskollektionen mit frechen Farben und lässigen Schnitten heraus, die sich immer wieder neu kombinieren lassen.
Isar- & Ludwigsvorstadt
Mi–Fr 11–19, Sa 10–15 Uhr und nach Vereinbarung | Klenzestr. 45 | Tel. 089 33 06 60 83 | www.iosoy.de | U 1, 2, 7 Fraunhoferstraße (248 B3)

KATHRIN HEUBECK

ÖKO Selbst Frauen, die normalerweise keine großen Taschenfans sind, kommen bei Heubeck ins Schwärmen. Attribute wie hochwertig, geräumig, schlicht, ohne Chichi passen am ehesten zu den Exemplaren, die die Münchnerin in Unifarben designt. Auch wenn eine Tasche gut 500 Euro kostet – das Geld ist garantiert gut in Öko-Leder investiert.
Isar- & Ludwigsvorstadt
Do 12–19.30 Uhr | Ehrengutstr. 5 | Tel. 089 68 09 42 40 | www.kathrinheubeck.com | Bus 62 Ehrengutstraße (247 F5)

OSKA

Das Münchner Label zieht seit mehr als 15 Jahren Frauen rund um den Globus in seinen Bann. Darunter: allerhand internationale Filmprominenz. Es ist die Natürlichkeit der Stoffe und der Farben, die viele Frauen schwärmen lässt. Stefanie Schmitz legt Wert darauf, dass jedes Teil ein potenzielles Lieblingsstück werden könnte. Bedingung: Es muss raffiniert, schlicht und pflegeleicht sein.
Altstadt-Lehel
Mo–Sa 10–20 Uhr | Maffeistr. 6 | Tel. 089 15 90 95 30 | www.oska-muenchen.de | U 3–6 Odeonsplatz (241 D3)

PFIZIPFEI

Pfizipfei klingt zwar niedlich, ist aber Mode mit einer gehörigen Portion Hardrock. Abgefahrene Motive und Sprüche à la »No soul to sell« zieren Shirts, Hoodies und Taschen. Ein Münchner Laden ist zwar bereits in Planung, vorerst sind die Stücke aber nur online zu erwerben.
www.pfizi.com, www.facebook.com/Pfizipfei

THE SOUVE STORE

OMG! Hochwertige Taschen made in Munich: Bei dieser Auswahl muss man einfach schwach werden. Die schwarze Reisetasche beispielsweise ist bereits ein Klassiker im Sortiment: »Leather travel bag black« – mit knapp 500 Euro allerdings auch nicht ganz günstig. Im Flagshipstore gibt es auch Sonnenbrillen und Designbücher.
Altstadt-Lehel
Mo–Sa 11–19 Uhr | Brunnstr. 7 | Tel. 089 615 112 455 | souve.net | U 3, 6, S 1–4, 6–8 Marienplatz (240 C4)

MUSIK

GUTFEELING

Andreas Staebler vertreibt in seinem Plattenladen den kompletten Katalog seines gleichnamigen Labels. Bei einer Tasse Kaffee serviert er in Wohnzimmeratmosphäre aber auch Vinylschätze aus aller Welt von Sixties Trash bis Country

Musikfundgrube mit Wohlfühlambiente: Gutfeeling

– und das Beste, was andere Münchner so auf Platte pressen.
Isar- & Ludwigsvorstadt
Mo–Do 14–19 Uhr | Maistr. 1 | Tel. 089 51 70 24 83 | www.gutfeeling.de | U 1–3, 6–8 Sendlinger Tor (248 A3)

OPTIMAL

Seit 1982 ziehen Musikliebhaber und DJs in das Vinylmekka. Plattenfirmen veranstalten in den Räumen ab und zu Livegigs mit Undergroundbands. Die Auswahl an INSIDER TIPP unabhängigen Kleinlabels aus aller Welt ist fantastisch, und nicht zuletzt dank der Secondhand-Abteilung findet man jede Menge Raritäten. Plattentaschen, Bücher und T-Shirts ergänzen das Sortiment. Vieles davon gibt's auch im Onlineshop.
Isar- & Ludwigsvorstadt
Mo–Fr 11–20, Sa 11–17.30 Uhr | Kolossеumstr. 6 | Tel. 089 26 81 85 | www.optimal-records.com | Tram 16, 17, 18 Müllerstraße, U 1, 2, 7 Fraunhoferstraße (240 C6)

OUTLET

BRAND ACADEMY

Stark reduzierte Vintagemode und -schuhe, Sneakers und Urban Wear von Jungdesignern, aber auch namhaften Labels locken preisbewusste Fashionistas in die ehemalige Militärakademie. Eine Einladung zu den monatlichen Verkaufsevents bekommt, wer sich unkompliziert auf der Internetseite registriert.
Maxvorstadt
Do–Sa 10–20 Uhr | Pappenheimstr. 14 | Tel. 089 55 21 37 20 | www.mybrandacademy.de | U 1, 7 Stiglmaierplatz (247 E1)

NIKE FACTORY

Eines sei vorweg gesagt: Wer irgendwie kann, sollte unter der Woche herkommen, denn am Samstag ist der Laden meistens überfüllt. Die Auswahl ist groß, und oft gibt es auf die bereits reduzierte Ware noch Extra-Prozente.

Brunnthal

Di–Sa 9–20 Uhr | Zusestr. 5 | Tel. 67 84 75 90 | Bus 214, 216, 222 Brunnthal, Eugen-Sänger-Ring (252 C3)

STIERBLUT OUTLET

Stierblut ist die erste Anlaufstelle für Fashion-Liebhaber mit etwas größerem Geldbeutel. In der Oberottl-Passage gegenüber vom normalen Shop liegt der Outlet-Store, in dem die höherpreisigen Artikel bezahlbar werden.

Altstadt-Lehel

Fr–Sa 11–19 Uhr | Sendlinger Str. 46 | Tel. 089 46 13 45 7 00 | www.stierblut.de | U 1, 2, 3, 6, 7 Sendlinger Tor (240 C5)

TRIUMPH OUTLET

Nachtwäsche, Bademoden, Dessous, Korsetts sowie Schlafanzüge in allen Farben und Größen – für einen Besuch im Triumph-Lagerverkauf braucht man Zeit und Geduld. Zum Teil stammt die Wäsche aus Überproduktion, hat kleine Fehler oder es sind Musterteile, die nicht in Serienproduktion gegangen sind. Auch die aktuelle Kollektion hängt an den Ständern – allerdings zum regulären Preis.

Maxvorstadt

Mo–Fr 9–18, Sa 10–16 Uhr | Marsstr. 46 | Tel. 089 51 11 47 84 | Tram 16, 17 Hopfenstraße (247 F1)

PASSAGEN & ZENTREN

AMALIENPASSAGE

Von Naturkost bei ÖKO Mutter Erde → S. 146 über Mode bei Amsel – die fünf verbundenen Höfe der Amalienpassage bieten weitaus mehr als eine Abkürzung zur Türkenstraße. Die Einkaufspassage für alle, die auf der Suche nach Außergewöhnlichem und Originellem sind.

Maxvorstadt

Amalienpassage | www.amalienpassage-muenchen.de | U 3, 6 Universität (244 C6)

FÜNF HÖFE

Durch diese schicke Passage zu schlendern, macht selbst außerhalb der Öffnungszeiten Spaß. Ob Literatur oder Kunst, exklusive Mode oder extravagante Wohnaccessoires – hier finden Münchner mit hohen Ansprüchen garantiert das Richtige.

Altstadt-Lehel

Mo–Fr 10–19, Sa 10–18 Uhr | Theatinerstr. 15 | Tel. 089 24 44 95 80 | www.fuenfhoefe.de | U 3–6 Odeonsplatz (241 D3)

HOFSTATT

Die jüngste unter den Passagen versammelt viele Labels, die bisher in München noch nicht oder kaum zu finden waren – wie den ersten Jeep Store Europas. Neben der überwiegend jungen Mode gibt es aber auch Wohnaccessoires und einen ÖKO Bio-Supermarkt.

Altstadt-Lehel

Mo–Sa 10–20 Uhr | Sendlinger Str. | Tel. 089 14 33 36 50 | www.hofstatt.info | U 3, 6, S 1–4, 6–8 Marienplatz (240 C4)

PASING ARCADEN

Von Aldi bis Swarovski, vom Autoverleih bis zur Reinigung: Entlang der geschlängelten Pfade der Pasing Arcaden findet man das wohl breiteste Sortiment der Münchner Einkaufszentren. Im Parkhaus bietet eine Tankstelle kostenlosen Ökostrom für Elektroautos.

Pasing

Mo–Sa 9.30–20 Uhr | Josef-Felder-Str. 53 | Tel. 089 28 85 17 55 00 | www.pasing-arcaden.de | S 3, 4, 6, 8 Pasing (238 A3)

Schuhe über Schuhe – und dann auch noch die Handtaschenwand: Versuchungen im Morgantini

SCHUHE

MORGANTINI

Ein klasse Geschäft für den eleganten Lederschuh. Saisonal wechselnd ergänzen kleinere, meist italienische Marken das Stammsortiment, darunter sind Labels wie Vic Matie, Pantanetti oder Corvari. Männer werden ebenso fündig wie Frauen, dank den schicken Umhängetaschen von Numero 10 sogar an der Taschenwand.

Isar- & Ludwigsvorstadt

Mo–Fr 10.30–19, Sa 10–18 Uhr | Reichenbachstr. 16 | Tel. 089 26 01 88 80 | www.morgantini.de | U 1, 2, 7 Fraunhoferstraße (248 B3)

SCHO SHOES

Sogar Schauspielerin Demi Moore wurde mit Schuhen dieser Designer schon gesichtet! Ob Flats, Ballerinas oder Glitzer-Loafer – die Modelle sind der letzte Schrei. Das Ehepaar Scho entwirft in Bogenhausen und lässt in Mailand anfertigen. Seit sich die beiden zusammengetan haben, boomt das Geschäft.

Bogenhausen

Mo–Sa 10–20 Uhr | Trogerstr. 27 | Tel. 089 20 18 09 52 | www.schoshoes.com | Bus 100 Friedensengel (249 E2)

SNIPES STORE

Sneaker, Streetwear und Accessoires ... ein Traum für alle Cap-Träger. Wer die angesagtesten Treter und Kappen sucht, der ist hier goldrichtig. Alle wichtigen Labels von A wie Adidas bis V wie Vans sind vertreten – und Modelle in allen Farben und Größen in Hülle und Fülle.

Altstadt-Lehel

Mo–Sa 10–20 Uhr | Neuhauser Str. 3 | Tel. 089 23 00 04 88 | www.snipes.com | U 3, 6, S 1–4, 6–8 Marienplatz (240 B3)

THE UPPER CLUB

Für Alexander Scharf sind Sneaker nicht nur funktionelle Fußbekleidung – sie

sind begehrtes Sammlerstück und Ausdruck der Persönlichkeit: In seinem Laden führt er alle großen Marken von Adidas bis Reebok, aber auch Mode und Accessoires von kleineren deutschen und bayerischen Labels.

Altstadt-Lehel

Mo–Fr 11–19, Sa 11–18 Uhr | Thierschstr. 14 | Tel. 089 74 03 90 69 | www.the-upper-club.de | S Isartor (247 D5)

VOR

Die Sneaker des Münchner Labels VOR sind aufs Wesentliche reduziert, zeitlos und puristisch. Sie sind Kunst – und kosten auch fast so viel. Die Schmuckstücke werden außerdem ausschließlich in Deutschland produziert, die multifunktionalen Schuhkartons stammen aus einer Behindertenwerkstatt. Die Schuhe gibt's bei The Upper Club (*www.theupper-club.com*), Amen (*www.amen-store.tumblr.com*) und Harvest (*www.houseofhrvst.com*) oder im Onlineshop. *www.vor-produkte.com*

SECONDHAND

BEGIPSY

Der begehbare Kleiderschrank, wie Kundinnen den Laden liebevoll nennen, bietet Kleidung, Schuhe, Taschen und Accessoires von Zara bis Gucci aus teils prominentem Vorbesitz. Ob gerade ein potenzielles Lieblingsstück im Laden liegt, kann man auf der Website nachschauen. Im August und September sind ausschließlich wunderbare Designer- und INSIDER TIPP Vintage-Dirndl im Angebot.

Maxvorstadt

Di/Mi, Fr 11–19, Do 11–19/20, Sa 11–16 Uhr | Gabelsbergerstr. 68 | Tel. 089 96 19 35 44 | www.be-gipsy.de | U 1, 7 Stiglmaierplatz (244 A6)

MAISON CHICHI VINTAGE

Beinahe täglich entdeckt Nina Riedel faszinierende Kleider mit dem Charme der 40er- bis 80er-Jahre. Wer den schicken Burlesque-Look für sich entdeckt hat, wird bei ihr garantiert fündig. Liebevoll ausgewählte Kleidungsstücke, die einfach wunderbar aussehen. Tipp: die tollen Schuhkollektionen von Miss L-Fire. Ansonsten gibt es u. a. spezielle Labels wie Stop Staring, Seamstress of Bloomsbury, 20th Century Foxy oder Gracy Q.

Isar- & Ludwigsvorstadt

Mo 12–18, Di 11–18, Sa 11–17 Uhr | Baaderstr. 64 | Tel. 089 99 01 83 23 | www.facebook.com/MaisonChiChiVintage | U 2 Fraunhoferstraße (241 E6)

VINTAGE LOVE

Der Name bedeutet »Liebe zum Erlesenen« und ist hier Programm: Inge Grandl hat sich auf Cocktail- und Abendmode aus den 1950er- bis 80er-Jahren und die dazu passenden Schuhe, Taschen und Accessoires sowie ein saisonal wechselndes Angebot von Pelz bis

Tracht spezialisiert. Wer ein Einzelstück sucht und trotzdem kein Vermögen ausgeben möchte, ist bei Vintage Love goldrichtig!

Altstadt-Lehel

Mo–Fr 13–19, Sa 13–18 Uhr | Frauenstr. 22 | Tel. 089 25 54 22 07 | www.vintagelove.de | U 3, 6, S 1–4, 6–8 Marienplatz (241 E5)

SELBERMACHEN

DAS BLAUE TUCH

ÖKO Fair produziert und langlebig, außerdem schadstofffrei sind die Stoffe in Katja Marschners Laden, etwa 80 Prozent sogar bio-zertifiziert. Ebenso fair sind die Preise, denn dass Qualität nicht unbedingt teuer sein muss, ist der Inhaberin wichtig. Für Schnäppchenjäger lohnt sich der regelmäßige Blick auf die Website. Neben inzwischen mehr als 450 Stoffen verkauft die Designerin hier außerdem ihre Taschenkollektion »Can't go naked«, die in einer kleinen spanischen Ledermanufaktur gefertigt wird.

Schwabing

Mo–Fr 10–18.30, Sa 11–16.30 Uhr | Siegesstr. 21 | Tel. 089 85 63 66 90 | www.dasblauetuch.com, www.cantgonaked.com | U 3, 6 Münchner Freiheit (244 C5)

HAUS DER EIGENARBEIT

Seit 1987 vermittelt das Haus der Eigenarbeit Handwerksleistungen, von Bohren über Schweißen bis zur Goldschmiedekunst. Vier Mal im Jahr erklären Profis im Repair-Café kostenlos, wie man Toaster, schleifende Fahrräder und andere kaputte Dinge repariert. Neu ist das monatliche Fasercafé, der Treffpunkt für begeisterte Stricker, Näher, Häkler und Spinner. Fortgeschrittene Heimwerker können außerdem günstig Geräte leihen.

Au-Haidhausen

Di–Fr 15–21, Sa 12–18 Uhr | Wörthstr. 42, Rgb. | Tel. 089 4 48 06 23 | www.hei-muenchen.de | U 5, S 1–4, 6–8 Ostbahnhof (249 E3)

KARTOFFELKOMBINAT

ÖKO Die Bio-Gemüsegärtnerei war nur der Anfang, Daniel Überall und Simon Scholl bieten inzwischen auch Bio-Brot, Honig soll folgen. Die Obst- und Gemüselieferung kostet 68 Euro im Monat, Brot einen kleinen Aufpreis. Für Mitglieder veranstaltet die Genossenschaft außerdem regelmäßig Workshops und Vorträge.

Tel. 0179 2 95 57 55 und 0178 7 60 44 22 | www.kartoffelkombinat.de

MÜNCHNER KRAUTGÄRTEN

ÖKO Den eigenen Bio-Salat und die eigenen Bio-Karotten ernten, das können auch Münchner Stadtpflanzen. An 20 Standorten verpachtet die Landeshauptstadt Krautgärten. Um die 130 Euro im Jahr kostet eine Parzelle von etwa 60 Quadratmetern. Die Saat übernehmen erfahrene Gärtner, einen Teil der Fläche können Pächter aber auch selbst gestalten. Zwei Krautgärten sind hinzugekommen: einer in Neuaubing und einer in Trudering.

www.urbane-gaerten-muenchen.de

SPORT

GLOBETROTTER

Ob Himalaja, die Wüste Gobi oder die Donau, für jedes dieser Abenteuer benötigt man die passende Ausrüstung. Und die wird beim Experten gekauft. Da zählt Globetrotter zu den Besten. So lässt sich das Kanu für den Donautrip dank Testbecken gleich einmal ausprobieren, genauso wie der Schlafsack in der Höhenkältekammer. In Sachen

Outdoor wissen die Kunden die jahrzehntelange Erfahrung sehr zu schätzen, wenn es um Abenteuerreisen geht.

Altstadt-Lehel

Mo–Sa 10–20 Uhr | Isartorplatz 8–10 | Tel. 089 44 45 55 70 | www.globetrotter.de | S 1–4, 6–8 Isartor (241 F5)

INSIDER TIPP PLANET SPORTS FLAGSHIPSTORE

Nach dem Umzug gibt es im Sportswear-Laden noch mehr Angebot. 250 Marken aus dem Boarder- und Streetwear-Bereich auf 500 m² sprechen für sich.

Altstadt-Lehel

Mo–Fr 11–20, Sa 10–20 Uhr | Oberanger 16 | Tel. 089 23 000 836 | www.planet-sports.de/München | Bus 62 Viktualienmarkt (240 C5)

SPORT MÜNZINGER

Fußball ist eine Religion und Sport Münzinger sein Tempel. Ob vom Kicken inspirierte Streetwear oder Kickerequipment, stylische Sneaker oder Spielertrikots von Bayern bis Barça, hier wird jeder Fan des runden Leders ganz schnell fündig.

Altstadt-Lehel

Mo–Sa 10–20 Uhr | Marienplatz 8 | Tel. 089 29 03 00 | www.sport-muenzinger.de | U 3, 6, S 1–4, 6–8 Marienplatz (241 D4)

SPORT SCHECK

Das 1946 in München gegründete Sporthaus ist über die Jahre stetig gewachsen und für Münchner immer noch Kult. Neben Sportartikeln und Lifestyle-Outfits gibt es eine Menge mehr, was den Kunden geboten wird, wie den Skiwartungsservice, Fitnesstests und Analysen sowie einen hauseigenen Optiker. Ein Großteil der Münchner hat mit SportScheck das Skifahren gelernt. Was heute ebenso noch im Angebot ist wie der alljährliche Stadtlauf mit mehr als 20 000 Läufern.

Altstadt-Lehel

Mo–Sa 10–20 Uhr | Neuhauser Str. 21 | Tel. 089 21 66 12 19 | www.sportscheck.com | U 4, 5, S 1–4, 6–8 Karlsplatz (240 C4)

Erst indoor testen, was einen dann outdoor durch die Fluten trägt: Kanu-Testbecken bei Globetrotter

TRACHT

AUFGEBRETZELT

Die in Bayern handgefertigten Trachten von Lisa Brettel bestechen durch leuchtende Farben und ungewöhnliche Stoffkombinationen. Dazu gibt's Accessoires wie Trachtenhüte und Capes. Im Sortiment sind auch etwas günstigere Baumwoll-Waschdirndl.

Ismaning

Termin nach Vereinb.: info@aufgebretzelt.de | Carl-Zeiss-Ring 4 | Tel. 0162 9 04 41 18 | www.aufgebretzelt.de | S 8 Ismaning (252 C2)

INSIDER TIPP COCOVERO

Das junge Münchner Trachten-Label hat die Herzen der Wiesn-Fans erobert. Exkluxive Designer Dirndl, traditionelle Waschdirndl, Janker und modische Gilets – von Zeit zu Zeit taucht das Münchner Label als Pop-up-Store am Münchner Trachtenhimmel auf, zuletzt in der Montgelasstr. 15. Einfach auf der Website informieren – oder online bestellen!

Tel. 089 15 89 05 48 16 | www.cocovero.com

FROSCHGOSCHERL

Ob Hochzeitsdirndl, Brautdirndl oder Designer-Dirndl – Daniela Tobik lässt hier hochwertige Dirndl mit perfektem Sitz entstehen. Besonderheit der Dirndl sind handgearbeitete Froschgoscherl-Rüschen, die zusätzlich mit Swarovskisteinen verziert sind.

Schwabing

Do–Fr 13–18, Sa 11–15 Uhr | Hohenzollernstr. 65 | Tel. 089 96 11 88 30 | www.froschgoscherl.com | Tram 27, 28 Kurfürstenplatz (244 B4)

JAN & INA TRACHTEN

Wow, hier bekommt »Tracht« einen Hipster-Akzent. Beliebt bei Fashion- und Lifestyle-Magazinen, hat sich das Label einen eigenen Namen mit neuen Interpretationen von Tradition gemacht. Folklore-Strickjanker zur Lederröhre? Den Art-Direktoren gefällt's. Namensgeberin und Designerin Janina Maria Sendner studierte früher an der Esmod.

Schwabing

Di–Fr 11–18, Sa 11–6 Uhr | Hiltenspergerstr. 36 | Tel. 089 23 14 66 69 | www.janinatrachten.de | U 2/8 Hohenzollernplatz (244 B5)

WOCHENMÄRKTE

MÜNCHNER BAUERN- UND WOCHENMÄRKTE

ÖKO Bewusst einkaufen ist in – deshalb gibt es in fast jedem Stadtviertel wieder Wochen- und Bauernmärkte. Über ganz München sind mehr als 40 von ihnen verteilt.

Maxvorstadt

Di 11–18 Uhr | Zieblandstraße | U 2 Josephsplatz (244 B5)

Au-Haidhausen

Di 8–12 Uhr | Weißenburger Str. 2–10 | S 1–4, 6–8 Rosenheimer Platz (249 D3)

Neuhausen

Do 10–19 Uhr | Rotkreuzplatz | U 1 Rotkreuzplatz (243 D6)

Altstadt-Lehel

Do 11–18 Uhr | St.-Anna-Platz | U 4, 5 Lehel (249 D2)

Westend

Do 10–18 Uhr | Georg-Freundorfer-Platz | U 4, 5 Schwanthalerhöhe (247 D–E 3)

Thalkirchen

Do 13–18 Uhr | Thalkirchner Platz/ Schäftlarnstr. 179–181 | U 3 Thalkirchen (250 C2)

Giesing

Fr 13–18 Uhr | Giesinger Bahnhofsplatz | U 2, S 5, 6 Giesing (249 D6)

www.wochenmarkt-muenchen.de, www.muenchner-bauernmaerkte.de

Spaß für Kinder

Na, wenn die Statistik in Sachen Geburten seit Jahren alle Rekorde bricht, dann ist in München wohl gut Kind sein. Und siehe da, genau so isses – hier leben Racker hoch!

Kinder sollen toben, spielen, Abenteuer erleben, aber auch etwas lernen. Dass das auch Spaß macht, ist in München gewährleistet. Das Kulturprogramm ist nämlich so bunt, dass kleine Racker ganz schnell still sitzen.

ACTION

COCO-LOCO

Das Coco-Loco ist nicht nur Tummelplatz für bewegungsfreudige Kinder aus München, sondern durch seine Grünwalder Lage auch beliebter Promi-Kids-Treff, unter anderem wurden hier schon FC-Bayern-Spieler-Väter gesichtet. Das absolute Highlight für die Kids ist neben der Hüpfburg, der Kartbahn und dem Klettergerüst das Bungee-Trampolin, das (im Gegensatz zu ähnlichen Angeboten) kein Extrageld, sondern nur Geduld beim Anstehen kostet.

Grünwald

Di–Fr 14–19, Sa/So 10–19 Uhr | Südliche Münchner Str. 35 | Eintritt je nach Wochentag und Alter 3,50–9 Euro, s. Homepage | Tel. 089 64 91 19 38 | www.cocoloco-gruenwald.de (252 C3)

KIDDI CAR

Acht Mini-Autos, 14 Kinder-Quads und zwei Wagen für große Kinder und Erwachsene – in Fürstenfeldbruck wartet ein ganzer Fuhrpark. Auf dem Verkehrsübungsplatz können Kinder von sechs bis zwölf Jahren ihr Fahrkönnen erproben. Alles unter Überwachung des Personals, versteht sich, samt Helm und Einführung. Tipp: Kindergeburtstag kann man hier auch prima feiern!

Fürstenfeldbruck

April–Nov. Sa/So 14–18, in den Ferien tgl. 14–18 Uhr | Theodor-Heuß-Str. 7 | 3er-Fahrt 12 Euro | Tel. 08141 4 22 38 | www.kiddicar.de (252 B3)

KLETTER- & BOULDERZENTRUM MÜNCHEN-NORD

Wenn das kein Paradies für kleine Kletterfreunde ist: Auf 4000 m² verteilen sich im komplett neuen Hallenkomplex im Münchner Norden indoor wie out-

Sich wie ein Eichhörnchen fühlen – Balancieren zwischen Baumwipfeln im Kletterwald München

door leichte bis knifflige Kletterwände. Kindergeburtstage werden über den DAV arrangiert, drei Stunden für bis zu 12 Personen kosten 310 Euro.

Freimann

Tgl. 9–23 Uhr | Werner-Heisenberg-Allee 5 | Erwachsene 17 Euro, Kinder 13,50 Euro | Tel. 089 2154705 40 | www.kbfreimann.de | U 6 Fröttmanning (252 C3)

KLETTERWALD MÜNCHEN

Im Grünwalder Kletterwald können Kinder ab acht Jahren auf mehreren Parcours ihre Geschicklichkeit prüfen. Der erste Kletterweg ist ganz nah über dem Boden und eignet sich prima zum Ausprobieren. Noch Zeit? Dann unbedingt das Klangstäbehaus ein paar hundert Meter weiter im Walderlebniszentrum Grünwald ausprobieren *(www.walderlebniszentrum-gruenwald.de)*. Um 16 Uhr ist dort Wildschweinfütterung.

Grünwald

Ferien: tgl. 10–19 Uhr, sonst: Mi–Fr 13–19, Sa/So 10–19 Uhr | Am Walderlebniszentrum Sauschütt | Erwachsene 23 Euro, Jugendliche (12–17 Jahre) 21 Euro, Kinder (8–11 Jahre) 17,50 Euro | Tel. 089 88 90 23 55 | www.kletterwald-muenchen.de | Tram 25 Grünwald, Bus 271 Friedhof (252 C3)

NATURINDIANER

Sie sind den ganzen Tag draußen und erfahren die Natur mit allen Sinnen – ein tolles Erlebnis für Großstadtkinder! Die Naturindianer um Olly Fritsch bringen Kindern zwischen vier und 13 Jahren Nachhaltigkeit und Umweltbewusstsein spielerisch näher. Ganzjährig kann man zwischen Kindergeburtstagsfeiern, Tagesaktionen und Feriencamps wählen. Es gibt auch Kooperationen mit Hortangeboten in Haidhausen, Untergiesing und Vaterstetten.

Au-Haidhausen

Mo, Mi/Do 9.30–12.30 Uhr | Kellerstr. 41 | Tel. 089 67 97 15 08 | www.naturindianer-kids.de | U 4, 5 Max-Weber-Platz (249 D3)

SPIELGERÄTEVERLEIH SPORTAMT MÜNCHEN

Riesenhüpfburg oder Mini-Halfpipe? Im Spielgerätepark des Münchner Sportamts kann man tolle Utensilien ausleihen. Sogar eine Bewegungsbaustelle ist für 50 Euro im Angebot. Den Jonglierkoffer gibt es schon für 20, den Kriechschlauch für 1 Euro.

Giesing

Spielgerätetelefon: Mi/Do 9–12 Uhr | Sachsenstr. 2 | Tel. 089 44 48 82 87 15 | www.sport-muenchen.de (248 B5)

WASSERSPIELPLÄTZE

Wenn's in München heiß wird, muss es nicht immer gleich das Freibad sein. Mehr als 30 Wasserspielplätze bereiten den Kindern ebenso viel Spaß. Vor allem der Wasserspielplatz am Jackl im Westpark mit Aussichtsturm steht bei den

Kids hoch im Kurs. Ebenfalls beliebt sind die Anlagen im Ostpark und im Hirschgarten. Für die größeren Kinder eignen sich Bachläufe wie etwa in der Au beim Kegelhof, am Westermühlbach im Glockenbachviertel oder in Langwied/Aubing (Alte Allee/Lucia-Popp-Bogen).
Am Jackl im Westpark | Eingang Gilm- oder Westendstr. | Sendling-Westpark (246 B4)*; Ostpark | Eingang Heinrich-Wieland-Str./Feichtstr. | Ramersdorf; Hirschgarten | Zugang über Hirschgartenallee | Neuhausen-Nymphenburg* (242 B5)

AUSFLÜGE

DEININGER WEIHER

Ein Moorsee mit Blindschleichen, Ringelnattern und Wasserschildkröten: In idyllischer Lage führt ein wunderbarer Rundweg um das Wasser herum, der auch für Kinderwagen geeignet ist. Nach dem Spaziergang oder dem Baden kann man sich im Waldhaus mit leckeren Schmankerln stärken.

Straßlach

Waldhaus Deininger Weiher | tgl. 10–24 Uhr | Deininger Weiher 4 | Tel. 08170 99 87 00 | www.waldhaus-deiningerweiher.de | Bus 271 Kleindingharting, dann 20 Min. Fußweg (252 C4)

DEUTSCHES MUSEUM FLUGWERFT SCHLEISSHEIM

Nachwuchspiloten gesucht! Hier können Kinder in echte Cockpits steigen, Landeklappen setzen oder den Höhenmesser einstellen. Kids, die hier Geburtstag feiern, lernen Flugzeuge aus nächster Nähe kennen. Wer eine Führung buchen möchte, sollte sich vier Wochen vorher anmelden.

Oberschleißheim

Tgl. 9–17 Uhr, Führung für Kinder von 8–12 Jahren, max. 10 Teilnehmer, Dauer ca. 1 Stunde | Ferdinand-Schulz-Allee | Erwachsene 6 Euro, Kinder 3 Euro | Tel. 089 2 17 95 97 | www.deutschesmuseum.de/flugwerft | S 1 Oberschleißheim (252 C2)

MODELLEISENBAHN-SCHAUANLAGE MINILAND

Töff, töff, töff, die Eisenbahn – wer will mit nach Kirchheim fahr'n? Über 100 Minizüge düsen über das 1300 m lange Gleisnetz. Und wenn das künstliche Gewitter über die Anlage rauscht, bekommen die Kleinen ganz große Augen!

MARCO POLO HIGHLIGHTS

★ Bullyversum
»Der Schuh des Manitu« & Co. – die Bavaria Filmstadt hat Humormeister Michael »Bully« Herbig ein multimediales Denkmal gesetzt → S. 167

★ Café Glückskind
Endlich ein richtiges Kindercafé mit hohem Spaß- und Verständnisfaktor, mitten im schönen Familienviertel Haidhausen → S. 168

★ Palais Pinakothek
Malen, staunen, werken: Während die Großen ihre Runde durch die berühmten Museen drehen, basteln die Kleinen an ihrer eigenen Kunst → S. 172

★ Bergtierpark Blindham
Jetzt mit riesigem Indoor-Spielplatz noch attraktiver, die »Himme Stiang« führt direkt ins Kinderparadies. Top für Geburtstagsfeiern! → S. 175

Kirchheim-Heimstetten
Tgl. 10–18 Uhr, Ruhetage s. Homepage | Hürderstr. 4 | Erwachsene 9,90 Euro, Kinder (6–16 Jahre) 4,80 Euro | Tel. 089 54 04 50 27 | www.miniland.de | S 2 Heimstetten (253 D3)

UMWELTGARTEN NEUBIBERG

Leicht mit der S-Bahn zu erreichen ist der Umweltgarten Neubiberg, ein kleines Erholungs- und Tierparadies, das vor allem für die Kleinsten attraktiv ist, dank Enten, Kaninchen, Ziegen, Schafe, Ponys, Hühner und einem kleinen Spielplatz. Der Eintritt ist frei. Tipp für die Eltern: ÖKO INSIDERTIPP Donnerstags ist Bio-Markt *(14.30–18.30 Uhr)*.

Neubiberg
Äußere Hauptstr. 10 | Tel. 089 68 09 64 83 | www.neubiberg.de/umwelt_und_natur/umweltgarten | S 7 Neubiberg (239 E5)

WILDPARK POING

Am Eingang kommt man nicht umhin, eines der Futterpäckchen für das Dam- und Muffelwild zu kaufen – es ist einfach zu schön, die Tiere zu füttern! Wer hier im beliebten Wildtierpark seine Runden dreht, entdeckt Elche, Wölfe, Luchse und Bären, macht Halt am tollen Abenteuerspielplatz oder Rast bei der aufregenden Greifvogelshow mit Weißkopfadler und Uhu. Immer wieder ein Erlebnis.

INSIDER TIPP Jetzt auch für Regentage top: der neue Indoor-Spielplatz im Stadl.

Poing

1. April–1. Nov. 9–17, 2. Nov.–31. März 9–16, Sa/So/Ferien ab 9 Uhr | Osterfeldweg 20 | Erwachsene 7,50 Euro, Kinder 4,50 Euro | Tel. 08121 8 06 17 | www.wildpark-poing.de | S 6 Poing, dann 20 Min. Fußmarsch (253 D3)

BEI REGEN

FROH UND BUNTER

»Wer einen Schwamm und einen Pinsel halten kann, der kann auch Keramik gestalten« – unter diesem Motto können Kinder bis zwölf Jahren hier zusammen mit einer Begleitperson tätig werden, ab zwölf Jahren auch alleine. Vor allem interessant sind die Kindergeburtstagsangebote, zum Beispiel Müslischale gestalten, brennen und bemalen kostet pro Kind 19 Euro (ab dem 8. Geburtstag).

Altstadt-Lehel

Mo–Sa 11–20 Uhr | Tel. 089 38 98 92 56 | Sebastiansplatz 11 | www.froh-und-bunter.de | U 3, 6, S 1–8 Marienplatz (241 D5)

KINDERKUNSTHAUS

Ein kompetentes Team aus Kunstpädagogen, Künstlern, Bildhauern und Designern vermittelt hier Kindern in der offenen Werkstatt künstlerisches Schaffen. In kleinen Gruppen und mit individueller Betreuung werden die Kids künstlerisch gefördert und dürfen zum Beispiel drucken, formen, bauen, konstruieren oder Trickfilme gestalten. Auch für Kindergeburtstage bietet das Kinderkunsthaus attraktive Angebote.

Schwabing

Offenes Programm: Mi–Fr 14–18, Sa/So 10–18 Uhr | Siegesstr. 23 | Tageskarte 5 Euro | Tel. 089 33 03 57 70 | www.kinderkunsthaus.de | U 3, 6 Münchner Freiheit (244 C5)

PICCOLINO ELTERNKINO

NEU Immer donnerstags ab 10.30 Uhr wird es dunkel im Eltern-Baby-Kino. Bei gedämpftem Licht und angenehmer Lautstärke läuft ein aktueller Film – und Baby ist einfach mit dabei. Eine tolle Idee für Mamis und Papis, denn hier ist es egal, ob die Babys quengeln, alle im Kino haben Verständnis.

Isar- & Ludwigsvorstadt

Do 10.30 Uhr, aktuelles Kino-Programm beachten | City-Kinos | Sonnenstr. 12 | 7,50 Euro | Tel. 089 59 19 83 | www.city-kinos.de | S Stachus (240 B 4)

BESONDERE ERLEBNISSE

BAYERISCHE STERNWARTE

Am »magischen Freitag« öffnet die Volkssternwarte ihre Pforten – und alle Kinder, sowohl die großen als auch die kleinen, kommen mit staunenden Augen wieder heraus. Die Führung ist zwar ab vier Jahren, aus Erfahrung aber bekommen die Kids am meisten mit, wenn sie schon in die Grundschule gehen. Toll: Der Nachwuchs darf bei gutem Wetter selbst durch die Teleskope schauen. Auch Geburstagsfeste kann man hier feiern.

Ramersdorf

Kinderführung Fr ab 17 Uhr | Rosenheimer Str. 145h | Erwachsene 6 Euro, Kinder 4 Euro, Kinder unter 4 Jahren frei | Tel. 089 40 62 39 | www.sternwarte-muenchen.de | Bus 55, 145, 155 Anzinger Straße (249 E4)

BMW WELT JUNIOR CAMPUS

Die BMW Welt → S. 34 ist Münchens Besuchermagnet Nummer 1. Und das liegt nicht nur daran, dass Mamas und Papas allerhand über tolle Autos erfahren. Vor allem die Sonntagsangebote überzeugen auch die Kinder: Jeden letzten Sonntag im Monat gehört der ganze Campus ihnen. Bei reduziertem Eintritt gibt es von 10 bis 18 Uhr Workshops und Bastelaktionen. Ansonsten führen unterschiedliche Angebote mit Themen wie »Mobilität entdecken« oder »TÜVtler« Kinder von fünf bis 13 Jahren originell an das Thema Auto heran.

Milbertshofen

Mo–Fr 9–18, Sa/So 10–18 Uhr | Am Olympiapark 1 | Anmeldungen unter Tel. 089 125 0160 01 | www.bmw-welt.com | U 3, 8 Olympiazentrum (243 F2)

BULLYVERSUM ★

Michael »Bully« Herbig hat nicht nur als Komiker gepunktet, sondern auch als Regisseur der »Wickie«-Filme oder als Synchronstimme von Hui Buh. Nun lädt er zu einer interaktiven 3-D-Entdeckungsreise in die Bavaria Filmstadt: Dort entstand auf über 1500 m² ein Abbild seiner Fantasie. Im INSIDER TIPP Maxi-Kindergeburtstagspaket sind sogar selbst gedrehte Filmsequenzen auf DVD enthalten!

Geiselgasteig

April–Nov. 9–18, Dez.–Feb. 10–17 Uhr | Bavariafilmplatz 7 | Erwachsene ab 13 Euro, Kinder ab 11 Euro | Tel. 089 64 99 20 00 | www.bullyversum.de | Tram 25 Bavariafilmplatz (251 D6)

FLUGHAFEN BESUCHERPARK

Es sind 172 m pures Glück für 1 Euro pro Person: Vom hohen Besucherhügel aus können große und kleine Kinder den Flugzeugen beim Landen und Starten zuschauen, auf dem Spielplatz toben oder im Flugsimulator ausprobieren, wie es sich anfühlt, wenn ein Tornadosturm aufzieht. Wenn's regnet, freuen sich die Kids über kostenlose »Maus«- und »Willi will's wissen«-Filme

Jetzt wird's lustig – und interaktiv: Bullyversum

zum Thema Flughafen im Besucherzentrum. Wer möchte, kann auch eine Airport-Tour buchen, sie dauert 50 Minuten und kostet 9 bzw. 5 Euro.

Erding

Besucherzentrum tgl. 9.30–18 Uhr | Tel. 089 97 54 13 33 | www.munich-airport.de | S 1, 8 Airport Besucherpark (253 D2)

KLASSIKKONZERTE FÜR BABYS

Babys in einem klassischen Konzert mit Geige und Harfe? Ja, in immer wieder wechselnden Locations gibt es klassische Live-Konzerte für Eltern mit Babys und Kindern von null bis zwei Jahren. Die älteren Geschwister dürfen mitkom-

men, allerdings müssen die Eltern auf die mobilen Racker aufpassen. Die Klassikkonzerte finden in unregelmäßigen Abständen statt und dauern 45 Minuten. Zum Sitzen sollten Decken mitgebracht werden.
Termine und Karten über www.babykonzert.de

SEA LIFE

Diese Reise führt von der Isar über die Donau bis zum Schwarzen Meer und ins Mittelmeer – begleitet von 10 000 Meeresbewohnern. Das »Hai-light« ist das Mittelmeerbecken, durch das ein begehbarer Glastunnel führt: Wie sonst nur Taucher können die Besucher die Meeresbewohner hier aus nächster Nähe beobachten. Im Online-Verkauf sind die Tickets wesentlich günstiger (14,95 statt 30,45 Euro für einen Erwachsenen und ein Kind)!
Milbertshofen
Tgl. 10–18, am Wochenende bis 19 Uhr | Willi-Daume-Platz 1 | Tel. (*) 01806 66 69 01 01 | www.sealifeeurope.com | U 3 Petuelring, Bus 50 Eissportstadion (243 F3)

TIERPARK HELLABRUNN

Die Zwillingseisbären Nobby und Nela sind die Besucherlieblinge. Unter der Woche kann man die beiden und weitere Exoten mit mehr Ruhe beobachten. Immer wieder ein Highlight ist die Fledermausgrotte. Dort dürfen Besucher mit einer Infrarotkamera in die Schlafkammer der dunklen Brillenblattnasen schauen. NEU Am Isar-Eingang zwischen dem Café Mühle und dem Streichelgehege gibt es einen neuen Spielplatz mit Afrika-Ambiente. Während die Eltern auf der Terrasse des Cafés sitzen, toben die Kids in Sichtweite.
Thalkirchen
Tgl. 9–16/17/18 Uhr (je nach Jahreszeit) | Tierparkstr. 30 | Erwachsene 14 Euro, Kinder (4–14 Jahre) 5 Euro | Tel. 089 62 50 80 | www.tierpark-hellabrunn.de | U 3 Tierpark (251 D2)

ESSEN & TRINKEN

CAFÉ CLARA

Der erste Blick durch die Fenster verrät nicht unbedingt, dass es sich hier um ein kinderfreundliches Café handelt. Doch wer einmal mit Kind hier war, der kommt wieder. Vor allem die Sitzbank am Fenster und die Kinderspielecke haben es den Kleinen angetan. Und Mama trinkt einen Kaffee der kleinen Privatrösterei Coffea vom Gardasee.
Schwabing
€ Di–Fr 10–19, Sa 9–19, So 10–19 Uhr | Isabellastr. 8 | Tel. 089 5 23 72 14 | www.cafe-clara-muenchen.de | U 2 Josephsplatz (244 B5)

CAFÉ DE BAMBINI

»Shoppen, snacken, spielen« – das ist das Motto im Bambini. Neben Eltern-Workshops, Babymassagekursen und Kinderkleidung gibt es hier einen schicken Café-Bereich. Die Eltern können via Bildschirm das Spielzimmer beobachten. An der Theke locken Getränke, Waffeln, Suppen, Sandwiches und Kuchen. Hier wird sogar auf Anfrage ein Baby-Brei angerührt.
Schwabing
€ Mo 11–18, Di–Fr 10–18, Sa 13–18 Uhr | Marktstr. 7 | Tel. 089 23 54 95 45 | www.cafe-de-bambini.de | U 3, 6 Münchner Freiheit (244 C4)

CAFÉ GLÜCKSKIND ★

»Klirr« – und schon wieder liegt ein zerbrochenes Glas auf dem Fliesenboden. Was anderswo ein genervtes Raunen bei den Kellnern auslöst, gehört hier

Ein Spaziergang mit Tierpflegern und Lamas ist ein besonderes Angebot im Tierpark Hellabrunn

zum Tagesgeschäft. Denn wo Kinder sind, da passiert so etwas eben. Im liebevoll bunt eingerichteten Café Glückskind herrscht eine entspannte Atmosphäre für Kinder und Familien. Das Flair ist italienisch, die Spielecke im hinteren Bereich wird von den Allerkleinsten geliebt. Top: Hier wurde an alles gedacht, sogar an die kindersichere Treppensperre. Alle Gerichte für Kinder zum halben Preis!

Au-Haidhausen

€ tgl. 9–19 Uhr | Seeriederstr. 9 | Tel. 089 41 17 16 67 | www.cafe-glueckskind.de | U 4, 5 Max-Weber-Platz (249 E2)

KLEINE SPORTGEISTER

NEU Ein Turncafé – eine brillante Idee! Immer mittwochs und donnerstags können sich die Kleinsten (bis drei Jahre) im Spielbereich zwischen Matten und Decken bewegen – und die Eltern schnaufen bei hausgemachtem Frühstück durch. Auch am Nachmittag gibt es Bewegungsangebote für Kids – am besten die Angaben im Netz verfolgen.

Schwabing

€ Mi/Do 9.30–11.30 Uhr | Hiltenspergerstr. 43 | Tel. 0177 5 25 06 36 | www.kleine-sportgeister.de | U 2, 8 Josephsplatz (244 B5)

KOSY'S

Gemütlich wie im Wohnzimmer sitzen hier neben Nachbarschaftsgästen viele Eltern und Kinder an runden Tischen oder auf dem Sofa und genießen selbst zusammengestelltes Frühstück, *tramezzini* und Kuchen. Daneben locken weitere Gaumenfreuden wie Süßigkeiten und Pralinen. Postkarten und Schmuck kann man hier auch kaufen.

Brennend interessant: Feuerwehrmuseum

Au-Haidhausen
€ *Mo–Fr 9–18 Uhr | Pariser Str. 50 | Tel. 089 23 52 67 02 | www.mykosys.com | U 5 Ostbahnhof* (249 D4)

RIVA
Sonntag Nachmittag ist Pizzatag, denn dann können Kids hier ihre Pizza selbst belegen und mit dem Pizzabäcker »arbeiten«. Macht allen Kindern Spaß – und die Pizza wird garantiert aufgegessen!
Schwabing
€€ *So 11–16 Uhr | Feilitzschstr. 4 | Tel. 089 3 09 05 18 08 | www.riva-schwabing.de | U 3, 6 Münchner Freiheit* (244 C4)

INSIDER TIPP ZIMTZICKE
Nein, kein ausgewiesenes Kindercafé und auch zu klein für Kinderwagen (die am besten vor der Tür parken). Aber: Das Wohnzimmer im Hinterstübchen des Cafés hat so manche Mutter mit Kind schon über den Vormittag gerettet. Denn während es sich die Kids auf dem Boden oder dem Sofa mit Spielzeug gemütlich machen, hält sich die erschöpfte Mama mit einem Cappuccino wach. Und das Beste hier im Café sind natürlich die leckeren Zimtschnecken und Nussecken – einfach verführerisch!
Au-Haidhausen
€ *Mo–Fr 8–18, Sa/So 9–17 Uhr | Elsässerstr. 25 | Tel. 089 80 99 14 63 | www.cafe-zimtzicke.de | S-Bahnen Ostbahnhof* (249 E3)

INSIDER TIPP ZUCKERTAG
Im Kindercafé kann der Nachwuchs drinnen und draußen spielen, die Atmosphäre ist wohlig und herzlich, und wer einen Betreuungsengpass hat, der kann seine Kinder von null bis vier Jahren unangekündigt bis zu drei Stunden am Stück betreuen lassen. Außerdem gibt es im Kinderareal auch Kurse. Wer das Café mit Spielzimmer besuchen möchte, benötigt die Spiel-Flatrate für 9,90 Euro im Monat – die gilt als Eintritt in das Café an 30 aufeinander folgenden Tagen.
Isar- & Ludwigsvorstadt
€ *Mo–Fr 9–18, Sa/So 10–18 Uhr | Ehrengutstr. 10 | Tel. 089 20 32 07 19 | www.zuckertag.com | Bus 132 Roecklplatz* (248 A5)

KULTUR FÜR KINDER

ARCHÄOLOGISCHE STAATSSAMMLUNG
Hier findet man Interessantes und Wissenswertes über die Kunst der Jungsteinzeit, Bronzemasken und Glasfunde aus der Römerzeit, byzantinischen Schmuck und Grabbeigaben aus dem Mittelalter. Tipp: Immer mal wieder auf die Website schauen, denn es gibt öfter

tolle Sonderausstellungen und Familienangebote.

Altstadt-Lehel

Di–So 9.30–17 Uhr | Lerchenfeldstr. 2 | Eintritt 3 Euro, Kinder 2 Euro | Tel. 089 2112402 | www.archaeologie-bayern.de | U 4, 5 Lehel (249 D1)

FAMILIEN- UND FERIENPASS

Die Familien- und Ferienpässe der Stadt München halten vergünstigte bzw. kostenlose Angebote bereit – von Museumsbesuchen, Theatervorführungen über Stadtführungen bis hin zu Bastelkursen. Von einem Privatanbieter gibt es auch das »Familien-Gutscheinbuch München« für 16,95 Euro mit 130 Gutscheinen rund um die Familie in München *(www.mycitybaby-muenchen.de)*.

Altstadt-Lehel

Stadtinformation | Marienplatz 8 | Tel. 089 23349722 | Familienpass (zwei Erwachsene plus max. 4 Kinder bis 17 J.) 6 Euro, Ferienpass bis 14 J. 14 Euro, 15–17 J. 10 Euro (ohne MVV) | www.muenchen.de | U 3, 6, S 1–4, 6–8 Marienplatz (241 D4)

FEUERWEHRMUSEUM

Seit mehr als 130 Jahren rückt die Münchner Berufsfeuerwehr nun schon aus, wenn es irgendwo in der Stadt brennt. Von den Vorgängern in Sachen Feuerbekämpfung wurde sogar einmal der Brand der Oper, anno 1823, mit Hofbräubier gelöscht, da die Leitungen zugefroren waren. Skurrile Geschichten wie diese und Equipment, Geräte und Fahrzeuge machen die Hauptwache, in der das Museum untergebracht ist, zu einem sehr interessanten Ausflugsziel.

Isar- & Ludwigsvorstadt

Sa 9–16 Uhr und nach Vereinb. | An der Hauptfeuerwache 8 | Eintritt frei | Tel. 089 23534125 | www.feuerwehr-museen.de | U 1–3, 6 Sendlinger Tor (240 C5)

KINDER- UND JUGENDMUSEUM

Mitmachstationen, bei denen Anfassen ausdrücklich erwünscht ist – das zeichnet das Kinder- und Jugendmuseum aus. Unter immer wieder wechselnden Mottos können Kinder hier Materialien entdecken und selbstständig lernen. Ob Chemie, Papier, Musik oder Tiere, die Bandbreite der Themen ist vielfältig.

Altstadt-Lehel

Di–Fr 14–17, Sa/So 10–17 Uhr | Arnulfstr. 3 | Eintritt ab 4 Jahre 4,80 Euro, Familienkarte 12,50 Euro | Tel. 089 545408 | www.kindermuseum-muenchen.de | U 1, 2, 4, 5, S 1–8 Hauptbahnhof (242 B6)

KINDERTHEATER IM FRAUNHOFER

Immer wieder sonntags ist im Fraunhofer Kindertheater – schon für die Allerkleinsten wird hier viel geboten. Es gibt Stücke, die bereits für Zweijährige geeignet sind. Gern gesehene Gäste sind zum Beispiel die in München hoch gerühmten Poncho Ponys mit ihrem Seitenprojekt, einem Western-Musical. Am besten vorher ins Programm schauen.

Isar- & Ludwigsvorstadt

Fraunhoferstr. 9 | Erwachsene 7 Euro, Kinder 5 Euro | Reservierung unter Tel. 089 20207795 | www.kindertheater-im-fraunhofer.de | U 1, 2 Fraunhoferstraße (240 C6)

MÜNCHNER THEATER FÜR KINDER

Manchmal kann man an den Schaufenstern lesen: »Rettet das Theater«! Es wäre traurig, wenn das rührigste Kindertheater Münchens aus finanzieller Not schließen müsste. Dabei werden hier seit über 20 Jahren wunderbare Stücke aufgeführt, schon für den Nachwuchs ab drei Jahren. Frau Holle und Räuber Hotzenplotz sagen: »Hingehen, sonst geht das Theater!«

Maxvorstadt

Theaterkasse tgl. 10–17.30 Uhr | Dachauer Str. 46 | Tel. 089 59 54 54 | www.muenchner-theater-fuer-kinder.de | U 1 Stiglmaierplatz (247 F1)

MUSEUM MENSCH UND NATUR

Nein, das Museum ist nicht neu, sondern einer der langjährigen Klassiker unter Münchens beliebtesten Museen für Kinder und Familien. Was einen Besuch für Familien besonders attraktiv macht, ist das dazugehörige Café Limulus. Hübsch eingerichtet lassen sich hier alle gerne nieder auf einen Kaffee oder Kakao. Da macht der Museumsbesuch gleich doppelt Spaß. Erschwinglich ist das kleine Frühstück, das es hier schon ab 3,80 Euro gibt. Sonntags kostet der Eintritt ins Museum nur 1 Euro.

Nymphenburg

Di–Fr 9–17, Do 9–20, Sa/So 10–18 Uhr | Schloss Nymphenburg 19 | Erwachsene 3,50 Euro, Kinder frei | Tel. 089 17 11 97 91 | www.musmn.de, www.cafe-limulus.de | Tram 17, Bus 51, 151 Schloss Nymphenburg (242 B5)

PALAIS PINAKOTHEK ★

Hier können Kinder bei Projektarbeiten aktiv künstlerisch tätig werden und sich auf spannende Entdeckungstour durch die weltberühmten Pinakotheken begeben. Bei den Führungen wird gesprochen, gemalt und gebastelt – ideal für Kids zwischen fünf und zwölf Jahren. Die Museumsbesuche werden von einer Vor- und einer Nachbereitung umrahmt.

Maxvorstadt

Türkenstr. 4 | Eintritt 7 Euro | Tel. 089 23 80 51 98 | www.pinakothek.de/programm | U 2 Theresienstraße (244 B6)

PALÄONTOLOGISCHES MUSEUM

Dinosaurier-Fans aufgepasst, hinter diesen Museumsmauern verstecken sich Schätze. Zu entdecken gibt es u. a. einen von sieben Funden des Urvogels

Auf einer Reise durch die Erdgeschichte im Museum Mensch und Natur

Archäopteryx aus dem Solnhofener Kalkschiefer oder ein Urelefantenskelett sowie andere Saurier und Säugetiere der Vorzeit. Die schönsten Fundstücke aus der Sammlung werden als »Fossil des Monats« im Wechsel präsentiert.

Maxvorstadt

Mo–Do 8–16, Fr 8–14, 1. So im Monat 10–16 Uhr | Richard-Wagner-Str. 10 | Eintritt frei | Tel. 089 2180 66 30 | www.palmuc.de | U 2 Königsplatz (244 A6)

SCHAUBURG

Was die Kammerspiele für Große sind, ist die Schauburg für Kleine: ambitioniertes Theater mit intelligenter Unterhaltung, die weder unter- noch überfordert.

Schwabing

Franz-Joseph-Str. 47 | Eintritt 5–7 Euro | Tel. 089 23 33 71 71 | www.schauburg.net | Tram 27 Elisabethplatz (244 B5)

VERKEHRSMUSEUM

Trambahn, U-Bahn, Bus, Kutschen und Lokomotiven: In die meisten der ausgestellten Fahrzeuge kann man sich auch hineinsetzen. Kinder lieben die großzügigen Ausstellungshallen, in denen sie genug Auslauf haben. Auch eine Indoor-Röhrenrutsche wartet. Machen Sie bei einer INSIDER TIPP Simulator-Kutschfahrt wie vor 100 Jahren mit.

Westend

Tgl. 9–17 Uhr | Theresienhöhe 14a | Erwachsene 6 Euro, Kinder 3 Euro, bis 6 Jahre frei | Tel. 089 5108 58 35 | www.deutsches-museum.de/verkehrszentrum | U 4, 5 Schwanthalerhöhe (247 E3)

SPIEL & ZEUG

INSIDER TIPP ALPENKIND

Ein Outdoor-Laden nur für Kinder? Na klar, das ist für die vielen alpinophilen Kinder in München doch genau das Richtige! Im zentral gelegenen Geschäft Nähe Sendlinger Tor gibt es eine große Auswahl an Outdoor-Kleidung aus Skandinavien und auch die passenden Bergtour-Accessoires wie Rucksäcke oder Klettergurte. Da steht dem nächsten Ausflug nichts mehr im Wege!

Altstadt-Lehel

Di–Fr 10–12.30, 14–18, Sa 10–16.30 Uhr | Oberanger 40/42 | Tel. 089 41 87 26 46 | www.alpenkind-muenchen.de | U 1–3, 6 Sendlinger Tor (240 C5)

ANNIBAZAAR

NEU Vom Start-up zum Laden in der Maxvorstadt: Was als Online-Konzept begann, hat jetzt auch eine zauberhafte Anlaufstelle. Besitzerin Lena betreut ihre Stammkundinnen mit tollen Tipps rund um Labels wie Fabelab, Hipkidz, Kippins, Mini Rodini oder Very French Gangsters.

Maxvorstadt

Mo–Fr 11.30–18.30, Sa 11–17.30 Uhr | Türkenstr. 63 | Tel. 089 74 03 24 96 | www.annibazaar.com | U3, 6 Universität (240 C2)

CHIKA SO KIND

NEU Seit der kunterbunte Laden von Haidhausen ins Glockenbachviertel gezogen ist, erfreut er sich noch mehr Zulauf. Neben toller Kinderkleidung bis Größe 140 gibt es hier die süßen Hick-Ups Strumpfaffen und hochwertiges Spielzeug ohne Plastik. Tipp: Wer nach kleinen Geschenken sucht, findet vor allem fair hergestellte Produkte, denn Besitzerin Heike Karolina Watamaniuk legt darauf besonderen Wert.

Isar- & Ludwigsvorstadt

Mo–Fr 9.30–19, Sa 10–18 Uhr | Müllerstr. 1 | Tel. 089 66 56 16 17 | www.chi-ka.de | Tram 16, 18 Reichenbachplatz (240 B6)

GLOA

»Gloa« ist bayerisch und heißt »klein«. Dass bayerische Kids total cool aussehen können, beweist das erlesene Angebot hier im Laden, zusammengestellt nach dem Motto »Urban Lifestyles für Isarkinder«. Mit Labels wie Little Pieces, Tattyoo oder Minimize beweist die Macherin ein gutes Händchen.

Au-Haidhausen

Di–Fr 10.30–13.30, 15–18, Sa 10.30–15.30 Uhr |Sedanstr. 11 | Tel. 0152 01714411 | www.gloalifestyle.com | U 5, S 1–4, 6–8 Ostbahnhof (249 D3)

INSIDER TIPP DER KLEINE KNURRHAHN

NEU Der »kleine Bruder« in Neuhausen hat vom Sortiment her noch einmal richtig draufgelegt und steht dem größeren Schuhladen Nähe Siegestor um nichts nach. Immer wieder großartig: Die New-Balance-Auswahl für die Kleinsten. Tipp: Auf Facebook werden immer die Verkaufstermine veröffentlicht – so kriegt man sicher welche ab!

Neuhausen

Mo–Fr 10–18, Sa 10–14 Uhr | Winthirstr. 8 | Tel. 089 127 00 04 40 | www.kleinerknurrhahn.de | U 1 Rotkreuzplatz (243 D6)

KOKOLORES

Hier finden kleine und große Kinder immer wieder einen kleinen Gag zum Mitnehmen. Ob Krimskrams oder Spielzeug mit Retrotouch, Gimmicks für Kindergeburtstage oder originelle Postkarten, das Kokolores ist nicht nur in Haidhausen eine feste Größe. Wer ein Mitbringsel der besonderen Art sucht, wird hier garantiert fündig.

Au-Haidhausen

Mo–Fr 10–18.30, Sa 10–16 Uhr | Wörthstr. 8 | Tel. 089 4 48 32 51 | www.kokolores-muenchen.de | Tram 15, 19, 25 Wörthstraße (249 D3)

LIA BACH

Ökologische Bio-Baumwolle und Perlenschmuck stehen bei Lia Bach an oberster Stelle. Julia Sterzenbach fertigt Kindermode für den besonderen Anlass an.

Isar- & Ludwigsvorstadt

Mo–Fr 10–18, Sa 10–15 Uhr | Baaderstr. 10 | Tel. 089 242 15 333 | www.liabach.com | S Isartor (241 E6)

MURMELWALD

In diesem liebevoll eingerichteten Lädchen gibt es hochwertige Kinderkleidung von LipFish oder Joha, Spielzeug, Bücher und Accessoires. Prima: Während Mama und Papa das Angebot durchsuchen, kann sich der Nachwuchs in der kleinen Spielecke vergnügen.

Schwabing

Mo 9–19, Di–Do 9–16, Fr 9–15.30, Sa 10–16 Uhr | Schleißheimer Str. 34 | Tel. 089 55 27 50 60 | www.murmelwald.de | U 1, 7 Stiglmaierplatz (243 F6)

MY TWO DOTS

Zwei Münchner Mamas aus der Medien- und Kreativbranche mit einer genialen Idee: Sie vertreiben bestickte Schnuffeltücher – versehen mit einem gewünschten Buchstaben in der Wunschfarbe. Kostenfaktor: 18–25 Euro.
www.mytwodots.com

SPIELPLATZKIND

Spielplatzkind ist eine Anlaufstelle für Eltern und Kinder, die hübsche und funktionale Kleidung lieben. Kids von null bis zwölf Jahren finden garantiert etwas, ob Regenoutfit oder Gummistiefel von Gore, Schuhe von Viking, Tragwerk-Kuschelfrottee oder die richtige Brotdose. Im Outlet-Store *(Mo–Sa 10–19 Uhr | Eugen-Sänger-Ring 21)* in Brunnthal gibt es tolle Markenschnäppchen!

Schwabing

Pündterplatz 2 (244 C4)

Isar- & Ludwigsvorstadt
Auenstr. 78 (248 B4)
Mo–Fr 10–18, Sa 10–15 Uhr | Tel. 089 12 73 92 51 | www.spielplatzkind.de

ZUCKERSCHNÜRL

Im kunterbunten Laden von Susanne Lutz gibt es alles rund ums Kind in toller Atmosphäre: Spielzeug, Mode, Accessoires und sogar Schmuck und Möbel von namhaften Herstellern. Hier warten auch echte Geheimtipps aufs Entdecktwerden wie etwa das hoch gelobte Münchner Label Lisette pour filles.

Isar- & Ludwigsvorstadt
Mo–Fr 10–18.30, Sa 10–16 Uhr | Auenstr. 29 | Tel. 089 30 70 31 32 | www.zuckerschnuerl.de | Bus 58 Baldeplatz (248 B4)

WANDERUNGEN IN DER STADT

BERGTIERPARK BLINDHAM ★

Dieser idyllische Wald-und-Wiesen-Rundweg führt über 2,2 km an Wildgehegen und Ställen vorbei. An Tagen mit klarer Sicht hat man einen umwerfenden Blick auf die Berge. Der Wildpark verfügt unter anderem über einen Ziegen-Streichelzoo, einen Hasenstall, Rutschen, Sandkasten, Klettergerüste und Schwingschaukeln – eine ideale Verbindung von Tierwelt, Natur und Action. Ein Spielstadl bietet auch bei Regenwetter viel Spaß und Bewegung.

Aying
Sommer tgl. 9–20, Kassenschluss 18, Winter tgl. 10–18, Kassenschluss 16 Uhr | Blindham 3 | Tel. 08063 20 76 38 | www.bergtierpark.de (253 D4)

Kokolores: toller Schnickschnack, auch für die Großen

HIRSCHGARTEN

Früher ging der Adel im 40 ha großen Hirschgarten jagen, heute kann man eine schöne Wanderung, vorbei an Wildgehege und 150 Jahre alten Bäumen machen und im Anschluss in Münchens größten Biergarten Rast machen. Wenn das Wandern zu anstrengend wird: Es gibt genügend Wiesenflächen zum Rasten, im Sommer Grillareale und im Winter hügelige Wiesen zum Rodeln.
Start: S-Bahnen Hirschgarten **(242 B5)**

DIE ISAR ENTLANG NACH HELLABRUNN

Start dieser etwa 11 Km langen Wanderung ist Studentenstadt. Von der Grasmeierstraße geht es Richtung Englischer Garten. Am Ende der Straße in den Englischen Garten einbiegen und dem Weg folgen, bis er endet. Dann links über den Schwabinger Bach und weiter durch den Englischen Garten zur Isar am Oberföhringer Stauwehr. Dort angelangt, kann man gemütlich am rechten Isarufer entlang schlendern. Man wandert weiter, bis nach etwa 4 km die Thalkirchner Brücke und der Tierpark Hellabrunn erreicht ist.
Start: Tram 16 St. Emmeram

MÜNCHNER NORDEN

Eine Gegend, in die selbst eingefleischte Münchner nicht oft kommen! Vom Frankfurter Ring aus führt die Knorrstraße in das Viertel »Am Hart« zur Panzerwiese – ein Naturschutzgebiet. Von hier aus kann man westlich zur Schleißheimer Straße bis zum nördlichsten Punkt Münchens gehen. Das Viertel Hasenbergl ist nach einem eiszeitlichen Hügel benannt, den man auch sehen kann (Dülferstraße/Ecke Linkstraße). In Feldmoching gilt es dörfliche Strukturen zu entdecken. Von hier aus geht es Richtung Lerchenauer See und Olympiapark.
Start: U 2 Frankfurter Ring **(244 B1)**

RIEMER PARK

Der Riemer Park ist der drittgrößte in München und ein Paradies für Eltern, die ihre Kinder frei herumlaufen lassen möchten. Die Parkterrasse bietet sich zum Schlendern und Inlineskaten an, am Buga-See kann man baden, und wer mag kann sich auf seiner Wanderung den Rodelhügel vorknöpfen und die Sicht von oben auf die 20 000 Bäume genießen. Mehrere Spielplätze sorgen für Abwechslung. Tipp: Im Winter einen Schlitten oder ein Rutscherl mitnehmen!
Start: Riemer Park, U 2 Messestadt Ost **(252 C3)**

SENDLING BIS HINTERBRÜHLER SEE

Wandererprobte Kinder schaffen die 7 km problemlos, denn auf dem Weg gibt es allerhand zu entdecken: Vom Parkplatz am SWM-Ausbildungszentrum geht man in Richtung Flaucher, auf dem Flauchersteg über die Isar, bis zum südlichen Ende des Tierparks. Dort wird die Isar erneut überquert, und die Route führt weiter Richtung Hinterbrühler See.
Start: Hans-Preißinger-Straße 16 | U 3 Brudermühlstraße **(251 D1)**

STADTRALLYE

Bei den Stadtrallyes dürfen Kinder in Kleingruppen ihre Stadt entdecken – und zwar im Laufschritt und gegen andere Gruppen. Vier bis fünf Kinder können pro Rallye teilnehmen, sie bekommen zu Beginn einen Plan und Hilfsmittel und begeben sich dann in der Altstadt oder auf dem Olympiagelände auf Entdeckungstour. Unterwegs lösen sie Aufgaben und sammeln Punkte. Am Ende siegt der Entdeckungsfreudigere!
Treffpunkt nach Vereinb., Dauer ca. 2,5 Std. | Gruppe bis 25 Kinder und Begleiter 140 Euro | www.stattreisen-muenchen.de

Wellness & Sport

Riversurfen am Eisbach, Kicken im Park, Klettern im Grünen oder eine nagelneue Arena mit garantiertem Adrenalinkick: München kann einfach nicht stillsitzen!

BÄDER, SAUNEN & SPAS

AUSZEIT

Ob Männer, Frauen, Paare oder Singles, hier findet jeder das passende Verwöhnpaket. Abgerundet wird die persönliche Auszeit durch Getränke und Obst, die auf der sonnigen Terrasse serviert werden. Ein Highlight für werdende Mütter ist das INSIDER TIPP Mama-Spa!

Pasing

Rezeption: Mo–Fr 9–20, Sa 9–16 Uhr; Behandlungen: Mo–Fr 9–21.30, Sa 9–21, So 9–19 Uhr | Gottfried-Keller-Str. 31 | Tel. 089 55 05 59 55 | www.auszeit-muenchen.de | S 3, 4, 6, 8, 20 Pasing (238 A3)

BAD MARIA EINSIEDEL ★

ÖKO Münchens schönstes Freibad liegt nahe der Isarauen und verzichtet auf chemische Zusätze. Auf fast 400 m Länge fließt der Isarkanal hindurch. Das Restaurant Zur Flosslände, das den Freibad-Kiosk mit der ungewöhnlich kulinarisch wertvollen Speisekarte betreibt, lockt mit einer Isar-Open-Air-Lounge.

Thalkirchen

Mai–Sept. tgl. 9–18 Uhr (an heißen Tagen bis 20 Uhr) | Zentralländstr. 28 | Eintritt 4,10 Euro | Tel. 089 23 61 50 50 | www.swm.de | U 3 Thalkirchen (250 C3)

BLUE SPA

ÖKO Highlights sind die Sonnenterasse und der Blick über München. Erstklassig ist nicht nur das Ambiente, sondern auch das Angebot vom Spa-Ritual mit reinen Naturprodukten bis zur Vier-Hände-Massage. Zum Wellnessparadies des Hotels Bayerischer Hof gehören auch ein Fitnessstudio, Pool und Sauna.

Im Naturbad Maria Einsiedel schwimmt es sich wie in einem eckigen See

INSIDER TIPP Die Abendkarte ab 19 Uhr gibt es bereits für 29,50 Euro.

Altstadt-Lehel

Tgl. 7–22.30 Uhr | Promenadeplatz 2–6 | Tageskarte Mo–Fr 39,50 Euro, Sa/So 44,50 Euro | Reservierung erwünscht: Tel. 089 2 12 09 92 | www.bayerischerhof.de | U 3, 6, S 1–4, 6–8 Marienplatz (241 D3)

DANTEBAD

Freibad im Winter, das geht nur im »Dante«. Das 50-m-Becken und das Erlebnisbecken mit Sprudelliegen und Strömungskanal haben das ganze Jahr rund 30°C. Und nach dem Schwimmen geht's in die Blockhaussauna, ins Sanarium oder Dampfbad. Von Mai bis August sorgen vier weitere Pools für quellfrisches Vergnügen. Der Fitnessbereich verfügt über neuestes Gerät.

Mit der M-Bäder-Karte lässt sich bis zu 20 Prozent sparen.

Gern

Stadion: tgl. 7.30–23, Mi ab 7 Uhr; Sommerpools: 9–18 Uhr (an heißen Tagen bis 20 Uhr) | Postillonstr. 17 | Eintritt Stadion 8 Euro, Sommerbad 4,10 Euro, inkl. 4 Std. (Mai–Sept. ohne Zeitbegrenzung) Sauna 17,40 Euro | Tel. 089 23 61 50 50 | www.swm.de | U 1 Westfriedhof (243 D4)

FACE & BODY

Das mehrfach ausgezeichnete Day-Spa ist INSIDER TIPP Münchens einziges Thalasso-Spa. Neben den Meeresbehandlungen bietet es im Bereich Medical & Health spezielle Vor- und Nachbehandlungen bei plastischen Operationen. Außerdem lockt ein riesiges Angebot an Wellness- und Beauty-Treatments sowie Make-up- und Stilberatung. Neu: Mitgliedschaften mit Behandlungs-Guthaben von Classic bis Luxus.

Neuhausen

Rezeption: Mo–Fr 9–19, Sa 9–16 Uhr; Behandlungen: Mo–Fr 9–21, Sa 9–19 Uhr | Romanstr. 39 | Massagen ab 39 Euro | Tel. 089 17 18 02 | www.faceandbody.de | Tram 12 Hubertusstraße, Tram 16, 17 Romanplatz (242 C5)

KEMPINSKI THE SPA

ÖKO Göttliche Entspannung mit spektakulärem Blick über die Dächer der Stadt und allem, was man von einem First-Class-Spa erwartet. Das breite Angebot an Massagen und Anwendungen orientiert sich am Rhythmus der Jahreszeiten; eingesetzt werden nur Produkte mit biologisch angebauten Kräutern.

Altstadt-Lehel

Tgl. 6.30–22.30 Uhr | Maximilianstr. 17 | Tageskarte 50 Euro | Reservierung erwünscht: Tel. 089 21 25 21 55 | www.kempinski.com/en/munich/hotel-vier-

jahreszeiten | Tram 19 Kammerspiele (241 E–F3)

MÜLLER'SCHES VOLKSBAD

Ein Wellnessausflug ins Volksbad mit seinem altehrwürdigen Jugendstilambiente und dem einzigartigen römisch-irischen Schwitzbad. Tolles Extra: Gratis-Wassergymnastik. Massagen, Shiatsu und Ayurveda findet man in der integrierten Massierbar. Dienstag von 17 bis 20 Uhr ist Frauenbadetag in der Damenhalle.

Au-Haidhausen

Bad: tgl. 7.30–23, Sauna: tgl. 9–23 Uhr | Rosenheimer Str. 1 | Eintritt 4,30 Euro, Schwitzbad inkl. Schwimmhallennutzung (Saunazeit 4 Std.) 17,40 Euro | Tel. 089 23615050 | www.swm.de | S 1–4, 6–8 Rosenheimer Platz (249 D3)

OLYMPIA-SCHWIMMHALLE

Bis zum Sommer 2018 wird die Olympiaschwimmhalle komplett saniert und modernisiert. Dadurch kommt es zu Beeinträchtigungen und Sperrungen. Aktuelle Infos zum Kursprogramm wie auch den Öffnungszeiten finden sich auf der Homepage. Zudem hat das Bad einen eigenen Fitnessclub (12 Monate ab 59 Euro samt Schwimmhalle). Sommertauglich: Kletterwand, Volleyball, Trampolin, Tischtennis und Spielplatz. Von Juni bis August verwandelt sich allabendlich die Liegewiese in ein riesiges Freilichtkino *(www.kinoamolympiasee.de)*.

Schwabing

Bis Mai 2017: 50m-Pool tgl. 10–22 Uhr, Sprungbecken: Sa/So, Sauna: tgl. 10–22 Uhr | Coubertinplatz 1 | Eintritt 4,60 Euro (3 Std.), 4-Std.-Karte für das Olympia-Saunaparadies 17,40 Euro | Tel. 089 23615050 | www.swm.de | U 3, 8 Olympiazentrum (243 F3)

THERME ERDING

Die Therme unter der Glaskuppel ist ein erstklassiges Ziel für Kurzurlauber. Für

MARCO POLO HIGHLIGHTS

★ **Bad Maria Einsiedel**
Münchens einziges Schwimmbad, dessen Wasser biologisch aufbereitet wird → S. 178

★ **Elements**
Das eleganteste und grünste unter den Münchner Fitnessstudios → S. 183

★ **NicNoa**
Nie wieder Tränen nach dem Friseurbesuch, nur Lächeln → S. 185

★ **Elite Bogen**
Auf den Spuren traditioneller Bogenkünste → S. 187

★ **DAV Kletterzentrum**
Freeclimbing, Bouldern & Co.: Die riesige und spektakuläre Anlage ist schon durch ihre Größe weltweit einmalig → S. 187

★ **Prinzregentenstadion**
Nostalgie pur – bei Musik und Flutlicht werden die Winterabende zum Eiszauber für die ganze Familie → S. 189

★ **Air Yoga**
In speziell entwickelten elastischen Tüchern, die an der Decke befestigt werden, schwebt man förmlich durch die Yoga-Praxis → S. 190

pure Erholung sorgen das Thermen- und Saunaparadies sowie die VitalOase (Zugang erst ab 16 Jahren) mit heilendem Thermalwasser und verschiedenen Saunen, kostenlosen Peelings sowie vielen Ruhezonen. Mit 20 Bahnen und 1700 Rutschenmetern ist die Galaxy World Europas größtes Wasserrutschen-Mekka. Bei der Langen Thermenwelt-Nacht *(Okt.–März, 1. und 3. Sa/Monat, April–Sept. 1. Sa/Monat)* wird bis Mitternacht gerutscht.

Erding

Mo–Fr 10–23, Sa/So 9–23 Uhr, Galaxy-Rutschen 14–21 Uhr (Ferienzeit 9–23 Uhr) | Thermenallee 1 | 2-Std.-Ticket 17 Euro, Tageskarte 31 Euro (beides inkl. Galaxy), Zuschlag Saunaparadies 12 Euro | Tel. 08122 2270200 | www.thermeerding.de | S 2 Altenerding, Bus 550, 560 (Mo–Fr), 570 (Sa/So) (253 D2)

UNGERERBAD

So vielseitig wie seine Gäste: Münchens größtes Freibad bietet ein Erlebnisbecken mit Strömungskanal, eine Sprunganlage sowie eine 57-m-Wasserrutsche. Zwei Beachvolleyballfelder, eine Trampolinanlage, Fußballwiese, Tischtennisplatten und Bodenschach bieten Beschäftigung an Land.

Schwabing

Mai–Aug. 9–18, an heißen Tagen bis 20 Uhr | Traubestr. 3 | Eintritt 4,10 Euro | Tel. 089 23615050 | www.swm.de | U 6 Dietlindenstraße (245 D3)

BEACH

BEACH 38°

Während im Sommer draußen vier Volleyball-, zwei Soccer- und zwei Badmintonplätze auf Bewegungshungrige warten, steht für kältere Tage eine Beachhalle zur Verfügung. An der Indoor-Strandbar warten Urlaubsküche

Viel Grün und kühles Wasser: Ungererbad

und exotische Drinks. Vormittags, Mo–Fr 11–15 Uhr, baggert es sich mit der Early-Bird-Card besonders günstig, u. a. Tageskarte 12 Euro pro Person.

Berg am Laim

Sport: Mo–Fr 15–23, Sa 11–23, So 11–17 Uhr; Restaurant & Beach-Bar: Di–Fr 17–1, Sa 11–1, So 11–18 Uhr | Friedenstr. 22c | Court (2 Std.): Winter/Indoor 96 Euro, Sommer/Indoor 78 Euro, Outdoor 48 Euro | Tel. 089 63899510 | www.beach38.de | U 5, S 1–4, 6–8 Ostbahnhof (249 E4)

BEACH ARENA

Unter Liegeschirmen und Palmen herrscht Urlaubsflair direkt am Ring. Neun Volleyballplätze, Beach-Soccer- und Beachbadmintonplatz, Strandbar, fünf Tennis-Sandplätze (ab 8 Euro pro Platz). Kurse für Beachvolleyball und Tennis.

Alte Heide

April–Okt. tgl. 9–22, Bistro bis 24 Uhr | Föhringer Ring 5 | Beachcourt ab 17,50 Euro | Tel. 089 32 21 01 00 | www.beacharena.com | U 6 Studentenstadt (245 F1)

POWER BEACH HORSE RESORT

Das Beachresort neben dem ehemaligen Olympischen Rudercenter bietet nicht nur Volleyballplätze, sondern auf 5000 m² auch einen Biergarten mit Kino und Konzertangebot.

Oberschleißheim

Mo–Do 12–24, Fr 12–1.30, Sa 10–1.30, So 10–24 Uhr | Dachauer Str. 35 | Courtbuchung Tel. 089 315 57 23 | www.munichbeachresort.de | S 1 Oberschleißheim, Bus 291 Regattaanlage (252 C2)

BEAUTY & ENTSPANNUNG

MANAWA – MASSAGE UND BEWUSST SEIN

Massagetherapeutin und Life Coach Birgid Reviol liebt es, Menschen zu helfen. Die INSIDER TIPP hawaiianische Lomi-Lomi-Nui-Massage ist ein spirituelles Erlebnis und löst seelische Blockaden. Neukunden zahlen für eine Anti-Stress-Massage (60 Min.) nur 60 Euro.

Isar- & Ludwigsvorstadt

Termine nach Vereinbarung | Reichenbachstr. 26, 2. Stock | Tel. 089 74 68 93 15 | www.manawamassage.de | U 1, 2, 7 Fraunhoferstraße (248 B3)

ORGANIC LUXURY

ÖKO Der Schönheitstempel für natürliche Kosmetik lockt mit edlen Düften, Accessoires und Beautyprodukten. Luxusnaturkosmetik wie Julisis mit Essenzen aus Perle, Diamant und Rubin kommt auch im Day-Spa zur Anwendung.

Altstadt-Lehel

Mo–Fr 10–19, Sa 10–18 Uhr | Residenzstr. 23 (Theatinerpassage) | Tel. 089 9 82 83 84 | www.organicluxury.de | U 3, 6, S 1–4, 6–8 Marienplatz (241 E3)

SALZAMBIENTE

Die heilende, entspannende Wirkung von Salz ist seit Jahrhunderten bekannt. Umso besser daher, dass die Münchner Salzgrotte mit feinstem Salz vom Toten und Rotem Meer ausgestattet ist. Das einzigartige Ambiente runden 250 Millionen Salzsteine aus Pakistan ab, die in den Wänden verarbeitet wurden. 45 Minuten Ruhe und Erholung kosten 13 Euro. Extra-Kleidung ist nicht von Nöten.

Au-Haidhausen

Mo–Mi, Fr 10–19, Do 10–15/18–21, Sa 10–15 Uhr | Sommerstr. 24 | Tel. 089 63 85 10 70 | www.salzambiente.de | U 1, 2, 7 Kolumbusplatz (248 B4)

FITNESS

BODY & SOUL

Alle Studios der Kette verfügen über modernste Trainingsräume und Geräte sowie einen riesigen Wellnessbereich. Die zentrumsferneren Filialen haben zudem Sportpools und Kletterwände. Absolut toll: die Kinderbetreuung. Mitglieder können alle Studios nutzen.

Forstenried

Center Sendling: Mo–Fr 6–24, Sa/So 9–22 Uhr | Staffelseestr. 6–8 | Tel. 089 7 80 71 90 | U 3 Forstenrieder Allee, Bus 133 Staffelseestraße (238 B5)

Schwabing

Center Englischer Garten: Mo–Fr 6–24, Sa/So 9–22 Uhr | Ungererstr. 175 | Tel. 089 12 47 86 60 | U 6 Alte Heide (245 E2)

Westend

Center Donnersbergerbrücke: Mo–Fr 6–24, Sa/So 9–22 Uhr | Trappentreustr. 3 | Tel. 089 5 02 00 50 | S 1–4, 6–8, 27 Donnersbergerbrücke (247 D2)

Altstadt-Lehel

Center München-Mitte: Mo–Fr 6–24, Sa/

So 9–22 Uhr | Sonnenstr. 9 | Tel. 089 5490530 | U 4, 5, S 1–4, 6–8 Karlsplatz (240 B4)

Brunnthal

Center Brunnthal: Mo–Fr 6–24, Sa/So 9–22 Uhr | Eugen-Sänger-Ring 5 | Tel. 089 18931350 | Anfahrt nur per Auto (252 C4)

Moosach

Mo–Fr 6–24, Sa/So 9–22 Uhr | Riesstr. 16 | Tel. 0800 7005007 | U 1 Olympia-einkaufszentrum (243 D1)

Trudering

Center Trudering: Mo–Fr 6–24, Sa/So 9–22 Uhr | Kreillerstrasse 215 | Tel. 089 18908740 | U 2 Trudering (239 F4)

Monatsgebühr ab 74 Euro

www.bodyandsoul.ag

CLEVER FIT

Ab 24,90 Euro im Monat wird hier geschwitzt. Wer neben dem Geräte-, Cardio-, TRX-, Functional- und Vibrationstraining sowie MyRide weitere Extras möchte wie Personal Training, Solarium oder Relaxliegen kommt auf 29,90 Euro im Monat. Immer vorausgesetzt, der Vertrag hat mindestens 12 Monate Laufzeit. Hier stimmen Preis und Leistung absolut. Gleiches gilt für das Equipment und Ambiente. Vier dieser preiswerten Fitness-Oasen findet man im Stadtgebiet.

Sendling

München-West | Mo–Fr 6–24, Sa/So/Fei 9–22 Uhr | Hansastr. 18 | Tel. 089 57 95 06 04 | U 4, 5 Westendstraße (246 C3)

Maxvorstadt

München-Mitte | Mo–Fr 6–24, Sa/So/Fei 9–22 Uhr | Marsstr. 20 | Tel. 089 54 44 49 60 | S 1–4, 6–8, U 1, 2 Hauptbahnhof (247 F1)

Freimann

München-Nord | Mo–Fr 6–24, Sa/So/Fei 8–21 Uhr | Schwarzhauptstr. 10 | Tel. 089 37 06 67 77 | Bus 140, 141 Euro-Industriepark (252 C3)

Neuaubing

München-Aubing | Mo–Fr 6–24, Sa/So/Fei 9–22 Uhr | Bodenseestr. 279–281 | Tel. 089 89 06 57 70 | S 8 Neuaubing | www.clever-fit.com (252 C3)

ELEMENTS ★

Viel Holz, Stein und mit Pflanzen bewachsene Wände holen die Natur in die Edelstudios der Schweizer Kette. Nach einer kurzen, aber intensiven Trainingseinheit erholt man sich mit einem Buch aus der Bibliothek im eleganten Wellnessbereich. Das deutlich größere Sendlinger Studio bietet zusätzlich drei Pools.

Neuhausen

Mo–Fr 6–23, Sa/So 9–22 Uhr | Erika-Mann-Str. 61 | Tel. 089 51 26 68 70 | S 1–4, 6–8 Donnersbergerbrücke (247 D2)

Ramersdorf-Perlach

Mo–Fr 6–23, Sa/So 9–22 Uhr, Kinderbe-

MEINE STADT

▶ Die Statistik belegt es mal wieder eindeutig, die Einwohner von München sind die sportlichsten der ganzen Nation. Ob morgens, abends, untertags oder am Wochenende, auf dem Radl, in den Bergen, beim Laufen oder im Verein, über eine Million Münchner treiben regelmäßig Sport.

▶ Obwohl es scheint, dass König Fußball die Stadt regiert, so ist doch der Berg- und Wandersport mit über 150 000 aktiven Mitgliedern die absolute Nr. 1 bei den Sportarten. Unabhängig von den vielen Hobbykickern, bringen es die Fußballvereine nur auf etwa 40 000 Mitglieder ...

Hanteln stemmen und nebenbei ein Buch lesen? Nicht ratsam, bei Elements aber möglich

treuung: Mo–Fr 8.30–12.30 und 16.30–19.30, Sa 9–12 und 16–19, So 10–18 Uhr | Balanstr. 73 | Tel. 089 52 03 85 71 00 | U 2, 7 Karl-Preis-Platz **(249 E5)**

Obersendling

Mo–Fr 6–23, Sa/So 9–22 Uhr | Baierbrunner Str. 85 | Tel. 089 30 90 67 54 50 | U 3 Obersendling, S 7, 20, 27 Siemenswerke **(250 B3)**

Monatsgebühr ab 85 Euro | Tel. 0800 5 40 55 55 | www.elements.com

MY SPORTLADY

Münchens Frauen lieben das helle Studio im Herzen des Glockenbachviertels mit erstklassiger Betreuung und angenehmer Atmosphäre. Ob Zumba, Barre Workout oder TRX – kein Trend wird hier verschlafen. Neben modernsten Geräten und Outdooraktivitäten schätzen Mütter besonders die Kinderbetreuung und die vielen Kidskurse. Die Kochschule gibt Tipps zur ausgewogenen Ernährung in Kursen mit Themen wie Ayurveda oder veganes Backen. Die hauseigene Hebamme und eine Sportärztin runden das Angebot ab.

Isar- & Ludwigsvorstadt

Mo 8–22.30, Di 7–22.30, Mi, Fr 8–22, Do 7–22, Sa/So 9–20 Uhr | Klenzestr. 57c | Monatsgebühr ab 59 Euro | Tel. 089 2 01 42 48 | www.my-sportlady.de | U 1, 2, 7 Fraunhoferstraße **(248 B3)**

FRISEURE

BARNET CONCEPT

Dirk Walther und Maike van den Heuvel arbeiten als Friseure und Stylisten. Sie entwickeln Trendiges für Schauen in Mailand, London und New York Trends. Hier gibt es INSIDER TIPP Pflegeprodukte von Bumble & Bumble.

Schwabing

Mi–Sa 10–20 Uhr | Widenmayerstr. 52 | Tel. 089 64 20 80 60 | www.barnetconcept.de | Tram 18 Tivolistraße **(245 D6)**

GRAHAM & GRAHAM

Internationalität wird hier groß geschrieben, schließlich ist Inhaber David Graham gebürtiger Schotte. Jeder Kunde bekommt den Mitarbeiter zugewiesen, der am besten zu den Anforderungen passt. Zur guten Beratung gehören auch Tipps und Tricks zum Selbststylen.

Maxvorstadt

Di–Mi/Fr 9–18.30, Do 9–19.30, Sa 9–15 Uhr und nach Vereinbarung | Amalienstr. 22 | Tel. 089 28 75 57 82 | www.grahamandgraham.com | U 4, 5 Odeonsplatz (248 B1)

NICNOA ★

Die Geschwister Nico und Nina Rapp betonen die *Hand* in Handwerk – Rasierer gehören nicht zur Ausstattung. Dafür aber viel Ruhe, denn in ihrem kleinen, in schlichtem Weiß gehaltenen Salon sollen Kunden abschalten können. Spätestens beim zweiten Besuch klappt das auch, denn die beiden zaubern selbst aus den schwierigsten Schöpfen individuelle Kunstwerke.

Au-Haidhausen

Di/Mi 8–18, Do/Fr 8–19, Sa 8–15 Uhr und nach Vereinbarung | Pariser Str. 22 | Tel. 089 92 56 78 78 | www.nicnoa.de | S 1–4, 6–8 Rosenheimer Platz (249 D4)

PONY CLUB

Am Puls der Zeit, was Schnitt und Farbe angeht, sind alle Stylisten des Salons. Bei der Terminvereinbarung wählt man einen Stylisten aus drei Ausbildungsstufen – preislich macht das einen Unterschied. Top: Damen bekommen nach dem Schnitt das Make-up aufgefrischt.

Schwabing

Mo–Fr 8–22, Sa 8–19 Uhr | Hohenzollernstr. 82 | Tel. 089 33 01 99 91 | www.derponyclub.de | Tram 12, 27, 28 Kurfürstenplatz (244 B4)

FUSSBALL

SOCCERWORLD

Von sechs Kunstrasenplätzen sind drei outdoor, die im Winter unter einer Traglufthalle verschwinden, dazu gibt es sieben Squashplätze, Biergarten und Sauna. Die Sportsbar zeigt die wichtigsten Spiele live. Nur Barzahlung möglich!

Moosach

Mo–Fr 15–1, Sa/So 9–1 Uhr | Georg-Kainz-Str. 8 | Platzmiete ab 54 Euro, Squash ab 8 Euro | Tel. 089 149 28 75 | www.soccerworld-muenchen.de | S 1, U 3 Moosach, Bus 176, 710 Haylerstraße (242 A1)

SPORTAMT MÜNCHEN

Das Sportamt verwaltet sämtliche Sporthallen und -areale in der Stadt. Hallen können nur für Kinder gemietet werden, erwachsene Hobbyfußballer bekommen aber ab 50 Euro einen Rasenplatz.

Isar- & Ludwigsvorstadt

Sportamt-Infocenter: Bayerstr. 28 | Tel. 089 23 39 67 77 | www.muenchen.de | Tram 18, 19 Herman-Lingg-Straße (247 F2)

INDOOR

CIRCULO

Salsa-Cubana-Fieber pur – was nicht heißen soll, dass Walzer, Quickstep & Co. nicht auch unterrichtet werden. Sehr beliebt sind zudem die zahlreichen Tanzevents – Salsa-Partys (Dienstag 21 Uhr/ Samstag 20 Uhr), klassischer Tanzabend (Freitag 20 Uhr) – bieten zudem die Chance, das Erlernte gleich in die Tat umzusetzen. Getanzt wird hier jeden Tag. Heiß begehrt: Salsa-Tanzschifffahrt im August auf dem Starnberger See, drei Decks und zwei Tanzflächen.

Berg am Laim

Aufi geht's! Künstliche Berge im DAV Kletterzentrum

Rosenheimerstr. 139 | Kurse ab 75 Euro | Tel. 089 49 48 88 | www.circulo.de | U 5, S 1–4, 6–8 Ostbahnhof (249 E4)

DREAM BOWL PALACE

Europas größtes Bowlingcenter bietet 52 Brunswick-Anvilane-Pro-Bahnen, die höchsten Ansprüchen genügen. Ein Hit: Disko-Bowling. Hier flackert's, wummert's und leuchtet es dank Top-Lasershow & Co. Wem Bowling nicht reicht, der kann einen Abstecher in den Pool-Room machen oder den 18-Loch-Indoor-Minigolf-Parcours durchspielen.

Unterföhring

Mo–Mi 15–23, Do 15–24, Fr 14–2, Sa 10–3, So 10–23 Uhr | Apianstr. 9 | Bowling ab 15 Euro (Leihschuhe 2 Euro), Pool ab 10 Euro, Minigolf ab 4 Euro | Tel. 089 4 52 44 25 25 | www.dreambowl.de | Tram 16, 18, Bus 50, 59, N 43 Fritz-Meyer-Weg (239 F1)

JOCHEN SCHWEIZER ARENA

NEU Ab Frühjahr 2017 ist das Münchener Umland um eine Attraktion reicher, denn dann eröffnet Mr. Action himself, alias Jochen Schweizer, seinen ersten Freizeitpark. Und der dürfte für jede Menge Adrenalinkicks sorgen. Ob Bodyflying im Hightech-Windkanal, Zipline-Parcour, Hochseil-Klettergarten oder Surfen auf einer bis zu 1,4 m hohen stehenden Welle, alles ist vom Feinsten und spektakulär. Die Arena bietet zudem Platz für Kongresse und Workshops sowie eine Partyarea. Im Crossover-Restaurant lässt sich reichlich Energie tanken. Denn das ist schon jetzt klar, die Action wird kräftig Power kosten.

Taufkirchen

Ludwig-Bölkow-Allee 1 | www.jochen-schweizer-arena.de | A 8, Ausfahrt 94, Taufkirchen-Ost (252 C3)

MVP PAINTBALL

Kurz weggeduckt, einen schnellen Schritt zur Seite und schon ist die nächste Deckung erreicht – wer auf reichlich Action steht und gerne mal selbst James Bond spielen möchte, der kommt an Paintball nicht vorbei. Für alle großen Kinder – der US-Trendsport ist erst ab 18 Jahren erlaubt – gibt es nun endlich auch in München eine bestens präparierte und legale Spielwiese. Gefragt sind vor allen Dingen Teamplay und taktisches Geschick. Geschossen wird mit Farbkugeln aus Maisöl und Lebensmittelfarbe.

Garching

Di–Fr 15–23, Sa/So 11–23 Uhr | Robert-Bosch-Str. 12 | Schnupperpaket (inkl.

200 Schuss, Ausrüstung und Platzgebühr) ab 49,95 Euro | Tel. 0174 2 34 46 66 | www.mvp-muenchen.de | U 6 Garching-Hochbrück, Bus 219A Voithstraße (252 C2)

OUTDOOR

AK RACING
Fast alle Formel-1-Helden haben mit Kart-Sport begonnen. Beste Voraussetzungen für eine Profikarriere gibt's im Münchner Norden auf der 851 m langen Garchinger Rennpiste. Fahren darf jeder ab 12 Jahren.

Garching

Tgl. sowie Ferien ab 10, Jan.–Juni/Okt.–Dez. ab 12 Uhr | Robert-Bosch-Str. 19 | ab 15 Euro (15 Min.) | Tel. 089 3 20 66 87 | www.ak-racing.de | A 9 Richtung Ingolstadt (252 C2)

INSIDER TIPP BKK-LAUFTREFF
Kostenloser Lauftreff. Im Sommer gibt es vier Leistungsklassen mit professioneller Anleitung. Ungeübte starten am besten mit dem Einsteigertraining samt Gehpausen. Gelaufen wird bei jedem Wetter und jeder Jahreszeit, nur an Feiertagen nicht. Prominente Münchner und bekannte Sportler laufen öfters mal mit und sorgen für zusätzliche Motivation.

Schwabing

April–Sept. Di, Do 19, Okt.–März Di 19 Uhr, Treffpunkt: HVB Sportclub | Am Eisbach 5 | www.bkk-mobil-oil.de | Bus 54 Tucherpark (245 E5)

BOULE
Täglich spielen die Freunde der Metallkugeln im Hofgarten, teils bis in die Nacht und sogar im Winter. Münchens einziger Boule-Club, die 1. Münchner Kugelwurfunion, Pétanque Munichoise e. V., richtet im Juli das Hofgartenturnier mit mehreren hundert Teilnehmern aus. Mitmachen kann jeder, dies gilt auch für den Spielbetrieb im Hofgarten. Kugeln können Sie im Café Tambosi → **S. 88** für 3 Euro ausleihen.

Maxvorstadt

Hofgarten | www.mkwu.de | U 3–6 Odeonsplatz (241 E2)

CITY GOLF CENTER MÜNCHEN
Zwölf überdachte Abschlagplätze mit Sandbunker, dazu eine Range mit einer Länge von 230 Metern, sowie 800 m² Putting/Chipping-Green. Abgerechnet wird nach der Anzahl der abgeschlagenen Bälle. INSIDER TIPP Abends bei Flutlicht abschlagen. Kostenloser Leihschläger-Service.

Freimann

Tgl. 8–20, im Sommer 8–22 Uhr | Freisinger Landstr. 60 | Tel. 089 36 00 64 10 | www.citygolfcenter.de | U 6 Studentenstadt (239 F1)

DAV KLETTERZENTRUM ★
Willkommen in der größten Kletteranlage der Welt mit 7800 m² Kletterfläche! Das Zentrum ist in einem Grüngürtel eingebettet und verfügt nicht nur über hervorragend ausgestattete Kletterhallen, sondern auch über zwei einzigartige Außenbereiche. Etwa 555 Routen führen in luftige Höhen von bis zu 18 m. Rissklettern, Freeform und Dry-Tooling sind ebenso möglich wie Bouldern.

Thalkirchen

Mo–Fr 7–23, Sa/So 8–23 Uhr | Thalkirchner Str. 207 | ab 9 Euro, Nicht-DAV-Mitglieder ab 12 Euro | Tel. 089 18 94 16 30 | www.kbthalkirchen.de | U 3 Thalkirchen (250 C2)

ELITE BOGEN ★
Die Hunnen waren einst berühmt für ihre Bogenkünste. Einen Hauch der ungarischen Bogentradition bietet Laszlo Turi in seinem Sportcenter, das mitten

im Grünen liegt. Ob Training, Kurse, Kinder-geburtstage oder Firmenevents, geschossen wird mit dem klassischen Elite-Bogen auf drei Schießständen – 10 m (Anfänger), 25 m (Fort-geschrittene), Erlebnisecke (S- bis XL-Kids). Die Gebühr für einen Grundkurs beginnt bei 49 Euro.

Dachau

Termine u. Kurse siehe Website | Rosenstr. 13 | Training ab 10 Euro | Tel. 0170 2 98 02 51 (Laszlo Turi) | www.elite-bogen.com | S 2 Dachau, dann Bus 702, 720, 723, 725 J.-Effner-Gymnasium, anschließend 6 Min. Fußweg **(252 C2)**

FIT IM PARK

Von Mai bis September bringt die Stadt ihre Bürger im Freien auf Trab. Im West-, Ost-, Luitpold- und Riemer Park motivieren von 18 bis 18.45 Uhr ausgebildete Trainer zu Zumba, Wirbelsäulengymnastik oder Qi-Gong. An jedem Tag der Woche steht etwas anderes auf dem kostenlosen Programm. Im Luitpold- und Westpark findet zusätzlich einmal pro Woche ein Volleyballspiel statt. Tipp: sonntägliches Yoga (9.30–10.30 Uhr) im Westpark. Nachzulesen ist das kostenfreie Programm auf der Homepage des Sportamts.

Sendling-Westpark

Westpark | Preßburger Str. 19 | Bus 63 Hinterbärenstraße, U 6 Westpark **(246 B5)**

Ramersdorf-Perlach

Ostpark | Heinrich-Wieland-Str. 76 | Bus 195 Heinrich-Wieland-Straße **(239 F4)**

Schwabing

Luitpoldpark | Brunnerstr. 6 | Tram 27 Gartenstraße, U 2, 3 Scheidplatz **(244 B3)**

Messestadt Riem

Riemer Park | Selma-Lagerlöf-Str. 79 | U 2 Messestadt Ost **(253 C3)**

Tel. 089 23 39 67 77 | www.sport-muenchen.de

MINIGOLF GROSSHESSELOHE

Nur ein paar Schritte von der Waldwirtschaft entfernt, liegt diese kleine Minigolfanlage samt Pitpat (Hindernisbillard) im grünen Waldgürtel, der den einstigen BND umgibt. Aber keine Angst, auf der 18-Loch-Anlage beobachten einen nur Familien und Kids. Tipp: Ob Groß oder Klein, der Minigolfplatz ist für Geburtstage oder Betriebsausflüge auch außerhalb der Öffnungszeiten zu mieten.

Großhesselohe

April–Okt., Mo–Sa 13–22, So 11–22 Uhr | Georg-Kalb-Str. 1 | 3–5 Euro | Tel. 089 88 48 81 | www.klausdietrich.de | S 7 Großhesselohe **(238 C6)**

NYMPHENBURGER KANAL

Mit dem verschneiten Schloss im Hintergrund spielt es sich besonders schön. Der Kanal friert meist als erstes der Münchner Gewässer zu. In der Mitte des Kanalufers steht ein Wohnwagen, hier bekommt man Eisstöcke (3 Euro) und Bahnen sowie warme Getränke.

Neuhausen

Tgl. 9–22 Uhr | Nymphenburger Kanal | Bahnmiete: 4 Std. bis 17 Uhr 4 Euro, ab 17 Uhr 5 Euro | www.eisstockbahnen.de | U 1 Rotkreuzplatz, Tram 12 Renatastraße **(242 C5)**

OLYMPIA-EISSTADION

Von September bis April ist das Eissportzentrum für den Publikumslauf geöffnet. Disko-Ice-Nights samt Light Show, Eislaufkurse und mehr; Schlittschuhverleih.

Schwabing

Sept.–April tgl. ab 10 Uhr | Spiridon-Louis-Ring 21 | Eintritt 4,50 Euro | Tel. 089 3 06 70 | www.olympiapark-muenchen.de | Bus 173 Olympiapark-Eisstadion, U 3, 8 Olympiazentrum **(243 F2–3)**

Auf der Minigolfanlage Grosshesselohe kann man seine Geschicklichkeit testen

PRINZREGENTENSTADION ★

30 mal 60 m Eislaufvergnügen bei Musik und Flutlicht. Das Sportgeschäft (Hauptgebäude) verleiht Schlittschuhe gegen Gebühr. Für alle, die mehr als nur Eislaufen wollen, bietet das Prinzregentenstadion eine Tribüne mit 450 Zuschauerplätzen, einen Außenkiosk und das Restaurant Aquamarin.

Bogenhausen

Prinzregentenstr. 80 | www.swm.de | U 4 Prinzregentenplatz, Tram 16 Friedensengel/Villa Stuck (249 E2)

UNIVERSITÄTS-REITSTALL

Seit 1927 liegt der Reitstall im Englischen Garten. Zur Anlage gehören auch eine Halle mit Blick ins berühmte Café Reitschule, ein Außenreitplatz mit Flutlicht sowie ein Longierzirkel. Für den Unterricht stehen rund 20 Schulpferde zur Verfügung. Das ganze Jahr über finden hier Events wie Sommernachtspolo oder Fuchsjagd statt.

Schwabing

Büro Mo 10–12, Di–Fr 16–18, Sa 10–15 Uhr | Königinstr. 34, gegenüber dem Café Reitschule | Tel. 089 39 88 03 | www.uni-reitschule-muenchen.de | U 3, 6 Giselastraße (245 D5)

WASSERSPORT

ISAR-RAFTING

Wildwasserfans wählen die Strecke von Lenggries nach Bad Tölz, Hobby-Schlauchbootkapitäne entscheiden sich für die ruhigere Variante von Wolfratshausen zur Münchner Floßlände. Für die spritzigere Tour stellt Action Funtours das Equipment samt Rafting-Guide *(Ausrüstung und Transfer ab 43 Euro)*. Wer nur ein Boot benötigt, kann dies ab 75 Euro mieten *(bis drei Personen, inkl. Transfer)*.

Gauting

Action Funtours | Karlstr. 7 | Tel. 089 8 50 59 04 | www.action-funtours.de | S 6 Gauting (252 B3)

RIVERSURFEN

Der Sport ist am Eisbach beim Haus der Kunst legal und erlaubt, allerdings nur etwas für geübte Surfer. Wesentlich relaxter ist die Welle an der Floßlände, auch für Anfänger. Wann diese Welle befahrbar ist, kann man bei der Interessengemeinschaft Surfen nachlesen.

Altstadt-Lehel

Eisbach: neben dem Haus der Kunst | Prinzregentenstr. 1 | www.eisbachwelle.de | U 4, 5 Lehel (248 C2)

Thalkirchen

Floßlände: neben dem Campingplatz | Zentralländstr. 49 | U 3 Thalkirchen (250 C4)

WASSERSKIPARK ASCHHEIM

Mit bis zu 40 km/h brettern Wasserskifahrer und Wakeboarder über den See. Tipps gibt es von den netten Profis vor Ort. Besonders anfängerfreundlich: der Easy Start. Mit diesem separaten Lift meistert jeder den Start ruckzuck. Die Ausrüstung können Sie vor Ort leihen, Wasserski sogar umsonst.

Aschheim

April–Mai/Sept.–Okt. 12–19 Uhr, Juni–Aug. 12 bis Sonnenuntergang | Am Eventpark 30 | 1 Stunde 18 Euro, Tageskarte 38 Euro | Tel. 089 90019600 | www.wasserskipark-aschheim.de | S 2 Feldkirchen, Bus 285 bis Haltestelle Sportpark Aschheim (253 D3)

YOGA

AIR YOGA ★

Da das Studio ein europaweit anerkanntes Ausbildungsinstitut ist, sind alle Lehrer Experten und bieten Kurse in den unterschiedlichsten Yogastilen.

Altstadt-Lehel

Blumenstr. 6 | Tel. 089 23225930 | www.airyoga.de | U 3, 6, S 1–4, 6–8 Marienplatz (241 D5)

AMIENA'S WERKSTATT

In den sehr stimmungsvollen Räumlichkeiten finden Yoga- und Pilateskurse mit unterschiedlichem Schwierigkeitsgrad und Ablauf statt, dazu spezielle Rückenkurse und besondere Angebote für Schwangere und Kinder. Anmelden muss man sich nicht, nur etwa 15 Minuten vor Kursbeginn kommen.

Isar- & Ludwigsvorstadt

Müllerstr. 33 | Tel. 089 51717640 | www.amienaswerkstatt.de | U 1–3, 6, 7 Sendlinger Tor (240 B6)

IYENGAR-YOGA-INSTITUT

Beim Iyengar Yoga, einer detaillierten und dynamischen Variante des Hatha-Yoga, kommt es auf jeden Zentimeter an. Inhaberin Amrit Stein leitet die Stunden mit ausführlichen Erklärungen.

Isar- & Ludwigsvorstadt

Reichenbachstr. 29, Rgb., 1. Stock | Tel. 089 2719531 | www.yoga-amritstein.de | U 1, 2 Fraunhoferstraße (248 B3)

WOYO

In heller Atmosphäre wird in Peter Schlössers Studio Yoga-, Pilates- und Rückentraining angeboten, nicht nur für Neulinge: Das Woyo bietet Seminare, Workshops und Fortbildungen für Yogalehrer sowie Arial Yoga. Highlight: das große Angebot an Freefloating Yoga.

Neuhausen

Lothstr. 3 | Tel. 089 14330123 | www.woyo.de | U 1, 7 Maillingerstraße (243 E6)

YOGA WOMAN

Das Studio hat eine integrierte Hebammenpraxis und ein großes Kursangebot für Schwangere, zur Rückbildung, aber auch reguläre Yoga- und Pilatesstunden.

Schwabing

Belgradstr. 14 | Tel. 0160 97627003 | www.yoga-woman.de | Tram 12, 27, 28 Kurfürstenplatz (244 B4)

Ausgehen

Fast kommt es einem vor wie früher! Sie ziehen wieder durch Schwabing und die Maxvorstadt, die Nachteulen. Es gibt nämlich viele neue Bars und Clubs zu erkunden.

Immer in Bewegung – das singen nicht bloß die Jungs von Revolverheld, das gilt auch fürs Münchner Nachtleben, insbesondere für die Barszene. Denn während im Lauf des letzten Jahres in den Clubs nur wenige Diskokugeln neu aufgehängt wurden, freut sich die Cocktail-Fraktion über eine bunte Vielfalt an neuen Tresen zum Festsitzen.

BARS

BRUCKMANNS

NEU Thomas Brückner alias DJ Tomcraft und Markus »Tower« Westermann haben die ehemalige Bonnie Bar übernommen und in ihr zweites Wohnzimmer verwandelt. Das beleuchtete Jägermeister-Geweih und die an Gummiseilen unter der Decke baumelnden Boxen sind die augenscheinlichsten Veränderungen. Ansonsten hat sich in der sowieso sehr geschmackvoll eingerichteten Bar optisch nicht so viel verändert. Dafür wurde das Spirituosensortiment hinter der Theke umgekrempelt, und es gibt nun neue Weine und Augustiner-Bier im schlanken 0,33er-Fläschchen. Den kleinen Hunger zwischendurch kann man mit Hotdogs stillen.

Maxvorstadt

Mi/Do 20–1, Fr/Sa 20–3 Uhr | Neureutherstr. 21 | Tel. 089 22 84 28 95 | U 2 Josephsplatz **(244 B5)**

FANTOM BAR

Wie ein Phantom tauchte die Bar einst am Maximiliansplatz im Gebäude des früheren La Baracca auf, um dann kurzzeitig wieder zu verschwinden. Seit die Besitzverhältnisse mit dem Hauptpäch-

Die Bar The Flushing Meadows punktet nicht nur mit Sonnendeck und Aussicht, auch die Cocktails sind top

ter Asado Steak geklärt sind, zeigt sich das Fantom dauerhaft von seiner besten Seite. Besonders positiv: die vasenartig geschwungenen Lampen, die extravaganten und perfekt gemixten Cocktails, die wenig chartkompatible Musik und die lässige Crowd an der verwinkelten Theke. Top-Ausgangspunkt für eine lange Clubnacht am Maximiliansplatz.

Maxvorstadt

Mi–Sa 18–2 Uhr | Maximiliansplatz 9 | Tel. 089 53 88 96 88 | www.fantom-bar.de | U 4, 5, S 1–4, 6–8 Karlsplatz **(240 C2)**

THE FLUSHING MEADOWS ★

Rooftop-Bar bleibt Rooftop-Bar, auch wenn sie »bloß« im 4. Stock liegt, wie im Fall der Hotelbar Flushing Meadows, ☀ die mit einer nach Süden hin offenen

Dachterrasse besticht. Einen ersten Höhepunkt erleben die Gäste hier also beim Fernblick und den zweiten spätestens dann, wenn sie die köstlichen flüssigen Eigenkreationen von Robin Bruderhofer und seiner Crew verinnerlichen – bei schlechtem Wetter gerne auch an der Holzlamellenbar oder vorm gusseisernen Kamin.

Isar- und Ludwigsvorstadt

Tgl. ab 7 Uhr | Fraunhoferstr. 32 | Tel. 089 5 52 79 17 27 | www.flushingmeadowshotel.com | U 1, 2 Fraunhoferstraße **(248 B3)**

GOLDENE BAR ★

Das Haus der Kunst beheimatet nicht nur das allseits bekannte P1, sondern auch die pompöse, aber trotzdem nicht steife Goldene Bar. Besonders schön sind die Wände mit Motiven alter Seekarten und der extravagante Kronleuchter in der Raummitte. ☀ Im Sommer punktet der erhöht liegende Außenbereich mit Blick auf den Eisbach und den Englischen Garten. Tagsüber herrscht eher Cafébetrieb mit Kuchen, Tartes und anderen kleinen Leckereien, abends übernehmen die Barkeeper und DJs das Regiment. Im Sommer den INSIDER TIPP »Sunday Sundowner« mit Barbecue, Ping-Pong, Kicker und Open-Air-DJ genießen.

Altstadt-Lehel

Mo–Sa 10–2, So 10–22 Uhr | Prinzregentenstr. 1 | Tel. 089 54 80 47 77 | www.goldenebar.de | U 4, 5 Lehel **(248 C1)**

GSPUSI BAR

NEU Das 20-Zimmer-Hostel mit angeschlossener Bar am Sendlinger Tor hat sich innerhalb kürzester Zeit nicht nur zum Touristenmagneten, sondern auch zum Anlaufpunkt für Einheimische gemausert. Die DJs und die Barkeeper sorgen mit ihrer jeweiligen Mixkunst zwischen den containerartigen, bedruckten

Wänden unterm Wildsaukopf auf jeden Fall für gute Stimmung.

Altstadt-Lehel

Mi–Sa ab 20 Uhr | Oberanger 45 | Tel. 089 24 41 17 90 | www.gspusibarhostel.com I U 1–3, 6 Sendlinger Tor (240 C5)

HOME ★

NEU Der Name spricht Bände: In der verwinkelten und ideenreich gestalteten Home Bar fühlt man sich schnell daheim. Tiefe Sessel, Perserteppich, Kronleuchter und eine Wand, die an die Fassade eines Bauernhofs erinnert. Auch bei den Getränken gibt's etwas zu entdecken: selbst gemachtes Desperados-Bier oder den Longdrink »Chinese Democracy« mit Rum, der mit Szechuan-Pfeffer angereichert wurde.

Maxvorstadt

Di/Mi 19–1, Do 19–2, Fr/Sa 19–3 Uhr | Amalienstr. 23 | U 3, 6 Universität (244 C6)

JAMES T. HUNT

Sportliche Namenspatronen sind die Spezialität im Team von Sascha Arnold, Niels Jäger und Steffen Werner. Nach dem inzwischen geschlossenen Ed Moses und dem Bob Beaman, die nach Leichtathleten benannt wurden, ist ein exzentrischer Rennfahrer Namensgeber für ihre überaus beliebte Bar im Univiertel. Die lässige Location bietet eine aus Zinn gegossene Bar-Sonderanfertigung, ein Chesterfield-Sofa, Holzvertäfelung aus einem alten Wiener Hotel und Mittenwalder Karwendel-Hell als Bier.

Maxvorstadt

Tgl. 18–2 Uhr | Schellingstr. 32 | Tel. 089 27 37 30 38 | www.jameshuntbar.de | U 3, 6 Universität (244 B6)

LUX

Das Minihotel Lux ist ein Ziehkind der Cord-Betreiber Aleks Vulic und Chris Dengler. Dabei ist das schon zum Früh-

MARCO POLO HIGHLIGHTS

★ The Flushing Meadows
Rooftop-Bars sind in München ein Hotelprivileg. Aber diese Dachterrasse ist fest in Szenehand → S. 193

★ Goldene Bar
Imposant gestaltete Bar mit großzügiger Sommerterrasse → S. 193

★ Home
Intime verwinkelte Wohnzimmerbar mit amüsanten Designideen und kreativen Drinks → S. 194

★ Theresa Bar
Stilvolles Plüschwohnzimmer mit tollen Drinkkreationen → S. 196

★ Bob Beaman
Die erste Adresse der Stadt für Deep-House-Fans mit Ausdauer beim Tanzen → S. 197

★ Call Me Drella
Die Bühne für bunte Nachtvögel hat den Baby-Club abgelöst → S. 198

★ S.A.U.N.A.
Holzvertäfelte Partybar mit DJ-Vorlieben für die 1980er- und 90er-Jahre → S. 203

★ Milla
Livemusik und DJs in einem früheren Bandübungskeller – angenehm unkonventionell und alternativ → S. 208

An der eigens aus Zinn gegossenen Bar hätte sich Namensgeber James T. Hunt sicher wohlgefühlt

stück geöffnete Bar-Restaurant das Aushängeschild zur Straße hin. Überall finden sich liebevolle Details, von der alten freigelegten Kassettendecke über Tischchen mit eingeritzten Märchenmotiven bis hin zur INSIDER TIPP Champagnerklingel für ganz eilige Edelbrausefans. Eine charmante Bar für den ganzen Tag.

Altstadt-Lehel

Mo–Do ab 7, Sa/So ab 8.30 Uhr | Ledererstr. 13 | Tel. 089 45 20 73 00 | www.hotel-lux-muenchen.de | U 3, 6, S 1–4, 6–8 Marienplatz (248 C2)

MARIA PASSAGNE

Unmittelbar rechts neben dem Edel-Italiener Vinaiolo liegt der Eingang zum früher geheimnisumwobenen, heute recht etablierten Maria Passagne. Im Inneren des Privatclubs erwartet den Gast eine stilvolle Einrichtung mit skurrilen Hinguckern und viel Nippes, dazu eine eingeschworene, alternativ-intellektuelle Fangemeinde, die das japanische Essen gekonnt mit der Spezialität des Hauses, seltenen Tequilas, abrundet.

Au-Haidhausen

Mo–Do 19–1, Fr/Sa 19–2 Uhr | Steinstr. 42 | Tel. 089 48 61 67 | www.maria-passagne.de | S 1–4, 6–8 Rosenheimer Platz (249 D3)

MAURO'S NEGRONI CLUB

Campari-Botschafter Mauro Mahjoub ist das Gesicht der weitverbreiteten Barkultur in Haidhausen. Seit über 15 Jahren demonstriert der Italiener den Münchnern rechts der Isar, wie man die Ingredienzien eines Cocktails perfekt harmonierend miteinander vermählt. Die Spezialität des Hauses sind Variationen des Klassikers Negroni. Wer einen bestellt, treibt damit die entsprechende Zahl am rot leuchtenden Bardisplay in die Höhe.

Au-Haidhausen

Mo–Do 18–1, Fr/Sa 18–3 Uhr | Kellerstr. 32 | Tel. 089 44 48 8-7 70 | www.negroni-club.de | S 1–4, 6–8 Rosenheimer Platz (249 D3)

Angenehm schummrig: Theresa Bar

MUNICH DISTILLERS

Der Monaco Franze hat neben seinem Standbild an der Münchner Freiheit auch eine eigene Bar mitsamt Merchandising-Shop. Munich Distillers heißt sie und ist zugleich auch Produktions-stätte des lokalen Wodkas »Monaco Vodka«, der in allerlei Cocktailvarianten von Moscow Mule über den Cosmopolitan bis hin zum White Russian zum Einsatz kommt. Aber selbstverständlich gibt's auch diverse andere Spirituosen wie den INSIDER TIPP original bayerischen Rivers Rum. Absoluter Hingucker in der Bar ist der kupferne Destillationsapparat.

Schwabing

Di–Do 19–1, Fr/Sa 19–3 Uhr | Occamstr. 2 | Tel. 089 33 69 00 | www.munichdistillers.de | U 3, 6 Münchner Freiheit **(245 D4)**

SCALA

Die Musikbar existiert alles in allem zwar schon 26 Jahre, war aber nach Jahren in der Vorort-Diaspora etwas in Vergessenheit geraten. Seitdem Betreiber Chris Eiber aber in Haidhausen eine neue Heimat gefunden hat, kommen auch die gereiften Freunde früherer Tage gerne wieder und lassen sich musikalisch in vergangene Zeiten entführen. Wer zuvor noch Hunger hat, kann sich nebenan im wiedereröffneten Nektar-Restaurant stärken. INSIDER TIPP Für private Events kann man einen der imposanten Gewölbekeller (Artist Cave) auch mieten.

Au-Haidhausen

Fr/Sa 22–3 Uhr | Innere Wiener Str. 6 | Tram 16 Am Gasteig **(249 D3)**

THERESA BAR ★

Das Steakrestaurant Theresa hat im Hinterhof einen Ableger für flüssige Köstlichkeiten etabliert. Gleich beim Betreten der Bar versinkt man im Teppich – und in Tagträumen von der idealtypischen Bar. Tiefe Plüschsessel, Holzlamellen vor den Fenstern, geschmackvolle Lampen und vielversprechende Cocktailideen auf der Getränkekarte stechen besonders ins Auge. Hingucker gibt's aber auch unter den Gästen.

Maxvorstadt

Mo–Do 19–1, Fr/Sa 19–2 Uhr | Theresienstr. 31 | Tel. 089 28 80 75 38 | www.theresa-restaurant.com | U 3, 6 Universität (244 C6)

UNTER DECK

Ein Pelikan beobachtet die Szenerie im Eck, Maritimes wie alte Steuerräder, Anker oder Fernrohre sucht man dagegen vergeblich im Unter Deck. Captain Tobias Lintz, vielen auch aus dem Holy Home bekannt, hat in seinem Schiffsbauch die Visualdesignerin Betty Mü an das Thema herangelassen. Sie zeigt in unterschiedlich großen Bilderrahmen Videos mit Nixen, Fischen, U-Booten und meeresumtosten Klippen. Sehr gelungen!

Altstadt-Lehel

Mi–Sa 20–3 Uhr | Oberanger 26 | Tel. 089 24 29 37 11 | U 3, 6, S 1–4, 6–8 Marienplatz (240 C5)

VER-O-PESO

Die Cachaça-Hochburg in München. Der leidenschaftliche Spirituosensammler Valdemar da Silva hat mittlerweile mehr als 100 verschiedene brasilianische Zuckerrohr-Edelbrände im Regal bzw. in seiner Schatzkammer stehen. Kein Wunder, dass der Caipirinha hier wirklich nach Copacabana schmeckt. Aber auch die anderen tropischen Cocktailkreationen mit Acerola oder Pitangafrucht erweitern gewissermaßen den Horizont am Gaumen. Wirklich köstlich! Als feste Grundlage für ausgiebigeren Trinkgenuss empfehlen wir Moqueca – Garnelen in Kokosmilch und Palmöl – oder edles Rindfleisch vom Grill mit Kochbanane, Gemüse, Reis und Salat.

Au-Haidhausen

Di–Sa ab 18 Uhr | Rosenheimer Str. 14 | Tel. 089 44 49 97 99 | www.veropesobar.de | S 1–4, 6–8 Rosenheimer Platz (249 D3)

CLUBS & DISKOS

8 BELOW

Im Tanzpalast zwischen Hauptbahnhof und Stachus schallen oft Hits aus den 1980er- und 90er-Jahren aus dem Untergrund hinauf auf die Straße. 8 Below heißt der Club mit dem trashigen Autotürenmosaik und der flackernden Leuchtdiodendecke, der die Pop-, Rock- und Dance-Fans an wechselnden Abenden gleichermaßen zufriedenstellt. Aber auch deutsches Liedgut hat kein Hausverbot, dazu ist der »Heimatabend« am ersten Dienstag im Monat zu gut eingeführt. Dann heißt der Dresscode: Tracht.

Altstadt-Lehel

Di ab 21, Do ab 20.30, Fr/Sa ab 22 Uhr | Schützenstr. 8 | Eintritt 3–10 Euro | Tel. 089 40 26 85 71 | www.8below.de | U 1, 2, 4, 5, S 1–4, 6–8 Hauptbahnhof (240 A3)

BOB BEAMAN ★

Neben Rennfahrer James Hunt und Fußballer Eric Cantona fungiert auch Ex-Weitsprung-Weltrekordler Bob Beamon als namentliche Steilvorlage für einen Szenespot. Okay, der Name wurde von den Betreibern leicht verändert, aber unabhängig davon macht der Club große Sprünge. Das liegt vor allem am interessanten Booking, das nationale und internationale Größen der elektronischen Musikszene an die Plattenteller bringt. Aber auch die vertraute Atmosphäre unter den Freunden des Hauses zwischen 20 und 40 Jahren und die zurückhaltende Beleuchtung haben ihre Fans gefunden. ☀ Im Sommer mit großzügiger Terrasse.

Maxvorstadt

Fr/Sa ab 23, im Sommer auch So 17–24 Uhr | Gabelsbergerstr. 4 | Eintritt 10 Euro | Tel. 0177 2 54 74 76 | www.bobbeamanclub.de | U 3–6 Odeonsplatz (241 D1)

CALL ME DRELLA ★

Drella? Wer heißt denn so? Andy Warhol gab sich einst diesen Namen, um damit die zwei Seelen in seiner Brust, Dracula und Cinderella, zum Ausdruck zu bringen. Die Betreiber haben sich diesen Spitznamen gekrallt und ihren Club mit viel künstlerischer Freiheit in einen Magneten für Münchens Nightlife-Extravaganza verwandelt. Die verschachtelte Location auf zwei Ebenen kommt bei Szenegängern ebenso gut an wie bei bunten Vögeln. Verkleidetes Personal und Performance-Künstler bringen zusätzlich jede Menge Farbe ins Geschehen.

Altstadt-Lehel
Do–Sa ab 22 Uhr | Maximiliansplatz 5 | Eintritt 8 Euro | Tel. 0174 6 11 99 99 | www.drella.de | U 4, 5, S 1–4, 6–8 Karlsplatz (248 B2)

CRUX

Das 800 Jahre alte Kreuzgewölbe ist der Namenspatron, und das Kreuz mit den Anwohnern ist auch nicht mehr so schwer zu tragen wie zu Zerwirk-Club-Zeiten. Das liegt weniger an den Glasbausteinen im Inneren, als an den Türstehern, die die Gäste eindringlich um Ruhe vor der Tür bitten. Mittwochs ist musikalische Zeitreise angesagt, freitags und samstags wird die Bandbreite zwischen Elektro, Hip-Hop und Dubstep ausgemessen. Vorher zum Essen in die INSIDER TIPP hauseigene Spezlwirtschaft gehen!

Altstadt-Lehel
Mi ab 22, Fr/Sa ab 23 Uhr | Ledererstr.3 | Eintritt ab 5 Euro | www.crux.me | U 3, 6, S 1–4, 6–8 Marienplatz (241 E4)

GECKO

Der Gecko Club hat das Herz der jungen Ausgehgeneration ganz flink erobert, das sieht man Wochenende für Wochenende an der langen Schlange vor der Tür. Zwei ansprechend gestaltete Areas mit Hightech-Lightshow auf über 1000 m², mehrere VIP-Lounges, humane Getränkepreise, dazu Partysound, House, R'n'B und Black – dieser Mix trifft den Nerv der jüngeren Generation.

Altstadt-Lehel
Fr/Sa ab 22 Uhr | Maximiliansplatz 5 | Eintritt 4–8 Euro | Tel. 089 59 99 89 99 | www.gecko-club.com | U 4, 5, S 1–4, 6–8 Karlsplatz (240 C2)

HELENE

NEU Das erinnert ja fast an früher, als an der Münchner Freiheit noch das Nachtleben tobte. Das Team der Helene Disko knüpft tatsächlich an vergangene Tage an und richtet sich am Wochenende auch explizit an die etwas reifere Generation, was auch mit Musik älterer Bauart untermauert wird. Schöne Wandbilder, hohe Decken, eine Riesen-Diskokugel und tolle Flirtstimmung – eine willkommene Zeitreise.

Schwabing
Mi–Sa ab 22 Uhr | Occamstr. 5 | Tel. 089 74 03 52 09 | www.helene-muenchen.de | U 3, 6 Münchner Freiheit (245 D4)

JACK RABBIT

Die Hasen und die dazugehörigen Herren tanzen seit ein paar Jahren gern in der Disko im früheren Atlantis-Kino. Der Laden bildet zusammen mit dem Harry-Klein-Club und dem X-Cess eine Art nächtliches Bermuda-Dreieck. Auf einer Fläche von 600 m² bietet das Jack Rabbit zwei Floors sowie eine Galerie mit Lounge und VIP-Bereich. Musikalisch gibt es am Freitag elektronische Tanzmusik und am Samstag Partysound, House und Mash-ups, auf dem kleinen Floor läuft parallel dazu ein Kontrastprogramm zwischen R'n'B und Hip-Hop.

Mal Dracula, mal Cinderella, aber immer Call Me Drella: ein Magnet im szenigen Nachtleben

Isar- und Ludwigsvorstadt
Fr/Sa 23–5 Uhr | Schwanthalerstr. 2 | Eintritt 3–8 Euro | Tel. 0152 24 62 94 28 | www.jack-rabbit.me | U 4, 5, S 1–4, 6–8 Karlsplatz (240 B4)

LENBACHS & SÖHNE

Die Betreiberin des alten Lenbachs gegenüber von Pacha, 089 Bar und Co. hat Daniel Laurent, Nikias Hofmann und Ayhan Durak als »Söhne« adoptiert – und schwupps, schon lief der Laden wieder wie in der Anfangszeit vor 30 Jahren. Der Nachwuchs kam natürlich nicht mit leeren Händen, sondern hat kürzlich erst wieder kräftig renoviert und die Szenerie mit floralen Tapeten und antiken Bilderrahmen aufgefrischt. Die DJs werden im Schaufenster ausgestellt und gehen hinter Glas zum Amüsement der Raucher und Passanten ihrer Arbeit nach.

Altstadt-Lehel
Di–Do 20–5, Fr/Sa 20–6 Uhr | Maximiliansplatz 18 | Tel. 0174 2 10 94 68 | www.lenbachs-und-soehne.de | U 4, 5, S 1–4, 6–8 Karlsplatz (240 C3)

MILCHBAR

Die Milchbar ist volljährig! Über 18 Jahre gibt's den Flirttempel nun schon an wechselnden Orten in der Stadt, der letzte Umzug spülte die Milchbar in die Räume des früheren 59:1. Das Motto »Milch bleibt rot« spricht Bände, die dominierende Farbe ist also gleich geblieben. Sie strahlt aus einer imposanten, beweglichen Deckenplatte auf die Tanzfläche. Zum Glück ist auch die Flirtstimmung wie früher. Apropos Flirtstimmung: Mädels haben's am Mittwoch besonders gut, sie zahlen bis Mitternacht keinen Eintritt, und sie dürfen sich bis 24 Uhr mit Gratis-Prosecco in Stimmung bringen.

Altstadt-Lehel

PARTY-MEILEN

Abends zwei oder drei Läden abzuklappern macht Laune und bringt Abwechslung. Aber wer möchte schon das Trinkgeld zum Taxigeld umfunktionieren und sich ständig von A nach B kutschieren lassen? Wie praktisch, dass München einige Partyareale mit Clubs und Bars in Laufweite zu bieten hat.

MAXIMILIANSPLATZ

(240 C2)

Nördlich des Stachus ringen gleich fünf Partytempel in einem ehemaligen Versicherungsgebäude *(Hausnummer 5)* um die Gunst des Publikums. Den bekanntesten Namen wirft dabei der Münchner Ableger der Diskokette Pacha (→ S. 202) in die Waagschale. Hier gibt's natürlich House auf die Ohren, wie im Original-Pacha auf Ibiza. Nebenan ist so etwas wie die Flirthochburg des Komplexes, die 089 Bar *(Di/Mi, Fr/Sa ab 21, Do ab 19 Uhr | Maximiliansplatz 5 | www.089-bar.de)*. Das elektronische Kontrastprogramm dazu läuft eine Tür weiter in der Roten Sonne (→ S. 203). Ebenfalls unter der Grasnarbe liegt das Gecko nebenan (→ S. 198), und wenn man dann noch einmal ums Eck schaut, steht man auch schon halb in der Warteschlange vorm In-Club Call Me Drella (→ S. 198). Auf der anderen Seite der Grünanlage locken noch das Lenbachs & Söhne (→ S. 199) und das La Nuit *(Fr/Sa 23–6 Uhr | Maximiliansplatz 16 | www.la-nuit.info)*.

MÜLLERSTRASSE

(240 B–C6)

Auch die Verbindungsachse zwischen Glockenbach- und Gärtnerplatzviertel

bietet sich sehr zum Barhopping an. Vom Sendlinger Tor aus startend ist das Pimpernel (→ S. 214) die erste Anlaufstelle, wobei der Laden dank seiner großstädtischen Öffnungszeiten auch als finale Station denkbar ist. Also vielleicht eher in der Loretta Bar *(Mo–Do 8–1, Fr 8–3, Sa 9–3, So 10–20 Uhr | Müllerstr. 50 | www.loretta-bar.de)* mit einem Aperitif und einem kleinen Happen starten. Anschließend rüber ins Beverly Kills *(So–Do 20–3, Fr/Sa 20–5 Uhr | Müllerstr. 43 | www.beverlykills.de)* und den DJs lauschen. Wer noch andere Beats 'n' Beards in Hipster-Gesichtern sehen möchte, ist mit der Registratur Bar *(Do–So ab 21 Uhr | Müllerstr. 42 | www.dieregistratur.de)* bestens bedient. Alternativ lohnt sich auch ein Abstecher in den Bar-Klassiker Ksar *(Mo–Do 20–3, Fr/Sa 20–4 Uhr | Müllerstr. 31 | www.ksar-barclub.com)*.

SONNENSTRASSE

(240 B4–5)
Während die Sonnenstraße früher nachts eher links liegen gelassen wurde, schlägt das Partyherz dort seit ein paar Jahren um einiges höher. Vom Sendlinger Tor aus geht es im Backsteinbau einer unregelmäßig bespielten Eventlocation und einer Filiale der Burgerkette Hans im Glück los. Wer auf Indie-Dance abfährt, ist im Cord Club *(Mi 20.30–5, Do–Sa 22–5 Uhr | Sonnenstr. 18 | www.cord-muenchen.de)* an der richtigen Adresse. Salsa und Co. tanzen die Gäste im Do Brasil *(Fr/Sa 22–8 Uhr | Sonnenstr. 12 | www.dobrasil-bar.de)*. Zwei Hauseingänge weiter stehen gleich zwei Clubs zur Wahl: das auch nach dem Umbau immer noch schräge und musikalisch abwechslungsreiche X-Cess *(Mi/Do 22–4, Fr/Sa 22–5 Uhr | Sonnenstr. 8 | www.xcess-bar.de)* und die House-Hochburg Harry Klein mit tollen DJ-Bookings. Wenn man nun die Straßenseite wechselt, warten noch drei interessante Adressen auf feierwütige Partyhopper: die experimentelle Labor Bar *(Di–So 20–3 Uhr I Sonnenstr. 5)*, die Eden Bar *(Mi–Sa 20–6 Uhr | Sonnenstr. 25 | www.edenbar-münchen.de)* und die legendäre Milchbar (→ S. 199).

Mo–Do 22–7, Fr/Sa 22–9 Uhr | Sonnenstr. 27 | Tel. 089 45 02 88 18 | www.milchundbar.de | U 1–3, 6 Sendlinger Tor **(240 B5)**

MUFFATWERK

ÖKO Zentraler Anlaufpunkt für Konzerte, Partys und Kultur. Mit der Muffathalle, dem Café, dem Ampere sowie dem Biergarten verfügt das Muffatwerk über vier eigenständige Bereiche, die bei Großevents zusammengelegt werden können. Der Biergarten, der natürlich Klassiker wie Obazda und Brezen, aber auch Bio-Fleisch und Vegetarisches anbietet, ist bis 1 Uhr geöffnet. Unter den diversen Clubnächten stechen die Starmelt-Partys , die »Tour de France« und die »Panda-Party« heraus.

Au-Haidhausen

Fr/Sa ab 23 Uhr (Clubnächte), Mo–Do 17–1, Fr–So 12–1 Uhr (Biergarten) | Zellstr. 4 | Tel. 089 45 87 50 10 | www.muffatwerk.de | S 1–4, 6–8 Isartor/Rosenheimer Platz, Tram 16 Deutsches Museum **(249 D3)**

NEURAUM

Zwischen BR-Funkhaus und Hackerbrücke ist ein Raumschiff gelandet! Das Space Shuttle namens Zentraler Omnibusbahnhof (ZOB) beamt die Menschen musikalisch in andere Sphären. Diese Art von Teleportation findet im Keller statt. Auf vier Areas sind Scotty und seine DJ-Mechaniker am Werk, um die Massen in Ekstase zu versetzen. Vor allem für Fans der Electronic Dance Music hat sich der Neuraum zum Mekka entwickelt.

Maxvorstadt

Fr/Sa 22.30–5 Uhr | Arnulfstr. 17 | Eintritt 8–13 Euro | Tel. 089 38 15 38 99 99 | www.neuraum.de | S 1–4, 6–8 Hackerbrücke **(247 F2)**

Und noch einen Aufguss bitte! Puh, in der S.A.U.N.A. geht's mal wieder heiß her

PACHA

Der Münchner Ableger der legendären Ibiza-Disko bietet südländische Ausgelassenheit in Verbindung mit mitreißenden Housebeats, wie sie viele von durchtanzten Urlaubsnächten kennen. Star-DJs von Howard Donald (Ex-Take-That) bis Carl Cox setzen den Nächten das Sahnehäubchen auf. Wer zwischendurch eine Pause einlegen muss, der kann dies stilvoll im Wintergarten oder auf der Sommerterrasse tun.

Maxvorstadt

Do ab 18.30, Fr/Sa ab 23 Uhr | Maximiliansplatz 5 | Tel. 089 3 09 05 08 50 | www.pacha-muenchen.de | U 4, 5, S 1–4, 6–8 Karlsplatz (240 C2)

PALAIS

Skurril und spaßig ist ein Besuch in diesem plüschig-verspielten, seit 14 Jahren bestehenden Minipalast gegenüber dem Hauptbahnhof. Nur sollte man nicht zu früh vorbeischauen, denn die Gäste und die House-DJs laufen erst dann zu Hochform auf, wenn die Sonne schon wieder am Horizont zu erahnen ist. Unersättliche Dauertänzer wagen sich samstags und sonntags sogar erst mittags wieder ans Licht.

Maxvorstadt

Fr/Sa 0–12 Uhr | Arnulfstr. 16–18 | Eintritt 8 Euro | Tel. 089 51 26 72 95 | www.palais-club.de | U 1, 2, 4, 5, S 1–4, 6–8 Hauptbahnhof (247 F2)

PARADISO

Das Paradies für den etwas reiferen Nachtschwärmer ist immer noch so angesagt, dass sich schon eine halbe Stunde nach Öffnung eine Schlange vor der Tür bildet. Woran liegt's? Wohl an der schnuckelig-intimen Atmosphäre und der paradiesischen Flirtlaune unter den Thirty-somethings. Immer wieder ein Highlight im Partykalender: der INSIDER TIPP Paradiso-Geburtstag im November mit einer wahren Schocker-Show!

Isar- und Ludwigsvorstadt

Fr/Sa 22–5.30 Uhr | Rumfordstr. 2 | Eintritt 10 Euro | Tel. 089 26 34 69 | www.paradiso-tanzbar.de | U 16, 18 Reichenbachplatz (241 D5)

ROTE SONNE

Der nach einem Uschi-Obermaier-Film aus dem Jahr 1969 benannte Underground-Club hat ein Facelifting verpasst bekommen und strahlt nun wieder so richtig hell am Münchner Diskofirmament. Das Booking bietet Elektrofans einfach solche Leckerbissen, dass sie sogar im Hochsommer bereit sind, die Kellerstufen hinabzusteigen. Wobei es in der warmen Jahreszeit auch eine Terrasse gibt. Unterhalb der Grasnarbe erwartet den Gast ein langgezogener Raum mit Holzboden-Tanzfläche und einer sehr gut ausgesteuerten Anlage. Auch die Garderobensituation hat sich nach dem Umbau verbessert.

Maxvorstadt

Mi–Sa 23–6 Uhr | Maximiliansplatz 5 | Tel. 089 55 26 33 30 | www.rote-sonne.com | U 4, 5, S 1–4, 6–8 Karlsplatz (248 B2)

S.A.U.N.A. ★

Kaum zu glauben, dass in dieser Location mal eine Bankverwaltung residierte. Inzwischen bekommt man allerdings für Euroscheine kühle Getränke im Gegenzug, was früher nicht der Fall war. Tresen und Wände – ein einziger Bretterverschlag aus alten Europaletten. Und die Lampen über der Bar? Natürlich hölzern verschalt. Viel Holz also in der Sauna, daher ja auch der Name. Und sonst? Licht- und Soundequipment ist erfreulicherweise vom Feinsten, die Boxentürme blasen also ganz schöne Druckwellen in den Raum, überwiegend hervorgerufen von Musik aus den 1980er- und 90er-Jahren. Vielleicht nicht jedermanns Sache, aber allemal partytauglich.

Maxvorstadt

Mi–Sa ab 22 Uhr | Marsstr. 22 | Eintritt 5 Euro | Tel. 0170 2 74 07 60 | www.s-a-u-n-a.de | U 1 Stiglmaierplatz **(248 A1)**

DRAUSSEN FEIERN

BOB IM PARK

NEU Das Team des Cafés Kubitscheck hat das frühere München 72 Park übernommen, setzt aber weiterhin auf den Stil der 1970er-Jahre, auf bequeme Hollywoodschaukeln und mobile Grillstationen für alle, die beim Thema Fleisch gleich Feuer und Flamme sind. Neu sind die köstlichen Kuchen aus dem Haupthaus.

Schwabing

Mo–Do 13–24, Fr 13–1, Sa 11–1, So 11–22 Uhr | Olympiapark/Kolehmainenweg | Tel. 089 37 96 14 00 | www.cafe-kubitschek.de | U 3, 8 Olympiazentrum **(243 F2)**

CROWN'S CLUB

Die Krönung für Hip-Hop- und R'n'B-Fans! Auch nach mehr als zehn Jahren strömen die Black-Music-Anhänger unverändert gern in ihre Homebase, die arenaartig mit erhöhten Sitzbereichen rundherum aufgebaut ist. Das Highlight ist aber der wunderbare Innenhof mit Außenbars und luftiger Tanzfläche unterm Sternenhimmel.

Berg am Laim

Do 23–5.30, Sa 23–6 Uhr | Rosenheimer Str. 145h | Tel. 089 6 66 17 67 14 | www.crownsclub.de | U 2 Karl-Preis-Platz **(249 E4)**

PRATERINSEL

Von der rauschenden Isar »umringt«, bietet die Praterinsel eine der schönsten Outdoor-Szenerien der Stadt. Wechselnde Events im Hauptgebäude und im Innenhof oder die Open-Air-Salsa-Nächte sorgen für Party- und Urlaubsstimmung. Ein paar Meter weiter auf der Rückseite des Komplexes lockt im Sommer auch ein Beachclub mit feinem Sandstrand, Lounge-Sitzmöbeln und Barbecue. Zu späterer Stunde untermalen DJs (bei schlechtem Wetter auch indoor) dort die Strandstimmung mit angenehmen Housebeats.

Altstadt-Lehel

Tgl. ab 11 Uhr (Beachclub) | Praterinsel 1 | Tel. 089 45 91 13 11 | www.praterstrand.de, www.praterinsel.de | U 4, 5 Lehel **(249 D2)**

KARAOKECLUBS

HOPFENDOLDE

Klassische Altschwabinger Kneipe, in der neben Billard, Kicker und Darts auch gesangliche Höchstleistungen gefragt sind. In der Hopfendolde wird immer donnerstags und sonntags ab 20 Uhr das Mikro angeworfen. Die Stimmen der Hobbysänger sind meist gut geölt, da die Getränkepreise human ausfallen.

Schwabing

Tgl. 10–5 Uhr | Feilitzschstr. 17 | Tel. 089 33 36 22 | U 3, 6 Münchner Freiheit **(245 D4)**

KENNEDY'S

Pub, Restaurant, Livebühne oder Sportsbar, im Kennedy's ist immer was los. ☀ Im Sommer sogar mit Münchens erstem Guinness-Biergarten, der bis weit nach Mitternacht geöffnet hat. Doch, wie gesagt, neben Gerstensaft und Essen gibt's dienstags, donnerstags, freitags und samstags Livemusik, montags und mittwochs Karaoke-Abende. Und wer ohne Livesport nicht leben kann, wirft am besten einen Blick

So sieht er aus, der erste Guinness-Biergarten der Isar-Metropole im Kennedy's

auf die sechs Flatscreens, auf denen Sportevents rund um die Uhr laufen.

Altstadt-Lehel

Mo–Do 11–2, Fr/Sa 11–3, So 11–1 Uhr | Sendlinger-Tor-Platz 11 | Tel. 089 59 98 84 60 | www.kennedysmunich.com | U 1, 2, 3, 6 Sendlinger Tor (240 B5)

KILIANS

Immer wieder sonntags … lädt das Kilians Irish Pub auf die Bühnenbretter, die für manche die Welt bedeuten. Dabei stellt man fest: Der ein oder andere Karaoke-Fan könnte durchaus auch an einem der anderen Livemusiktage auftreten. Viele Talente nutzen die Showbühne hinter der Frauenkirche, anstatt sich hinter Irish Stew und Guinness zu verschanzen.

Altstadt-Lehel

So–Do 11–1, Fr/Sa 11–3 Uhr | Frauenplatz 11 | Tel. 089 24 21 98 99 | www.kiliansirishpub.com | U 3, 6, S 1–4, 6–8 Marienplatz (241 D3)

KNEIPEN

ENRICO PALLAZZO

NEU Nach kurzem Zögern hat Heiko Mathias auch seine neue, größere Bar wieder nach dem Opernsänger aus »Die nackte Kanone« benannt. Hauptsache aber, die Stammgäste haben nach dem Umzug von der Isar an die TU noch ordentlich Spaß bei Bier, Sandwiches und Pommes und beim Sound stadtbekannter Plattendreher wie Enne, Mooner oder Florian Keller.

Maxvorstadt

Di–Sa ab 18 Uhr | Gabelsbergerstr. 24 | www.enricopallazzo.de | U 2 Theresienstraße (244 A6)

FRIDA

Die Künstlerin Frida Kahlo ist Namenspatin dieser gemütlichen Studentenkneipe in TU-Nähe. Passend zur vorbildlichen Bildermalerin gibt's hier auch einen kleinen Nebenraum für wech-

selnde Ausstellungen, Fridas Kammer genannt. Im Gastraum rund um die Säule genießen die Besucher Kleinigkeiten wie Hummus oder Bratwurst mit Pommes oder Burger und Salate. Zum Trinken gibt's Cava aus Spanien, bevorzugt für die Mädels, und Spaten, Löwenbräu oder Beck's für die Jungs.
Maxvorstadt
Mo 18–24, Di–Sa 18–1 Uhr | Steinheilstr. 10 | Tel. 089 85 67 90 75 | www.frida10.de | U 2 Theresienstraße (244 B6)

Isar- und Ludwigsvorstadt
Mo–Sa 19–2 Uhr | Geyerstr. 18 | Bus 131 Baldeplatz (248 B4)

MORO

Die schwule Wirtshausbar lockt die Gay-Szene schon seit Jahren mit frisch gezapftem Augustiner-Bier oder süffigen Cocktails, die am Wochenende nach 22 Uhr schon für 6,50 Euro fließen. Wer Hunger hat, bekommt bayerische Hausmannsküche vom Schweinebraten bis zu Bratwürsteln oder internationale Küche mit asiatischem Einschlag.
Isar- und Ludwigsvorstadt
Mo–Fr 17–1, Sa 12–1, So 11–1 Uhr | Müllerstr. 30 | Tel. 089 23 00 29 92 | www.moro-munich.de | U 1, 2 Fraunhoferstraße (240 C6)

Ganz schön retro: Holzvertäfelungs-Charme mit Leuchtschrift im Rennsalon

KOOKS

NEU Matt Devereux, vielen Nachteulen seit dem Starsky's zu Kunstpark-Zeiten ein Begriff, hat zusammen mit Alexandra Illingworth eine Kneipe für »betreutes Trinken« (steht tatsächlich so auf einem Schild) eröffnet. Hier ist nichts überkandidelt, sondern einfach nachbarschaftlich-lässig. Dazu passen auch die Abende mit Stand-up-Comedy, Burlesque-Tanz, Karaoke und kleinen Konzerten. Trink-Kultur, ganz schlicht.

RENNSALON

Auch im südlichsten Zipfel des Glockenbachviertels haben Ernas Eckkneipe und

Bernies Boazn langsam einen schweren Stand. Die alten Stammgäste sterben weg, und die Jugend macht sich breit. So hat sich auch das achtköpfige Team des Rennsalons eine simple ehemalige Bierstube unter den Nagel gerissen. Aber keine Sorge: Es ist viel vom alten, holzvertäfelten Charme geblieben, angereichert mit ein paar Skurrilitäten.

Isar- und Ludwigsvorstadt

Di–Do 20–1.30, Fr/Sa 20–3 Uhr | Baldestr. 13 | Tel. 0176 38 32 37 34 | www.rennsalon.de | Bus 131 Baldeplatz (248 B4)

SANTO ANGER

Die Rock'n'Roll-Pizzeria liegt strategisch günstig am Altstadtring genau zwischen Gärtnerplatz- und Glockenbachviertel. Also ideal für einen Pausensnack und eine obligatorische Halbe zum Nachspülen. Zum Abschluss dann bitte noch die INSIDER TIPP Hausspezialität »Wsciekle Psy« (wütender Hund) probieren, Wodka mit Himbeersirup und Tabasco. Punkrock und Indie-Musik gibt's gratis dazu. Am Sonntag bleibt die Soundanlage Nebensache, dann flimmert der Tatort über die Santo-Anger-Leinwand.

Isar- und Ludwigsvorstadt

So–Do 17.30–1, Fr/Sa 17.30–3 Uhr | Blumenstr. 25 | Tel. 089 25 54 76 88 | www.santoanger.de | U 1, 2 Fraunhoferstraße (240 C6)

SCHORSCH BAR

Freeski-Fahrer Bene Mayr hat nicht nur an den Olympischen Winterspielen in Sotschi teilgenommen, er ist auch Barbesitzer. Zusammen mit zwei Freunden hat er die gemütliche Schorsch Bar aufgesperrt und damit ein rustikales Wohnzimmer zum Abhängen und Feiern bei fairen Preisen etabliert.

Maxvorstadt

Mi/Do 20–2, Fr/Sa 21–3 Uhr | Georgenstr. 119 | Tel. 0172 1 06 66 87 | www.schorschbar.de | U 2 Josephsplatz (244 A5)

SEHNSUCHT

Wer Sehnsucht nach Bier und Motorrädern hat, ist in der gleichnamigen Kneipe im Univiertel genau richtig. Das dort kultivierte Tankstellenflair liegt irgendwo zwischen Bikertreff und Mittlerem Westen, anstelle von harten Männern trifft man aber eher auf smarte Jungs. Regelmäßige Fußballübertragungen lassen die Männerherzen höher schlagen. Aber auch die Damen schauen gerne mal auf ein oder zwei Helle vorbei.

Maxvorstadt

Di/Mi 19–2, Do–Sa 19–3 Uhr | Amalienstr. 26 | www.bar-sehnsucht.de | U 3, 6 Universität (244 C6)

STADION AN DER SCHLEISSHEIMER STRASSE

Keine Sorge, dies ist kein falsch platzierter Sporttipp. Denn dieses spezielle Stadion entpuppt sich als eine urige Kneipe für Hardcore-Fußballfans. Unterm Kunstrasenhimmel auf der Indoortribüne macht ihnen das gemeinsame Jubeln und Daumendrücken seit vielen Jahren besonders Spaß. Aber auch an fußballfreien Tagen (die es praktisch nicht gibt) schmecken Bier und Hausmannskost.

Maxvorstadt

Mo–Do 19–1, Fr 18–2, Sa 12.30–2, So 13–24 Uhr | Schleißheimer Str. 82 | Tel. 089 52 97 36 | www.stadionanderschleissheimerstrasse.de | U 2 Theresienstraße (244 A5)

TAP-HOUSE MUNICH

Man glaubt es kaum, aber in der Stadt des Bieres macht sich langsam, aber sicher eine neue Bierkultur breit. Denn Craft-Biere sind in aller Munde. So auch im Tap-House, wo mehr als 200 verschiedene Hopfensäfte auf durstige Kehlen warten. Allein 40 Sorten davon gibt es fast täglich frisch vom Fass. Die Auswahl reicht von Camba Amber Ale (Bayern) über Wychwood Hobgoblin (Großbritannien) bis zum Urban Chestnut Wolpertinger (USA). Und in der Flasche warten weitere, gut gekühlte Köstlichkeiten aus Belgien, Italien, Skandinavien oder eben Bayern und dem Rest der Republik. Großes Plus: Der Service ist top geschult. Kein Wunder, sind die meisten doch Biersommeliers oder Studenten der Braukunst. Einziges Manko: Die Speisekarte ist nicht sehr üppig.

Au-Haidhausen

So–Do 17–1, Fr/Sa 17–2 Uhr | Rosenheimer Str. 108 | Tel. 089 62 23 11 87 | www.tap-house-munich.de | S 1–4, 6–8 Rosenheimer Platz (249 D4)

ZUM WOLF

Ein Wolfgang als Betreiber – da liegt der Name Zum Wolf doch wirklich nahe. Der bekennende USA-Fan Wolfgang Götz hat ein gewisses Faible für Rhythm'n'Blues-Musik, so dringen also im Mainstreamradio eher selten gehörte Klänge ans Ohr der insgesamt schon etwas reiferen Kneipengäste. Die Atmosphäre ist gemütlich, wenn auch in der heißen Phase etwas beengt, aber das fördert schließlich auch das gegenseitige Kennenlernen des Rudels beim Biertrinken.

Isar- und Ludwigsvorstadt

So–Do 18–1, Fr/Sa 18–2 Uhr | Pestalozzistr. 22 | Tel. 0163 8 87 87 87 | www.zumwolf.com | U 1–3, 6 Sendlinger Tor (248 B3)

ZUR GRUAM

Und noch eine alte Eckkneipe, die mehr oder weniger »naturbelassen« von Szenewirten übernommen wurde. Im Fall der Gruam ist es Stephan Alof, der sich dieser alteingesessenen »Boazn« im Schlachthofviertel angenommen und ihr wieder neues Leben eingehaucht hat. Spätestens, wenn die DJs zur Groove-Revolution rufen, spielt es auch keine Rolle mehr, dass man sich irgendwo im Nirgendwo zwischen Großmarkthalle und einem Unterführungsirrgarten befindet. Ab in die Grube!

Isar- und Ludwigsvorstadt

Mi/Do 20–5, Fr/Sa 21–5 Uhr | Thalkirchner Str. 114 | U 3, 6 Poccistraße (247 E5)

LIVECLUBS

GLOCKENBACHWERKSTATT

Das Kulturzentrum gegenüber der Schrannenhalle ist nicht nur Stadtteiltreff und Kinderbetreuungszentrum, sondern auch eine beliebte Livebühne. Mittwochs gibt's zu den Fischgerichten als Nachspeise die Auftritte wechselnder Bluesmusiker, und der Donnerstag ist für Newcomerbands reserviert. An Samstagen wird die Glockenbachwerkstatt zur Partyhochburg.

Isar- und Ludwigsvorstadt

Konzerte ab 20, DJs ab 22 Uhr | Blumenstr. 7 | Tel. 089 26 88 38 | www.glockenbachwerkstatt.de | U 1–3, 6 Sendlinger Tor (240 B5)

MILLA ★

Durchs frühere Bachbett rauscht wieder Leben: Das Indie-Musiklabel Millaphon hat dort mit dem Milla seinen eigenen Liveclub und lockt Musikfans aller Couleur. »Indie gut, alles gut« – so lautet der Leitspruch der Betreiber Till Hofmann, Gerd Baumann und Peter Brugger (»Sportfreunde Stiller«). Und der Slogan wird erfüllt, im bananenkrummen und zur Bühne hin abfallenden Raum mit dem ausrangierten Wohnzimmermobiliar. Ein angenehm lässiges Publikum genießt Livebands, DJ-Sound und Flaschenbier, auch wenn's an der Bar oft mal etwas länger dauert.

Isar- und Ludwigsvorstadt

oder einen leckeren Cocktail – und der ungewöhnliche Livemusikabend ist perfekt.

Isar- und Ludwigsvorstadt

Di–So 20–3 Uhr | Herzog-Heinrich-Str. 38 | Tel. 089 53 49 01 | www.misterbs.de | U 3, 6 Goetheplatz (247 F3)

Mehr als 200 verschiedene Biersorten werden im Tap-House ausgeschenkt

So–Do 20.30–2, Fr/Sa 20.30–4 Uhr | Holzstr. 28 | Tel. 089 18 92 31 01 | www.milla-club.de | U 1–3, 6 Sendlinger Tor (248 B4)

MISTER B'S

Vorsicht beim Reinkommen! Nicht, dass Ihnen der Posaunist versehentlich einen Bläsersatz heiße Ohren verpasst. Es ist wirklich ziemlich eng im Mister B's; der kleinste Jazzclub Münchens hat Wohnzimmerformat. Dadurch gibt's aber auch von Donnerstag bis Samstag ein tolles Miteinander von Musikern und Publikum. Dazu ein Bier

NIGHT CLUB BAYERISCHER HOF

Unzählige Jazz-Heroes von Herbie Hancock bis Chick Corea sind hier schon aufgetreten. Aber auch kleinere Combos finden im Night Club ihre Bühne. 365 Tage im Jahr gibt's Livemusik, einzigartig in München. Angenehmer Nebeneffekt: Viele Konzerte sind gratis. Das gesparte Eintrittsgeld kann man ruhig in ein Fläschchen investieren. Für die Spirituosenpreziosen stehen sogar eigene Schließfächer zur Verfügung.

Altstadt-Lehel

Tgl. 22–3 Uhr | Promenadeplatz 2–6, im Hotel Bayerischer Hof | Tel. 089

Diese Location hat Substanz: Seit 25 Jahren ist der Club unverzichtbarer Teil des Nachtlebens

2 12 09 94 | www.bayerischerhof.de | U 3, 6, S 1–4, 6–8 Marienplatz, Tram 19 Theatinerstraße (241 D3)

STROM

Der frühere Stromlinienclub hängt stromlinienförmig frisiert und gekürzt als Strom wieder am Münchner Partynetz. Die alte Einrichtung ist entsorgt und der Club designtechnisch entkernt. Das Team um Konzertveranstalter Frank Bergmeyer und die Import-Export-Crew bietet in den variabel bespielbaren Räumlichkeiten so gut wie täglich Livekonzerte aus den Genres Independent, Folk und Punkrock bis hin zu Psychobilly oder Lo-Fi-Pop. An den Wochenenden übernehmen DJs zu späterer Stunde das Soundregiment.

Sendling

Tgl. ab 20 Uhr (bei Konzerten) | Lindwurmstr. 88 | Tel. 089 24 20 57 11 | www.strom-muenchen.com | U 3, 6 Poccistraße (247 E4)

SUBSTANZ

Seit über 25 Jahren eine Münchner Institution, dazu mit eigenem Radiosender *(www.substanz-fm.com)*. Konzerte, Partys, Clubabende und Fußballkrimis auf Großbildleinwand – wer in dem Isarvorstadtclub das volle Programm mitnimmt, dem kann das ganz schön an die Substanz gehen. Ansonsten gefällt es hier alternativen Szenegängern wegen der Unaufgeregtheit und des hervorragenden Musikmixes. Kultig und humorvoll ist der Poetry-Slam jeden 2. Sonntag.

Isar- und Ludwigsvorstadt

So–Di 20–1, Mi/Do 20–2, Fr/Sa 20–3, Konzertbeginn 21 Uhr | Ruppertstr. 28 | Tel. 089 7 21 27 49 | www.substanz-club.de | U 3, 6 Poccistraße (247 F4)

UNTERFAHRT

Unverzeihlich, wer nach München kommt und nicht mindestens einen Abstecher in den Jazzclub in der Einsteinstraße unternimmt. Regelmäßige Jam-

Sessions und Big-Band-Nights verstehen sich von selbst. Hier weht ein lässiger Hauch von New Yorker Nachtclubatmosphäre. Modern Jazz, Bebop, Swing und Free Jazz – solange es swingt und Rhythmus hat, wird es in der Unterfahrt gespielt. Natürlich live! Auch die benachbarten Gewölbekeller im *Einstein Kulturzentrum* → **S. 54** sind einen Besuch wert.

Au-Haidhausen

Tgl. 19.30–1, Konzertbeginn 21 Uhr | Einsteinstr. 42 | Tel. 089 4 48 27 94 | www.unterfahrt.de | U 4, 5, Tram 15, 16, 19, 25 Max-Weber-Platz (249 E2)

VOGLER

Totgesagte leben länger. Die Jazzbar Vogler hat zwar mit so manchen Unbilden zu kämpfen, ist aber inzwischen doch schon »volljährig«. Montags steht weiterhin eine Jam-Session mit nationalen und internationalen Gästen auf dem Programm, von Dienstag bis Donnerstag wird »The Art of the Piano« zelebriert. Freitags sind Jazzbands an der Reihe, während an Samstagen das Pendel musikalisch eher in Richtung Swing, Soul, Funk oder Latin ausschlägt. Der Eintritt zu den Konzerten wird nicht am Eingang kassiert, sondern über die Getränkerechnung. Die Gäste können also auch mal kurz reinhören und sich dann entscheiden, ob sie bleiben oder nicht.

Isar- und Ludwigsvorstadt

Mo–Sa ab 19 Uhr | Rumfordstr. 17 | Tel. 089 29 46 62 | www.jazzbar-vogler.com | Tram 16, 18 Reichenbachplatz (241 E5)

SELBER FEIERN

BIRDIE BAR

Im teilweise schon umgesetzten Kreativquartier zwischen Dachauer und Infanteriestraße wird nicht nur designt und kulturell quer gedacht, man kann dort auch wunderbare Privatfeste feiern. Und zwar in der Birdie Bar, die tagsüber den dort angesiedelten Firmen als Mittagspausenstation dient. Abends liegt der Schwerpunkt auf dem Barbetrieb. Neben selbst gemachten Limos gibt's dann auch Longdrinks und Cocktails. Wer privat feiern mag, kann dies für 500 Euro Miete (inkl. Technik und Endreinigung) und 20 Euro pro Stunde für einen Barkeeper tun.

Maxvorstadt

Mo–Do 9–17, Fr 9–15 Uhr (Business Lunch) | Infanteriestr. 11a, Gebäude D | Tel. 0163 1 52 47 58 | www.birdie-bar.de | Tram 12 Infanteriestraße (243 F5)

BRANDNER KASPAR

In der seit 1969 existierenden, skurrilen Kneipe von Dagmar Brandner kann man entweder himmlisch oder ganz geerdet feiern. Der Himmels-Raum fasst 45 Gäste, das Erden-Zimmer 30 Leute. Die einzelnen Räume kosten keine Miete, Essen darf mitgebracht werden, Musikanlage ist vorhanden. Nur wer den Brandner Kaspar komplett für sich haben möchte, muss 300 Euro investieren.

Giesing

Fr/Sa 20–4 Uhr | Sommerstr. 39. | Tel. 089 65 29 22 | www.brandnerkaspar.de | U 1, 2 Kolumbusplatz (248 B5)

MINIBAR

Einmal eine Nacht lang Barchef spielen? Kein Problem in der Minibar. Hier können Sie bis zu 45 Freunde bewirten und mit ihren Lieblingsdrinks und -sounds beglücken. Die Servicepauschale für Barpersonal, Technik und Endreinigung liegt bei 249 Euro am Wochenende. Auch die Getränkepreise sind human, Bier und Softdrinks kosten allesamt unter 3 Euro. Wer die Bar im laufenden Betrieb kennenlernen möchte, kann etwa am Donnerstag beim offenen »Heimatabend« vorbeischauen. Falls der Wunschtermin belegt ist, kann man auch auf die INSIDER TIPP zweite Minibar in Giesing ausweichen. Hier ist sogar Platz für bis zu 60 Personen.

Westend

Do ab 20 Uhr | Ligsalzstr. 2 | Tel. 0177 7 98 98 24 | www.minibarmuenchen.de | U 4, 5 Schwanthalerhöhe (247 E2)

VESBAR

Feiern in einer Vespa-Werkstatt? Hört sich verrückt an, geht aber. Inhaber Jörg Steinmetz und seine Jungs von der Vesbar vermieten ihre loftartige Hinterhof-Werkstatt mit Showroom nach Arbeitsschluss auch für Events oder Geburtstagsfeiern. Vor den aufgereihten Roller-Prachtstücken kann man locker eine lange Tafel zum Essen oder auch ein DJ-Pult mit Tanzfläche davor platzieren. Einfach anfragen!

Isar- und Ludwigsvorstadt

Maistr. 49 | Tel. 089 60 08 70 24 | www.vesbar.de | U 3, 6 Goetheplatz (248 A4)

SZENE

CAFÉ KOSMOS

Berlin lässt grüßen. Denn dieses coole, trashige Sixties-Café hat besonderen Charme, der auch den Geldbeutel schont. Während untertags eher Schüler und Studenten anzutreffen sind, gehört die Nacht den Szenepeople. Auf zwei Etagen verteilt und mit zwei großen Fensterfronten versehen, ist der Laden perfekt, um die Rotlichtnachbarschaft zu beobachten. Das Café kann auch für private Events gemietet werden.

Maxvorstadt

Mo–Do 12–1, Fr 12–3, Sa 14–3, So 14–1 Uhr | Dachauer Str. 7 | Tel. 089 55 29 58 67 | www.cafe-kosmos.de | U 1, 2, 4, 5, S 1–4, 6–8 Hauptbahnhof (247 F2)

DON'T CALL MAMA

Cocktails, Musik, Freunde – das Motto ist auf den Punkt gebracht, die Einrichtung dreht auch keine Extrarunden. Naturbelassene Wände, nackte Glühbirnen, Barhocker und ein großes Ledersofa. Mehr braucht's ja auch nicht. Die Drinks sind gut gerührt, die DJs mischen meist Hip-Hop mit R'n'B und das studentische Partyvolk kommt dabei in Stimmung.

Maxvorstadt

Mo–Do 18–2, Fr/Sa 18–4 Uhr | Schellingstr. 45 | Tel. 089 45 20 85 45 | www.dontcallmama.de | Tram 27, 28 Schellingstraße (244 B6)

FRAUEN 26

Die höchst angesagte Bar ohne Namen, im Szenevolksmund wegen der Adresse kurz »Frauen 26« genannt, geriet gleich in ihrer Anfangszeit in die Schlagzeilen, weil Nationalkicker Bastian Schweinsteiger hier feierte und dabei Borussia Dortmund verbal beleidigte. Im Prinzip nur Kinderkram, so wie auch die Kinderstühle zum Flatscreen und zur Spielkonsole im Nebenraum. Überhaupt ist das Interieur skurril, afrikanische Holzmasken treffen auf Küchenutensilien, die vor der Nase der Barkeeper im Rhythmus der Hip-Hop-Beats baumeln. Amüsant, darauf trinken wir doch ein »Bockerlbier«.

Altstadt-Lehel

Mi–Sa ab 20 Uhr | Frauenstr. 26 | S 1–4, 6–8 Isartor (241 E5)

HARRY KLEIN

Zweistöckige Techno-House-Institution im rohen Industrielook mit hohen Wänden, auf denen wechselnde Visual Artists ihre auf die Beats abgestimmten, spannenden Video-Kompositionen zeigen. Tolle Bookings, glasklarer Sound und feierfreudiges, junges Publikum.

Mittwochs treffen sich hier Münchens schwule Housefreunde zur »Garry Klein«-Nacht.

Isar- und Ludwigsvorstadt

Mi/Do 23–4, Fr/Sa 23–7 Uhr | Sonnenstr. 8 | Tel. 089 40 28 74 00 | www.harrykleinclub.de | U 4, 5, S 1–4, 6–8 Karlsplatz (240 B4)

KATOPAZZO

Nach der gemeinsamen Rubybar hat sich die Mannschaft vom Heyluigi wieder mit dem Gomma-Label zusammengetan und ein lässiges Lokal aus dem Hut gezaubert. Oben fungiert es als üppig begrünte Bar mit Restaurantbetrieb, während unten in der Totem Bar DJs mit ihrem Sound und die größte Mezcal-Auswahl der Stadt für zusätzlichen Spaß sorgen. In der Location fließt eben alles zusammen: Essen, trinken und feiern.

Maxvorstadt

Mo–Do 17–1, Fr/Sa 17–24 Uhr | Amalienstr. 87 | Tel. 089 44 38 71 14 | www.katopazzo.de | U 3, 6 Universität (244 C6)

LUCKY WHO

Glücklich ist schon mal der, der den Türsteher am Eingang zum Innenhof passiert hat, um ins Lucky Who zu gelangen. ☀ Und noch glücklicher macht es, wenn man zwischen den beleuchteten Blumentöpfen eine laue Sommernacht unter freiem Himmel genießen kann. Innen ist die Location zweigeteilt, ein hellerer Barbereich zur Linken und rechts der Clubraum mit DJ-Pult und mosaikartig beleuchteter Decke. Zum Essen sind vor allem Burger und Schnitzel zu empfehlen, aber auch bei den Cocktails zeigt das Team großes Können.

Maxvorstadt

Im Café Kosmos rotieren nachts die Szenegänger auf ihren eigenen Umlaufbahnen

Di/Mi 19.30–1, Do–Sa 19.30–4 Uhr | Brienner Str. 14 | Tel. 089 20 92 20 71 | www.luckywho.de | U 4, 5 Odeonsplatz (241 D2)

PIGALLE

Das ehemalige Cabaret mit leicht bekleideten Damen und leicht entflammbaren Herren ist seit einigen Jahren unter neuer Leitung, aber zum Glück sind die altbewährte plüschige und sündigrote Atmosphäre und die Tanzstange für spontane Showeinlagen geblieben. Wer sich dort räkelt, wird anschließend übrigens auch gern mal mit Hochprozentigem belohnt. Ab und zu finden auch Burlesque-Shows oder kleinere Konzertabende statt. Das Pigalle kann auch für Privatfeiern gemietet werden.

Isar- und Ludwigsvorstadt

Fr/Sa 21–5 Uhr | Thalkirchner Str. 23 | Tel. 0172 7 93 06 82 | www.pigalle-muenchen.de | U 3, 6 Goetheplatz (248 A4)

PIMPERNEL

Wie schön, dass es am Sendlinger Tor diese tagtäglich geöffnete Anlaufstelle für gestrandete Nachteulen gibt, die noch kein Auge zudrücken wollen. Bis zum Sonnenaufgang kann man hier zum Absacker noch ein wenig flirten, untermalt von Indie-Pop oder Elektroklängen. Zu fortgeschrittener Stunde feiern vor allem Szeneleute aus der Gastronomie in der Bar mit den anregendsten Hinterglasbildern der Stadt ihren Feierabend!

Isar- und Ludwigsvorstadt

Tgl. 22–6 Uhr | Müllerstr. 56 | www.pimpernel-muenchen.de | U 1–3, 6 Sendlinger Tor (240 B6)

POMP

Ein Schwabinger Klassiker, der momentan wieder angesagt ist wie zu den allerbesten Tagen. Dementsprechend voll ist es am Wochenende natürlich auch. Also: Einfach die Berührungsängste fallen lassen und in die Flirtstimmung eintauchen, die die DJs mit kommerziellem Partysound zusätzlich anheizen.

Schwabing

Do 21–3, Fr/Sa 21–5 Uhr | Georgenstr. 50 | Tel. 089 2 71 18 89 | www.pompbar.de | Tram 27, 28 Nordendstraße (244 B5)

ROBINSON KUHLMANN

Die immer noch sehr angesagte Bar am Gärtnerplatz war einst der skurrile Altherrentreff Chérie. Schnörkel und Nippes von früher sind zum Glück auf die Deponie gewandert, stattdessen herrscht cool inszenierte Reduziertheit mit schwarz gestrichenen Wänden, die gleichzeitig auch als Getränkekarte dienen. Der »Ginger Mule« schmeckt nach mehr!

Isar- und Ludwigsvorstadt

So–Mi 19–3, Do 19–4, Fr/Sa 19–5 Uhr | Corneliusstr. 14 | Tel. 089 55 26 91 23 | www.robinsonkuhlmann.com | U 1, 2 Fraunhoferstraße (241 D6)

VALENTIN STÜBERL

Fototapeten mit Waldmotiv und Nippes zeigen: Dies ist eine Wohnzimmerkneipe für alle Szenegänger, die vom Mainstream genug haben. Auch die Musik hat nichts mit dem Charts-Einheitsbrei am Hut. Der Laden ist hip, die Barcrew immer für einen Plausch zu haben. Mitgefiebert wird besonders, wenn Bundesliga-Fußball läuft.

Isar- und Ludwigsvorstadt

Mo–Do 18–1, Fr/Sa 18–2 Uhr | Dreimühlenstr. 28 | Tel. 089 76 75 70 58 | www.valentinstueberl.com | U 3, 6 Poccistraße, Bus 152 Ehrengutstraße (248 A5)

Land-partien

Morgens mit dem Surfboard den Eisbach besiegt und abends erschöpft, aber glücklich am Gipfelkreuz – Münchens Freizeitwert ist dank der nahen Berge und Seen unbezahlbar.

Wie, Ihr Fahrrad steht im Keller und hatte dieses Jahr noch keinen Auslauf? Dann aber schnell die Reifen aufpumpen, Bremsen und Schaltung nachstellen und losgedüst. Die Isar wartet, mit schöner Natur und ebensolchen Biergärten. Radeln Sie raus zum Starnberger oder zum Walchensee – oder nehmen Sie mal die städtischen Routen unter die Räder. Sie werden Spaß haben, garantiert!

AKTIVTOUREN

1 ADFC AUSFLÜGE

Gemütliche Feierabendtour, Randwandern oder anspruchsvolle Fahrt mit Rennrad oder Mountainbike: Der Allgemeine Deutsche Fahrrad Club organisiert mehrmals pro Woche geführte Tagestouren in der Gruppe sowie Mehrtagestouren. Die Touren gibt es in unterschiedlichen Schwierigkeitsgraden. Sie beginnen und enden meist an U- und S-Bahnhöfen, eine Anmeldung ist nicht nötig. Bikefans nutzen auch gerne die ADFC-Kurse rund ums Fahrrad. Nähere Infos auf der Homepage.

Isar & Ludwigvorstadt

Mo–Fr 10–12, Do 17–19.30, April–Aug. auch Fr 17–19 Uhr | Radlerhaus: Platenstr. 4 | Tel. 089 773429 | www.adfc-muenchen.de | U 3, 6 Goetheplatz (247 F4)

2 MIT INLINES ODER RAD DURCH DIE METROPOLE

München hat nicht nur ein Herz für Radler, sondern auch für Inline-Skater. Ob Straße oder Radweg, die Möglichkeiten sind riesig. Doch für welche Strecke Sie sich auch entscheiden – Helm, Hand- und Knieschutz sollten Sie stets tragen. Ab-

Summertime, and the living is easy – im Englischen Garten

hängig von Ihrer Kondition dauert die Tour ca. vier Stunden, Sie können Sie aber auch in Etappen fahren. Oder Sie schwingen sich einfach aufs Fahrrad. Ob auf zwei oder mehr Rädern oder Rollen, Ausgangspunkt ist immer das **Olympiagelände** → **S. 35**. Hier können Sie erst mal den Park erkunden, bevor Sie das immerhin 850 000 m² große Gelände mit Wiesen, Seen und Wegen auf der Ostseite beim Eissportstadion verlassen. Sie rollen nun auf der Brücke über den Mittleren Ring, wo Sie der größte Vierzylinder der Welt erwartet: das **BMW-Hochhaus**. Auf der anderen Straßenseite liegt zudem die futuristische **BMW Welt** → **S. 34**, der Sie einen Besuch abstatten können. Nun fahren sie eine längere Strecke über den **Petuelpark** (244 C2) und die Schenkendorfstraße zum **Nordfriedhof** (245 E2–3). Dahinter beginnt der **Englische Garten**, an dem Sie auf der Osterwaldstraße entlang rollen. Wieder überqueren Sie den Ring und machen dann am **Osterwaldgarten** *(tgl. 10–1 Uhr | Keferstr. 12 | www.osterwaldgarten.de)* verdiente Rast, bevor Sie durch den schönsten Teil Schwabings zur **Tivolistraße** (245 D5) kommen und ihr folgend den Englischen Garten zum **Tucherpark** (245 D6) durchqueren. Wer noch eine Pause mag, kehrt zwischendurch im **Biergarten am Chinesischen Turm** *(tgl. 10–23 Uhr | Englischer Garten 3 | www.chinaturm.de)* ein. Vom Tucherpark aus geht's auf dem Bürgersteig der Emil-Riedl-Straße zur **Prinzregentenstraße** (249 D1), dieser folgen Sie stadteinwärts bis zur Kreuzung **Ludwigstraße** (248 C1), wo Sie links zum Odeonsplatz abbiegen. Am Ende der Tour warten der **Hofgarten** und das **Tambosi** → **S. 88**, um den Tag gemütlich oder bei einer Partie **Boule** → **S. 187** ausklingen zu lassen.

3 RADTOUR AN DER ISAR

Echt bayerisch und ein Muss ist die Biergartentour entlang der Isar: Auf einer knapp 50 km langen Strecke liegen insgesamt zehn mögliche Anlaufstellen. Als Ausgangspunkt für die Hopfen-und-Malz-Tour dient der **Chinesische Turm** *(s. oben)* im Englischen Garten. Durch den Park zum **Seehaus** *(tgl. 10–1 Uhr | kuffler.de)* (245 D4) ist es nur ein Katzensprung, dann ein paar Mal kräftig in die Pedale treten, und Sie können in der **Hirschau** *(tgl. 11–23 Uhr | www.hirschau-muenchen.de)* (245 E4) einkehren. Einige Kilometer weiter im Norden liegt der **Aumeister** *(im Sommer tgl. 11–22 Uhr | www.aumeister.de)* (245 F1). Schnell über die Isar und schon ist man in der **Sankt Emmeramsmühle** *(Mo–Sa 11–1, So ab 10 Uhr | www.emmeramsmuehle.de)* (239 E2), die mit einem kühlen Radler wartet. Parallel zur Isar führt der Weg zum **Hofbräukeller** *(tgl. 10–24 Uhr | www.hofbraeukeller.de)* (239 D3). Danach geht's länger durch die grünen Isarauen bis nach Harlaching zur **Menterschwaige** → S. 79, wo es zur Belohnung einen Steckerlfisch der Fischer Vroni gibt. Zum Nachtisch einmal über die Großhesseloher Brücke zur **Waldwirtschaft** *(tgl. ab 10.30 Uhr | www.waldwirtschaft.de)* (238 C6). Dort ein bisschen Jazz lauschen und dann zum letzten Stopp bergab in Richtung INSIDER TIPP Naturfreunde Bootshaus → S. 79. Abkühlung finden Sie nebenan im **Bad Maria Einsiedel** → S. 178.

AUSFLÜGE

1 BLOMBERG ★

Der 1248 m hohe, knapp 57 km von München entfernte Blomberg ist bekannt für seine Sommerrodelbahnen und die Naturrodelstrecke, auf der man im Winter mit dem Schlitten gen Tal saust. Die Blomberg Classic ist die längste Sommerrodelbahn Deutschlands, der auf Schienen düsende Blomberg-Blitz ist das ganze Jahr über geöffnet. Bis zu 40 km/h erreichen die Bobs mit ihren Acryl-Glas-Regenhauben. Bayerns höchster Kletterwaldpark, ein Erlebnispark für Kinder, Wanderpfade wie der Kunstwanderweg, präparierte Skipisten sowie ein Fun-Park für Snowboarder und Freestyler runden das Freizeitangebot ab. INSIDER TIPP Abendskilauf *(Mi–So 19–22 Uhr)*.

Bad Tölz

Blombergbahn Bad Tölz | tgl. ab 9 Uhr | Am Blomberg 2 | Tel. 08041 37 26 | www.blombergbahn.de | A 8 München – Salzburg, Ausfahrt Holzkirchen, dann B 13 (252 C5)

2 FORSTENRIEDER PARK/ FORST KASTEN

Forst Kasten ist nicht nur ein Biergarten, es ist ein Freizeitpark mitten im Wald. Neben dem Abenteuerspielplatz gibt es Streichelgehege mit Ziegen, Schafen und Eseln, eine Minigolfanlage, Hüpfburgen und ein riesiges Maisfeld-Labyrinth. Eine Radtour dorthin ist ein schöner Tagesausflug, bei dem man etwa 65 km strampelt. Als Tourstart empfiehlt sich der **Isarradweg** auf Höhe des

MARCO POLO HIGHLIGHTS

★ **Blomberg**
Im Sommer mit dem Bob, im Winter mit dem Schlitten – der Action-Spaß direkt vor den Toren der Stadt. Aber der Blomberg hat noch einiges mehr zu bieten → S. 218

★ **Lantenhammer Erlebnisdestillerie**
Auf den Spuren höchster Gin-Kunst und zugleich sportlich aktiv, am Schliersee ist beides möglich → S. 219

★ **Walchensee**
Bergtouren von leicht bis schwierig und Mountainbike-Trips in schönster Umgebung. Und im Anschluss segeln, surfen oder für ein kühles Bad in den See springen. Herrlich! → S. 220

★ **Schellenberger Eishöhle**
Fantastisch: Deutschlands einzige erschlossene Eishöhle verzaubert und fasziniert → S. 222

Deutschen Museums → S. 58. Diesem folgt man Richtung Süden und quert in Grünwald die Brücke zum linken Isarufer. Ein paar hundert Meter bergauf erreicht man den Forstenrieder Park. Von hier geht es quer durch das idyllische Waldgebiet. Inline-Skater fahren mit der S-Bahn bis Stockdorf, ab dort sind die Forstwege komplett asphaltiert und beschildert.

Fürstenried

Forst Kasten: Mai–Sept. Di–So 11–23, Okt.–April Mi–So 11–23 Uhr | Tel. 089 8 50 03 60 | www.forst-kasten.de | S 6 Stockdorf (20 Min. mit dem Rad, 45 Min. zu Fuß), U 3 Fürstenried West (per Rad ca. 40 Min.) (252 C3)

3 LANTENHAMMER ERLEBNISDESTILLERIE ★

Der Spirituosenspezialist Lantenhammer präsentiert an seinem Gründungsort Hausham im Herzen Oberbayerns eine Erlebnisdestillerie inklusive Destillationsanlage, einem Edelgutlager und einem großen Besucherzentrum samt Laden. Interessierte können hier also eine spannende Entdeckungsreise in die Welt der Destillierkunst machen und in der Schatzkammer auch einige Tropfen verkosten, darunter z. B. den bayerischen Gin »Bavarka«. Wer neben den hochprozentigen Naturprodukten auch noch grüne Umgebung pur genießen möchte, dem sei ein Abstecher zum Schliersee mit einem Besuch der Schliersbergalm *(www.schliersbergalm.de)* und die anschließende Abfahrt mit der Sommerrodelbahn empfohlen.

Hausham

Mo–Sa 10–18 Uhr | Josef-Lantenhammer-Platz 1 | Tel. 08026 9 24 80 | www.lantenhammer.de | A 9 Richtung Salzburg, Ausfahrt Nr. 99 Irschenberg, dann der Beschilderung in Richtung Schliersee folgen (253 D5)

Im Sommer sieht die Abfahrt am Blomberg so aus

4 STARNBERGER SEE

»Pack die Badehose ein« – und rauf aufs Fahrrad: 25 km sind es bis zum Starnberger See, Dauer der Tour ca. 1,5 bis 2 Stunden. Vom Pasinger S-Bahnhof (239 A3) geht es auf ruhigen Nebenstraßen und Radwegen entlang der Würm gen Süden. Im Stadtpark (238 A3) finden Sie am rechten Flussufer den Radweg nach Starnberg. Die Beschilderung führt Sie an Planegg und Krailing vorbei; ist Stockdorf erreicht, dann biegen Sie gleich nach der St.-Vitus-Kirche in den Wald ein. Jetzt beginnt der abenteuerlichste Teil der Strecke über Stock und Stein durch den Wald bis nach Gauting. Dort überqueren Sie die Würm auf Höhe der Münchner Straße und fahren dann am Fluss entlang bis nach Starnberg (252 B3–4). Baden können Sie an vielen Stellen im See, in Starnberg selber gibt es am Unteren Seeweg direkt neben dem Münchner Yachtclub eine kleinere, öffentliche Liegewiese mit Seezugang.

Größere Wiesen mit Bademöglichkeit bietet der **Percha Beach** *(Strandbadstr. 15)*. Hier ist Action geboten: Tischtennistische, Volleyballfelder, Kioske, Restaurants – und viele Menschen. Etwas ruhiger ist es am Westufer. Zwischen dem ebenfalls gut besuchten **Paradies** in Possenhofen und **Feldafing** findet man einige stille Fleckchen mit grandiosem Blick auf die **Roseninsel** vor dem Alpenpanorama. Sissis Lieblingsinsel erreicht man mit der Fähre vom Glockensteg beim **Forsthaus am See** *(www.faehre-roseninsel.de)*.

5 WALCHENSEE ★

Der türkis-grüne Gebirgssee ist ein Paradies für Outdoorsportler aller Art. Lokale Thermikwinde machen ihn zu einem der beliebtesten Segel- und Surfreviere im Alpenvorland. Taucher erkunden in dem klaren Wasser Auto-, Boots- und sogar Flugzeugwracks. Rund 80 km sind es bis zu Deutschlands größtem Gebirgssee, mit dem Auto sind Sie etwa 1 Stunde unterwegs. Tolle Bedingungen herrschen auch für Zweiradfreunde. Während Motorsportler die **Kesselbergstrecke**, von Kochel hoch zum Walchensee, schätzen, genießen Mountainbiker die Ruhe rund um den See. Tour-Tipp: Per Rad sind's von München über den Isarradweg und den Bodensee-Königssee-Radweg knapp 114 km zum Kurzurlaubsparadies. Auch Wanderer kommen auf ihre Kosten. Beliebt ist der **Herzogstand**, dessen Gipfel (1731 m) Sie zu Fuß oder mit der Bahn erklimmen.

Walchensee

Touristinfo Walchensee | Ringstr. 1 | Tel. 08858 411 | www.walchensee.de | A 95 Richtung Garmisch-Partenkirchen, Ausfahrt Nr. 10 Murnau/Kochel, über Kochel am See weiter zum Walchensee. Am Walchensee gibt es keine Tankstelle! (252 B5)

BADESEEN

LANGWIEDER SEE, LUSSSEE & BIRKENSEE

Im Nordwesten Münchens liegen drei beliebte Stadtseen: An heißen Sommertagen planschen und relaxen hier knapp 30 000 Ausflügler. Der Birkensee ist ein beliebter FKK-Treff, mehr als 1000 Bäume sorgen am glasklaren Lußsee für Schatten, und am Langwieder See finden sich Grillplätze, ein Ruderbootverleih, Beachvolleyplätze und eine Minigolfanlage. Im Biergarten des Restaurants Langwieder See klingt der Tag beim Sonnenuntergang über dem See aus. Parkplätze sind vorhanden, es fährt aber auch ein INSIDER TIPP **Badebus** *(Mai–Sept.)* vom S-Bahnhof Lochhausen.

Langwied

Restaurant & Biergarten Langwieder See | Kreuzkapellenstr. 89 | Langwied | Tel. 089 86 48 60 | www.langwiedersee.de | Info Badebus: Tel. 089 32 30 41 11 | www.badebus.com; Anfahrt: A 8 Richtung Stuttgart, Ausfahrt Langwied oder S 3 Lochhausen, dann 30 Min. zu Fuß (252 C3)

RIEMER SEE

Der vor fast zehn Jahren zur Bundesgartenschau angelegte See zeigt sich an jedem Ufer anders. Im Norden führt die Seepromenade vorbei an terrassenartigen Liegewiesen zum Kiosk. Üppig blühende Stauden und weitläufige Wiesen prägen das Südufer, während sich im Westen ein Steg durch den Schilfgürtel zieht. Das Badeufer mit Beachvolleyballfeld liegt im Osten. Die Liegewiese ist allerdings nur etwas für Sonnenanbeter, denn Schatten gibt es hier keinen.

Riem

Kurzurlaubsparadies Walchensee: Surfen, zelten, radeln – und diese herrliche Landschaft genießen

Südlich der Astrid-Lindgren-Straße | U 2 Messestadt Ost (252 C3)

LEICHTE WANDERUNGEN

1 BRAUNECK/LENGGRIES & UND WEGSCHEID

Im Sommer können Kletterer aus rund 200 Routen wählen, Wanderer freuen sich über zwölf schöne Touren. Im Hochseilgarten Isarwinkel sorgt der 800 m lange Flying Fox für Nervenkitzel. Bei viel Schnee hat das Skigebiet (34 Pistenkilometer) für jeden Anspruch etwas zu bieten. Nach Feierabend lockt der *Nachtskilauf (Mi–Sa 19–22 Uhr | Tel. 08042 50 94 94)* am Streidlhang. Dank BOB, der Bayerischen Oberlandbahn, erreichen Sie das sportliche Erholungsgebiet ganz ohne Auto und Stress.

Brauneck/Lenggries
Winter 8.15–16.30, Sommer 8.15–17 Uhr | Tel. 08024 50 39 40 | www.brauneck-bergbahn.de | Richtung Bad Tölz, 60 km südlich von München; BOB: www.bayerische-oberlandbahn.de (252 C5)

2 HIRSCHBERG

Verschiedenste Routen führen hinauf zum Hirschberg, einzustufen sind sie alle als leicht (Gipfeltour 3,5–4 Stunden). Hat man erst einmal den 1670 m hohen Gipfel erklommen, dann erstreckt sich vor einem das ganze Tegernseer-Tal. Wer den Ausflug zum Kurzurlaub ausdehnen möchte, kehrt im *Hirschberghaus (Mi–Mo 9–17 Uhr | www.hirschberghaus.de)* nicht nur zur Brotzeit ein, sondern reserviert eins der Betten im Matratzenlager oder eines der zehn Doppelzimmer. Im Winter kann man zwar auch wandern, doch dann gehören die leichten bis mittelschweren Pisten den Skifahrern und Tourengehern.

Kreuth
Touristinfo Kreuth | Nördliche Hauptstr. 3 | Tel. 08029 18 19 | www.kreuth.de; Hirschberglifte | Tagesskipass 17 Euro | Tel. 08029 3 43 | www.hirschberglifte.

de | A 8 Salzburg, Ausfahrt Holzkirchen, B 318 Bad Wiessee, ca. 70 km südl. von München (242 C5)

3 SCHELLENBERGER EISHÖHLE ★

Auf knapp 1600 m Höhe liegt die einzige erschlossene Eishöhle Deutschlands. Durch 30 m dicke Schichten gefrorenen Wassers führt ein Rundweg in tiefere Hallen mit faszinierenden Eisfiguren und glitzernden Eisfällen. Vom »Eishöhlenparkplatz« führt ein beschilderter Weg in etwa 3,5 Stunden zur Höhle. Die Führung dauert 40 Minuten und beginnt immer zur vollen Stunde.

Marktschellenberg
Führungen: 10–16 Uhr | Touristinfo Marktschellenberg | Tel. 08650 98 88 30 | www.markschellenberg.de, www.eishoehle.net | A 8 Salzburg, Ausfahrt Grödig, ca. 150 km süd-östlich von München; ca. 2 km außerhalb des Ortes, ca. 1 km vor der österreichischen Landesgrenze, Parkplätze auf der rechten Seite, Aufstieg gegenüber

4 SPITZINGSEE

Ob erfrischendes Bad im See, Wander- oder Mountainbiketour oder ein einfacher Spaziergang, hier genießen Sie reine Natur. Als Wanderklassiker lässt sich die Rotwand bezeichnen. Die Tour hinauf auf 1884 m ist sowohl für Anfänger als auch für Mountainbiker bestens geeignet. Eine zünftige Brotzeit gibt's im Rotwandhaus. Im Sommer locken INSIDER TIPP Badewonnen in den Pfanngraben-Gumpen, im Winter 15 Lifte mit besten Pistenverhältnissen. Der INSIDER TIPP Burton Snowboardpark mit kostenlosem Helm- und Protektorenverleih gehört zu den besten in Deutschland. Eine Riesen-Gaudi ist der Skifasching am Faschingssonntag.

Schliersee
Touristinfo Schliersee | Perfallstr. 4a | Tel. 08026 6 06 50 | www.schliersee.de | A 8 Salzburg, Ausfahrt Schliersee, ca. 75 km südl. von München (253 D5)

PICKNICKPLÄTZE

ENGLISCHER GARTEN

Ob im kultivierten Süden oder im wilderen Norden, nahe dem Monopteros oder in den Isarauen am Oberföhringer Wehr, der weltweit größte Stadtpark bietet eine Vielzahl an Plätzen, wo man ungestört picknicken kann. Gerade der INSIDER TIPP Norden ist für viele Münchner noch unentdecktes Land.
Für den Englischen Garten bieten sich zudem zwei Picknick-Services an, die einem viel Arbeit abnehmen. Zum einen wäre da das Schwabinger *Bachmaier Hofbräu (Leopoldstr. 50 | Schwabing | Tel. 089 3 83 86 80 | www.bachmaier-hofbraeu.de* (244 C5)*)*, zum anderen die *Sankt Emmeramsmühle (St. Emmeram 41 | Oberföhring | Tel. 089 95 39 71 | www.emmeramsmuehle.de* (239 E2)*)*. Sein persönliches Picknick-Wagerl muss man hier bereits am Vortag bis 16 Uhr bestellt haben. Zur Auswahl stehen Standard *(19,90 Euro pro Pers.)* oder die Gourmetvariante *(24,90 Euro pro Pers.)*. (245 D–F 1–6)

FLAUCHER

Zugegeben, direkt am Flaucher, zwischen der Tierpark- und der Brudermühlbrücke, herrscht zuweilen extremer Picknickbetrieb. Geht man aber ein paar Schritte abseits oder wechselt rüber auf die kleine Isarinsel, so findet man nicht nur ein schönes Plätzchen, sondern man darf sogar grillen.

Thalkirchen
Isarauen Thalkirchen | U 3 Thalkirchen (251 D1–2)

Feste, Festivals & Events

Was, wo, wie – von spannend bis experimentell, von groovy bis intellektuell, von spaßig bis spektakulär, langweilig wird's auf Münchens Live-Bühnen nie.

AUSSTELLUNGEN

25. OKTOBER 2016–29. JANUAR 2017
JAN TOOROP
Zählt zu den bedeutendsten niederländischen Symbolisten.
Au-Haidhausen
Villa Stuck | Di–So 11–18 Uhr, jd. 1. Fr im Monat bis 22 Uhr | Prinzregentenstr. 60 | Eintritt 2–9 Euro | Tel. 089 45 55 51 25 | www.villastuck.de | Bus 100, Tram 16 Friedensengel (249 D2)

25. NOVEMBER 2016–26. MÄRZ 2017
SPANIENS GOLDENE ZEIT
Die Ära Velázquez in Malerei und Skulptur.
Altstadt-Lehel
Kunsthalle der Hypo-Kulturstiftung | tgl. 10–20 Uhr | Theatinerstr. 8 (Fünf Höfe) | Eintritt ab 6 Euro | Tel. 089 22 44 12 | www.kunsthalle-muc.de | U 3, 6, S 1–4, 6–8 Marienplatz (241 D3)

12. DEZEMBER 2016–5. MÄRZ 2017
THOMAS BAYRLE
Er schuf das Bewusstsein für die Sinnlichkeit von Maschinen und die Ästhetik maschineller Produktion.
Maxvorstadt
Lenbachhaus (Kunstbau) | Di 10–20, Mi–So 10–18 Uhr | Luisenstr. 33 | Eintritt 10 Euro | Tel. 089 23 33 20 20 | www.lenbachhaus.de | U 2 Königsplatz (226 A–B1)

JANUAR UND JULI 2017
OFFENE ATELIERS WIEDE-FABRIK
Diese einzigartige Künstlerkolonie öffnet zweimal im Jahr für mehrere Tage ihre Ateliers und Werkstätten für jedermann.
Johanneskirchen
Alte Wiedefabrik | Rambaldistr. 27 | Eintritt frei | Termine unter www.wiede-fabrik.de | S8 Johanneskirchen (252 C3)

BIS 8. JANUAR 2017
BIER IST DER WEIN DIESES LANDES
Wechselausstellung zum Erlass des Reinheitsgebotes vor 500 Jahren.
Altstadt-Lehel
Jüdisches Museum | Di–So 10–18 Uhr | St.-Jakobs-Platz 16 | Eintritt 3–6 Euro | Tel. 089 23 39 60 96 | www.juedisches-museum-muenchen.de | S 1–4, 6–8, U 3, 6 Marienplatz (241 D5)

BIS 15. JANUAR 2017
SHOOT! SHOOT! SHOOT!
Die Ausstellung mit ca. 220 Fotografien der 1960er- und 70er-Jahre aus der Nicola Erni Collection.
Altstadt-Lehel
Stadtmuseum | Di–So 10–18 Uhr | St.-Jakobs-Platz 1 | Eintritt 4–7 Euro | Tel. 089 23 32 23 70 | www.muenchner-stadtmuseum.de | U 3, 6, S 1–4, 6–8 Marienplatz (241 D5)

BIS FEBRUAR 2017
DER EWIGE STENZ: HELMUT DIETL UND SEIN MÜNCHEN
Seine Serien und Filme gehören zur Münchner Kulturgeschichte.
Altstadt-Lehel
Literaturhaus | Mo–Fr 11–19, Sa/So 10–18 Uhr | Salvatorplatz 1 | Eintritt 4–6 Euro inkl. Audioguide | Tel. 089 29 19 34-0 | www.literaturhaus-muenchen.de | U 3–6 Odeonsplatz (241 D2)

FEBRUAR–OKTOBER 2017
HALTUNG ZEIGEN!
Jüdische Identitäten in der deutschen Sportarena. Die deutsche Sportgeschichte aus jüdischer Perspektive.
Altstadt-Lehel
Jüdisches Museum | Di–So 10–18 Uhr | St.-Jakobs-Platz 16 | Eintritt 3–6 Euro | Tel. 089 23 39 60 96 | www.juedisches-museum-muenchen.de | S 1–4, 6–8, U 3, 6 Marienplatz (241 D5)

MÄRZ 2017
OPEN WESTEND
Drei Tage lang öffnen die Künstler des Viertels ihre Ateliers, Geschäfte und Werkräume und zeigen eine bunte Vielfalt, die von der Fotografie bis hin zur Musik reicht.
Westend
www.openwestend.de | U 4 Schwanthalerhöhe (247 D–E2–3)

24. MÄRZ–16. JULI 2017
BILDER DER ÜBERWACHUNG
Gezeigt werden Arbeiten zeitgenössischer Künstlerinnen aus den Bereichen Fotografie, Video und Installation.
Altstadt-Lehel
Stadtmuseum | Di–So 10–18 Uhr | St.-Jakobs-Platz 1 | Eintritt 4–7 Euro | Tel. 089 23 32 23 70 | www.muenchner-stadtmuseum.de | U 3, 6, S 1–4, 6–8 Marienplatz (241 D5)

BIS 11. JUNI 2017
TONE VIGELAND
Schmuck – Objekt – Skulptur. Skandinavischer Autorenschmuck ist ohne sie und ihre Arbeiten nicht vorstellbar.
Maxvorstadt
Pinakothek der Moderne | Di/Mi, Fr–So 10–18, Do 10–20 Uhr | Barerstr. 40 | Eintritt 5–12 Euro, So 1 Euro | Tel. 089 23 80 53 60 | www.pinakothek.de/pinakothek-der-moderne | U 2 Theresienstraße, Tram 27 Pinakotheken (248 B1)

BALLETT & TANZ

PREMIERE 22. DEZEMBER 2016
SPARTACUS
Ballett – Choreografie: Yuri Grigorovich; musikalische Leitung: Karen Durgaryan.
Altstadt-Lehel
Nationaltheater | Max-Joseph-Platz 3 | Ticket-Tel. 089 21 85 19 20 | www.bayerische.staatsoper.de | U 3–6 Odeonsplatz, Tram 19 Nationaltheater (241 E3)

17.–22. JANUAR 2017
THE NUTCRACKER RELOADED
Pjotr Iljitsch Tschaikowski meets Streetdance.
Isar- & Ludwigsvorstadt
Deutsches Theater | Schwanthaler Str. 13 | Tel. 089 55 23 44 44 | www.deutsches-theater.de | U 4, 5, S 1–4, 6–8 Karlsplatz (240 A4)

PREMIERE 1. APRIL 2017
JEAN UND ANTONÍN
Zwei sinfonische Ballette von Michael Keegan-Dolan und Karl Alfred Schreiner.
Schwabing
Reithalle | Heßstr. 132 | Tel. 089 21 85 19 20 | www.gaertnerplatztheater.de | Bus 53 Barbarastraße (243 F5)

PREMIERE 3. APRIL 2017
ALICE IM WUNDERLAND
Ballett – Choreografie: Christopher Wheeldon; musikalische Leitung: Myron Romanul.
Altstadt-Lehel
Nationaltheater | Max-Joseph-Platz 3 | Ticket-Tel. 089 21 85 19 20 | www.bayerische.staatsoper.de | U 3–6 Odeonsplatz, Tram 19 Nationaltheater (241 E3)

FILM

13.–19. NOVEMBER 2016
INTERNATIONALES FESTIVAL DER FILMHOCHSCHULEN
Die besten Filme von Studenten der Filmhochschulen weltweit.
Altstadt-Lehel
Filmmuseum | St.-Jakobs-Platz 1 | Tel. 089 3 81 90 40 | www.filmschoolfest-munich.de | U 3, 6, S 1–4, 6–8 Marienplatz (241 D5)

FILM

3.–13. MAI 2017
DOKUMENTARFILMFESTIVAL
Publikumsfestival mit über 60 international herausragenden Filmen.
Altstadt-Lehel
Filmmuseum | St.-Jakobs-Platz 1 | Tel. 089 3819040 | www.dokfest-muenchen.de | U 3, 6, S 1–4, 6–8 Marienplatz (241 D5)

22. JUNI–1. JULI 2017
35. FILMFEST MÜNCHEN ★
Mit Erstaufführungen internationaler Spielfilme, toller Atmosphäre und ganz besonderem Charme. Allabendlich strömen die Besucher zum kostenlosen Open-Air-Kino in den Innenhof.
Au-Haidhausen
Festivalzentrum: Gasteig | Rosenheimer Str. 5 | Tel. 089 3 81 90 40 | www.filmfest-muenchen.de | S 1–4, 6–8 Rosenheimer Platz (249 D3)

JUNI–AUGUST
KINO AM OLYMPIASEE
Riesiges Freilichttheater auf grüner Wiese.
Schwabing
Liegewiese Olympia-Schwimmhalle | www.kinoamolympiasee.de | U 3 Olympiazentrum (243 E3)

JULI/AUGUST 2017
KINO, MOND & STERNE
Romantisches Ambiente auf der Seebühne des Westpark-Amphitheaters.
Westend
Seebühne im Westpark | Tel. 089 82 98 90 00 | www.kino-mondsterne.de | U 6 Westpark (232 B4)

JULI
KÖNIGSPLATZ KINO OPEN AIR
Blockbuster in schöner klassizistischer Kulisse.
Maxvorstadt
Königsplatz | Tel. 089 3 86 67 60 | www.kinoopenair.de | U 2 Königsplatz (240 B1)

AUGUST/SEPTEMBER
FANTASY FILMFEST
Science-Fiction und Horror sowie Fantasy – mit zahlreichen Deutschlandpremieren.
Neuhausen

MARCO POLO HIGHLIGHTS

★ **Filmfest München**
Auch auf Deutschlands zweitwichtigstem Filmfestival werden zahlreiche Preise verliehen → **S. 226**

★ **Oper für alle**
Das Freiluftevent des Bayerischen Staatsorchesters → **S. 232**

★ **Rockavaria**
Ein Rockfestival erster Klasse, das die Massen in Strömen anzieht → **S. 233**

★ **St. Patrick's Day**
Der irische Nationalfeiertag zieht alljährlich weit über 20 000 Menschen auf die Straßen → **S. 236**

★ **Christopher Street Day**
München ist bunt und lebensfroh, das spiegelt auch die große CSD-Parade wider → **S. 236**

★ **Kocherlball**
Einst traf sich hier das Gesinde zum Tanz → **S. 236**

Cinema | Nymphenburger Str. 31 | www.fantasyfilmfest.com | U 1 Stiglmayerplatz (247 F1)

FOOD

AB OKTOBER 2016

HALL OF TASTE

Der Streetfood-Markt mit kulinarischen Leckerbissen aus aller Welt findet zum Teil in wechselnden Locations statt.

Maxvorstadt

MMA – Mixed Munich Arts | Katharina-von-Bora-Str. 8a | Eintritt frei | www.streetfoodmarket.de | U2 Königsplatz, U 4, 5 S 1–4, 6–8 Stachus (248 B1)

3.–5. FEBRUAR 2017

FINEST SPIRITS

Hier dreht sich alles um Spirituosen wie Whisky, Rum und Gin.

Ramersdorf

MVG Museum | Ständlerstr. 20 | www.finest-spirits.com | Tram 17 Schwanseestraße, Bus 139, 144, 145, Ständlerstraße (239 E4)

10.–12. FEBRUAR 2017

BRAUKUNST MESSE

Internationales Festival mit Spezialitäten und natürlich neuen Craft-Bieren.

Ramersdorf

MVG Museum | Ständlerstr. 20 | www.braukunst-live.com | Tram 17 Schwanseestraße, Bus 139, 144, 145, Ständlerstraße (239 E4)

FÜR KINDER

4.–6. NOVEMBER 2016

SPIELWIES'N/CREATIVMESSE/FORSCHA

Drei Mitmachmessen nicht nur für Kids.

Freimann

M,O,C | Lilienthalallee 40 | Tel. 089 32 35 30 | www.spielwiesn.de, www.freizeitspassmuenchen.de | U 6 Kieferngarten (239 E1)

27. NOVEMBER, 4., 11., 18. DEZEMBER 2016

ADVENTSSONNTAGE IM MUSEUM

Weihnachtliche Märchen und Geschichten im Kinderreich.

Isar- & Ludwigsvorstadt

Deutsches Museum | So 9–17 Uhr | Museumsinsel 1 | Tel. 089 2 17 91 | www.deutsches-museum.de | S 1–4, 6–8 Isartor (248 C3)

DEZEMBER 2016–MÄRZ 2017

CIRCUS KRONE WINTERTOUR

Zirkus mit wechselnden Programmen.

Maxvorstadt

Circus Krone | Zirkus-Krone-Straße/Marsstraße 43 | Tel. 089 545 80 00 | www.circus-krone.com | S 1–4, 6–8 Hackerbrücke (247 E1)

30. APRIL 2017

GROSSER PREIS DER VORSTADT AU

Münchner Seifenkistenrennen für jedermann.

Au-Haidhausen

Gebsattelberg | 11 Uhr | Mariahilfplatz | Tel. 089 23 39 65 50 | www.seifenkisten-muenchen.de | Tram 17, Bus 52 Mariahilfplatz (248 C4)

22. JUNI–1. JULI 2017

KINDERFILMFEST

Das Filmfest für die Kleinen.

Au-Haidhausen

Festivalzentrum Gasteig | Rosenheimer Str. 5 | Tel. 089 381 90 40 | www.filmfest-muenchen.de | S 1–4, 6–8 Rosenheimer Platz (249 D3)

JULI 2017

KALTENBERGER RITTERTURNIER

Reise ins Mittelalter für Ritter, Knappen und Burgfräuleins.

Kaltenberg
Schloss Kaltenberg | Schlossstr. 8 | Tel. 01805 11 33 13 | www.ritterturnier.de | S 4 Geltendorf, ab da Pendelbusse (252 A3)

AUGUST 2017
LILALU: WORKSHOPS
Seiltanzen, Jonglieren, Zirkuserfahrung samt großer Anschluss-Zirkusshow.
Schwabing
Spiridon-Louis-Ring, südlicher Olympiapark | Eintritt frei | Tel. 0180 1 54 52 58 | www.lilalu.org | U 3 Olympiazentrum (243 E3)

KLASSIK

JUNI 2017
UNICREDIT FESTSPIEL-NACHT
Auf 15 Bühnen Höhepunkte aus Oper, Konzert, Lied und Literatur.
Altstadt-Lehel
20 Uhr | Fünf Höfe | www.festspielnacht.hvb.de | U 3, 6, S 1–4, 6–8 Marienplatz (241 D3)

23. JULI 2017
GÄRTNERPLATZ OPEN AIR
Sommerliches Konzertprogramm mit den Solisten, dem Chor und dem Orchester des Staatstheaters.
Isar- & Ludwigsvorstadt
Gärtnerplatz | Eintritt frei | www.gaertnerplatztheater.de | U 1, 2 Fraunhoferstraße (241 D6)

JULI 2017
KLASSIK OPEN AIR
Symphonieorchester des Bayerischen Rundfunks und die Münchner Philharmoniker.
Altstadt-Lehel
Odeonsplatz | 20 Uhr | www.klassik-amodeonsplatz.de | U 3–6 Odeonsplatz (241 E2)

AUGUST 2017
SOMMERAKADEMIE UND SOMMERFESTIVAL DER BAYERISCHEN PHILHARMONIE
Hohenkammer
Schloss Hohenkammer | Schlossstr. 20 | Ticket-Tel. 089 1 20 22 03 20 | www.schlosshohenkammer.de, www.bayerische-philharmonie.de | S 2 Petershausen, dann Taxi (unbedingt vorbestellen Taxizentrale Freising, Tel. 08161 36 66) für die letzten Kilometer (238 C2)

KULTURELLE EVENTS

23. NOVEMBER–31. DEZEMBER 2016
TOLLWOOD WINTERFESTIVAL
Christkindlmarkt mit großem Kulturprogramm und einer Dinnershow im beheizten Theaterzelt.
Isar- & Ludwigsvorstadt
Theresienwiese | Schwanthalerhöhe | Tel. 0700 38 38 50 24 (gebührenpflichtig) | www.tollwood.de | U 4, 5 Theresienwiese (247 E–F3)

12. JANUAR–12. MÄRZ 2017
WILD BOYS
Varieté von wild bis romantisch, mit feinem Humor sowie passionierter Körperkunst.
Altstadt-Lehel
GOP Varietétheater | Maximilianstr. 47 | Tel. 089 2 10 28 84 44 | www.variete.de/muenchen | U 4, 5 Lehel, Tram 19 Maxmonument (248 C2)

26. FEBRUAR 2017
WILLY ASTOR
Reim Time – Kabarett.
Bogenhausen
Prinzregententheater | Prinzregentenplatz 12 | Eintritt je nach Veranstaltung | Tel. 089 21 85 28 99 | www.prinzregententheater.de | U 4 Prinzregentenplatz (249 E2)

5.–8. MÄRZ 2017
ALIVE AND SWINGIN'
Tribute an das legendäre »Rat Pack« mit Rea Garvey, Xavier Naidoo, Sasha und Michael Mittermeier.
Isar- & Ludwigsvorstadt
Deutsches Theater | Schwanthaler Str. 13 | Tel. 089 55 23 44 44 | www.deutsches-theater.de | U 4, 5, S 1–4, 6–8 Karlsplatz (240 A4)

10. MÄRZ 2017
MATHIAS RICHLING
Deutschland To Go 2017 – Kabarett.
Bogenhausen
Prinzregententheater | Prinzregentenplatz 12 | Eintritt je nach Veranstaltung | Tel. 089 21 85 28 99 | www.prinzregententheater.de | U 4 Prinzregentenplatz (249 E2)

12. MÄRZ 2017
EHRLICH BROTHERS
Brandneue Magieshow. Zauberhaft!
Schwabing
Olympiahalle | 18 Uhr | Tel. 089 54 81 81 81 | www.muenchenticket.de | U 3 Olympiazentrum (243 E3)

15. MÄRZ–23. APRIL 2017
BACKSTAGE
Spektakuläre Artistik mit Augenzwinkern.
Altstadt-Lehel
GOP Varietétheater | Maximilianstr. 47 | Tel. 089 2 10 28 84 44 | www.variete.de/muenchen | U 4, 5 Lehel, Tram 19 Maxmonument (248 C2)

25. MÄRZ 2017
MARTIN RÜTTER
Dogfather der Hundeerziehung mit neuem Live-Programm »nachSITZen«.
Schwabing
Olympiahalle | 20 Uhr | Tel. 089 54 81 81 81 | www.muenchenticket.de | U 3 Olympiazentrum (243 E3)

APRIL/MAI 2017
UFERLOS FESTIVAL
Mehrtägiges, kostenloses Kulturfest mit verschiedensten Bands.
Freising
Luitpoldanlage Freising | Ticket-Tel. 08161 5 44 41 06 | www.uferlos-festival.de | S 1 Freising, dann Shuttlebus zum Festivalgelände (239 D2)

24. APRIL 2017
TANGO MEETS CUBA
Klazz Brothers & Cuba Percussion.
Bogenhausen
Prinzregententheater | Prinzregentenplatz 12 | Eintritt je nach Veranstaltung | Tel. 089 21 85 28 99 | www.prinzregententheater.de | U 4 Prinzregentenplatz (249 E2)

25. APRIL–14. MAI 2017
WEST SIDE STORY
Legendäres Broadway-Musical in der Originalchoreografie von Jerome Robbins.
Isar- & Ludwigsvorstadt
Deutsches Theater | Schwanthaler Str. 13 | Tel. 089 55 23 44 44 | www.deutsches-theater.de | U 4, 5, S 1–4, 6–8 Karlsplatz (240 A4)

PREMIERE 18. MAI 2017
JESUS CHRIST SUPERSTAR
Legendäre Rock-Oper.
Schwabing
Reithalle | Heßstr. 132 | Tel. 089 21 85 19 20 | www.gaertnerplatztheater.de | Bus 53 Barbarastraße (243 F5)

JULI 2017
SURF & SKATE FESTIVAL
Viertägiges Festival für Sportinteressierte mit reichlich Film, Kunst, Fashion, Sport und natürlich auch Party.
Verschiedene Orte | www.surf-skate-festival.com

JULI 2017

TOLLWOOD SOMMERFESTIVAL

Mittlerweile das größte Zeltfestival Süddeutschlands mit internationalen Popgrößen, Newcomern aus der Region, Varieté und Comedy, Zirkus und Theater.

Schwabing

Tollwood-Gelände im Olympiapark | Tel. 0700 38 38 50 24 (gebührenpflichtig) | www.tollwood.de | U 2, 3 Scheidplatz, von dort aus Shuttlebus (243 E3–4)

LITERATUR

SEPTEMBER–NOVEMBER 2016

MÜCHNER KRIMIHERBST

Krimilesungen mit renommierten Autoren an ungewöhnlichen Orten wie in der Pathologie oder der Rechtsmedizin.
www.krimifestival-muenchen.de

SEPTEMBER 2016–JUNI 2017

POETRY SLAM

Europas größte Schlacht der Worte mit internationalen und nationalen Slam-Stars.

Isar- & Ludwigsvorstadt

Substanz | jd. 2. Sonntag im Monat, 19 Uhr | Ruppertstr. 28 | Eintritt 7 Euro | Tel. 089 7 21 27 49 | www.substanz-club.de | U 3, 6 Poccistraße (247 F4)

10. NOVEMBER–27. DEZEMBER 2016

LITERATURFEST MÜNCHEN

Festival an unterschiedlichen Veranstaltungsorten mit Münchner Bücherschau (Neuvorstellungen, Lesungen und Vorträge), Programm des Literaturhauses und dem »Forum:autoren«.
www.literaturfest-muenchen.de

MÄRZ 2017

KRIMIFESTIVAL MÜNCHEN

Krimiautoren aus der ganzen Welt lesen aus ihren Werken vor – nicht nur in Buchhandlungen, sondern z. B. auch in der Gerichtsmedizin oder auf der Polizeiwache.
Tel. 08152 39 93 33 | www.krimifestival-muenchen.de

MÄRZ/APRIL 2017

FESTIVAL WORTSPIEL

Junge Autorinnen und Autoren stellen ihre Werke vor.

Au-Haidhausen

Ampere Muffatwerk | Zellstr. 4 | www.festival-wortspiele.eu | Tram 16 Deutsches Museum (249 D3)

MESSEN

18.–20. OKTOBER 2016

ECARTEC MÜNCHEN

Internationale Messe für Elektromobilität.

Riem

Neue Messe München | Messegelände | Tel. 089 94 92 07 20 | www.ecartec.de | U 2 Messestadt West, Messestadt Ost (252 C3)

28.–30. OKTOBER 2016

MINERALIENTAGE MÜNCHEN

Schmuck, Mineralien und Fossilien.

Freimann

Neue Messe München | s. o. | www.munichshow.com

17.–29. FEBRUAR 2017

IMOT

Internationale Motorradaustellung.

Freimann

M,O,C | Lilienthalallee 40 | Tel. 089 32 35 30 | www.imot.de | U 6 Kieferngarten (239 E1)

22.–26. FEBRUAR 2017

F.R.E.E.

Reise- und Freizeitmesse.

Riem

Neue Messe München. | s. o. | www.free-muenchen.de

24.–26. FEBRUAR 2017
GOLFTAGE MÜNCHEN
Golfmesse auf ca. 7000 Quadratmetern.
Freimann
M,O,C → S. 230 | *www.golftage-muenchen.com*

8.–14. MÄRZ 2017
GARTEN MÜNCHEN
Verkaufsausstellung rund um den Garten.
Riem
Neue Messe München | s. o. | www.garten-muenchen.de

8.–14. MÄRZ 2017
INTERNATIONALE HANDWERKSMESSE
Wohnideen, Kunsthandwerk, Möbel …
Riem
Neue Messe München | s. o. | www.ihm.de

18.–21. MAI 2017
HIGH END
Aktuelle Unterhaltungsmedien.
Freimann
M,O,C | s. o. | www.highendsociety.de

19.–21. MAI 2017
»DIE 66«
Größte 50plus-Messe Deutschlands.
Riem
Neue Messe München | s. o. | www.die-66.de

OPER

PREMIERE 23. OKTOBER 2016
LA FAVORITE
Oper in vier Akten von Gaetano Donizetti. Musikalische Leitung: Karel Mark Chichon.
Altstadt-Lehel
Nationaltheater | Max-Joseph-Platz 3 | Ticket-Tel. 089 21 85 19 20 | www.bayerische.staatsoper.de | U 3–6 Odeonsplatz, Tram 19 Nationaltheater (241 E3)

PREMIERE 28. NOVEMBER 2016
LADY MACBETH VON MZENSK
Oper in vier Akten mit neuen Bildern von Schostakowitsch. Musikalische Leitung: Kirill Petrenko.
Altstadt-Lehel
Nationaltheater | Max-Joseph-Platz 3 | Ticket-Tel. 089 21 85 19 20 | www.bayerische.staatsoper.de | U 3–6 Odeonsplatz, Tram 19 Nationaltheater (241 E3)

PREMIERE 18. JANUAR 2017
DIE PERLENFISCHER
Oper, Musik von Georges Bizet, Münchner Erstaufführung der rekonstruierten Urfassung von Hugh Macdonald.
Schwabing
Reithalle | Heßstr. 132 | Tel. 089 21 85 19 20 | www.gaertnerplatztheater.de | Bus 53 Barbarastraße (243 F5)

PREMIERE 12. FEBRUAR 2017
SEMIRAMIDE
Oper von Gioacchino Rossini. Musikalische Leitung: Michele Mariotti.
Altstadt-Lehel
Nationaltheater | Max-Joseph-Platz 3 | Ticket-Tel. 089 21 85 19 20 | www.bayerische.staatsoper.de | U 3–6 Odeonsplatz, Tram 19 Nationaltheater (241 E3)

PREMIERE 8. MÄRZ 2017
FRAU SCHINDLER
Oper, Musik von Thomas Morse, Uraufführung unter der musikalischen Leitung von Andreas Kowalewitz.
Schwabing
Reithalle | Heßstr. 132 | Tel. 089 21 85 19 20 | www.gaertnerplatztheater.de | Bus 53 Barbarastraße (243 F5)

PREMIERE 28. MÄRZ 2017
THE CONSUL
Oper von Gian Carlo Menotti – Neuproduktion. Musikalische Leitung: Geoffrey Paterson.

Altstadt-Lehel
Cuvilliés-Theater | Max-Joseph-Platz 3 | Ticket-Tel. 089 21 85 19 20 | www.residenztheater.de | U 3–6 Odeonsplatz, Tram 19 Nationaltheater (241 E3)

PREMIERE 21. MAI
TANNHÄUSER
Romantische Oper von Richard Wagner in drei Aufzügen. Musikalische Leitung: Kirill Petrenko.
Altstadt-Lehel
Nationaltheater | Max-Joseph-Platz 3 | Ticket-Tel. 089 21 85 19 20 | www.bayerische.staatsoper.de | U 3–6 Odeonsplatz, Tram 19 Nationaltheater (241 E3)

PREMIERE 24. JUNI 2017
DON GIOVANNI
Oper von Mozart unter der musikalischen Leitung von Marco Comin.
Altstadt-Lehel
Cuvilliéstheater | Max-Joseph-Platz 2 | Tel. 089 21 85 19 20 | www.gaertnerplatztheater.de | U 3–6 Odeonsplatz (241 E3)

24. JUNI–31. JULI 2017
OPERNFESTSPIELE
Jeden Tag eine andere Oper! Ergänzend dazu bietet das Programm »Festspiel +« Konzerte von Jazz bis Klassik, Vorträge, Lesungen und Theateraufführungen.
www.bayerische.staatsoper.de

PREMIERE 1. JULI
DIE GEZEICHNETEN
Opernfestspiel – Oper in drei Aufzügen, komponiert von Franz Schreker. Musikalische Leitung: Ingo Metzmacher.
Altstadt-Lehel
Nationaltheater | Max-Joseph-Platz 3 | Ticket-Tel. 089 21 85 19 20 | www.bayerische.staatsoper.de | U 3–6 Odeonsplatz, Tram 19 Nationaltheater (241 E3)

9. JULI 2017
OPER FÜR ALLE ★
Freiluftevent des Bayerischen Staatsorchesters. Musikalische Leitung: Philippe Jordan.
Altstadt-Lehel
Marstall-Platz | Eintritt frei *| www.bayerische.staatsoper.de | Tram 19 Nationaltheater* (241 E3)

ROCK, POP, JAZZ & CO.

25. NOVEMBER 2016
ELTON JOHN
Eine der Pop-Legenden schlechthin.
Schwabing
Olympiahalle | 20 Uhr | Tel. 089 54 81 81 81 | www.muenchenticket.de | U 3 Olympiazentrum (243 E3)

28. NOVEMBER 2016
XAVIER NAIDOO
Ist der erfolgreichste deutsche Soul- und R&B-Künstler.
Schwabing
Olympiahalle | 20 Uhr | Tel. 089 54 81 81 81 | www.muenchenticket.de | U 3 Olympiazentrum (243 E3)

2. DEZEMBER 2016
DAVID GARRETT
Moderner Geigenvirtuose.
Schwabing
Olympiahalle | 20 Uhr | Tel. 089 54 81 81 81 | www.muenchenticket.de | U 3 Olympiazentrum (243 E3)

9.–11. DEZEMBER 2016
NIGHT OF THE PROMS
Klassik meets Pop, u. a. mit Simple Minds, Natasha Bedingfield und Stefanie Heinzmann.
Schwabing
Olympiahalle | 20 Uhr | Tel. 089 54 81 81 81 | www.muenchenticket.de | U 3 Olympiazentrum (243 E3)

JANUAR–MÄRZ 2017
JAZZ AWARD
Internationale Jazzer. Der Eintritt bei den sonntäglichen Matinees im BMW-Doppelkegel ist frei. Abschlusskonzert der Finalisten im Mai.
Schwabing
BMW Welt | 11–13.30 Uhr | Tel. 089 1 25 01 60 01 | www.bmw-welt.com | U 3 Olympiazentrum (243 E3)

17. JANUAR 2017
DIE FANTASTISCHEN VIER
Fanta4 sind *die* deutsche Hip-Hop-Combo.
Schwabing
Olympiahalle | 20 Uhr | Tel. 089 54 81 81 81 | www.muenchenticket.de | U 3 Olympiazentrum (243 E3)

4. MÄRZ 2017
LA BRASS BANDA
Bayern-Sound durch und durch.
Schwabing
Olympiahalle | 20 Uhr | Tel. 089 54 81 81 81e | www.muenchenticket.de | U 3 Olympiazentrum (243 E3)

APRIL 2017
MAKE OR BREAK FESTIVAL
Drei Tage lang Konzerte und Partys zu freiem Eintritt!
Sendling-Westend
Feierwerk | Hansastr. 39–41 | Tel. 089 72 48 80 | www.feierwerk.de | Bus 130, 132, 62 Hansapark (247 D4)

6. MAI 2017
LANGE NACHT DER MUSIK
An die 400 Konzerte in Clubs, Kneipen, Kirchen, Hallen und Konzertsälen.
Infotel. 089 30 61 00 41 | www.muenchner.de/musiknacht

26.–28. MAI 2017
ROCKAVARIA ★
Hart, heftig, rockig – über 60 Bands sind drei Tage lang am Start in der Halle, dem Theatron und im Stadion.
Westend
Olympiapark | Tel. 089 54 81 81 81 | www.rockavaria.de | U 3 Olympiazentrum (243 E3)

JULI 2017
FREE & EASY FESTIVAL
Konzerte, Filme und mehr: 14-tägiges Festival auf vier Indoor-Bühnen und einer Outdoor-Bühne. Und das alles *for free.*
Neuhausen
Backstage | Reitknechtstr. 6 | www.freeandeasy.backstage.eu | Eintritt frei | S 1–4, 6, 8 Hirschgarten (246 C1)

JULI 2017
JAZZ-SOMMER
Mehrtägiges Festival mit Jazz- und Latin-Stars aus aller Welt. Als Dreingabe gibt's sehenswerte Musikfilme.
Altstadt-Lehel
Night Club Bayerischer Hof | www.bayerischerhof.de | U 3, 6 Marienplatz (241 D3)

JULI–AUGUST 2017
BRUNNENHOF OPEN AIR
Jazz, Classics & Crossover: Freiluftkonzerte im stilvollen Ambiente.
Altstadt-Lehel
Brunnenhof Residenz | Tel. 0800 5 45 44 55 (kostenlose Ticket-Hotline) | www.musikerlebnis.de | U 3–5, 6 Odeonsplatz (241 E3)

AUGUST 2017
SOMMERFESTIVAL IM PARK
Knapp einen Monat lang kostenlos Rock, Pop und Liedermacher.
Westend
Olympiapark, Theatron | Mo–Sa ab 12, So ab 11 Uhr | www.impark.de | U 3 Olympiazentrum (243 E3)

SPORT ZUM MITMACHEN

Die Sportevents finden, sofern nicht anders angegeben, im Olympiapark statt.

Westend

Spiridon-Louis-Ring 21 | Info: Tel. 089 3 06 70 | www.olympiapark.de | U 3 Olympiazentrum (243 E3)

9. OKTOBER 2016

MÜNCHEN MARATHON

Einmal quer durch die City.

Start/Ziel: Spiridon-Louis-Ring am Olympiapark/Olympiastadion | Tel. 02202 24 01-1 88 (Hotline für Teilnehmer) | www.muenchenmarathon.de

NOVEMBER 2016–FEBRUAR 2017

EISZAUBER

Open-Air-Eislauf mit Partygarantie.

Altstadt-Lehel

Karlsplatz | www.muenchnereiszauber.de | U 4, 5, S 1–4, 6–8 Karlsplatz/Stachus (240 B3)

31. DEZEMBER 2016

SILVESTERLAUF MÜNCHEN

Traditioneller, 10 km langer Volks- und Straßenlauf.

Münchner Road Runners Club e. V. (MRRC) | Start/Ziel: zwischen Werner-von-Linde-Halle und Olympiastadion | www.mrrc.de, www.silvesterlauf-muenchen.de (243 E3)

MAI 2017

MRRC STADT:TRIATHLON

Volks-, Jedermann- und Sprint-Triathlon mit den Disziplinen: 425 m Schwimmen, 22 km Radfahren, 5 km Laufen.

www.stadt-triathlon.de

MAI–SEPTEMBER 2017

BLADE NIGHT

Europas größte Inline-Cityserie.

Westend

Bavariapark/Theresienhöhe | Start: 21 Uhr | www.aok-bladenight.de | U 4, 5 Schwanthalerhöhe (247 E3)

JUNI 2017

MÜNCHNER STADTLAUF

Volkslauf von der City über den Hofgarten in den Englischen Garten.

Altstadt-Lehel

Sport Scheck | www.sportscheck.com | U 3, 6, S 1–4, 6–8 Marienplatz (241 D4)

SPORT ZUM ZUSCHAUEN

Die Sportevents finden, sofern nicht anders angegeben, im Olympiapark statt.

Westend

Spiridon-Louis-Ring 21 | Info: Tel. 089 3 06 70 | www.olympiapark.de | U 3 Olympiazentrum (243 E3)

11.–13. NOVEMBER 2016

MUNICH INDOORS

Turnier für Spring- und Dressursport.

www.engarde.de

18./19. NOVEMBER 2016

ADAC SUPERCROSS MÜNCHEN

Hochklassiges Motorbike-Event mit interessantem Rahmenprogramm.

www.supercrossmuenchen.de

14. JANUAR 2017

FEUERWERK DER TURNKUNST

Emotionale Turnshow voller Harmonie.

www.engarde.de

18. FEBRUAR 2017

WE LOVE MMA

Größte deutsche Mixed-Martial-Arts-Serie.

www.mixedmartialarts.com

PREMIERE 17. MÄRZ 2017

»DER TRAUM«

Große Pferdeshow im neuen Apassionata Park München.

Fröttmaning
Apassionata Park München | Maria-Goeppert-Mayer-Straße | Tickets ab 38 Euro, Kinder ab 28,50 Euro | www.apassionata.com | U 6 Fröttmaning (239 E1)

22. APRIL 2017
NIGHT OF THE JUMPS
Moto-Cross-Event.
www.nightofthejumps.com

30. APRIL–7. MAI
BMW INTERNATIONAL OPEN TENNIS
Top-Sandplatz-Turnier.
Oberföhring
MTTC Iphitos e. V. | Aumeisterweg 10 | Tel. 089 3 22 09 03 | www.bmwopen.de | U 6 Studentenstadt (245 F1)

25.–28. MAI 2017
PFERD INTERNATIONAL
Dressur- und Springreit-Event, Pferdeschau und hippologische Fachmesse.
Riem
Olympia-Reitanlage Riem | Landshamer Str. 11 | Tel. 089 9 26 96 71 01 | www.pferdinternational-muenchen.de | S 2 Riem (252 C3)

THEATER

PREMIERE 10. DEZEMBER 2016
ANTIGONE
Tragödie des antiken Dichters Sophokles. Regie: Hans Neuenfels.
Altstadt-Lehel
Residenztheater | Max-Joseph-Platz 1 | Ticket-Tel. 089 21 85 19 40 | www.residenztheater.de | U 3–6 Odeonsplatz, Tram 19 Nationaltheater (241 E3)

PREMIERE 13. JANUAR 2017
MACBETH
Klassische Tragödie von William Shakespeare. Unter der Regie von Andreas Kriegenburg.
Altstadt-Lehel
Residenztheater | Max-Joseph-Platz 1 | Ticket-Tel. 089 21 85 19 40 | www.residenztheater.de | U 3–6 Odeonsplatz, Tram 19 Nationaltheater (241 E3)

APRIL 2017
THEATERFESTIVAL RADIKAL JUNG
Junge Regisseure von deutschen Bühnen präsentieren ihre Inszenierungen.
Maxvorstadt
Volkstheater | Brienner Str. 50 | Tel. 089 5 23 46 55 | www.muenchner-volkstheater.de | U 1, 7, Tram 20, 21 Stiglmaierplatz (247 F1)

PREMIERE 5. MAI 2017
INSGEHEIM LOHENGRIN
Von Alvis Hermanis und anderen, Regie: Alvis Hermanis.
Altstadt-Lehel
Cuvilliés-Theater | Max-Joseph-Platz 3 | Ticket-Tel. 089 21 85 19 20 | www.residenztheater.de | U 3–6 Odeonsplatz, Tram 19 Nationaltheater (241 E3)

VOLKSFESTE

15.–23. OKTOBER 2016
KIRCHWEIHDULT
Größter Trödel-, Geschirr- und Haushaltswarenmarkt Europas.
Au-Haidhausen
2017: Maidult 29. April–7. Mai; Jacobidult 29. Juli–6. Aug.; Kirchweihdult 14.–22. Okt. | Mariahilfplatz | Tel. 089 23 33 01 11 | www.auerdult.de | Tram 27 Mariahilfplatz (248 C4)

25. NOVEMBER–24. DEZEMBER 2016
CHRISTKINDLMARKT
Knapp 20 Christkindlmärkte verteilen sich über alle Stadtviertel, und jeder besitzt seinen persönlichen Charme. Als offizieller Christkindlmarkt gilt der Weihnachtsmarkt rund um den Marienplatz.

Altstadt-Lehel
Marienplatz | Mo–Fr 10–20.30, Sa 9–23, So 10–19.30 Uhr, (Heiligabend 10–14 Uhr) | U 3, 6, S 1–4, 6–8 Marienplatz (241 D4)

1. MÄRZ–9. APRIL 2017
STARKBIERZEIT
Hochburgen sind der Löwenbräukeller → S. 77 (243 F6), und Paulaner am Nockherberg (248 C4)

13.–19. MÄRZ 2017
ST. PATRICK'S DAY WEEK ★
Höhepunkt ist die große Parade am Sonntag, begleitet von zahlreichen Konzerten und Partys.
Altstadt-Lehel
Odeonsplatz | 12–17 Uhr | www.stpatricksday.de | U 3–6 Odeonsplatz (241 E2)

21. APRIL–7. MAI 2017
FRÜHLINGSFEST
Kleine Schwester des Oktoberfests mit Flohmarkt am ersten Wochenende.
Isar- & Ludwigsvorstadt
Theresienwiese | www.muenchner-volksfeste.de | U 4, 5 Theresienwiese (247 E–F3–4)

JUNI UND SEPTEMBER 2017
STREETLIFE-FESTIVAL UND CORSO LEOPOLD
Zweitägiges Straßenfest.
Maxvorstadt
Ludwigs- und Leopoldstraße | tgl. 12–23 Uhr | www.streetlife-festival.de | U 3, 6 Universität/Giselastraße (244 C5–6)

MITTE JUNI 2017
STADTGRÜNDUNGSFEST
Gaukler, Livemusik, Künstler und Buden zwischen Marien- und Odeonsplatz.
Altstadt-Lehel
Marienplatz | Sa 10–23, So 11–22 Uhr | www.stadtgruendungsfest-muenchen.de | U 3, 6, S 1–4, 6–8 Marienplatz (241 D4)

JULI 2017
MAGDALENENFEST
Volksfest im Hirschgarten.
Nymphenburg
Hirschgarten | tgl. 10–22 Uhr | S 1–4, 6, 8 Laim, Tram 12, 16, 17 Kriemhildenstraße (242 B6)

3.–9. JULI 2017
CHRISTOPHER STREET DAY (CSD) PRIDE WEEK ★
Höhepunkte sind der Straßenumzug und Feste auf dem Marienplatz, dem Rindermarkt, im Rathaus und in Clubs.
www.csdmuenchen.de

15. JULI 2017
KOCHERLBALL ★
Historischer Tanzevent mit Blasmusik.
Westend
Englischer Garten 3 | ab 6 Uhr | Tel. 089 38 38 73 19 | www.chinaturm.de | U 3, 6 Giselastraße, Bus 54, 154 Chinesischer Turm (245 D6)

AUGUST 2017
HANS-SACHS-STRASSENFEST
Traditionsreiches Queer-Viertelfest.
Isar- & Ludwigsvorstadt
Hans-Sachs-Straße | ab 10 Uhr | www.schwules-strassenfest.de | U 1–3, 6 Sendlinger Tor Platz (248 B3)

16. SEPTEMBER–3. OKTOBER 2017
OKTOBERFEST
Weltgrößtes Volksfest.
Isar- & Ludwigsvorstadt
Theresienwiese | Bierausschank Mo–Fr 10–22.30, Sa/So 9–22.30 Uhr, Zeltsperrstunde 23.30 Uhr, Schausteller Mo–Do 10–23.30, Fr 10–24, Sa 9–24, So 10–23.30 Uhr | www.oktoberfest.de | U 4, 5 Theresienwiese (247 E–F 3–4)

Cityatlas

Damit Sie sehen, wo sich eine Adresse befindet, haben wir alle Einträge mit Koordinaten versehen, die sich auf den Cityatlas beziehen. Im Anschluss finden Sie das Straßenregister.

A
B
C
1
2
3
4
5
6
Allach
Max-Born-Str.
Seite
Eversbuschstr.
Untermenzing
Feldmochinger Str.
Triebstr.
Moosacher Str.
Moosach
Dachauer Str.
V.-Kahr- Str.
Allacher Str.
Allee
Georg - Brauchle-
Olympia-park
Menzinger Str.
Str.
Wintrichring
Neder-linger Str.
Baldurstr.
Olympia-stadion
8
Obermenzing
M.-Obermenzing
Pippinger Str.
hunter
Bergsonstr.
Verdistr.
Menzinger Str.
Lands-
Alte Allee
Schlosspark Nymphenburg
Schloss Nymphenburg
Dachauer
Meyerbeer str.
Pippinger Str.
Leonrodstr.
Neuhausen
Arnulfstr.
Nymphen-burg
Landsberger
Str.
Landsberger
Arnulfs
Str.
Pasing
Hauptb
Willibaldstr.
Fürstenrieder Str.
Trappentreu-Tunnel
Planegger
Blumenauer Str.
Laim
Theresien-höhe
Senften-
auer Str.
Westendstr.
Gräfelfing
Str.
96
Ammersee-
str.
Westpark
M.-Blumenau
M.-Laim
M.-Sendling
GRÄFEL-FING
Waldwiesen-str.
Fürstenrieder Str.
Garmischer
Lind-
Str.
Send
A.-Roßhaupter-Str.
Würmtalstr.
Würmtalstr.
Waldfriedh.-Str.
L. Kiesselbach Pl.
Str.
Brudermühl-str.
Sauerbruchstr.
Groß-hadern
M.-Sendling Süd
Hecken-stallerstr.
Seite
Wald-friedhof
PLANEGG
M.-Kreuzhof
Boschets-
Zurnauer Str.
Passauer
Plinganser
Haderner Weg
Ober-
rieder Str.
Fürsten-ried
95
Planegger Str.
sendling
Aidenbachstr.
Gautinger Str.
Forstenried
M.-Fürstenried
Str.
Wolfratshauser
Isar
Herterich-
Hofbrunnstr.
Forstenrieder Park
Solln
1 km
PULLACH
GRÜ

D
E
F
1
2
3
4
5
6
Milberts-
hofen
M.-Freimann
M,O,C,
Seite 244 | 245
Frei-
mann
UNTER-
FÖHRING
Frankfurter
Ring
M.-Frankfurter Ring
Föhringer
Münchner
Str.
Ring
9
Knorrstr.
Ingolstädter Str.
Schenken-
dorfstr.
Str.
M.-
Schwabing
Ungerer
Isar
Ober-
Str.
str.
Belgradstr.
Karl-
Theodor-
Str.
Rheinstr.
chwabing
Isar
Leopold-
Elisabethstr.
str.
ring
Englischer
Garten
Oberföhringer
Effner-
Cosimastr.
föhring
Englschalkinger Str.
Effner-
platz
Bülow-
str.
Mont-
gelas-
str.
Arcis-
Ludwigstr.
Bogen-
hausen
R.-Strauss-Str.
Zamdorf
Daglfing
Residenz
Maxim.-Pl.
Karls-
platz
Frauen-
kirche
Marien-
platz
Isartor
Seite 240 | 241
Prinzre-
genten-
str.
Friedens-
engel
Prinzregentenstr.
M.-Steinhausen
94
M.-Zamdorf
M.-Daglfing
Maximilian-
str.
Maxi-
milianeum
Einsteinstr.
Stein-
hausen
Berg-
am-Laim-Str.
Kirch-
trudering
Kreillerstr.
Deutsches
Museum
Rosenheimer
Orleansstr.
Ostbahnhof
DB
Fraunhofer-
str.
Humboldtstr.
Balanstr.
Berg
am Laim
Tegernseer Landstr.
Bad
Schachener Str.
Innsbrucker Ring
H.-Wieland-Str.
Str.
Werinherstr.
M.-Ramersdorf
Ramersdorf
Ostpark
Trudering
Giesing
str.
Seite 248 | 249
Chiemgau-
M.-Perlach
str.
Otto-
brunner Str.
Ständlerstr.
Neu-
perlach
Tegernseer
Landstr.
Stadel-
hmr. Str.
Ständler-
Putzbrunner Str.
Unterhachinger Str.
Naupliastr.
M.-Giesing
995
Tegernseer Landstr.
Fasan-
garten
8
Perlach
Carl-
Wery-Str.
Wald-
perlach
arlaching
Münchner Str.
Neubiberg
UNTERBIBERG
cher Forst
Seite 250 | 251
Sportpark-
stadion
UNTER-
HACHING
Biberger Str.
Rosenheimer
Landstr.
Grünwalder Forst
Ottobrunner Str.

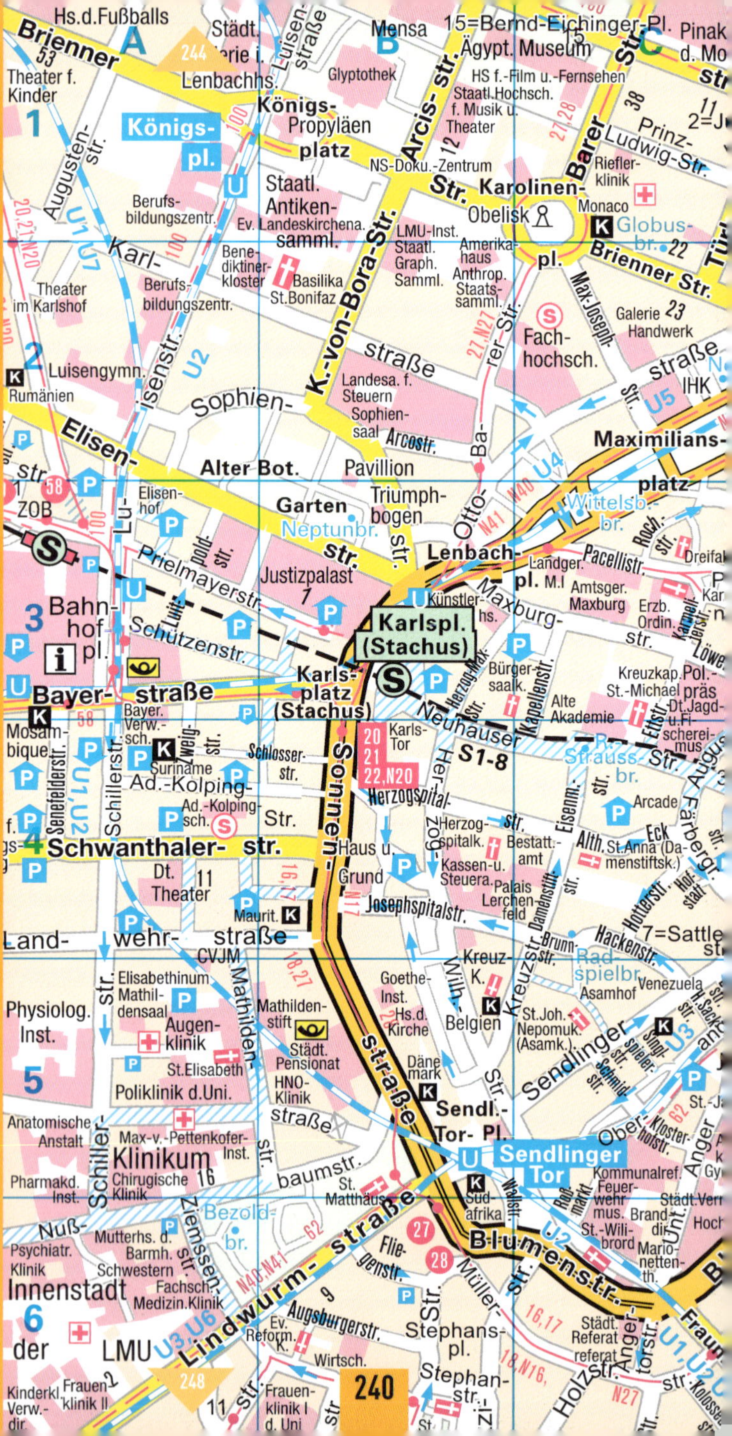

Hs.d.Fußballs
Brienner
Städt. Galerie i. Lenbachhs.
Luisenstraße
Mensa
Glyptothek
15=Bernd-Eichinger-Pl.
Ägypt. Museum
Pinak d. Mo
Theater f. Kinder
Königs-Propyläen
Königsplatz
Königspl.
HS f. Film u. Fernsehen
Staatl.Hochsch. f. Musik u. Theater
Arcisstr.
Prinz-Ludwig-Str.
Augustenstr.
Staatl. Antiken-samml.
NS-Doku.-Zentrum
Karolinen-pl.
Barer Str.
Rieflerklinik
Berufsbildungszentr.
Ev. Landeskirchena.
Obelisk
Monaco
Globus-br.
Karl-
Benediktinerkloster
Basilika St.Bonifaz
LMU-Inst.
Staatl. Graph. Samml.
Amerikahaus
Anthrop. Staatssamml.
Brienner Str.
Theater im Karlshof
Berufsbildungszentr.
Max-Joseph-Str.
Galerie Handwerk
K.-von-Bora-Str.
Fachhochsch.
Luisengymn.
Rumänien
straße
Landesa. f. Steuern
Sophiensaal
Arcostr.
IHK
Sophien-
Barer Str.
Maximiliansplatz
Elisenstr.
Alter Bot. Garten
Pavillion
ZOB
Elisenhof
Neptunbr.
Triumphbogen
Ottostr.
Wittelsb.-br.
Rochusstr.
Pacellistr.
Dreifal
Lenbach-pl.
Landger. M.I
Prielmayerstr.
Justizpalast
Amtsger. Maxburg
Erzb. Ordin.
Künstlerhs.
Maxburgstr.
Karmeliterstr.
Bahnhofpl.
Luitpoldstr.
Karlspl. (Stachus)
Schützenstr.
Löwe
Karlsplatz (Stachus)
Bürgersaalk.
Kapellenstr.
Kreuzkap.
St.-Michael
Pol.-präs
Herzog-Max-Str.
Alte Akademie
Dt.Jagd-u.Fischereimus.
Bayerstraße
Neuhauser
Ettstr.
Bayer. Verw.-sch.
Mosambique
Zweigstr.
Karls-Tor
20 21 22,N20
S1-8
R.-Strauss-br.
Augustinerstr.
Schlosserstr.
Suriname
Sonnenstraße
Herzogspital-
Ad.-Kolping-Str.
Ad.-Kolping-sch.
Herzogspitalk.
Bestatt.-amt
Eisenmannstr.
Arcade
Färbergr.
Senefelderstr.
Schillerstr.
Altheimer Eck
St.Anna (Damenstiftsk.)
Schwanthalerstr.
Haus u. Grund
Herzogspitalstr.
Kassen-u. Steuera.
Palais Lerchenfeld
Damenstiftstr.
Hotterstr.
Hofstatt
Dt. Theater
Josephspitalstr.
Maurit.
Brunnstr.
Hackenstr.
7=Sattlerstr.
Landwehrstraße
CVJM
Kreuz-K.
Radspielbr.
Asamhof
Venezuela
Elisabethinum
Mathildensaal
Goethe-Inst.
Hs.d. Kirche
Kreuzstr.
Wilhelm-Str.
Belgien
St.Joh.-Nepomuk (Asamk.)
Physiolog. Inst.
Augenklinik
Mathildenstr.
Mathildenstift
Städt. Pensionat
Sendlinger Str.
Singlspielerstr.
Schmidstr.
Hackenstr.
St.Elisabeth
Poliklinik d.Uni.
HNO-Klinik
Dänemark
Sendl.-Tor-Pl.
Oberanger
Klosterhofstr.
Anger
Anatomische Anstalt
Max-v.-Pettenkofer-Inst.
Sendlinger Tor
Kommunalref.
Feuerwehrmus.
Klinikum
Chirurgische Klinik
Pettenkoferstr.
Nußbaumstr.
St. Matthäus
Südafrika
Roßmarkt
Wallstr.
Städt.Verw.
Brand-dir.
Pharmakd. Inst.
Bezoldbr.
St.-Wilibrord
Unt. Anger
Marionettenth.
Hoch
Psychiatr. Klinik
Mutterhs. d. Barmh. Schwestern
Ziemssenstr.
Fliegenstr.
Blumenstr.
Innenstadt
Fachsch. Medizin.Klinik
Lindwurmstraße
Augsburgerstr.
Müllerstr.
Städt. Referat
Angertorstr.
Frauenstr.
der LMU
Ev. Reform. K.
Stephanspl.
Holzstr.
Wirtsch.
Stephanstr.
Kinderkl. Verw.-dir.
Frauenklinik II
Frauenklinik I d. Uni
Kolosseumstr.
244
248

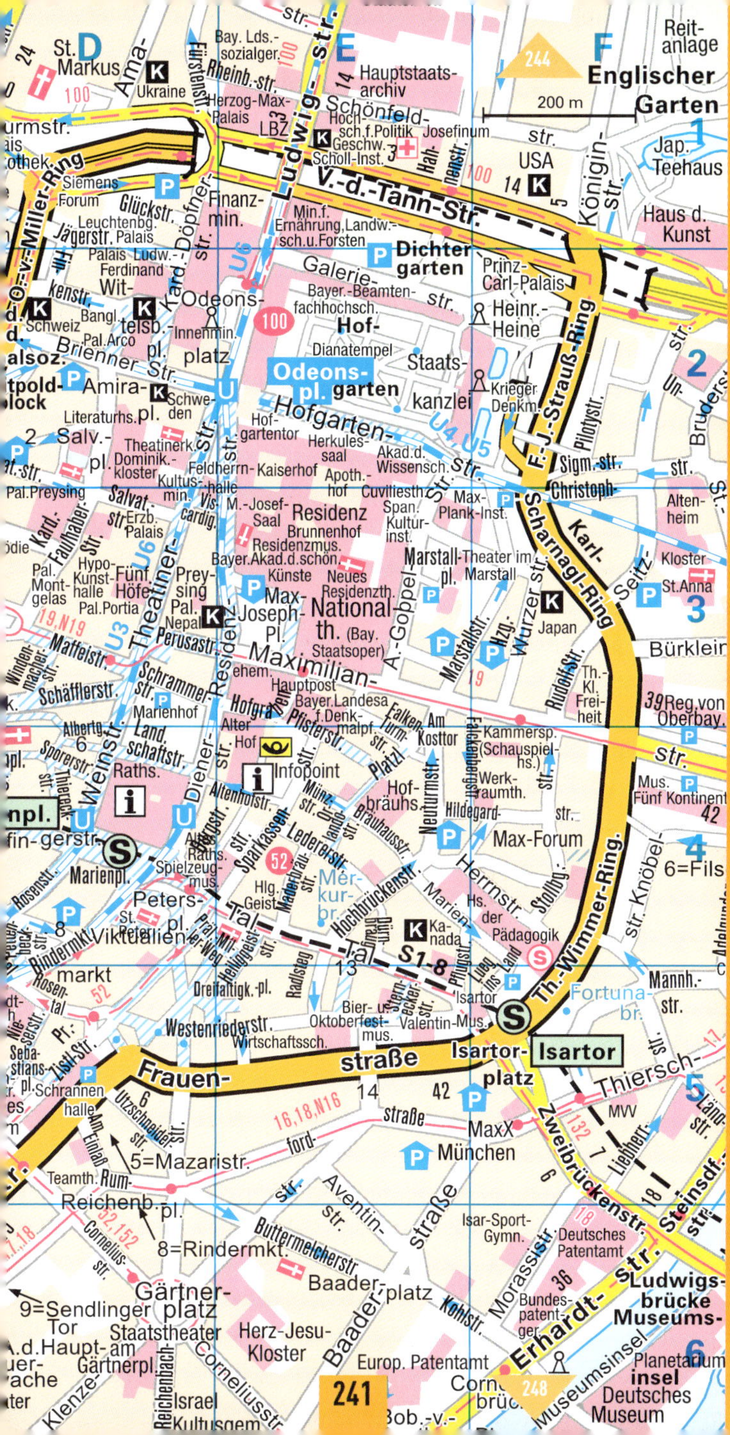

D
E
F
244
200 m
St. Markus
Ukraine
Bay. Lds.-sozialger.
Rheinb.-str.
Herzog-Max-Palais
LBZ
Ludwig-str.
Hauptstaats-archiv
Schönfeld-str.
Hoch-sch.f.Politik
Geschw.-Scholl-Inst.
Josefinum
USA
Reit-anlage
Englischer Garten
Jap. Teehaus
Haus d. Kunst
Königin-str.
V.-d.-Tann-Str.
O.-v.-Miller-Ring
Siemens Forum
Glückstr.
Finanz-min.
Leuchtenbg. Palais
Jägerstr.
Min.f. Ernährung,Landw.-sch.u.Forsten
Dichter garten
Prinz-Carl-Palais
Palais Ludw.-Ferdinand
Wit-telsb.-pl.
Kard.-Döpfner-str.
Odeons-platz
Innenmin.
Galerie-str.
Bayer.-Beamten-fachhochsch.
Hof-garten
Heinr.-Heine
Schweiz
Bangl.
Pal.Arco
Brienner Str.
Dianatempel
Staats-kanzlei
Odeons-pl.
Krieger Denkm.
F.-J.-Strauß-Ring
Amira-pl.
Schweden
Hofgarten-str.
Hofgartentor
Herkules-saal
Akad.d. Wissensch.
U4,U5
Pilotystr.
Literaturhs.
Salv.-pl.
Theatinerk.
Dominik.-kloster
Feldherrn-halle
Kaiserhof
Apoth.-hof
Sigm.-str.
Christoph-str.
Pal.Preysing
Salvat.-str.
Erzb. Palais
Kultus-min.
Vis-cardig.
M.-Josef-Saal
Residenz
Brunnenhof
Residenzmus.
Cuvilliesth.
Span. Kultur-inst.
Max-Planck-Inst.
Alten-heim
Kloster
St.Anna
Karl-Scharnagl-Ring
Seitz-
Fünf Höfe
Hypo-Kunst-halle
Pal. Mont-gelas
Pal.Portia
Theatiner-str.
Preysing Pal.
Nepal
Bayer.Akad.d.schön. Künste
Neues Residenzth.
Max-Joseph-Pl.
National-th. (Bay. Staatsoper)
Marstall-pl.
Theater im Marstall
Marstallstr.
Hzg.-Wurzer str.
Japan
Bürklein
Perusastr.
Maffeistr.
Residenzstr.
A.-Göppel-str.
Maximilian-str.
Rudolfstr.
Th.-Kl. Frei-heit
Reg.von Oberbay.
Schäfflerstr.
Schrammerstr.
Marienhof
Hauptpost
Bayer.Landesa f.Denk-malpf.
Hofgraben
Pfisterstr.
Falkenturm-str.
Am Kosttor
Kammersp. (Schauspiel-hs.)
Werk-raumth.
Albertg.
Landschaftstr.
Alter Hof
Infopoint
Weinstr.
Raths.
Sporerstr.
Dienerstr.
Altenhofstr.
Münzstr.
Platzl
Hof-bräuhs.
Neuturmstr.
Hildegard-str.
Mus. Fünf Kontinente
Orlandostr.
Bräuhausstr.
Max-Forum
Th.-Wimmer-Ring
Knöbel-str.
6=Fils
Marienpl.
Alt. Raths.
Spielzeug-mus.
Sparkassenstr.
Ledererstr.
Mer-kur-br.
Herrnstr.
Stollbg.
Peters-pl.
St. Peter
Rosenstr.
Hlg. Geist
Maderbräustr.
Hochbrückenstr.
Marien-str.
Hs. der Pädagogik
Viktualien-markt
Rindermkt.
Pral.-Miller-Weg
Heiliggeiststr.
Tal
Radlsteg
Kanada
S1-8
Pflugstr.
Lueg ins Land
Isartor
Mannh.-str.
Fortuna-br.
Dreifaltigk.-pl.
Bier- u. Oktoberfest-mus.
Sterneckerstr.
Valentin-Mus.
Westenriederstr.
Wirtschaftssch.
Frauen-straße
Isartor-platz
Isartor
Thiersch-str.
Seba-stians-pl.
Schrannen halle
Zwlf.Str.
MVV
Utzschneiderstr.
Am Einlaß
16,18,N16
Frauenhoferstr.
MaxX München
Zweibrückenstr.
Liebherrstr.
Steinsdorf-str.
5=Mazaristr.
Teamth.
Rum-ford-str.
Reichenb.-pl.
Aventin-str.
Corneliusstr.
Isar-Sport-Gymn.
Deutsches Patentamt
Bundes-patent-ger.
Buttermelcherstr.
Morassistr.
8=Rindermkt.
Baader-platz
Kohlstr.
Erhardt-str.
Ludwigs-brücke
Museums-insel
Gärtner-platz
9=Sendlinger Tor
Staatstheater am Gärtnerpl.
Herz-Jesu-Kloster
Baaderstr.
Europ. Patentamt
Corneliusbrücke
248
Planetarium
Deutsches Museum
Klenzestr.
Reichenbachstr.
Israel Kultusgem.

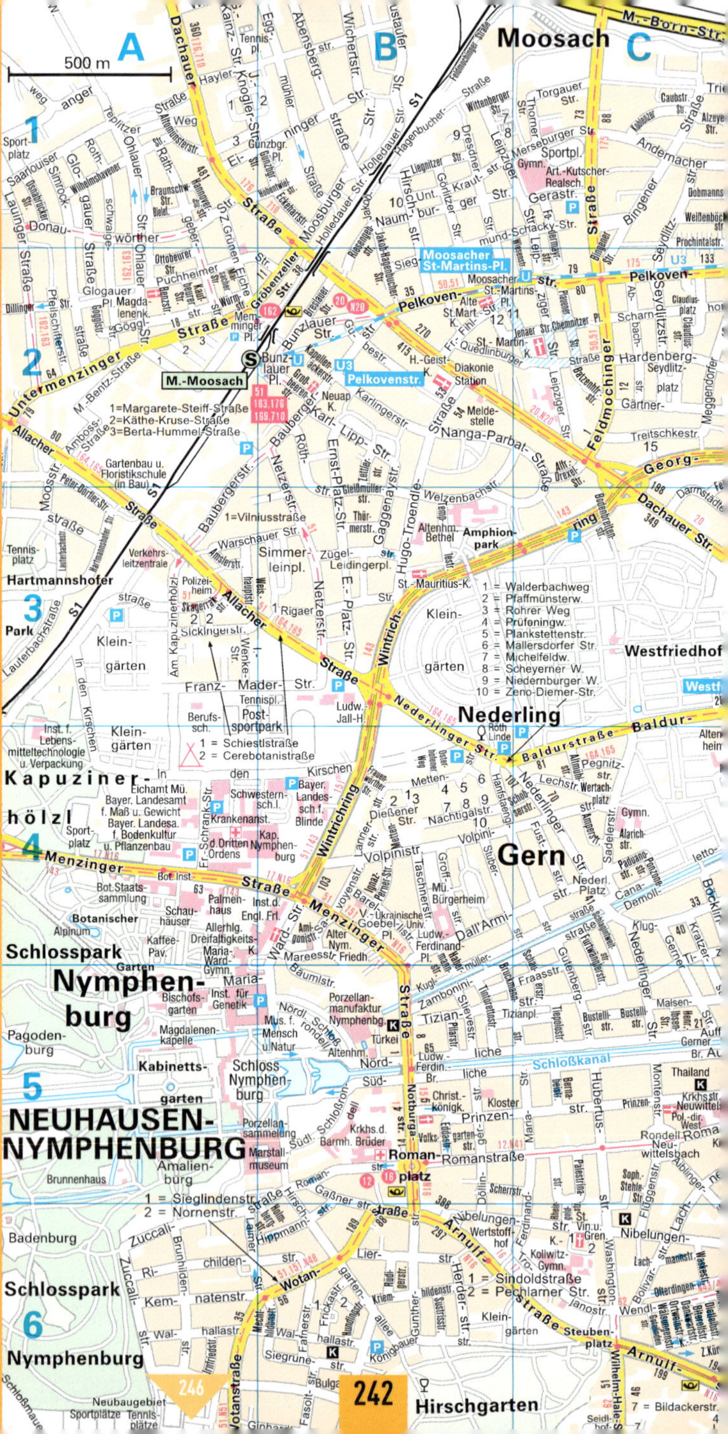

500 m
A
B
C
Moosach
1
2
3
4
5
6
M.-Moosach
Moosacher St.-Martins-Pl.
Pelkovenstr.
1=Margarete-Steiff-Straße
2=Käthe-Kruse-Straße
3=Berta-Hummel-Straße
Hartmannshofer Park
Westfriedhof
Nederling
1 = Walderbachweg
2 = Pfaffmünsterw.
3 = Rohrer Weg
4 = Prüfeningw.
5 = Plankstettenstr.
6 = Mallersdorfer Str.
7 = Michelfeldw.
8 = Scheyerner W.
9 = Niedernburger W.
10 = Zeno-Diemer-Str.
1=Vilniusstraße
1 = Schiestlstraße
2 = Cerebotanistraße
Kapuzinerhölzl
Gern
Botanischer Garten
Schlosspark Nymphenburg
Schloss Nymphenburg
NEUHAUSEN-NYMPHENBURG
1 = Sieglindenstr.
2 = Nornenstr.
1 = Sindoldstraße
2 = Pechlarner Str.
7 = Bildackerstr.
Schlosspark Nymphenburg
Hirschgarten
Schloßkanal
Dachauer Straße
Menzinger Straße
Wintrichring
Georg-Brauchle-Ring
Arnulfstraße
Romanplatz
246

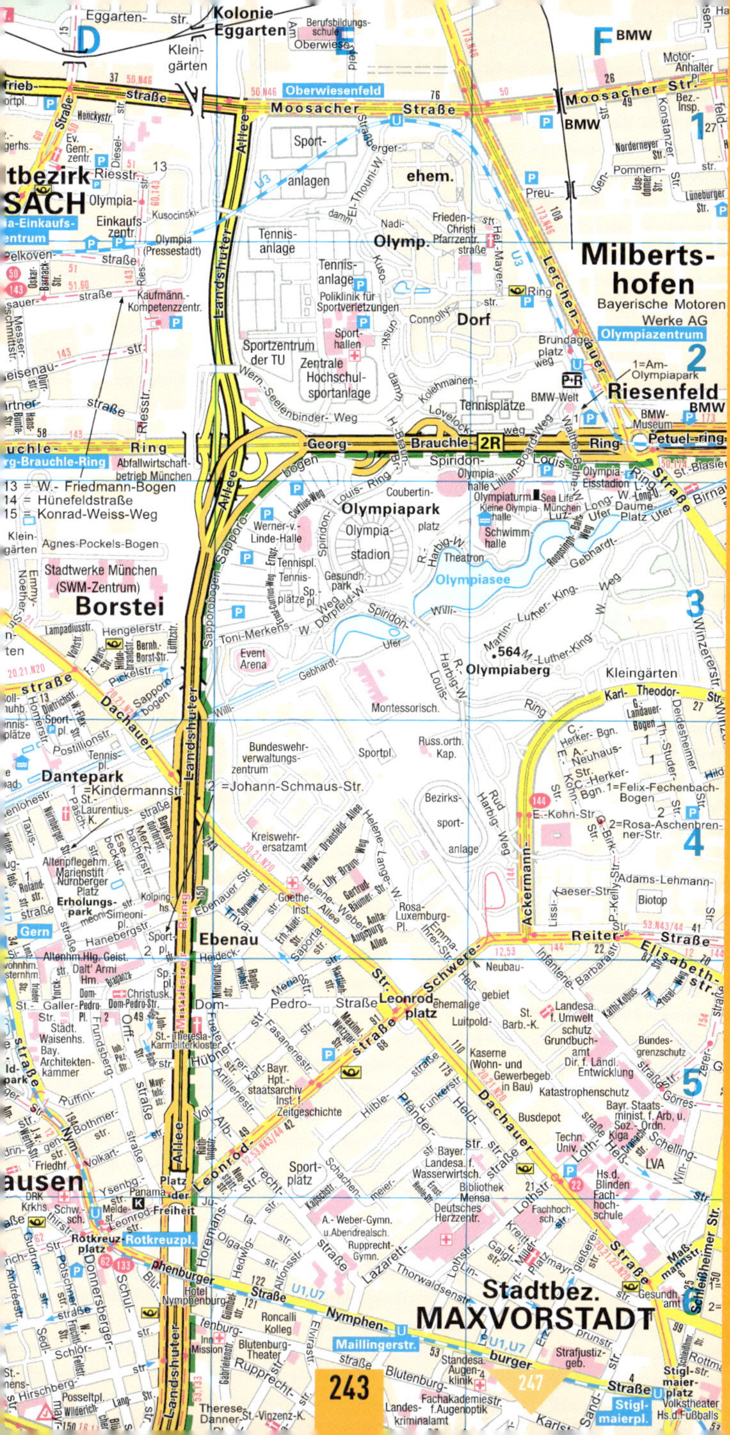
Kolonie Eggarten
Eggarten-str.
Klein-gärten
Berufsbildungs-schule
Oberwiesenfeld
Moosacher Straße
Moosacher Str.
BMW
Motor-Anhalter
Milbertshofen
Bayerische Motoren Werke AG
Olympiazentrum
Riesenfeld
BMW-Welt
BMW-Museum
Petuel-ring
Georg-Brauchle-Ring
Landshuter Allee
Sportanlagen
ehem. Olymp. Dorf
Connollystr.
Tennisanlage
Poliklinik für Sportverletzungen
Sportzentrum der TU
Zentrale Hochschulsportanlage
Tennisplätze
Lerchenauer Str.
Olympia-Einkaufszentrum
Olympia (Pressestadt)
Kaufmänn. Kompetenzzentr.
Riesstr.
Abfallwirtschaftbetrieb München
13 = W.- Friedmann-Bogen
14 = Hünefeldstraße
15 = Konrad-Weiss-Weg
Agnes-Pockels-Bogen
Stadtwerke München (SWM-Zentrum)
Borstei
Olympiapark
Olympiastadion
Olympiaturm
Olympiahalle
Olympia-Eisstadion
Schwimmhalle
Theatron
Olympiasee
Werner-v.-Linde-Halle
Event Arena
Olympiaberg
564
Spiridon-Louis-Ring
Kleingärten
Karl-Theodor-Str.
Dachauer Straße
Dantepark
1 = Kindermannstr.
2 = Johann-Schmaus-Str.
Bundeswehrverwaltungszentrum
Montessorisch.
Russ.orth. Kap.
Bezirkssportanlage
Kreiswehrersatzamt
Ackermannstr.
Winzererstr.
1 = Felix-Fechenbach-Bogen
2 = Rosa-Aschenbrenner-Str.
Adams-Lehmann-Str.
Biotop
Reiter-Straße
Elisabethstr.
Ebenau
Leonrodplatz
Leonrodstr.
Schwere-Reiter-Str.
Neubaugebiet ehemalige Luitpold-Kaserne (Wohn- und Gewerbegeb. in Bau)
Bayr. Hpt.-staatsarchiv
Inst. f. Zeitgeschichte
Katastrophenschutz
Bayr. Staatsminist. f. Arb. u. Soz.-Ordn.
Busdepot
Techn. Univ.
Hs.d. Blinden
Fachhochschule
Bayer. Landesa. f. Wasserwirtsch.
Bibliothek
Mensa
Deutsches Herzzentr.
Rotkreuzplatz
Nymphenburger Straße
Maillingerstr.
Stadtbez. MAXVORSTADT
Stiglmaierplatz
Volkstheater
Blutenburgstraße
Landes-kriminalamt
Ruffini-
Friedhf.
Hirschberg-
Donnersberger-
Sport-platz
Roncalli Kolleg
Blutenburg-Theater
Therese-Danner-
Strafjustiz-geb.
247

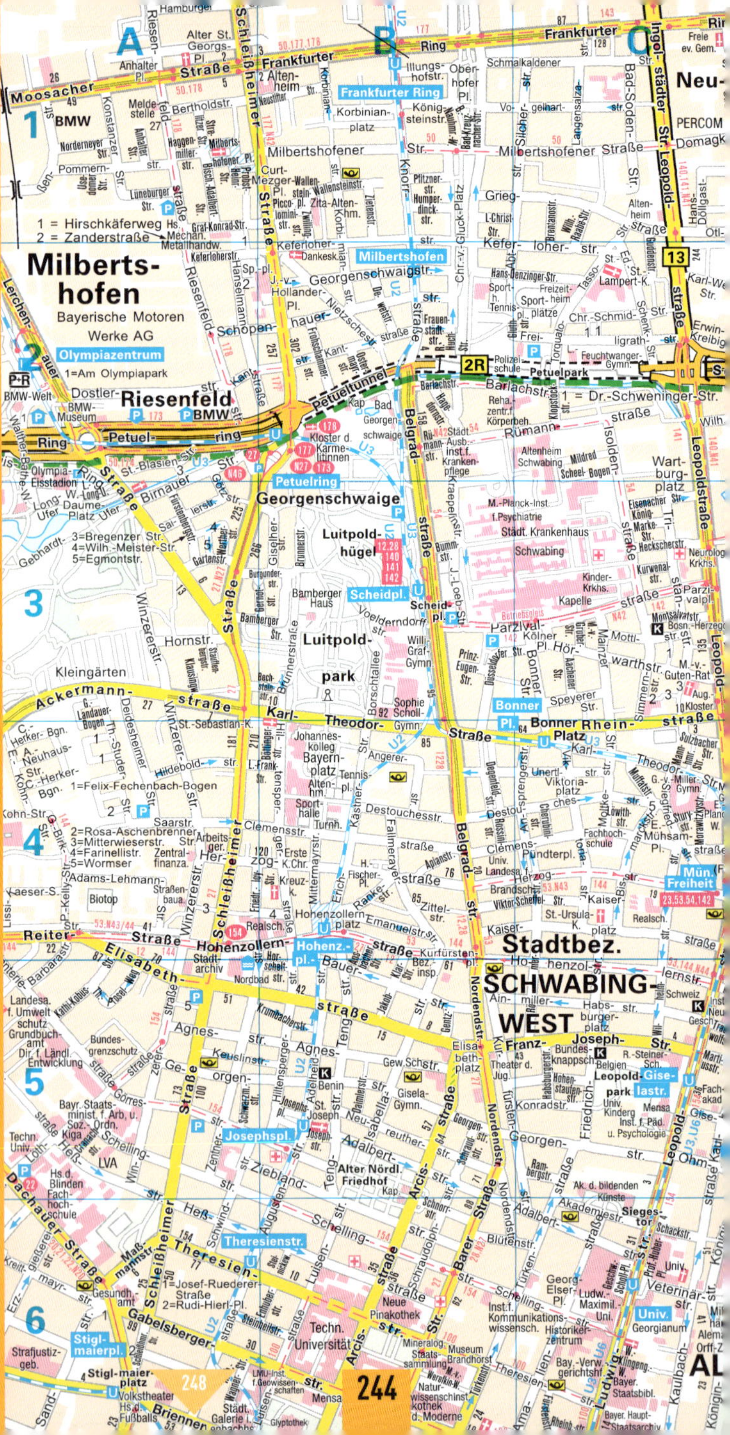
A
B
C
1
2
3
4
5
6
Milberts-
hofen
Bayerische Motoren
Werke AG
Olympiazentrum
1=Am Olympiapark
Riesenfeld
BMW-Welt
BMW-Museum
BMW
Petuelring
Petueltunnel
Petuelpark
Georgenschwaige
Luitpold-
hügel
Luitpold-
park
Scheidpl.
Milbertshofen
Frankfurter Ring
Frankfurter
Moosacher
Milbertshofener
Milbertshofener Straße
Knorr-
Ackermann-
straße
Karl-
Theodor-
Straße
Bonner Platz
Bonner
Pl.
Belgrad-
straße
Leopoldstraße
Ingolstädter
Str.
Schleißheimer
Straße
Reiter-
Elisabeth-
straße
Hohenzollern-
Hohenz.-
pl.
Münchner
Freiheit
Stadtbez.
SCHWABING-
WEST
Franz-
Joseph-
Str.
Josephspl.
Theresienstr.
Theresien-
Gabelsberger-
Dachauer
Stiglmaierpl.
Stigl-maier-
platz
Brienner
Alter Nördl.
Friedhof
Neue
Pinakothek
Techn.
Universität
Univ.
Georgianum
Nordendstr.
Arcis-
straße
Barer
Str.
Augusten-
str.
Schelling-
Adalbert-
Str.
Akademiestr.
Ludwig-
Kaulbach-
Amalien-
Türken-
Ak. d. bildenden
Künste
Siegestor
Veterinär-
str.
Museum
Brandhorst
Pinakothek
d. Moderne
Städt.
Galerie i.
Lenbachhaus
Glyptothek
Schwabing
Städt. Krankenhaus
Kinder-
Krkhs.
Kapelle
Parzivalpl.
Rümann-
straße
Isolden-
straße
Wartburg-
platz
Petuelring
Keferloher-
str.
Georgenschwaigstr.
Nietzschestr.
Hanselmannstr.
Riesenfeldstr.
Winzererstr.
Hornstr.
Kleingärten
Destouchesstr.
Clemensstr.
Kaiserstr.
Kaiserplatz
Hohenzollernplatz
Nordbad
Elisabethplatz
Agnes-
str.
Heß-
str.
Ziebland-
str.
Gisela-
str.
Konradstr.
Georgen-
str.
Mensa
Stadt-
archiv
Realsch.
Bayernplatz
1 = Hirschkäferweg
2 = Zanderstraße
1 = Dr.-Schweninger-Str.
3=Bregenzer Str.
4=Wilh.-Meister-Str.
5=Egmontstr.
1=Felix-Fechenbach-Bogen
2=Rosa-Aschenbrenner-Bogen
3=Mitterwieserstr.
4=Farinellistr.
5=Wormser
1=Josef-Ruederer-Straße
2=Rudi-Hierl-Pl.
13
2R
Neu-
PERCOM
248
244

Frankfurter Ring
Ring
Föhringer Ring
Bauhaus-pl.
Max-Bill-Straße
1 = Ludwig-Hilberseimer-Str.
2 = Hannes-Meyer-Straße
3 = Marchgrabenweg
4 = Kohlrauschstraße
Studentenstadt
Tennispl.
Aumeisterweg
Aumeister
Tennis-stadion
500 m
Max-Planck-Institut
Studentenstadt
FKK-Gelände
Neubaugebiet Funkkaserne (in Bau/2018)
Sport-platz
Domagk Ateliers Haus 50
Neuer Israel. Friedh.
Klein-gärten
Ungerer-
Grasmeierstraße
Finauer-str.
Domagkstraße
March-grabenpl.
Schloderer-pl.
1 = Karl-Beck-Weg
2 = Westfalenstraße
Crailsheimstraße
Alte Heide
Alte Heide
Echinger
Fröttmaninger Str.
Garchinger Str.
Gropius-
Grünecker
Oberstjägermeisterbach
Englischer
Nord-
friedhof
Bezirks-Sportanlage
Aussegnungs-halle
Allerheiligenk. (griech.-orth.)
Ungererstraße
Nordfriedhof
Niebuhrstraße
Sport-platz
Amphitheater
Tennis-plätze
Schwabinger Bach
Garten
Isar
Stadtbezirk
SCHWABING-
FREIMANN
Isarring
Osterwald-
Hirschau
Ober-
föhring
Sportplatz
Tennis-plätze
E.-Penzoldt-Weg
Isarwehr Oberföhring
Mauerkircherstr.
1=Kurzmannweg
2=J.-Wassermann-W.
3=Dingelstedtweg
Klein-gärten
Amsterdamer
Stengelstr.
Schwedenstr.
Dietlindenstr.
Dietlinden-str.
Frei-zeitpark
Biederstein
Altenwohnhm
St. Nikolaus
Biederstein
Dermat. Klinik
Poliklinik Biederstein
Liebergesellstr.
Tennis-plätze
Hirschau
Herzog-
park
Wahnfried
Titurelstr.
Klein-hesseloher See
Neues Seehaus
Isar-
Mittlerer Ring
Kleinhesselohe
Eisbach
12 = Gunezrainerstr.
13 = Knollerstr.
14 = Wagnerstr.
15 = Nikolaipl.
16 = Dillisstraße
17 = A.-Erminger-Pl.
18 = Soxhletstraße
19 = Theodor-Dombart-Straße
5 = Ernst-Toller-Pl.
6 = Antonienstr.
7 = Biedersteinstr.
8 = Maasweg
9 = Beltweg
10 = Etschweg
11 = Jungwirthstr.
Priel
Oberföhringer Straße
Spanien
Odin-
Tennis-pl.
John-F.-Kennedy-Br.
Sport-anlage
Englischer
Kleinhesselohe
1 = Paul-Neu-Weg
2 = Simmsteig
3 = Gustl-Waldau-Steig
4 = Menzelstr.
Herzog-Albrecht-Anl.
Effner-
platz
Englschalkinger Str.
Bayr. Staatsmin. f. Landesentw. u. Umweltfragen
Rosenkavalier-platz
Arabellahs.
Nor-mannen-platz
Vandal
ALPHA Klinik
Rumford-halle
Chinesischer Turm
Tivoli
Ukraine
Herkomer-platz
Bülowstr.
Hypo-Vereins-bank
Klinik Arabella-
Fachsch.
Richard-Strauss-Str.
Denninger
Straße
Rumfordschlössl
Monopteros
Institut der Universität
Max-Joseph-Br.
Montgelasstraße
Kolberger-
Bundes-finanz-hof
Österr.
Pixisstr.
Irland
Priv. klinik
Widder-
Neufahrner Str.
Denninger
Siemens AG
Anger
Kleingärten
Ifflandstr.
Widenmayer-straße
Brasilien
Isar
Bogen-
hausen
245
249
Univ.-Stern-warte
St. Georg-K.
Schreber-

Schlosspark Nymphenburg
242
Hirschgarten
Kleingärten
München-Laim
Hirschgarten
S1, S2, S4, S6, S8, S3
S20
Landsberger Straße
DB AG
DB=Betrieb
1 = Mettinghstraße
2 = Kelheimer Straße
3 = Safferlingstraße
4 = Georg-Lindau-
5 = Franziska-Smi
6 = Josef-Obenhir
7 = Bildackerstraße
Reitknechtstraße
Wilhelm-Hale-Str.
Friedenheimer Brücke
Steubenplatz
Arnulf-
Wotanstraße
Fürstenrieder Straße
Bernauer Straße
1 = Heigenmooserstr.
2 = Schlangenwegerl
Agnes-Bernauer-Pl.
Zu d. Hlg. Zwölf-Apostel-K.
Wohncenter West
Gotthard-straße
Zschokkestr.
Laimer Platz
Friedenheimer Str.
Westendstr.
U5
U4
Stadtbez.
LAIM
Friedenheim
Kiem-Pauli-W.
3=Weißenfelderstr.
Kiem-Pauli-W.
Berufsbildung für d. Bau
Tübinger
1=Hechenwanger
2=Zumbuschweg
Fischartstr.
4=Flintsbacherstraße
5=Höfatsstraße
Kleingartenanlage
Kleingärten
Siegenburger Str.
G.-Büchner-Realsch.
Westendstraße
Grünten
Säuling-
Camerloher-
Senftenauerstraße
Guardini-
Schulmeierweg
Stegener Weg
Kärntner Platz
38
39
AS M.-Laim
Albertinum
Seebühne
Thai Sala (Pagode)
Westpark (West)
Garmischer
AS M.-Sendling
Westpark (Ost)
Bezirks-sport-anlage
Erasmus Grasser-Gymn.
Ludwigs-gymn.
Sport-platz
Theatron
Kurpark-siedlung
Neufriedenheimer Pl.
Tunnel
2R
Heiterwanger
Hinterbärenbadstr.
Krüner
Ohlstadter
Treffauer
Kohlgruber Str.
Westpark
U6
Holzapfelkreuth
1=Riedmaier-weg
Ehrwalder
Farchanter
Wessobrunner Str.
Spastiker-Zentrum
Altenheim St.Joseph
Albertstraße
Stahleckstr.
Côte d'Ivoire
Waldfriedhofstraße
Kederbacher-
Luise-Kiesselbach-Platz
Luise-Kiesselbach-
AS M. Sendling-Süd
Südparkallee
Murnauer
Asperstr.
Uttinger Str.
Konrad-St.
Jean-Paul-Richter
500 m
WALDFRIED-HOFVIERTEL
Aussegnungshalle
Sport-plätze
Waxenstein-

Stadtbez. MAXVORSTADT
Stadtbez. LUDWIGSVORSTADT-ISARVORSTADT
Stadtbez. SENDLING
Westend
HALER HÖHE
Theresienwiese
München-Hbf.
Hackerbrücke
M.-Donnersbergerbr.
Heimeranplatz
Schwanthalerhöhe
Poccistr.
Implerstr.
Brudermühlstr.
Harras
Neuhofen
Flaucher
Maillingerstr.
Stiglmaierpl.
Arnulfpark
Bavariapark
Westpark
Hansapark
Landsberger Straße
Arnulfstr.
Marsstraße
Dachauer Str.
Nymphenburger Str.
Schwanthalerstraße
Heimeranstr.
Lindwurmstr.
Plinganserstraße
Candidstraße
Bayerstraße
Paul-Heyse-Str.
Goethestr.
Innenstadt der LMU
Klinikum
Großmarkthalle
Markthallen (Schlacht- u. Viehhof)
Zenettiplatz
Kapuzinerplatz
Agentur für Arbeit
Hackerbrücke
Arnulfpark
Kongresshalle
Hansastraße
Ganghoferstr.
Implerstr.
Thalkirchner Str.
Brudermühlbrücke
1=Resi-Huber-Platz
1 = Linus-Pauling-Str.
2 = Karl-Spengler-Str.
3 = Wugg-Retzer-Str.
1=Schnaderböckstraße
2=Philipp-Loewenfeld-Straße
S1,2,S4,S8,S6,S3,S7
E54
243
251

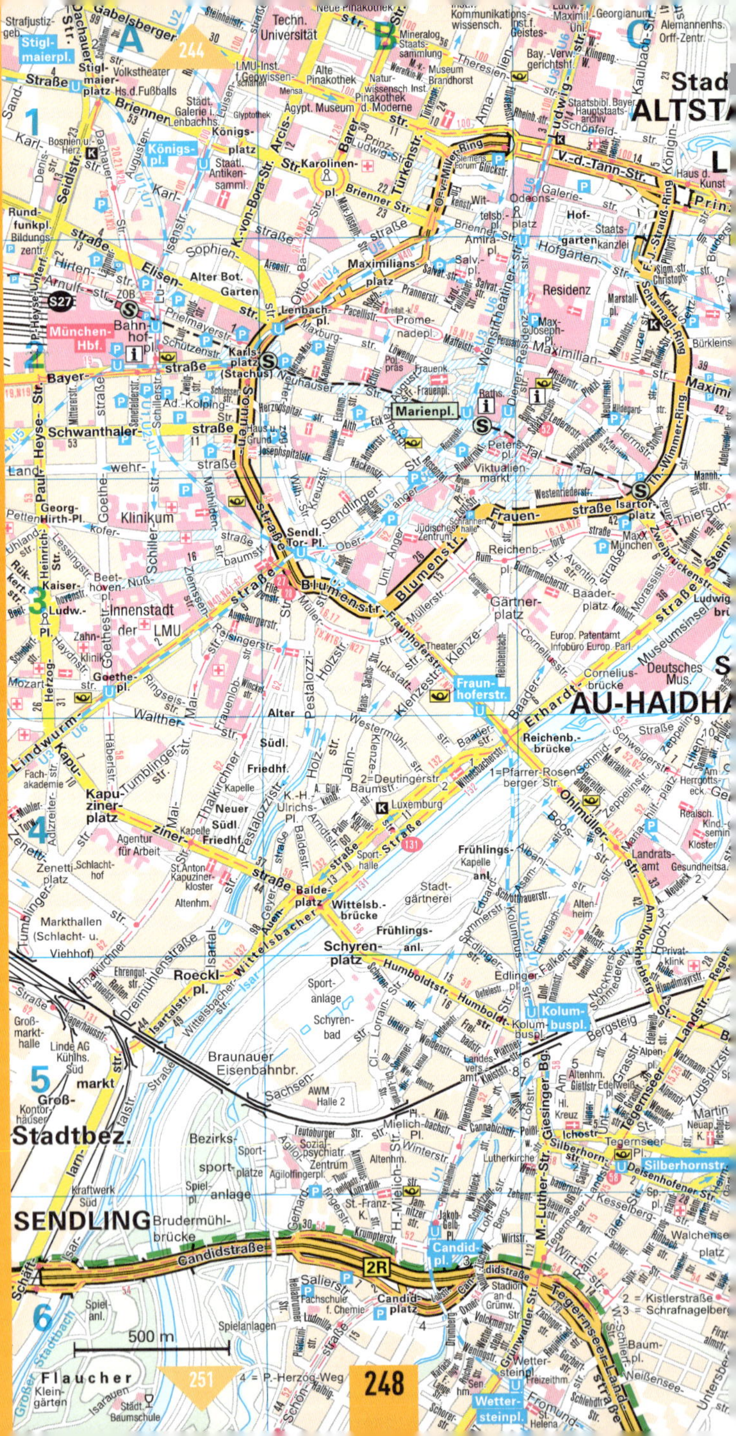

A
B
C
244
251
1
2
3
4
5
6
ALTSTADT
AU-HAIDHAUSEN
SENDLING
Stadtbez.
Residenz
Marienpl.
München-Hbf.
Stiglmaierpl.
Königspl.
Fraunhoferstr.
Kolumbuspl.
Candidpl.
Silberhornstr.
Wettersteinpl.
Techn. Universität
Alte Pinakothek
Pinakothek d. Moderne
Karolinenpl.
Maximiliansplatz
Karlsplatz (Stachus)
Sendl. Tor-Pl.
Viktualienmarkt
Isartorplatz
Gärtnerplatz
Deutsches Mus.
Klinikum Innenstadt der LMU
Goethepl.
Kapuzinerplatz
Baldeplatz
Schyrenplatz
Markthallen (Schlacht- u. Viehhof)
Großmarkthalle
Braunauer Eisenbahnbr.
Brudermühlbrücke
Gandidstraße
Flaucher
Reichenbachbrücke
Wittelsb.-brücke
500 m
2 = Kistlerstraße
3 = Schrafnagelberg
4 = P.-Herzog-Weg
1=Pfarrer-Rosenberger Str.
2=Deutingerstr.

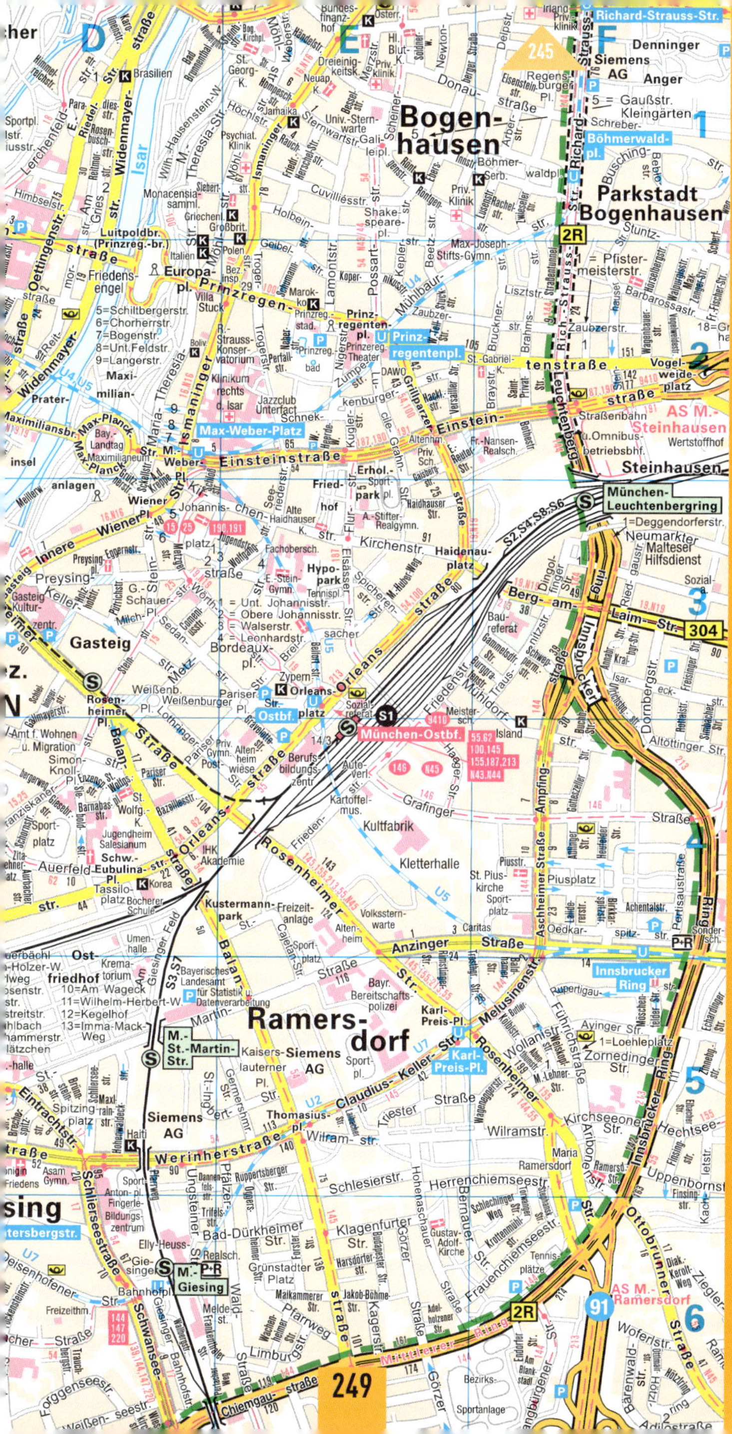

D
E
F
245
Richard-Strauss-Str.
Denninger
Siemens AG
Anger
Bogenhausen
Parkstadt Bogenhausen
Böhmerwald-pl.
Isar
Widenmayerstraße
Brasilien
Europa-pl.
Prinzregentenstraße
Prinzregentenpl.
Luitpoldbr. (Prinzreg.-br.)
Friedensengel
Villa Stuck
Max-Weber-Platz
Einsteinstraße
Maximilianeum
Bay. Landtag
Wiener Pl.
Innere Wiener Str.
Gasteig
Rosenheimer Pl.
Haidhausen
Orleansstraße
Orleans-platz
Ostbf.
München-Ostbf.
München-Leuchtenbergring
Steinhausen
Leuchtenbergring
Einstein-
Kirchenstr.
Haidenaupl.
Berg-am-Laim-Str.
Innsbrucker Ring
Kultfabrik
Kletterhalle
Grafinger Straße
Rosenheimer Str.
Anzinger Straße
St. Pius-kirche
Piusplatz
Innsbrucker Ring
Ramersdorf
Karl-Preis-Pl.
Ost-friedhof
St.-Martin-Str.
Siemens AG
Claudius-Keller-Str.
Werinherstraße
Schlesierstr.
Herrenchiemseestr.
Ottobrunner Straße
Mittlerer Ring
2R
Giesing
Bad-Dürkheimer Str.
Schwanseestr.
Tegernseer Landstr.
Chiemgaustr.
AS M.-Steinhausen
AS M.-Ramersdorf
Kustermann-park
Bayerisches Landesamt für Statistik u. Datenverarbeitung
Wilramstr.
Balanstraße
Sankt-Martin-Str.
249
1
2
3
4
5
6

Mitter-
sendling
246
A
B
C
Neuhofen
Heckenstaller-Tunnel
Obersendling
Siemens AG
Stadtbezirk
THALKIRCHEN-
OBERSENDLING-
FORSTENRIED-
FÜRSTENRIED-
SOLLN
Prinz
Ludwigs-
höhe
Maria
Einsiedel
1=Saargemünd
Golf-
platz
Hinterbrühler
Park
Hinter-
brühl
Thalkirchen
(Tierp.)
M.-Mittersendling
M.-Siemenswerke
M.-Solln
Obersendling
Aidenbachstr.
Machtlfinger Str.
Großhesselohe
Isartalbhf.
Großhesseloher
Brücke
Boschetsrieder
Siemens-
allee
Wolfratshauser
Straße
Plinganserstraße
Aidenbachstraße
Herterichstraße
Ratzinger-
platz
Feldafinger
Platz
Lochhamer
Str.
Siemens-Sportpark
Förderschule
Krankenhaus
Martha-Maria
Altenheim
2=Ötschmannweg
3=Wallmenichstr.
4=Partenhauserweg
5=Kaltnerweg
6=Beerweg
7=Millauerweg
8=Öcklweg
9=Zwergerw.
10=Kirchgrabnerweg
11=Trischbergerweg
12=Köglspergerweg
1=Dominik-Brunner-Weg
Murnauer-
Gmunder
Hofmannstraße
Zielstatt-
Gereuth-
Passauer-
Bad-
Fraunberg-
Schmied-
berg
Zentralländ-
straße
Hinterbrühler
See
Isarfußweg
Bahnhof-
platz

Candidstraße
Candid-pl.
Candidplatz
247
Tegernseer-Landstraße
Flaucher
Kleingärten
Städt. Baumschule
Schinderbrücke
Wasserkraftwerk
Großer Stadtbach
Spielanl.
Spielanlagen
Fachschule f. Chemie
4 = P.-Herzog-Weg
Albrecht-Dürer-Str.
Wettersteinpl.
Freizeithm.
St. Helena
Ukrain. Orthod. K. Maria Schutz
Orthopäd. Klinik Harlaching
St.-Quirin-Pl.
Stadtbezirk
UNTERGIESING-HARLACHING
Grünwalder Straße
Tennis-pl.
Sportanlage
TSV 1860
Säbener Str.
Sporth.
Soyerhofstr.
Tierparkstraße
Siebenbrunn
Aquarium Eing.
Altenheim
Tierpark
Hellabrunn
Siebenbrunner Str.
Tauernstr.
Bozener Straße
Kunterweg
7=Anemonenstr.
FC Bayern
Sportanl.
Mangfallplatz
Wörnbrunner Pl.
Theodolinden-Gymn.
Hl. Fam.
Holterbusch
Karolingerallee
Tiroler Pl.
St.-Magnus-Str.
Naupliastraße
Albert-Einstein-Gymn.
Sport-pl.
Vollmar-park
Neuharlaching
Eschenstr.
Stresemannstr.
Griechenstraße
Authariplatz
Langobardenstr.
Laurinpl.
Emmausk.
Athener Platz
Säckinger Str.
Münchener Kindl-Heim
1 = Am Bienenkorb
2 = Bucheckernweg
3 = Goldrautenweg
4 = Lavendelweg
5 = Rittersporn weg
6 = Strohblumenweg
Theodolindenpl.
Grünwalder
Geiselgasteigstr.
Isenschmidstr.
Lindenstraße
Marienklause
Maria Immaculata
Sanatoriumsplatz
Sanatorium
Klinikum Harlaching
Fachakademie
Perlacher Forst
Giesinger Waldhaus
Säbener Pl.
(gemeindefreies Gebiet)
Winkelweggeräumt
Schleich-Stern
Harlachinger-
Geiselgasteig-
Geräumt
Sulz
Menterschwaige
Klinik für Dynam. Psychiatrie
Enklave zu München
Winkelweg-
Mitter-
Harthauser-
Thoma-Stern
500 m
Perlacher Mugl
S20, S27
1
2
3
4
5
6
D
E
F

A
B
C
1
2
3
4
5
6
Nordendorf
Baar (Schwaben)
Klingsmoos
Pöttmes
Freinhausen
Edelshausen
Hohenwart
Pörnbach
Wolnzach
Dr.Holledau
In der Holledau
Thierhaupten
Meitingen
Biberbach
Aindling
Gundelsdorf
Schrobenhausen
Tegernbach
Uttenhofen
Pfaffenhofen a.d.I.
Aresing
Langweid a.Lech
Lech
Petersdorf
Aichach
Allenberg
Gerolsbach
Ilmmünster
Reichertshsn.
Schweitenkchn.
Gersthofen
Affing
Hilgertshausen
Jetzendorf
Hohenkammer
Alterbach
Allershausen
Neusäß
Klingen
Freizeitpark Dasing
Sielenbach
-Tandern
Petershsn.
Altomünster
Kleinberghofen
Markt Indersdorf
Kammerberg
Fürholzen
Amper
Diedorf
Friedberg
Maria Birnbaum
Fahrenzhausen
Kr. Neufahrn
AUGSBURG
Haunstetten
Eurasburg
Freienried
Erdweg
Röhrmoos
Kissing
Odelzhsn.
Schwabhausen
Bobingen
Ried
Egenhfn.
Sulzemoos
KZ-Gedenkstätte Dachau
Unterschleißheim
Oberschleißheim
Mering
Einsbach
Königsbrunn
Oberschweinbach
Großaitingen
Merching
Maisach
Olching
Karlsfeld
Romantische Straße
Hattenhofen
Schwabmünchen
Mammendorf
Gröbenzell
Egling a.d. Paar
Scheuring
Kreuz M-West
Unterföhring
Feldkirchen
Langerringen
Klosterlechfeld
Moorenweis
Pestenacker
Jesenwang
Fürstenfeldbruck
Puchheim
Germering
Grafrath
Weil
Schwabhsn.
Türkenfeld
Gilching
Gräfelfing
Ottobrunn
Lechwiesen
Untermühlhausen
Würm
Penzing
Schondorf am A.
Inning am A.
Weßling
Unterhaching
Landsberg a.L.
Pürgen
Utting am A.
Breitbrunn am A.
Seefeld
Gauting
Grünwald
Oberhaching
Starnberg
Ummendorf
Ammersee
Herrsching am A.
Straßlach-Dingharting
Kreuz M-Süd
Waal
Obermühlhausen
Andechs
Berg
Schäftlarn
Sauerlach
Höhenrain
Mundraching
Dießen am A.
Fischen am A.
Feldafing
Starnberger See
Egling
Otterfing
Raisting
Pähl
Tutzing
Münsing
Wolfratshsn.
Osterzell
Rott
Wessobrunn
Ascholding
Holzkirchen
Geretsried
Bernried
Birkland
Pfaffen-winkel
Weilheim i.OB.
St. Heinrich
Eurasburg
Dietramszell
Isar
Altenstadt
Schongau
Seeshaupt
Beuerberg
Königsdorf
Peißenberg
Polling
Sachsenkam
Peiting
Burggen
Huglfing
Penzberg
Waakirchen
Bernbeuren
Rottenbuch
Uffing a.St.
Obersöchering
Bad Heilbrunn
Bad Tölz
Lechbruck
Staffelsee
Bichl
Benediktbeuern
Bad Wiessee
Tegernsee
Steingaden
Saulgrub
Murnau a.St.
Kochelsee
Lenggries
Wies
Wieskirche
Bad Kohlgrub
Benediktenwand
Brauneck
Deutsche Alpenstraße
Forggensee
Halblech
Schwaiganger
Kochel am See
Oberammergau
Herzogstand
Jachenau
Ammergebirge
Kloster Ettal
Loisach
Achenpaß
Einsiedl
Walchensee
Vorderriß
Neuschwanstein
Linderhof
Ettal
Krottenkopf
Sylvensteinsee
Achenkirch
Ammersattel (1118)
Farchant
Garmisch-Partenkirchen
Wank
Wallgau
Krün
Griesen
Hinterriß
Plansee
Grainau
Eibsee
Partnachklamm
Mittenwald
Achensee
Pertisau
Kreuzeck
Karwendelhaus
Großer Ahornboden
Lermoos
Zugspitze 2962
Birkkarspitze
Eng
Ehrwald
Leutasch
Pürschhaus
Fernpass

D
E
F
1
2
3
4
5
6
10 km
Neuhausen b.L.
Weihmichl
Essenbach
Wörth a.d.I.
Nieder-viehbach
Dingolfing
Haunersdf.
Volkenschwand
Obermünchen
Furth
Arth
Ergolding
Oberviehbach
Reisbach
Simbach
Hopfenstraße
Nandlstadt
Altdorf
Bruckbg.
Landshut
Aham
Frontenhausen
Malgersdf.
Mauern
Münchnerau
Dietelskchn.
Haberskirchen
Wang
Moosburg a.d.I.
Amper
Isar
Geisenhausen
Obertrennbach
Reicheneibach
Falkenberg
Vilsheim
Vilsbiburg
Altfraunhofen
Gangkofen
Eggenfelden
Langenpreising
Baierbach
Aich
Egglkofen
Massing
Unterdietfurt
Berglern
Bodenkirchen
Velden
Neumarkt-St. Veit
Fraunberg
Adlberg
Taufkirchen (Vils)
Mitterskirchen
Oberding
Langengeisling
Buchbach
Brodfurth
Reischach
Erding
Pretzen
Oberbergkirchen
Salmanskirchen
Töging a.I.
Winhöring
Dorfen
Obertaufkirchen
Ampfing
Neuötting
MÜNCHEN
Schwindkchn.
St. Wolfgang
Heldenstein
Mühldorf am Inn
Teising
Altötting
Markt Schwaben
Pastetten
Isen
Waldkraiburg
Reichertsheim
Oberneukirchen
Unterneukirchen
Poing
Hohenlinden
Kraiburg a.I.
Burgkchn. a.d.A.
Forstinning
Anzing
Haag i.O.
Gars a.I.
Grünthal
Rechtmehring
Garching a.d.A.
Albaching
Unterreit
Peterskirchen
Vaterstetten
Zorneding
Ebersberg
Wasserburg a.I.
Babensham
Schnaitsee
Tacherting
Kirchweidach
Tittmoning
Kirchseeon
Grafing b.M.
Pfaffing
Emertsham
Oberpframmern
Trostberg
Palling
Glonn
Obing
Altenmarkt a.d.A.
Aßling
Griesstätt
Amerang
Seeon
Traunreut
Hohenthann
Rott a.I.
Vogtareuth
Halfing
Traunwalchen
Feldkirchen-Westerham
Tuntenhausen
Bad Endorf
Seebruck
Waging am See
Beyharting
Prutting
Gstadt a. Ch.
Laimgrub
Weibhausen
Bruckmühl
Chiemsee
Erlstätt
Bad Aibling
Westerndf. St. Peter
Simssee
Rimsting
Chieming
Götting
Prien a.Ch.
Herrenchiemsee
Grabenstätt
Traunstein
Kolbermoor
Stephanskirchen
Rosenheim
Pang
Hochfelln
Siegsdorf
Irschenberg
Au
Raubling
Frasdorf
Bernau a.Ch.
Dr. Inntal
Rohrdorf
Aschau i.Ch.
Grassau
Chiemgauer
Hundham
Bad Feilnbach
Deutsche Alpenstraße
Ruhpolding
Hausham
Schliersee
Brannenburg
Nußdorf a.I.
Hohenaschau
Unterwössen
Fischbachau
Schleching
Wendelstein
1838
Achen
Sachrang
1808
Reit im Winkl
Alpen
Bayrischzell
Niederndf.
Walchsee
Unken
Vallberg
Niederaudorf
Kössen
Ursprungpass (849)
Kiefersfelden
Schwendt
1765
Lofer
Inntal
1997
Griesener Alm
Fellhorn
Kufstein
Thiersee
2344
Waidring
ÖSTERREICH
Kaisergebirge
Kirchberg
St. Ulrich a. P.
Mariastein
Angath
St. Johann i. T.
1678
Loferer
Lamprechtsofenloch
Steinberg a.R.
Kirchbichl
Ellmau
Kitzbüheler Horn
Sperrgebiet
Hochfilzen
Brandenberg
1996
Fieberbrunn
Inn
Wörgl
Brixen i. Th.
Kitzbühel
Pass Grießen (963)
Hopfgarten i. B.
Kirchbg. i. T.
Rattenberg
Brixlegg
Westendorf
1655
Hahnenkamm
Saalbach-
Alpbach
Auffach
Kelchsau
Lengau
Strass im Zillertal
Jochberg
Saalach

KARTENLEGENDE

- Autobahn mit Nummer / Motorway with number / Autoroute avec numéro
- Nummer der Autobahnanschlussstelle / Motorway junction number / Numéro d'echangeur d'autoroute
- Schnellstraße/ Bundesstraße / Expressway/ Federal road / Route express/ Route nationale
- Durchgangsstraße / Main through road / Grande route
- Übrige Straßen/ Weg / Other roads/ Footpath / Autres routes/ Sentier
- Straßen in Bau/ Planung / Roads under construction/ projected / Routes en construction/ en projet
- Fußgängerzone/ Einbahnstraße / Pedestrian zone/ One-way street / Zone piétonnière/ Rue à sens unique
- Stadt- und Gemeindegrenze / Town and communal boundary / Limite de ville et commune
- Umweltzone / Environmental zone / Zone environnement
- Eisenbahn mit Bahnhof / Railway with station / Voie ferrée avec gare
- Güter- und Industriebahn / Freight and industrial railway / Voie ferrée de marchandise et industrielle
- S-Bahn mit Nummer und Station / Rapid transit train with number and station / Train en trafic suburbain avec numéro et gare
- U-Bahn/ Stadtbahn / Underground/ Light Rail / Métro/ Métro Léger
- Bus/ Straßenbahn mit Endhaltestelle / Bus/ Tramway with terminus / Autobus/ Tramway avec terminus
- Parkplatz/ Parkhaus/ Tiefgarage / Car park/ Parking house/ Underground car park / Parking/ Garage/ Parking souterrain
- Park+Ride/ Parkleitsystem / Park+Ride/ Parking control system / Park+Ride/ Système de signalisation

- Hallenbad / Indoor swimming pool / Piscine couverte
- Kirche / Church / Église
- Krankenhaus / Hospital / Hôpital
- Campingplatz/ Jugendherberge / Camping site/ Youth hostel / Camping/ Auberge de jeunesse
- Post / Post office / Bureau de poste
- Försterei / Forester's lodge / Maison forestière
- Einzelne Bäume / Isolated trees / Arbres isolés
- Wirtshaus/ Ausflugslokal / Inn/ Excursion-Inn / Auberge/ Café-Restaurant
- Sendeanlage/ Leuchtturm / Transmitting station/ Lighthouse / Station d'émission/ Phare
- Denkmal/ Turm / Monument/ Tower / Monument/ Tour
- Windmühle/ Windrad / Windmill/ Windpower / Moulin à vent/ Éolienne
- Tourist-Information / Tourist information center / Syndicat d'initiative
- Konsulat/ Botschaft / Consulate/ Embassy / Consulat/ Ambassade
- Wald/ Park, Friedhof / Forest/ Park, Cemetery / Fôret/ Parc, Cimetière
- Weinberg / Vineyard / Vignoble
- Heide/ Moor, Sumpf / Heath/ Marsh, Swamp / Lande/ Marais, Marécage

Register

Von A wie ADAC Supercross bis Z wie Zur Gruam enthält dieses Register die in diesem Band erwähnten Adressen, Objekte und Veranstaltungen in alphabetischer Reihenfolge.

INSERENTENVERZEICHNIS

UMSCHLAGSEITEN

IMPRESSUM

13., aktualisierte Auflage 2017

Chefredaktion: Marion Zorn
Verlagsredaktion: Susanne Heimburger
Gesamtredaktionelle Betreuung: derschönstesatz (Lucia Rojas)
Lektorat: Simone Nörling
Autoren: Amadeus Danesitz, Astrid Dobmeier, Alex Wulkow
Ko-Autoren: Cathrina Keller, Nicole Wagenstetter
Bildredaktion: Gabriele Forst
Kartografie Cityatlas: © MAIRDUMONT, Ostfildern
Vermarktung: MAIRDUMONT MEDIA, media@mairdumont.com
Gestaltung Cover und Editorial: Carl Anders – Büro für Visual Stories, Hamburg
Innengestaltung: factor product münchen, Susan Chaaban

BILDNACHWEIS

Titelbilder: Bretzel o. l. (gettyimages/Maximilian Stock Ltd.); Frauenkirche o. r. (gettyimages: A. Panella); Bierglas u. l. (iStock); Palme u. M. (iStock); Lebkuchenherz u. r. (gettyimages/Stock4B: A. Rumpf)

Fotos:
T. Binder (8/9, 22/23, 27, 28, 34/35, 40/41, 45, 46, 80/81, 104, 108, 112, 134, 150, 156/157, 162/163, 167, 172, 181, 199, 200/201, 202, 210, 213, 216/217);
Gettyimages: R. Newstead (10);
iStock: Piranka (266);
A. Kotowski (42, 56, 59, 74/75, 76, 78, 83, 85, 96, 100/101, 103, 124/125, 128/129, 136, 137, 142, 159, 169, 170, 178/179, 186, 195, 200, 205, 206, 209, 221);
mauritius images/Imagebroker/Funkystock: P. Williams (75);
T. Stankiewicz (Klappe o., Klappe u., 4, 7, 14/15, 16, 19, 20, 31, 48, 51, 55, 63, 66/67, 70, 73, 86, 89, 90/91, 92, 98, 107, 111, 116/117, 118, 121, 122, 132, 138, 144, 148, 152, 154, 175, 184, 189, 192/193, 196, 219)

SCHREIBEN SIE UNS!

LIEBE LESERIN, LIEBER LESER

Wir setzen alles daran, Ihnen möglichst aktuelle Informationen zu geben. Dennoch schleichen sich manchmal Fehler ein – trotz gründlicher Recherche unserer Autoren/-innen. Sie haben sicherlich Verständnis, dass der Verlag dafür keine Haftung übernehmen kann. Wir freuen uns aber, wenn Sie uns schreiben:

Marco Polo Redaktion, MAIRDUMONT, Postfach 31 51, 73751 Ostfildern, info@marcopolo.de

FSC www.fsc.org MIX Paper from responsible sources FSC® C004599

MÜNCHEN DIGITAL

GANZ MÜNCHEN
Neueröffnungen, kulturelle Events, Freizeit- und Sporttipps mit ausführlichen Beschreibungen und Bildergalerien.
www.ganz-muenchen.de

MÜNCHENBLOGGER
Hier schreiben Blogger, wie ihnen das Essen im Restaurant und die angesagte Band im Konzert gefallen hat. Stets einen Besuch wert: die »Bar der Woche«.
www.muenchenblogger.de

BIANCAS BLOG
Bianca Murthys Motto: Essen gehen ist auch ein Hobby. Fast täglich gibt's hier gute neue Gastrotipps.
www.biancas-blog.de

MUCBOOK
Aktuelles Blogtagebuch mit alternativen Kultur- und Feiertipps, aber auch mit Politik-, Bildungs- oder Modebeiträgen.
www.mucbook.de

STREET ART BLOG
München ist gar nicht so geschleckt, wie man immer denkt. Dieser Blog zeigt Straßenkunst als urbane Kommunikationsform.
www.streetartblog.de

PORTAL MARCOPOLO.DE
Marcopolo.de bietet Ihnen neben einem Planungs-Tool und interaktiven Karten auch wertvolle Autoren- und User-Tipps sowie viele weitere Funktionen, die die Planung Ihrer Freizeitaktivitäten erleichtern.
www.marcopolo.de/muenchen

KUNTERBUNTWEISSBLAU
Der Münchner Foodblog von Amelie Heinz hat es mittlerweile sogar ins deutsche Fernsehen (ZDF/NDR) geschafft. Die leidenschaftliche Köchin und Genießerin weiß, wovon sie schreibt.
www.kunterbuntweissblau.de

SUBSTANZ FM
Das Independent-Webradio des Liveclubs Substanz ist mit dem »Sound of Munich« 24 Stunden on air. Alternative, Elektro, Indie, Rock und Soul der unverbrauchten Art mischen sich im Programm mit Kultur, Kino und Events.
www.substanz-fm.com

GREEN CITY
München grüner und lebenswerter machen mit zahlreichen Aktionen: Bei Green City werden die Themen Mobilität und Stadtgestaltung, Umweltbildung und Klimaschutz ganz groß geschrieben.
www.greencity.de

JUNIORGUIDE
Die App für Eltern mit Kindern bis zu zwölf Jahren bietet jede Menge Anregungen für die Freizeit, von Ausflugstipps über empfehlenswerte Cafés und Shops bis hin zu Spielplätzen am jeweils aktuellen Standort.
www.juniorguide.de

RADLHAUPTSTADT MÜNCHEN
Die Seite für Pedalhelden, mit Veranstaltungen, speziellen Touren für Neubürger, Sicherheitstipps und Shop-Empfehlungen.
www.radlhauptstadt.de

MUNICH OPEN MINDED
Musikblog mit eigener Radioshow, Konzertempfehlungen, Downloads und wöchentlich aktualisierten Ausgehtipps.
www.munichopenminded.com

VERRÜCKT NACH MÜNCHEN
Tag für Tag erfährt man hier von neuen Cafés, guten Bands, hippen Läden und unaufgeräumten Ecken der Stadt. Wer bei diesem Blog nicht verrückt nach München wird, dem ist nicht mehr zu helfen.
www.verruecktnachmuenchen.blogspot.de

DIE TAFEL MÜNCHEN
Gemeinsam Großes bewegen – auch in einer so reichen Stadt wie München trifft die Armut viele hart. Dieser private Verein hilft und sucht stets Unterstützer, Sponsoren und ehrenamtliche Helfer.
www.muenchner-tafel.de

BARGUIDE MÜNCHEN
Der ideale Kompass für einen Streifzug durch die Münchner Barszene. Persönliche Empfehlungen, Neueröffnungen, organisierte Bartouren – alles auf einen Blick.
www.barguide-muenchen.com

short.travel/hhj6j

DIGITAL MIT MARCO POLO UNTERWEGS
Egal ob online im Internet oder offline als App oder E-Book – MARCO POLO versorgt Sie auch unterwegs stets mit aktuellen Informationen und Tipps auf Ihrem PC, Smartphone, Tablet oder E-Reader.
short.travel/hhj6j

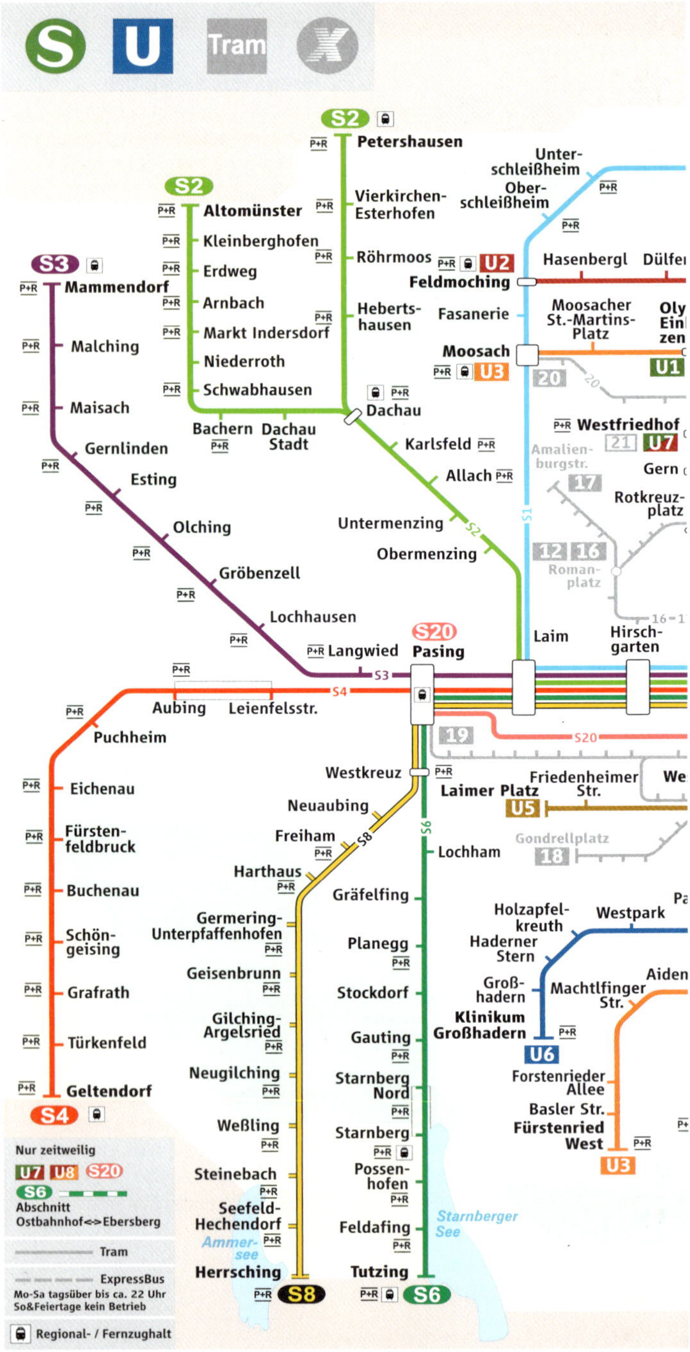
S
U
Tram
S2
Petershausen
Vierkirchen-Esterhofen
Röhrmoos
Heberts-hausen
Dachau
Karlsfeld
Allach
Untermenzing
Obermenzing
S2
Altomünster
Kleinberghofen
Erdweg
Arnbach
Markt Indersdorf
Niederroth
Schwabhausen
Bachern
Dachau Stadt
S3
Mammendorf
Malching
Maisach
Gernlinden
Esting
Olching
Gröbenzell
Lochhausen
Langwied
S20
Pasing
Laim
Hirsch-garten
S4
Aubing
Leienfelsstr.
Puchheim
Eichenau
Fürsten-feldbruck
Buchenau
Schön-geising
Grafrath
Türkenfeld
Geltendorf
Westkreuz
Neuaubing
Freiham
Harthaus
Germering-Unterpfaffenhofen
Geisenbrunn
Gilching-Argelsried
Neugilching
Weßling
Steinebach
Seefeld-Hechendorf
Ammer-see
Herrsching
S8
Lochham
Gräfelfing
Planegg
Stockdorf
Gauting
Starnberg Nord
Starnberg
Possen-hofen
Feldafing
Tutzing
S6
Starnberger See
Unter-schleißheim
Ober-schleißheim
Hasenbergl
Feldmoching
U2
Fasanerie
Moosach
U3
Moosacher St.-Martins-Platz
U1
Westfriedhof
U7
Amalien-burgstr.
Rotkreuz-platz
Roman-platz
Laimer Platz
U5
Friedenheimer Str.
Gondrellplatz
Holzapfel-kreuth
Westpark
Haderner Stern
Groß-hadern
Klinikum Großhadern
U6
Machtlfinger Str.
Forstenrieder Allee
Basler Str.
Fürstenried West
U3
P+R
Nur zeitweilig
U7 U8 S20
S6
Abschnitt Ostbahnhof<->Ebersberg
Tram
ExpressBus
Mo-Sa tagsüber bis ca. 22 Uhr
So&Feiertage kein Betrieb
Regional- / Fernzughalt